suhrkamp taschenbuch
wissenschaft 1476

Dieser Band zur praktischen Philosophie Hegels ist Teil eines dreibändigen Kommentars zu Hegels Hauptwerken. Es ist das Ziel dieser Kommentare, Hegels philosophisches Werk einem breiteren Lesepublikum zu erschließen. Sie wollen die selbständige Lektüre der meist sehr schwierigen Hegel-Texte nicht durch referierende Darstellung ersetzen, sondern sie gerade ermöglichen – durch textnahe Erläuterungen, systematische Begriffsklärungen und den Aufweis von inhaltlichen Querverbindungen im Riesengebäude des Hegelschen Werkes. Auch die philosophie- und wissenschaftsgeschichtlichen Zusammenhänge, in denen Hegels System entsteht und Struktur gewinnt, werden herausgestellt. Alle Autoren, die sich an diesem Projekt beteiligen, sind in der Hegelforschung und -interpretation durch eigene Beiträge bestens ausgewiesen, so daß ihre Kommentare beanspruchen dürfen, auch hier »auf dem neuesten Stand« zu sein. Vor allem aber soll Hegel selbst zu Wort kommen und dabei nicht nur gehört, sondern auch verstanden werden.

Herbert Schnädelbach

Hegels praktische Philosophie

Ein Kommentar der Texte in der Reihenfolge ihrer Entstehung

Suhrkamp

Hegels Philosophie
Kommentare zu den Hauptwerken
herausgegeben von
Herbert Schnädelbach
Band 2

Bibliografische Information der Deutschen Nationalbibliothek
Die Deutsche Nationalbibliothek verzeichnet diese Publikation in der Deutschen Nationalbibliografie; detaillierte bibliografische Daten sind im Internet über http://dnb.d-nb.de abrufbar.

4. Auflage 2016

Erste Auflage 2000
suhrkamp taschenbuch wissenschaft 1476

Satz: Jürgen Ullrich Typosatz, Nördlingen
Printed in Germany
Umschlag nach Entwürfen von
Willy Fleckhaus und Rolf Staudt
ISBN 978-3-518-29076-7

Inhalt

III Jenaer Philosophie des Geistes (JPG)

IV Grundlinien der Philosophie des Rechts (GPR)

V Literaturverzeichnis

1.0 Vorwort

Dieser Kommentar erläutert Hegels selbständige Schriften zur praktischen Philosophie, d. h. zur Moral-, Rechts-, Sozial-, Staats- und Geschichtsphilosophie in der Reihenfolge ihrer Entstehung; die für die praktische Philosophie Hegels einschlägigen Passagen in der *Phänomenologie des Geistes* und der *Enzyklopädie der philosophischen Wissenschaften* werden in Band 1 bzw. Band 3 dieses Kommentarwerks berücksichtigt. Die Textbezüge und die Zitationsweise sind jeweils zu Beginn der einzelnen Kapitel erläutert; dies bezieht sich immer auch auf die Stellenkommentare.

Leider konnten aus Umfangsgründen Hegels politische Schriften nicht einbezogen werden. Er war nicht nur ein fleißiger Zeitungsleser – ein Aphorismus sagt: »Das *Zeitungslesen* des Morgens früh ist eine Art von realistischem Morgensegen.« (*Theorie Werkausgabe* (TWA) 2, 547) –, sondern er wirkte 1807/08 in Bamberg selbst als Zeitungsredakteur, und im übrigen nahm er seit seiner Hauslehrerzeit (1793-97) bis zu seinem letzten Lebensjahr immer wieder Stellung zu aktuellen politischen Entwicklungen – ausführlich zur Verfassung Deutschlands (1802), zu den Verfassungsverhandlungen der Württembergischen Landstände (1817) und zur englischen Reformbill, die britische Parlamentsreform betreffend (1831). Als Kommentar zu diesen Schriften, die sämtlich in der TWA enthalten sind, ist immer noch das Nachwort von Jürgen Habermas zu einer von ihm herausgegebenen Textsammlung zu empfehlen (vgl. Habermas (1966)). Die Beziehungen zwischen Hegels philosophischen Überzeugungen und seinen politischen Urteilen verdienten eine eingehendere Untersuchung.

Mein Kommentar versucht, über die textnahe Erläuterung hinaus durch thematische Querverweise Hegels praktische Philosophie als ein sich entwickelndes Ganzes zu vergegenwärtigen, das seine endgültige Gestalt in den *Grundlinien der Philosophie des Rechts* (GRP) (1821) erreicht. Schon in seiner ersten Schrift zur praktischen Philosophie, den *Wissenschaftlichen Behandlungsarten des Naturrechts* (WBN) (1802/03), hatte Hegel die »sittliche Welt« im ganzen ins Auge gefaßt, und darum fügen sich Hegels Texte nicht der uns vertrauten Zuweisung zu Unterdisziplinen wie Ethik, Rechts- oder Staatsphilosophie. Zugleich folgt Hegel Kant und Fichte in der Überzeugung, daß auch die Geschichtsphilosophie zur praktischen Philosophie gehört. Mein Ziel ist es, Genese und Struktur der letzten umfassenden *Philosophia practica universalis* unserer europäischen Tradition zu verdeutlichen; daß deren Wirkungsgeschichte immer noch andauert, bedarf auch am Ende unseres Jahrhunderts keines weiteren Beweises. Es war unmöglich, dabei die unübersehbar gewordene Sekundärliteratur vollständig zu berücksichtigen; gleichwohl hoffe ich, darin die wichtigsten, häufig kontroversen Deutungshypothesen wahrgenommen zu haben. Ein Kommentator, der sich selbst als Philosophierender versteht, kann nicht gänzlich schweigen, wenn es um Wahrheits- oder Geltungsfragen geht; er kann sich nur um ein abgewogenes Urteil bemühen.

Für tatkräftige und umsichtige Mithilfe bei der Vorbereitung der Satzvorlage danke ich Bettina Busse, Imke Gussone, Ursula Rehs und Kai Rolker.

Hamburg, im September 1999 *Herbert Schnädelbach*

1 Über die wissenschaftlichen Behandlungsarten des Naturrechts, seine Stelle in der praktischen Philosophie und sein Verhältnis zu den positiven Rechtswissenschaften (WBN)

I. 1 Text, Titel, Kontext

(a) Herkunft und Gestalt des Textes

Die Abhandlung erschien 1802/03 im Band II, 2. und 3. Stück des *Kritischen Journals der Philosophie*, das Cotta in Tübingen verlegte; Herausgeber und alleinige Autoren waren Schelling und Hegel, die ihre jeweiligen Beiträge ohne Namensnennung erscheinen ließen. Im Unterschied zu anderen Abhandlungen des *Kritischen Journals* war bei der Naturrechts-Schrift Hegels Autorschaft niemals strittig. Sie wurde zum ersten Mal 1832 neugedruckt in Band I der ersten Gesamtausgabe: Georg Wilhelm Friedrich Hegels *Werke*, Vollständige Ausgabe durch einen Verein von Freunden des Verewigten, Berlin/Leipzig 1832-1887 (WW).

(b) Der Titel

Der Ausdruck ›Naturrecht‹ hat damals eine dreifache Bedeutung. Er meint einmal das Recht, das »von Natur«, d. h. ohne menschliche Setzung, gilt oder verbindlich ist – also den naturrechtlichen Normenbestand. Zum anderen umfaßt ›Naturrecht‹ eine Disziplin, die sich mit diesem Normenbestand beschäftigt. Erst im 19. Jahrhundert wird ›Naturrecht‹ als Name eines rechtswissenschaftlichen Faches durch den Namen ›Rechtsphilosophie‹ verdrängt, wobei der Titel von Hegels *Grundlinien der Philosophie des Rechts* eine wichtige Rolle spielt. Drittens kann ›Naturrecht‹ auch ein Werk dieser Disziplin sein. So spricht Hegel in einem Brief an Niethammer von »seinem« Naturrecht: »Auf die Leipziger Messe soll ich noch ein Buch schreiben (mein Naturrecht in §§)« (Briefe 2, 213).

So bedeutet »wissenschaftliche Behandlungsarten des Naturrechts« mindestens zweierlei: die Art und Weise, die das Naturrecht als Normenbestand in den entsprechenden Wissenschaften erfährt, und die Art und Weise, in der die ›Naturrecht‹ genannte Disziplin ihre Gegenstände wissenschaftlich behandelt. Ebenso doppeldeutig ist »seine Stelle in der praktischen Philosophie«: der Gegenstand ›Naturrecht‹ und die so genannte Disziplin müssen eine bestimmte Stelle in der praktischen Philosophie einnehmen; wichtig ist ferner, daß ›praktische Philosophie‹ der umfassendere Begriff ist als ›Naturrecht‹. – Dann geht es um das Verhältnis des Naturrechts zu den positiven Rechtswissenschaften. »Positiv« sind die »Rechtswissenschaften«, sofern ihr Gegenstand das positiv geltende, d. h. historisch entstandene und von Menschen in Geltung gesetzte Recht ist; man nannte dies bis in unser Jahrhundert auch ›Jurisprudenz‹. So bildet ›positive Rechtswissenschaften‹ den Gegenbegriff zu dem des ›Naturrechts‹ als der Wissenschaft des »überpositiven« Rechts, wie das Naturrecht i. S. des naturrechtlichen Normenbestandes heute allgemein genannt wird.

(c) *Die Zusammenarbeit mit Schelling*[1]

Nach umfangreichen Vorverhandlungen erklärte sich der Verleger Cotta 1800 bereit, Schellings Zeitschriftenpläne aufzugreifen. Nachdem es Schelling, der seit 1798 eine außerordentliche Professur in Jena innehatte, nicht gelungen war, Fichte zur Zusammenarbeit zu gewinnen – Fichte hatte 1799 seine Professur in Jena wegen des ›Atheismus-Streits‹ aufgeben müssen und war nach Berlin übergesiedelt –, lag es nahe, Hegel um diese Zusammenarbeit zu bitten. Eine kleine Erbschaft hatte es 1799 Hegel ermöglicht, seine Frankfurter Hauslehrerstelle aufzugeben und sich auf eine akademische Karriere vorzubereiten. Im Dezember 1800 wandte sich Hegel an den jüngeren ehemaligen Tübinger Studienfreund Schelling mit der vorsichtigen Bitte um Adressen in Bamberg, wo er sich zuletzt niederzulassen gedächte: »Ehe ich mich dem literarischen Saus von Jena anzuvertrauen wage, will ich mich vorher durch einen Aufenthalt an einem dritten Orte stärken ...« (Briefe 1, 36) Schelling jedoch lud Hegel ein, direkt nach Jena zu kommen, wo er Anfang 1801 eintraf. Im August habilitierte sich Hegel an der Universität und lehrte seitdem als Privatdozent. Im

1 Vgl. Wiedmann (1965), 28 f.

selben Jahr erschien bereits dort seine erste selbständige Publikation: *Differenz des Fichte'schen und Schelling'schen Systems der Philosophie in Beziehung auf Reinhold's Beyträge zur leichtern Übersicht des Zustands der Philosophie zu Anfang des neunzehnten Jahrhunderts*, 1stes Heft (DS).

Daß Schelling und Hegel die Beiträge des *Kritischen Journals* nicht namentlich zeichneten, drückt aus, daß sie sich philosophisch als eine Einheit verstanden und einen gemeinsamen kritischen Kampf auszufechten beabsichtigten.[2] Hegel schreibt in einem Brief: »Es läuft gegenwärtig wieder etwas Neues vom Stapel, nämlich das erste Heft eines kritischen Journals der Philosophie, das ich in Gesellschaft von Schelling (mit dem ich zusammen wohne – und der sich Ihnen bestens empfehlen läßt) herausgebe, und das die Tendenz hat, teils die Anzahl der Journale zu vermehren, teils dem unpolitischen Unwesen Ziel und Maß zu setzen; die Waffen, deren sich das Journal bedienen wird, sind sehr mannigfaltig; man wird sie Knittel, Peitschen und Pritschen nennen, – es geschieht alles der guten Sache und der gloriae Dei wegen; man wird sich wohl hie und da darüber beschweren; aber das Kauterisieren[3] ist in der Tat notwendig gewesen.« (Briefe 1, 65) In der gemeinsam verfaßten Ankündigung ihres *Kritischen Journals*, die in der *Literatur-Zeitung* (Jg. 1801, Sp. 378 ff.) und in der *Allgemeinen Literatur-Zeitung* (Jg. 1801, Sp. 1994 f.) erschien, heißt es: »Vor allem Darstellung des kategorischen Wesens der Philosophie im Gegensatz des negativen Charakters der Unphilosophie; dann Berücksichtigung soviel [als] möglich aller Berührungspunkte der Philosophie mit der gesamten Kultur, Aufnahme jedes Teils der allgemeinen Bildung ins Absolute und Eröffnung der Aussicht auf die wahre Palingenesie[4] aller Wissenschaften durch Philosophie ist das, wodurch das angezeigte periodische Werk der Philosophie sich die Achtung der sich für sie interessierenden Welt versichern und sich die Zuneigung der Zeitgenossen zu erwerben suchen wird.« (1, 169) Schon hier sind die wichtigen Leitvorstellungen beider Autoren erkennbar: ein positives, »kategorisches«, d. h. mit einem unbedingten Geltungsanspruch auftretendes Philosophiekonzept, das sich von dem der »negativen«, d. h. skeptischen und im Kritizismus verharrenden Pseudophilosophie abhebt – womit vor allem

2 Vgl. Buchner (1965).
3 Gewebezerstörung mit Hilfe eines Kauters (Verbrenners) oder eines Ätzmittels.
4 Grch. *paliggenesia* – Wiedergeburt.

der Kantianismus in seinen verschiedenen Spielarten gemeint ist; sein Universalitätsanspruch im Sinne seiner Zuständigkeit für die »gesamte Kultur« und für »jedes Teil der allgemeinen Bildung«, das es »ins Absolute« zu »erheben« verspricht, was nur durch eine absolute, »kategorische« Philosophie möglich ist; schließlich die Aussicht auf Wiedergeburt der Wissenschaften durch die so verstandene Philosophie. Dieses außerordentlich ambitionierte Programm bestimmt auch Anlage und Ton von Hegels WBN – einer Schrift, die sich zum Ziel setzt, die von Schelling und Hegel gemeinsam ins Auge gefaßte neue Philosophie des Absoluten auch im Felde der praktischen Philosophie zu realisieren und dadurch zu vervollständigen. Materiale Vorarbeiten von Schelling lagen dazu nicht vor. Dieser schon durch den Entstehungskontext bedingte Anspruch der WBN ist bei deren Interpretation und Kritik immer zu beachten.[5]

I. 2 Inhaltsübersicht

Der Titel der Schrift enthält bereits einen Hinweis auf ihren Aufbau. Daß von einer Pluralität wissenschaftlicher »Behandlungsarten« des Naturrechts ausgegangen wird, bedeutet nicht, daß der Verfasser bereit wäre, sich damit zufriedenzugeben, denn die angekündigte Angabe der »Stelle« des Naturrechts in der »praktischen Philosophie« und »sein(es) Verhältnis(ses) zu den positiven Wissenschaften« ist nicht so zu verstehen, als könnte dies mit den jeweils verschiedenen wissenschaftlichen Behandlungsarten variieren; ein solcher Relativismus ist Hegel ganz fremd. Tatsächlich reduziert die Schrift jene Pluralität auf eine einzige, genuin-wissenschaftliche Behandlungsart, deren Kriterien die Eingangspassagen (2, 434-439) genau benennen, um dann zur Kritik der »beiden unächten Arten der wissenschaftlichen Behandlung des Naturrechts« (439) überzugehen – der »empirischen« (440-453) und der »rein-formellen« (453-480); es folgen die »*Betrachtung der Natur und des Verhältnisses der Wissenschaften des Sittlichen als philosophischer Wissenschaften*« (440), also die Darstellung der genuin-wissenschaftlichen »Behandlungsart« des Naturrechts (480-508). Die Arbeit schließt damit, »*das Verhältnis des Natur-*

5 Vgl. Kimmerle (1976).

rechts zu den positiven Rechtswissenschaften« (509) anzugeben (509-530).

I. 3 Grundbegriffe und Hauptmotive

Statt einer detaillierten Inhaltsangabe oder Paraphrase des Textes wird im folgenden versucht, ihn der selbständigen Lektüre durch eine textorientierte Erläuterung der wichtigsten Grundbegriffe und Hauptmotive aufzuschließen.

(a) ›Wissenschaft‹

In den einleitenden Absätzen des Textes ist von den beiden »unächten Arten der wissenschaftlichen Behandlung des Naturrechts« (439) die Rede, und sie meint Hegel, wenn er sagt: »Den frühern Behandlungsarten des Naturrechts, und demjenigen, was für verschiedene Principien desselben angesehen werden müßte, muß daher für das Wesen der Wissenschaft alle Bedeutung abgesprochen werden.« (437) Eine solche radikale These kann nur vor dem Hintergrund einer Wissenschaftskonzeption gerechtfertigt werden, die sich im Vergleich zu dem die »unächten« Behandlungsarten bestimmenden Wissenschaftsverständnis als eindeutig überlegen dartun läßt. Diesen Nachweis versucht Hegel zunächst durch eine Diagnose seiner zeitgenössischen Wissenschaftssituation zu liefern: Wie andere Wissenschaften hat auch das Naturrecht den ihm zukommenden Charakter einer philosophischen Wissenschaft dadurch verloren, daß sich die Philosophie auf Metaphysik – oder wie Kant gesagt hätte: auf »reine« Philosophie[6] – zurückzog und die Wissenschaften sich selbst überließ. »Daß sie das, was Erfahrung genannt zu werden pflegt, für ihr wissenschaftliches Princip anerkennen« (434), d. h. daß sie sich als empirische Disziplinen im modernen Sinne konstituieren, versteht Hegel also als das Ergebnis ihres Ausschlusses aus der Philosophie. Die umgekehrte Überlegung, daß der Rückzug der Philosophie ins »Reine« vielleicht auch eine Reaktion auf das unbefangene Empirischwerden der Wissenschaften im 18. Jahrhundert sein könnte, zieht Hegel nicht in Be-

6 Vgl. Kant, KrV, B 898.

tracht.[7] Das Ergebnis ist nach Hegel, daß das Naturrecht und die eingangs genannten Wissenschaften nur noch »sogenannte Wissenschaften« (435) sind, denn die Empirie zum Prinzip der Wissenschaft zu machen heißt, auf wahrhafte Wissenschaftlichkeit zu verzichten. Hegel folgt hier der Tradition des aristotelischen Wissenschaftsverständnisses, dem zufolge Empirie nicht wissenschaftsfähig und deswegen »empirische Wissenschaft« ein hölzernes Eisen ist.[8] Was sich dann noch Wissenschaft nennt, besteht nach Hegel aus einer bloßen »Sammlung empirischer Kenntnisse«, die unter »Verstandesbegriffe« gebracht werden, deren man sich bloß »bittweise und ohne damit etwas Objectives behaupten zu wollen« (434) bedient. Diese Formulierung enthält eine gedrängte Charakterisierung des empiristischen Wissenschaftsverständnisses, dem zufolge Begriffe immer nur unsere Konstruktionen oder Entwürfe sind, mit denen wir das Erfahrungsmaterial ordnen. Daß der Terminus »Verstandesbegriffe« fällt, zeigt bereits hier, daß Hegel Kants kritische Philosophie in Fragen der Erkenntnis im wesentlichen mit dem Empirismus parallelisiert (vgl. EPW, §§ 37 ff.; 8, 106 ff.). Immerhin aber spricht er Kant »die wichtige negative Wirkung« zu, »das Wissenschaftliche an ihnen [an den theoretischen Wissenschaften in empiristischer Interpretation], als etwas nicht Objectives, sondern dem Mitteldinge zwischen Nichts und Realität, der Vermischung von Seyn und Nichtseyn angehörig zu erweisen und ihr Geständnis herbeyzuführen, daß sie nur im empirischen Meynen sind« (437). Nach Hegel hat Kant den Empirismus kritisch über seine Grenzen belehrt, und dieses Verdienst erkannte er stets an. Das Wort »bittweise« meint den bloß hypothetischen Gebrauch von Begriffen als heuristischer Unterstellungen, der sich empirisch zu bewähren hat.

Die Empirie als Kenntnis des Einzelnen, Besonderen eignet sich nach Hegel deswegen nicht als Prinzip der Wissenschaft, »weil das, wodurch sie wahrhafte Wissenschaft ist, das Absolute ist« (435). Das Absolute aber ist die »Idee«, von der in gleicher Bedeutung die Rede ist. Kant hatte den Begriff ›Idee‹, der in der Philosophie der Neuzeit vor allem seit Descartes – als lat. *idea*, frz. *idée* oder engl. *idea*, und im Deutschen gemeinhin mit ›Vorstellung‹ übersetzt – nur mehr den subjektiven Bewußtseinsinhalt meinte, philoso-

7 Vgl. dazu Schnädelbach (1983), 88 ff.
8 Vgl. Aristoteles, Met. I 1, 980 a ff.

phisch rehabilitiert und ihn als Bezeichnung der Vernunftbegriffe neu eingeführt: Nach Kant sind Ideen die Begriffe, in denen unsere Vernunft notwendig das Unbedingte denkt.[9] Schellings gegen Fichte gerichtete Wendung zum objektiven Idealismus, dem sich Hegel in Jena zunächst angeschlossen hatte, gab dem Begriff ›Idee‹ die Bedeutung, die er im Text hat, denn Schelling und Hegel zufolge ist Kants Unbedingtes das Absolute, das bei ihm wegen des bloß subjektiven Charakters seiner Vernunftbegriffe eben nur als subjektiv Gedachtes, d. h. nicht in seiner Wahrheit gedacht sei; die wahre Idee hingegen sei der Gedanke des zugleich subjektiven und objektiven Unbedingten – des absoluten »Subjekt-Objekt« (DS; 2, 11). Nach Schelling und Hegel wäre es ein Widerspruch, wenn die Idee nur ein subjektiver Gedanke wäre; als wahrer Gedanke des »Subjekt-Objekts« muß sie zugleich subjektiv und objektiv, Gedanke und Gedachtes sein. (In diesem Sinn spricht Hegel später von »objektiven Gedanken«: vgl. EPW, § 25; 8, 91). Darum sagt Hegel auch: »... so kann als wahrer Unterschied des Prinzips der Wissenschaft allein anerkannt werden, ob sie im Absoluten oder ob sie außer der absoluten Einheit, in dem Gegensatze ist.« (438)

Die Kritik am empiristischen Wissenschaftskonzept bedeutet bei Hegel aber keineswegs den Ausschluß der Erfahrung aus der Wissenschaft; ihr mißt er in seinem Gesamtwerk vielmehr eine außerordentlich hohe Bedeutung bei, aber eben nicht als Prinzip der Wissenschaft. So macht Hegel deutlich, daß es nicht erlaubt wäre, den »sogenannten« Wissenschaften »alle Realität«, d. h. die »wahrhafte« Wissenschaftlichkeit bloß deswegen abzusprechen, »weil sie eigentlich empirisch seyen« (435); dies ist nur dann berechtigt, wenn sie sich durch ihr empiristisches Prinzip aus der Sphäre philosophischer Wissenschaft ausschließen. Was daraus generell für das Verhältnis von Wissenschaft und Erfahrung folgt, machen die Seiten 509-511 deutlich, in denen es um die Beziehung des Naturrechts zu der positiven, sich mit dem positiv Vorhandenen beschäftigenden Rechtswissenschaft geht. Kurz gesagt: Wenn die Empirie nicht selbst zum Prinzip der Wissenschaftlichkeit der Wissenschaften taugt, kann nur die Philosophie dieses Prinzip bereitstellen, und damit wird sie auch zum ersten oder letzten Kriterium der wissenschaftlichen Empirie und ihrer Gegenstände. Sowohl die Abgrenzung wie der Realitätsnachweis der empi-

9 Vgl. Kant, KrV, B 366ff.

rischen Gegenstandsbereiche sind nach Hegel eine Angelegenheit der Philosophie, die allein über die Perspektive verfügt, in der so etwas entschieden werden kann: die der Totalität (509). Wie sehr dies unserem Vorverständnis von Wissenschaft widerspricht, macht vielleicht unsere Reaktion auf folgende Sätze deutlich: »Was die Philosophie als nicht reell erweist, von dem ist unmöglich, daß es in der Erfahrung wahrhaft vorkomme; und wenn die positive Wissenschaft sich auf die Wirklichkeit und die Erfahrung beruft, so kann die Philosophie ihren Erweis der Nichtrealität eines von der positiven Wissenschaft behaupteten Begriffes ebenso nach der empirischen Beziehung aussprechen, und leugnen, daß jenes, was die positive Wissenschaft in der Erfahrung und Wirklichkeit zu finden vorgibt, in ihnen gefunden werde.« (511) Hegel könnte hier für sich anführen, daß die Frage nach der Wissenschaftlichkeit von Wissenschaften immer eine philosophische Frage war und auch heute noch in der philosophischen Disziplin ›Wissenschaftstheorie‹ erörtert wird; fraglich ist freilich, ob sie dort auch entschieden werden kann. Daraus folgt zugunsten Hegels: »Ob etwas eine subjective Ansicht, oder eine objective Vorstellung, ein Meinen oder Wahrheit sei, kann die Philosophie allein ausmachen.« (511) In der Tat werden auch heute noch die Probleme ›Objektivität‹ und ›Wahrheit‹ in der philosophischen Disziplin ›Erkenntnistheorie‹ diskutiert, wenn vielleicht auch nicht entschieden. Das stärkste Argument Hegels aber bezieht sich auf die Tatsache, daß in den Wissenschaften nicht die »unmittelbare Anschauung selbst, sondern dieselbe in das Intellectuelle erhoben, gedacht und erklärt, aus ihrer Einzelheit genommen und als Nothwendigkeit ausgesprochen«, allein »für Erfahrung gilt« (511/2). Es geht also um wissenschaftliche Erfahrung, und die steht immer schon in einem theoretischen Kontext, der auch darüber entscheidet, was eine relevante Beobachtung ist oder nicht. So gelangt Hegel schon in dieser frühen Schrift zu der Grundfigur ›Philosophie und Erfahrung‹, an der er immer festhielt – vor allem im Verhältnis seiner Naturphilosophie und Philosophie des Geistes zu den empirischen Naturwissenschaften und den damals entstehenden historischen Geisteswissenschaften: Anschauung und Erfahrung als solche »beweisen« nichts über die Philosophie, denn die operiert immer schon auf der Ebene des Begriffs und des Denkens. Dies entbindet die Philosophie aber nicht von der Pflicht, wenn sie über die natürliche oder geistige Wirklichkeit spricht, die Realität ihrer Gedankenbestimmungen in diesem Feld zu »erweisen« oder nachzuweisen. Daraus folgt: Wo ihr dies nicht gelingt, sind nicht die Begriffe irreal, sondern die sogenannte Wirklichkeit hat sich als irreal, d.h. als bloßer Schein, abstraktes Dasein oder »faule Existenz« erwiesen. Genau in diesem Sinne ist der berühmt-berüchtigte Satz aus der Vorrede zu den GPR zu verstehen: »Was vernünftig ist, das ist wirklich, und was wirklich ist, das ist vernünftig.« (GPR, Vorrede; 7, 24) Die Attacken gegen ihn hat Hegel dann abzuwehren versucht durch den Hinweis auf die angeführte Differenz zwischen Wirklichkeit und bloßem Schein, Dasein etc. (vgl EPW, § 6; 8, 47), über die freilich die Philosophie in letzter Instanz entscheide. Die praktisch-philosophische Konsequenz dieses Gedankens ist das bekannte, Hegel zugeschriebene Diktum »Wenn Begriff und Tatsachen nicht übereinstimmen, dann um so schlimmer für die Tatsachen«, das sich zwar in dieser Formulierung nicht nachweisen läßt, sonst aber gut erfunden ist. In zahlreichen Varianten hat Hegel behauptet, daß eine Wirklichkeit, die ihrem Begriff nicht entspricht, keinen Bestand habe, und in diesem Sinne haben vor allem die Junghegelianer, Marx und die Marxisten bis in unsere Tage an das »Was vernünftig ist, das ist wirklich« revolutionäre Hoffnungen geknüpft.

(b) Die Wissenschaft und die Wissenschaften

Das Konzept »wahrhafter« Wissenschaft, das Hegel seiner Beurteilung der traditionellen Behandlungsarten des Naturrechts zugrunde legt, ist mit der Tatsache der Pluralität von Wissenschaften nicht unvereinbar; es gerät nur dort in Konflikt mit ihnen, wo die konkrete Gestalt philosophischer Wissenschaften in »reine« Philosophie und ein beziehungsloses Nebeneinander »sogenannter«, d.h. sich empiristisch verstehender Wissenschaftsdisziplinen zerfallen ist. Wie Einheit und Vielheit der Wissenschaften im Zusammenhang »wahrhafter Wissenschaft« zu denken sei, macht Hegel bereits zu Beginn seiner Schrift klar: »Jeder Teil der Philosophie« ist »in seiner Einzelnheit fähig, eine selbständige Wissenschaft zu seyn und eine vollkommene innere Notwendigkeit zu gewinnen« (435). Daß jeder einzelne Teil der Philosophie »eine vollkommene innere Notwendigkeit« gewinnen kann, besagt dasselbe wie zu »einer selbständigen Wissenschaft« zu werden, weil Hegel (mit Aristoteles) die Wissenschaftlichkeit der Wissenschaften durch das

Prinzip ihrer vollständigen Begründung definiert. Daran hielt er auch in den späteren Werken fest. In der EPW machte er deutlich, daß dieses Kriterium nur durch die Systemform des alle seine Voraussetzungen begründend einholenden Kreises von Kreisen eingelöst werden kann, wobei die einzelnen Wissenschaften die den Gesamtkreis ausmachenden Epizyklen bilden (vgl. EPW, § 15; 8, 60). Dies wäre freilich unmöglich, wenn die einzelnen Wissenschaften in »ihrer Einzelnheit« nicht schon »an sich« – eigentlich, implizit – das Allgemeine der Idee enthielten. Die Idee als das Absolute liegt dem Text zufolge über deren »Sphäre ihres Erkennens und ihrer Freyheit« (435) – ›Freyheit‹ meint hier Autarkie, Unabhängigkeit, aufgrund ihrer »vollkommenen inneren Notwendigkeit« –, und darum steht sie zu ihnen zugleich in einem Verhältnis »äußerer Notwendigkeit«: als eine ihnen gegenüber höhere und zugleich fremde Macht. »Äußere Nothwendigkeit« aber ist nicht die Bestimmung der Idee selbst, die sich in jeder einzelnen der »bestimmten«, individuellen Wissenschaften in einer Weise »rein« zu »reflektieren« vermag, für die Hegel als Vergleich das Verhältnis von »absolutem Leben« und »Lebendigem« anführt. Wie dieses Verhältnis beschaffen ist, führt Hegel an dieser Stelle nicht aus; er setzt es offenbar bei den Lesern als bekannt voraus. Gemeint ist nicht ein positives Sichmanifestieren des absoluten Lebens im Lebendigen, sondern der Gedanke, daß Leben und Lebendiges negativ aufeinander bezogen sind, weil das Leben immer schon in eine Vielfalt des Lebendigen auseinandergetreten ist. Das an das Lebendige verlorene Leben aber erhält sich als absolutes Leben im Lebendigen am Leben durch dessen Negation, durch seinen Tod, und manifestiert sich eben dadurch als das Absolute; umgekehrt muß das Lebendige als die Negation des Lebens bestehen, damit sich das Leben in der Negation dieser Negation als absolutes manifestieren kann. Diese Dialektik des Lebens hat Hegel später in der *Phänomenologie des Geistes* (PhG) genauer ausgeführt; sie hat ihre Herkunft in Hölderlins »Vereinigungsphilosophie« im Zeichen der Liebe und des Lebens[10] und bestimmte in ihren Vorformen bereits die frühen Schriften Hegels vor der Jenaer Zeit, aber eben auch seine Beiträge zum *Kritischen Journal*.

Die Dialektik des Lebens wird im Text erläuternd auf die Idee

10 Vgl. Henrich (1971), 9; zur Entstehung der Dialektik auch Kondylis u. Baum.

»wahrhafter« (435) philosophischer Wissenschaft angewandt, ohne daß die negative Spannung zwischen der Philosophie des Absoluten und den einzelnen Wissenschaften, die jenes Leitmodell enthält, ganz ausgeführt wäre. Als »glänzendes, von den anderen Wissenschaften beneidetes Beyspiel« »jener eigenen und doch freyen wissenschaftlichen Ausbildung einer Wissenschaft« führt Hegel die Geometrie an (ebd.); daß sich »ihre innere Vernünftigkeit« nicht »zum Tage heraus in die reine Form der Idee« erhebt, »welche das Wesen jeder Wissenschaft« (ebd.) ausmacht, ist kein Einwand dagegen. Das Moment der Negativität zeigt sich zumindest darin, daß die Geometrie nach Hegel von der »Philosophie als der absoluten Wissenschaft« verschieden bleibt, weil nur in ihr die Idee »als diese reine Idee« (435) realisiert ist. Diese innere, interne Differenzen erzeugende Negativität der absoluten Idee erzeugt auch das zweite Element der »Vollendung der Wissenschaft«, von dem Hegel an derselben Stelle spricht: daß nämlich »der abgesonderten obzwar wahrhaften Wissenschaft ihre Einzelnheit genommen, und ihr Princip nach seinem höhern Zusammenhang und Notwendigkeit [sic!] erkannt und eben dadurch selbst vollkommen befreit werde« (435/6). Die Aufhebung der Differenzen zwischen den einzelnen Wissenschaften im Zusammenhang der absoluten Idee und der absoluten Wissenschaft bedeutet somit zugleich ihre Bewahrung und zudem die wahre »Befreiung« dieser Wissenschaften zu selbständigen Gestalten der einen Wissenschaft – dies im Sinne jener dreifachen Bedeutung von ›Aufhebung‹ bei Hegel: Negation, Konservierung, Erhebung auf ein höheres Niveau.

Wie aber ist am Ort der einzelnen, das Empirische nicht aus sich ausschließenden Wissenschaften die »Vollendung der Wissenschaft« möglich? Hegel nennt eine negative Bedingung: »Jeder Teil oder jede Seite der Philosophie« kann eine selbständige Wissenschaft sein. Sie als ein »selbständiges und vollendetes Bild« aufzunehmen setzt eine »Anschauung« voraus, »welche rein und glücklich sich der Verunreinigung mit fixen Begriffen enthält« (435). Das Vorbild ist hier Goethes Konzeption einer anschauenden Naturwissenschaft, die für die Ausbildung der um 1800 von Schelling und Hegel gemeinsam vertretenen spekulativen Naturphilosophie auf der Grundlage intellektueller Anschauung eine große Bedeutung hatte. Hegel hat später die Anschauung als Basis der Naturphilosophie ausdrücklich verworfen, ohne jedoch die

Bedeutung Goethes für seinen philosophischen Weg im geringsten zu schmälern (vgl. *Enzyklopädie der philosophischen Wissenschaften* (EPW), 246; 9, 15 ff.; auch den Huldigungsbrief an Goethe vom 24. April 1825, in: Briefe 3, 82 f.). – Die »Verunreinigung mit fixen Begriffen« hingegen entspricht wieder der polemischen Zurückweisung des Empirismus, aber auch des Kantischen Konzepts der »reinen Verstandesbegriffe«, mit deren Hilfe die Synthesis des Mannigfaltigen der Anschauung zur Einheit des Gegenstandes zustande kommen soll; von seinem Begriff der Anschauung und des Begriffs aus betrachtet kann Hegel dies nur als »Verunreinigung« der wahren Anschauung erscheinen. Hegel geht demgegenüber aus von einer quasi-natürlichen Affinität der »rein und glücklich sich der Verunreinigung mit fixen Begriffen« (435) enthaltenden Anschauung zur wahren Wissenschaft, und er sieht den die Begriffe fixierenden Verstand als das entscheidende Hindernis an, das der wahrhaft philosophischen Wissenschaft entgegensteht; auch dies bleibt ein Leitmotiv Hegels bis ins Spätwerk (vgl. die 2. Vorrede zur EPW; 8, 13 ff.).

Bestätigt wird dies durch die Art und Weise, in der Hegel die Gegenstände seiner Naturrechtskritik deduziert. Der Ausgangspunkt ist der schon zitierte »Unterschied des Princips der Wissenschaft ... ob sie im Absoluten, oder ob sie außer der absoluten Einheit, in dem Gegensatze ist« (ebd). Für Hegel existiert eine naive, dem Weltverhältnis des Kindes entsprechende Einstellung zur Welt, ohne alle differenzierenden Verhältnisbegriffe, die bloß der Vorstellung folgt und doch in dem elementaren Sinne Wissenschaft ist, in dem sie in der Vorstellung Idealität, d. h. In-Verhältnissen-Stehen, realisiert, wenn auch in ganz abstrakter Form. Diese naive, bloß vorstellende Empirie – und es ist nicht ganz leicht, hier nicht an Goethe zu denken – hält Hegel sogar für das, was »vorzüglich empirische Wissenschaften« (ebd.) zu nennen wäre. Durch praktische Wissenschaften aber – und damit meint Hegel, wie die späteren Beispiele zeigen, die Wissenschaften oder die Philosophie der Praxis, die sich notwendig nicht nur für »Qualitäten«, sondern bevorzugt für »Verhältnisse« interessieren und darum »auf etwas reell allgemeines oder auf eine Einheit gehen, welche die Einheit von Differentem ist« (ebd.) – kommen nach Hegel Differenzen ins Spiel, die die »wissenschaftlichere Empirie« im Unterschied zu jener reinen, naiven Empirie in »Begriffsform fixirt« (439), und damit ist die Wissenschaft unter der Denkform des Verstandes gemeint. Sofern also die praktische Wissenschaft das in »negativer Absolutheit« fixierte Verstandesallgemeine – d. h. das Allgemeine als das ganz Andere des Besonderen – noch mit dem Inhalt vermengt, ist sie empirische Wissenschaft (im üblichen Sinn des Wortes – H. S.); trennt sie das »negativ Absolute« konsequent vom Inhalt, ist sie *»rein formelle* Wissenschaft«. Damit ist nach Hegel der »spezifische Unterschied zwischen den beyden unächten Arten der wissenschaftlichen Behandlung des Naturrechts festgesetzt« (ebd.).

(c) Maßstab und Methode der Kritik des Naturrechts

Für das Konzept »wahrhafter« Wissenschaft, das Hegel seiner Kritik der »unächten« Behandlungsarten des Naturrechts zugrunde legt, kann somit festgehalten werden: die Beziehung der Wissenschaft aufs Absolute, die als eine wesentlich negative Beziehung die Vielheit selbständiger Wissenschaften einschließt, ist in methodologischer Hinsicht ein angemessenes Verhältnis von Anschauung und Begriff. Damit ist in Umrissen das Modell »spekulativer« Wissenschaft angegeben, an dem sich damals Schelling und Hegel gemeinsam orientieren, und das im Zeichen der »intellektuellen Anschauung«, d. h. des einzig angemessenen Verhältnisses von Anschauung und Begriff, steht. Interessant ist, daß diese außerordentliche Aufwertung des bei Kant und im Kritizismus pejorativ verwendeten Wortes ›Spekulation‹ als Ausdruck vernünftiger Erkenntnis des Absoluten und damit auch die Begründung der Möglichkeit eines Vernunftsystems der absoluten Identität ursprünglich auf Hegel zurückgeht; von ihm wird jenes zum ersten Mal so verwendet in der DS und dann in diesem Sinne von Schelling in seiner *Darstellung meines Systems der Philosophie* (1801) übernommen, der zuvor noch an dem negativen Sinn von ›spekulativ‹ festgehalten hatte.[11] (Wie die Vereinigung von Anschauung und Begriff in der Spekulation genauer zu denken sei, wird in den einleitenden Absätzen der WBN nur angedeutet. Einmal heißt es, die »Vollendung der Wissenschaft« erfordere es, »daß ... die Anschauung und das Bild mit dem Logischen vereinigt, und in das rein Ideelle aufgenommen sei« (435); zum anderen muß nach Hegel den »frühern Behandlungsarten des Naturrechts« deswegen »für

11 Vgl. Düsing (1969).

das Wesen der Wissenschaft alle Bedeutung abgesprochen werden; weil sie zwar im Gegensatze und in der Negativität, aber nicht in der absoluten Negativität, oder in der Unendlichkeit sind, welche allein für die Wissenschaft ist, sondern sowenig das Positive als das Negative rein haben und Vermischungen von beiden sind« (437). Mit der zweiten Formulierung ist Schellings Methode der Potenzen, die er in seinen naturphilosophischen Schriften entwickelt hatte,[12] angesprochen. Ihrer bedient sich Hegel später im Text selbst explizit (vgl. 476-480). Zuvor wurde deutlich, daß Hegel von einer Parallelität von Anschauung und Denken mit Positivität und Negativität ausgeht, was bedeutet, daß der Vorwurf der bloßen Vermischung von Anschauung und Begriff, den Hegel gegen den Empirismus und Kritizismus erhebt, zugleich der Vorwurf der bloßen Vermischung des Positiven mit dem Negativen ist. Das Gegenkonzept ist die »Vereinigung« beider im Sinne ihres Aufgenommenseins in das »rein Ideelle«, d. h. in die Identität der Idee. Diese reine Idealität wird zugleich als »absolute Negativität« oder wahre »Unendlichkeit« bestimmt – ganz nach dem Vorbild von Schellings Identitätsphilosophie um 1800. – Wiederaufgenommen wird dieses Leitmodell der Kritik dort, wo Hegel sogar behauptet, es »erhell(e) doch von selbst, daß die Ingredienzen beider [betrachteten Positionen], empirische Anschauung und Begriff, dieselben« (439) seien und daß sie wegen der ihnen gemeinsamen Fixierung von Anschauung und Begriff in einem abstrakten Gegenüber gemeinsam, wenn auch mit umgekehrtem Vorzeichen, daran leiden, daß »die absolute Idee und Einheit nicht vorhanden sein kann« (ebd.). Genau dieses Abwesende aber ist für Hegel der Maßstab allein wahrer Wissenschaft.

Hegel formuliert aber nicht nur den Maßstab der Kritik an den bisherigen Behandlungsarten des Naturrechts, sondern auch die Methode der Kritik, die sich aus der Voraussetzung ergibt, man verfüge effektiv über diesen Maßstab. Denn ist dies der Fall, und glaubt man, mit Schelling und Hegel die Perspektive einer Wissenschaft des Absoluten einnehmen zu können, dann sind jene Behandlungsarten als überwundene und abgelegte Vorformen wahrer Wissenschaft nur mehr von historischem Interesse: »Es würde allein das Interesse einer Neugierde über das Geschichtliche der

12 Vgl. den Stellenkommentar zu WBN 476, 34; auch den Abschnitt II. 2 dieses Kommentars.

Wissenschaft sein, welches bei ihnen verweilen könnte.« (437) Dieses Interesse ist nach Hegel ein zweifaches. Einmal bezieht es sich darauf, die früheren Behandlungsarten des Naturrechts »mit der absoluten Idee zu vergleichen und in der Verzerrung derselben selbst die Notwendigkeit zu erblicken, mit welcher durch eine Bestimmtheit, die Prinzip ist, verzogen die Momente der absoluten Form sich darstellen und selbst unter der Herrschaft eines eingeschränkten Prinzips doch diese Versuche beherrschen« (437/8); zum anderen geht es darum, »auch den empirischen Zustand der Welt sich in dem ideellen Spiegel der Wissenschaft reflektieren zu sehen« (438). In beiden Fällen ist das historische Interesse ein rein objektivierend-diagnostisches; was untersucht wird, ist kein Gegenüber mehr, von dem man lernen könnte, sondern es ist nur noch als Symptom interessant – sowohl als lehrreiches Beispiel der Verzerrung des Absoluten unter der »Herrschaft eines eingeschränkten Prinzips«, das die Momente der absoluten Form »verzieht«, wie als ideelle Widerspiegelung des »empirischen Zustand(es) der Welt«.

Hegel erläutert den zweiten Aspekt dieses historischen Interesses zuerst. Hier formuliert er erneut den Gedanken aus der DS, zwischen dem Zustand der Philosophie unter der Herrschaft des abstrakten Verstandes und dem realen Zustand der »Entzweiung« bestehe ein innerer Zusammenhang (vgl. 2, 20ff.). Somit sind auch die theoretisch notwendige, d. h. durch das Verstandesdenken verursachte Verzerrung des wahren Gegenstandes des Naturrechts in dessen »unächten« Behandlungsarten und der empirische Zustand dieses Gegenstandes nur zwei Aspekte desselben Sachverhaltes. Hier haben wir die Grundfigur des Marxschen Ideologiebegriffes vor uns, dem zufolge Ideologie gesellschaftlich notwendig falsches Bewußtsein ist, und sie ist dies, weil die Gesellschaft so organisiert ist, daß sie sich notwendig im Bewußtsein der Menschen verkehrt darstellt. Die Brücke zwischen dieser Textstelle und Marx bildet das Kapitel der PhG über die »Welt des sich entfremdeten Geistes«, dem zufolge sie sich den Menschen notwendig als eine »verkehrte Welt« zeigt (3, 359ff.). Für diese Zusammengehörigkeit der notwendigen »Verzerrung« der »absoluten Idee« durch »eine Bestimmtheit [des Verstandes], die Prinzip ist«, und des »empirischen Zustandes der Welt« gibt Hegel im Unterschied zu Marx freilich eine philosophische Begründung: Einmal sei zu erwarten, daß »im Zusammenhang aller Dinge« Empirie und Wissenschaft gemeinsam den »Zustand der Welt« ausdrücken; zum anderen gelte dies für das Naturrecht, dessen Gegenstand »das Sittliche, der Beweger aller menschlichen Dinge« sei. Beides, das Sittliche und die Wissenschaft vom Sittlichen, haben nach Hegel ein »Dasein« und gehören so der »Notwendigkeit« (438) an – wir würden heute sagen: beide stehen unter denselben empirischen und historischen Bedingungen der Wirklichkeit. Diese Gemeinsamkeit ist für Hegel ein zureichender Grund dafür, das Naturrecht und seinen Gegenstand als zwei Aspekte des einen »Zustandes der Welt« anzusehen. Der Gedanke der inneren, vorgängigen Zusammengehörigkeit von Theorie und Gegenstand ist bei Hegel die Konsequenz des spekulativen Ausgriffs auf das Absolute oder die Idee, der Schelling und seinem Konzept »wahrhafter« Wissenschaft schon zugrunde liegt. Bei Marx wird jener Gedanke dann von seiner philosophisch-spekulativen Fundierung abgelöst und gesellschaftstheoretisch begründet: Gesellschaft und Gesellschaftstheorie seien deswegen nicht einander äußerlich, weil der Zustand der Gesellschaftstheorie selbst ein gesellschaftlicher Tatbestand sei.[13] Auch in der Tradition der Hermeneutik und der hermeneutischen Philosophie (Dilthey, Heidegger, Gadamer u. a.) wirkt jenes Hegelsche Motiv fort – als Hinweis auf die ursprüngliche Zusammengehörigkeit von »Subjekt« und »Objekt« im Verstehen und der daraus resultierenden Kritik am Objektivismus in den »Geisteswissenschaften«.

Kritik der bisherigen Behandlungsarten des Naturrechts ist somit bei Hegel zunächst nichts anderes als ein Verfahren objektivierender Diagnose, das sie als Symptome des »empirischen Zustandes der Welt« (438) deutet; man kann dies als Vorform moderner Ideologiekritik verstehen. Dann aber wendet sich Hegel auch dem anderen Aspekt zu: der »Verzerrung« der absoluten Idee unter der »Herrschaft eines eingeschränkten Prinzips«, und dies auch unabhängig von dem Ziel, darin den »empirischen Zustand der Welt« wiederzufinden: es geht um das Interesse, selbst in jener »Verzerrung« die »Notwendigkeit zu erblicken, mit welcher ... die Momente der absoluten Form sich darstellen ... und doch diese Versuche beherrschen« (437/8) – trotz ihrer »Verzogenheit« und »selbst unter der Herrschaft eines eingeschränkten Prinzips«. Dies ist eine frühe Ausprägung eines der wichtigsten methodologischen Grundsätze des Hegelschen Denkens – des Prinzips der

13 Vgl. Marx, L, 213 f.

»immanenten Kritik«. Dabei geht es nicht darum, an den kritisierten Gegenstand Maßstäbe heranzutragen, die nicht die seinen sind; vielmehr soll versucht werden nachzuweisen, daß das Kritisierte seinen von ihm selbst akzeptierten Maßstäben nicht genügt und deswegen sich von selbst im Sinne der kritisierenden Instanz verändert. (Paradigmatisch hat Hegel dieses Prinzip in der Einleitung zur PhG formuliert.) Hier finden wir dieses Motiv auf das »unächte« Naturrechtsdenken angewandt: Für Hegel ist der Verstand samt seinen »fixen Begriffen« der entscheidende Störfaktor der »wahrhaften« Wissenschaft. Ihren Höhepunkt erreicht dieses Wirken des Verstandes in der »kritische(n) Philosophie, welche sich auch transzendentaler Idealismus nennt« (437), und dies gilt »wie überhaupt, so besonders im Naturrecht«. Das Bild der sich auf der Wasseroberfläche ausbreitenden konzentrischen Kreise soll nahelegen, daß die kritische Philosophie – gemeint ist das Werk Fichtes, mit dessen Naturrechts- und Sittenlehre er sich in seinen frühen rechtsphilosophischen Schriften bevorzugt auseinandersetzt[14] – bereits den »Kulminationspunkt desjenigen Gegensatzes« erreicht habe, wo dieser Gegensatz »durch den absoluten Begriff der Unendlichkeit sich selbst verständigte und als Unendlichkeit auch sich aufhebt«. (437) Wie dieser Satz genauer zu verstehen ist, deutet Hegel in einer Fußnote an: Im Anschluß an einen mathematischen Streit, der heute nur noch von historischem Interesse ist, versucht Hegel, ein Fichtesches Argument gegen ihn selbst zu wenden; es müßte nach Hegel eine »Hilfe« enthalten »gegen den unendlichen Progreß, in welchem die absolute Idee sich realisieren soll«, und zugleich sei damit aber »über die Hauptsache, die positive Unendlichkeit, welche nicht unendliche Menge, sondern Identität ist, nichts bestimmt, ob diese zu setzen ist« (436). Der Vorwurf gegen Fichte ist somit: Sein Denken faßt die absolute Idee nur als unendlichen Progreß ihrer sittlich gebotenen Realisierung – als unendliches Sollen –, vermag aber nicht zur positiven Unendlichkeit durchzudringen, die Schelling in seiner Identitätsphilosophie als Indifferenz von Endlichkeit und Unendlichkeit »gesetzt« hatte. Hegel macht bereits hier implizit Gebrauch von der logischen Figur der »absoluten«, sich selbst aufhebenden Negativität, die unmittelbar in ihr Gegenteil, die wahre Unendlichkeit, umschlägt; daß er sie hier auf Fichte bezieht, bedeutet: Die anderen Natur-

14 Vgl. Wildt.

rechtskonzeptionen befinden sich nicht auf diesem Niveau, und daraus folgt, daß sie nicht mehr von wahrhaft wissenschaftlichem, sondern bloß noch von historischem und diagnostischem Interesse sind. In Fichte sieht er somit historisch den Punkt erreicht, wo das Naturrecht eine Chance hat, seiner »Vollendung« als Wissenschaft entgegenzugehen, weil es hier tatsächlich »in der absoluten Negativität oder in der Unendlichkeit« angekommen ist, »welche allein für die Wissenschaft ist«. (437) So ist für Hegel das Fichtesche Naturrecht die einzige Konzeption, die immanente Kritik auf gleichem theoretischen Niveau verdient, während es im übrigen heißt: »Den früheren Behandlungsarten des Naturrechts und demjenigen, was für verschiedene Prinzipien desselben angesehen werden müßte, muß daher für das Wesen der Wissenschaft alle Bedeutung abgesprochen werden.« (437) Gleichwohl wendet Hegel die Figur der immanenten Kritik auch auf die »beiden unächten Arten der wissenschaftlichen Behandlung des Naturrechts«, um im Falle der empirischen Behandlungsart zu zeigen, »wie die absolute Idee nach den Momenten der absoluten Form in ihr erscheint«, und im Falle des »rein-*formellen*« Modells, »wie das Unendliche oder das negative Absolute es vergebens zu einer positiven Organisation zu bringen sucht« (439/40). Auch hier besteht die immanente Kritik bezüglich Fichte in dem Nachweis, daß sich durch die eigene Logik der betrachteten Position und hinter ihrem Rücken, d. h. ohne daß ihr dies selbst zum Bewußtsein käme, das Absolute in ihr als die negative Macht durchsetzt.

(d) Zur Kritik der empirischen Behandlungsart

An den Beispielen Ehe und Strafe konkretisiert Hegel, was für ihn das fundamentale Gebrechen der empirischen Behandlungsart ausmacht: Irgendwelche allgemeinen Bestimmungen, die mit diesen komplexen Phänomenen verknüpft sind, werden durch den Verstand abstraktiv herausgehoben und für das Wesen der Sache erklärt, d. h. als »absolutes Sein« ausgedrückt, somit mit dem »Schein der Notwendigkeit« (441) versehen, und auf diese Weise würden »auch eine Absolutheit des Inhalts erschlichen und ... Gesetze und Grundsätze [mit absoluter Geltung] konstituiert« (442). Es ist klar, daß auf diesem Wege die »Totalität des Organischen« (440) nicht zu erreichen ist, aber Hegel sieht gleichwohl die empirische Wissenschaft unter dem Bann des »Bild(es) und d(es) Bedürfnis(ses) der absoluten Einheit« (442): »Es ist teils an sich interessant in diesem wissenschaftlichen Bemühen und in dem trüben Medium desselben, selbst noch den Reflex und die Herrschaft des Absoluten, aber zugleich die Verkehrtheit desselben zu erblicken.« (Ebd.) In solchen herablassenden Formulierungen verbindet sich der überlegen-diagnostische Blick auf das zu Kritisierende mit der Sicherheit, dessen immanente Kritik werde das wahre Absolute schon zutage fördern. Diesem Nachweis ist der weitere Text gewidmet. Hegel führt zunächst aus, daß Empirismus und Formalismus in der Perspektive der Totalität sich komplementär zueinander verhalten, und wichtig ist, daß Hegel beide Ansätze als in der empiristischen Behandlungsart vereinigt ansieht; ihm zufolge ist der Empirismus des Naturrechts empirisch und formalistisch zugleich. (Von der »formell-allgemeinen« Behandlungsart, in der dies nicht mehr der Fall ist, handelt er später.) Dann unterstellt Hegel beiden Ansätzen einen notwendigen Zugriff auf das Ganze ihres Gegenstandes, die dem Empirismus dann als »Totalität des Mannigfaltigen oder als Vollständigkeit«, dem Formalismus hingegen als »Konsequenz« (443) – d. h. als Inbegriff dessen, was aus abstrakt-allgemeinen Prinzipien folgt – erscheinen muß. So erklärt sich auch der Ausdruck »Ekelnamen des Empirischen«: Der Formalist ist nach Hegel genötigt, das in seinem Konzept nicht Aufgehende unter diesem Titel »stolzerweise von seiner Apriorität und Wissenschaft ... auszuschließen« (443), und es fällt nicht leicht, nicht bereits an dieser Stelle an Kants angeblichen Formalismus zu denken, von dem ja erst im nächsten Abschnitt ausführlich die Rede ist. Das Auseinanderfallen von Form und Inhalt im empiristischen Modell ist dann für Hegel auch die Genese der im Naturrechtsdenken üblichen Rede vom »*Naturzustand*« und der »*Natur und Bestimmung des Menschen*« (444/5), auf die sich hier in der Tat vor allem in normativen Zusammenhängen als Maßstab des positiven Rechts bezogen wird; Hegel versteht das zugleich Verbindliche und Fiktiv-Modellartige des damit Angesprochenen als »härtesten Widerspruch«.

So reißt der Verstand nach Hegel in der empirischen Behandlungsart des Naturrechts Allgemeines und Besonderes, Notwendiges und Zufälliges abstraktiv auseinander und glaubt, »absolut Notwendiges« (445) oder *a priori* und deswegen unbedingt Verbindliches vor sich zu haben, wenn er sich nur an das Abstrakte hält (vgl. 445 f.). Hegel behauptet dann, daß über die Frage, was zu dem abstrakt Prinzipiellen gehöre und was nicht, genau das entscheide, was man unter solchen Prinzipien zu denken und zu beurteilen beabsichtige: »das richtende Prinzip für jenes Apriorische ist das Aposteriorische.« (445) So gerät hier die Begründung des Naturrechts zirkelhaft, ja sie gerät, wie Hegel am Modell des Naturzustandes als *bellum omnium contra omnes* (Hobbes) ausführt, zur Projektion des Faktischen ins *a priori* Normative (vgl. 446 ff.). Daß die Begründungen des Naturrechts zirkelhaft seien, weil sie auf einer Projektion der Zustände in den Naturzustand beruhen, die von hier aus begriffen und beurteilt werden sollen, ist ein Verdacht, den wohl mit einiger Breitenwirkung zuerst Rousseau äußerte;[15] er ist seitdem unzählige Male wiederholt worden und gilt immer noch für viele als das durchschlagende Argument gegen naturrechtliches Denken überhaupt. Rousseaus eigener Versuch, ihm dadurch zu entgehen, daß er sich auf die allgemeine Natur des Menschen bezieht[16], verfällt Hegel zufolge ebenfalls seinem Argument, denn es betrifft auch alle Vorstellungen von irgendeiner allgemeinen Menschennatur. Wie beim Thema ›Ideologie‹ gilt auch hier, daß dieser außerordentlich wirksame Einwand gegen abstraktes Naturrechtsdenken, der eine eigene Tradition ausbildete, bei Hegel selbst die Perspektive des Absoluten oder der Idee als »organischer Totalität« voraussetzt. Im übrigen wollte Hegel nicht wie die Historische Rechtsschule oder der Historismus überhaupt das Naturrecht abschaffen, sondern es vernünftig rehabilitieren – auch und gerade gegen jenen Projektionseinwand.

Dann leitet Hegel über zu einem weiteren bemerkenswerten Argument gegen das empiristische Naturrechtsdenken: Es sei genötigt, »insofern die Einheit als Ganzes gesetzt wird, den leeren Namen einer formlosen und äußeren Harmonie unter dem Namen der Gesellschaft und des Staats zu setzen« (447). Dadurch nehme das Allgemeine selbst »etwas Formelles, nur über der Vielheit Schwebendes, nicht sie Durchdringendes« (448) an. So trete an die Stelle des »Göttlichen der Vereinigung ein Äußeres für die vereinigten Vielen, welche mit demselben nur im Verhältnis der Herrschaft gesetzt werden müssen, weil das Prinzip dieser Empirie die absolute Einheit des Einen und Vielen ausschließt.« (448) Hegel erkennt im abstrakten Verstand das Prinzip der Herrschaft wieder;

15 Vgl. Rousseau, 79 f.
16 Vgl. ebd., 80.

beide sind für ihn zwei Aspekte des einen »Zustandes der Welt«. Der Verstand dominiert, wo das »Göttliche der Vereinigung« aus einer gelebten Wirklichkeit verschwunden ist, so daß nun in ihr »allein Herrschen und Gehorchen möglich« (ebd.) sind. Umgekehrt vermag der Verstand die gelebte Wirklichkeit nur in Modellen des Herrschens und Gehorchens zu denken, weil ihm keine anderen als die verständigen Denkmittel zur Verfügung stehen. So faßt Hegels Naturrechtskritik mit ihrer Überwindung der Verstandesperspektive nichts Geringeres ins Auge als die Überwindung der Herrschaft am Orte der »organischen« oder absoluten Sittlichkeit. Weil dies aber erfordert, den Empirismus und Formalismus hinter sich zu lassen, kann man an dieser Stelle von Hegels spekulativem Anarchismus sprechen, der eine bestimmte Tradition des Hegelianismus bis heute bestimmt. Es handelt sich dabei um die linkshegelianische Tradition, die aus der Vollendung der Philosophie unmittelbar die Aufgabe einer praktischen Aufhebung von Herrschaft überhaupt ableitet; die Linie reicht von Feuerbach über den jungen Marx bis zur Kritischen Theorie. Hegel selbst hat später die Differenz zwischen dem objektiven Geist, dem der Staat zugehört, und dem absoluten Geist – Kunst, Religion, Philosophie – betont, wodurch die »Versöhnung mit der Wirklichkeit«, welche die Philosophie bietet (vgl. Vorrede zu den GPR; 7, 27), von einer Versöhnung in der Wirklichkeit selbst, wie sie die WBN in der Formel des »Göttlichen der Vereinigung« beschwören und wie sie die Junghegelianer dann wieder einfordern werden, prinzipiell verschieden bleibt. Der Hegelsche Staat ist nicht die Abschaffung von Herrschaft, sondern deren zugleich wirkliche und vernünftige Gestalt.

Die restlichen Passagen dieses Abschnittes sind der »absoluten Idee der Sittlichkeit« gewidmet, die Hegel als die Identität dessen bestimmt, was der Verstand in Naturzustand und Rechtszustand, gelebtes Chaos und »Majestät und Göttlichkeit des Ganzen des Rechtszustandes« (448), auseinanderreißt; in ihr soll auch »die wahrhafte Sittlichkeit des Einzelnen« (449) ihren Ort finden. Der Text legt dann die Vorstellung nahe, als sei es nur eine Frage der Berichtigung des Bewußtseins, der Selbstkritik des abstrakten Verstandes, ja der Vermeidung einer »Ungeschicklichkeit der Vernunft« (450), jener »absoluten Idee der Sittlichkeit« mächtig zu werden, und dazu will die Schrift insgesamt ja auch verhelfen. Wieder wird die unbefangene Anschauung als eine Bewußtseinsgestalt beschrieben, die im Unterschied zum abstrakten Verstand durchaus auf dem richtigen Wege sei. Diese Naivität wird von Hegel noch einmal ausdrücklich gegen den Verstand verteidigt – ganz im Sinne der schon genannten quasi-natürlichen Koalition von Anschauung und spekulativer Vernunft –, und Hegel spielt wortreich die »reine« Empirie gegen »die Vermischung des Empirischen und Reflektierten« (453) in der wissenschaftlichen Verstandeskultur aus.

(e) Zur Kritik der formalen Behandlungsart

Zunächst präzisiert Hegel, wovon im folgenden die Rede ist: vom Naturrecht als »rein-*formeller* Wissenschaft« (439). Formalismus kommt auf der Stufe »niedrigerer Abstraktion« (454) auch in der empirischen Behandlungsart vor; nun aber ist von dem Zugang zum Naturrecht die Rede, der vom »Prinzip der dem Empirischen sich entgegensetzenden Apriorität« (453) ausgeht, und dies konstituiert das Naturrecht als »rein-*formelle*« Wissenschaft. – Dann ist von Fichtes Naturrechtslehre die Rede, wobei Hegel die teilweise in wörtlichen Zitaten gehaltene Darstellung mit einer Deutung in Termini der Schellingschen Identitätsphilosophie so kunstvoll vermischt, daß es dem unbefangenen Leser so erscheinen muß, als hätte es nur eines weiteren Reflexionsschrittes bedurft, um vom Fichteschen zum Schellingschen Standpunkt zu gelangen. Obwohl Hegel mit der Formulierung beginnt, »Es gehört nicht hierher, die Natur der Unendlichkeit und ihrer mannigfaltigen Verwandlungen darzustellen« (454), wird diese »Natur« doch in zahlreichen Varianten beschworen, wobei sich als Leitfigur die der wahren Unendlichkeit als Einheit – oder (mit Schelling) als Indifferenz – von Unendlichkeit und Endlichkeit angeben läßt. Hier operiert Hegel mit einem breiten Spektrum von Synonymen – ›Einheit-Vielheit‹, ›Identität-Verschiedenheit‹, ›Idealität-Realität‹ usf. –, die formal immer auf die These hinauslaufen, das »Wesen« der wahren Unendlichkeit sei es, »das unvermittelte Gegenteil seiner selbst zu sein« (454). Die DS hatte jene Leitfigur als die spekulative Grundfigur der »Identität der Identität und Nichtidentität« (2, 96) formuliert, und Hegel wird sie in der *Wissenschaft der Logik* (WL) ausdrücklich wiederholen (vgl. 5, 74). So wird Fichte im Resultat entgegengehalten, seine »Wissenschaft des Sittlichen« spreche zwar von der »absoluten Identität des Ideellen und Reellen«, tue

»sonach nicht nach ihren Worten, sondern ihre sittliche Vernunft« sei »in Wahrheit und in ihrem Wesen eine Nichtidentität des Ideellen und Reellen«, weil sie sie nur »in der Form der Einheit« vorstelle, während es darauf ankomme, die absolute Sittlichkeit als »absolute [den Gegensatz in sich enthaltende] Identität des Ideellen und Reellen« (456) zu fassen. – Eine weitere Grundfigur des Hegelschen Denkens wird im weiteren Text deutlich in der These, die Philosophie in der Perspektive dieser absoluten Identität habe die Differenz, den Gegensatz nicht zu leugnen, sondern als innere Bestimmtheit des Absoluten selbst zu erkennen und festzuhalten. Hegel erläutert dies am Gegensatz von Freiheit und Notwendigkeit, sittlicher und physischer Natur, und daß es sich dabei um eine Anwendung von Schellings Potenzenmethode handelt, aus der Hegel später sein eigenes Konzept der Dialektik entwickelte, wird später im Text explizit, wo Hegel die hier vorgetragene Argumentation strukturell wiederholt (vgl. 476 ff.). Den begrifflichen Hintergrund bildet jene Leitfigur des wahren Absoluten als der Indifferenz von Identität und Nichtidentität, Idealität und Realität, Freiheit und Notwendigkeit, die Schellings und Hegels Denken damals gemeinsam bestimmt.

Von hier aus liegt es nahe, den Ausgangspunkt der Kantischen und Fichteschen Ethik, nämlich das Bewußtsein eines moralischen Sollens, als »empirische(n) und populäre(n) Ausdruck« der Vorstellung von der Sittlichkeit als bloß »relativer Identität« aufzufassen (458/9). Hegel beteuert dann, es könne »nicht die Rede davon sein, diesen Standpunkt zu leugnen«, denn schließlich sei er ja zuvor deduziert worden; entscheidend sei aber, daß er nicht für den »absolute(n)« Standpunkt gehalten werde und daß in ihm, weil Sittlichkeit etwas Absolutes sei, keine Sittlichkeit sei. Dies zu zeigen – d. h., daß die Kantische und Fichtesche Sittlichkeit auf Unsittlichkeit hinauslaufe –, ist das Beweisziel der weiteren kritischen Abschnitte, und sie sollen zugleich die Darlegung dessen vorbereiten, was Sittlichkeit in der Perspektive der absoluten Indifferenz von Idealität und Realität des Sittlichen wirklich ist. – Bevor Hegel »dem falschen Versuch, in dem negativ Absoluten ein wahrhaft Absolutes aufzuzeigen, in seinen Hauptmomenten« (459) nachzugehen beginnt, wird noch einmal die quasi-natürliche Koalition zwischen dem unbefangenen Bewußtsein und der absoluten Philosophie beschworen, nun aber mit deutlich polemischen Tönen: Statt sich an die unbestreitbar vorhandenen und vom

»gemeinen« Bewußtsein naiv gelebten Elemente der wahren Sittlichkeit zu halten, gehe die »formelle Philosophie« von der »Erscheinung des Unsittlichen« (459) aus, und deswegen sei es ihr Fehler, wenn ihr das negative, d. h. vom gelebten Endlichen unterschiedene Absolute als das wahre Absolute erscheine. Die »Erscheinung des Unsittlichen« aber, von der nach Hegel die formelle Philosophie ausgeht, ist nichts anderes als jenes Bewußtsein des moralischen Sollens selber; für Hegel ist dieses Sollen selbst der Index faktischer Unsittlichkeit, denn lebten wir wirklich sittlich, sollten wir nicht bloß sittlich leben. Dabei ist es wichtig festzuhalten, daß dieses Argument nur für das Sollen als Prinzip der Sittlichkeit gilt; im Bereich des Endlichen und Zufälligen unseres Handelns kann das Sollen nicht sinnvoll bestritten werden, denn da sollen wir unbestreitbar manches, und das mit Recht. »Sollen« als Prinzip aber ist und bleibt für Hegel ein untrügliches Anzeichen dafür, daß wir uns dort, wo es gilt, nicht am Orte der wahren Sittlichkeit befinden.[17]

Hegels Kritik an der »rein-*formellen*« Behandlungsart des Naturrechts kulminiert im Vorwurf des Formalismus gegen die Kantische Ethik, der den ihrer Unsittlichkeit einschließt. In unzähligen Varianten ist dieser Formalismus-Vorwurf gegen Kant seitdem wiederholt worden. Allerdings hat ihn wohl nur der junge Hegel mit dem Unsittlichkeits-Vorwurf verknüpft und dies selbst später revidiert, denn die GPR fügt die Moralität im Sinne Kants und Fichtes als Moment in die Sittlichkeit ein, so daß dann nur noch deren Verabsolutierung unsittlich wäre (vgl. GPR, §§ 105 ff.). Die Tatsache, daß der Kategorische Imperativ formal ist, d. h., daß er keine Inhalte, sondern nur die Tauglichkeit der subjektiven Handlungsmaximen zum allgemeinen Gesetz vorschreibt, versteht Hegel als Konsequenz aus der Kantischen Prämisse, derzufolge »die reine Einheit das Wesen der praktischen Vernunft« (459) ausmache. Aus »reiner Einheit« aber lasse sich kein »System der Sittlichkeit«, ja nicht einmal eine »Mehrheit von Gesetzen« ableiten, und überdies ergebe sich aus jenem sittlichen Prinzip »reiner Einheit«, daß jeder beliebige Inhalt mit ihm verträglich sei, denn es repräsentiere bloß eine »analytische Einheit«, die nur in einem »analytischen« Satz oder einer »Tautologie« ausgesprochen werden könne. Da jeder Willensinhalt in einen solchen Satz übersetzbar sei, folgt

17 Vgl. dazu die Vorrede der GPR; 7, 26 u. Marquard.

nach Hegel: »... in der Produktion von Tautologien besteht nach der Wahrheit das erhabene Vermögen der Autonomie der Gesetzgebung der reinen praktischen Vernunft.« (460) Hegel wendet dann eine berühmte Stelle aus Kants KrV auf dessen praktische Philosophie an; Kant spricht dort[18] von dem, der auf unkluge Fragen antwortet, als einem, der den »belachenswerten Anblick« gibt, »daß einer (wie die Alten sagten) den Bock melkt, der andre ein Sieb unterhält«. Nach Hegel bietet auch eine Ethik, die nichts zu den Inhalten sagen kann, einen vergleichbaren »belachenswerten Anblick« (460). – Dann versucht Hegel, diese Argumentation anhand des berühmten Depositum-Beispiels aus Kants GMS zu präzisieren und fragt, auf welchen Widerspruch die Maxime, fremdes Eigentum nicht zu respektieren, im Falle ihrer Verallgemeinerung führen solle; dann gäbe es eben kein Depositum, und »welcher Widerspruch läge darin?« (462). Hegel hat dies in der PhG präzisiert durch die Dialektik der gesetzgebenden und gesetzprüfenden Vernunft (vgl. 3, 311 ff.), die hier zur Erläuterung herangezogen werden kann: Die Leerheit ihres Prinzips verhindert es, daß die Kantische praktische Vernunft inhaltliche Gesetze geben kann, darum zieht sie sich zurück aufs Prüfen von Gesetzen, d. h. Gesetzesvorschlägen oder Maximen, und das Ergebnis soll sein, daß er sie alle als moralisch zulässig und geboten anerkennen muß. – Den Vorwurf der Unsittlichkeit einer solchen Ethik schließt Hegel unmittelbar an; die »analytische Einheit und Tautologie der praktischen Vernunft« soll nicht nur als »etwas Überflüssiges, sondern in der Wendung, welche sie enthält, etwas Falsches«, ja »als Prinzip der Unsittlichkeit« (463) nachgewiesen werden. Dies versucht Hegel dadurch zu leisten, daß er zeigt, wie durch den Formalismus das Bedingte und Endliche zu Unrecht in ein angeblich Unbedingtes und Unendliches verwandelt wird. Es werde unversehens von der mit Recht für absolut gehaltenen Form der Identität, in der das Ergebnis der formalen Gesetzprüfung »Eigentum ist Eigentum« präsentiert wird, zur These von der Absolutheit des Eigentums selbst übergegangen, und so lautet das Ergebnis: »durch Vermischung der absoluten Form aber mit der bedingten Materie wird unversehens dem Unreellen, Bedingten des Inhalts die Absolutheit der Form untergeschoben, und in dieser Verkehrung und Taschenspielerei liegt der Nerv dieser praktischen Gesetzgebung der reinen

18 B 82f.

Vernunft.« (464) Eine Ethik vom Kantischen Typus ist somit nicht nur trivial, sondern selber unsittlich. Im übrigen unterscheide sie sich nicht, wie sie meint, von jesuitischer Kasuistik und dem Eudämonismus, von dem sie sich ausdrücklich absetzt (ebd.). – Hegel weist dann darauf hin, daß sich aus dem ethischen Formalismus auch Schwierigkeiten mit der Negativität ergeben, die er ja wegen der abstrakten Identität seines Prinzips nicht in sich integrieren kann. Diese Argumentation ist nur verständlich, wenn man die Gleichsetzung von Negativität und Bestimmtheit berücksichtigt, die in Spinozas Prinzip *omnis determinatio est negatio* ausgedrückt und von Hegel stets vertreten wurde. Daraus folgt für Hegel, daß jede Bestimmung des Sittlichen, wenn sie in das abstrakt Allgemeine der »reinen Einheit« transformiert werde, als Bestimmung zugleich vernichtet werde, so daß es gar nicht möglich sei, irgendwelche bestimmten Inhalte als sittlich zu erweisen. Umgekehrt folge daraus, daß sich jede bestimmte Maxime allein aus Gründen ihrer Bestimmtheit als mit jener »reinen Einheit« unverträglich und deswegen als unsittlich erweisen lasse, was auf eine Selbstzerstörung solcher Maximen durch ihre Transformation ins Allgemeine hinauslaufe. Hegels Beispiel: Die Maxime, den Armen zu helfen, laufe entweder auf die Abschaffung der Armut oder auf die Herbeiführung allgemeiner Armut hinaus, mache sich also selbst gegenstandslos, da in beiden Fällen niemand mehr helfen könne; umgekehrt sei die Maxime, die Arbeit bestehen zu lassen, damit den Armen geholfen werden könne, in sich widersprüchlich und unsittlich.

Es ist hier nicht der Ort, zur Qualität und Überzeugungskraft solcher Argumente gegen Kant Stellung zu nehmen. Das zuletzt angeführte Beispiel macht zumindest deutlich, daß man es nur dann nicht für offenbar unsinnig halten wird, wenn man berücksichtigt, daß Hegel aus einer Perspektive absoluter Sittlichkeit argumentiert, die er Kant und Fichte als ihre eigene, aber nur implizit in Anspruch genommene unterstellt; die so verstandene Sittlichkeit muß in der Tat etwas sein, was ist und nicht nur sein soll. Was hier interessiert, ist die Existenz und Stabilität von lebbaren Lebensformen – wir sagen heute: ›Institutionen‹ –, die sich als absolut-sittliche ausweisen lassen. Kant und Fichte hingegen bringen es nach Hegel nur zur relativen Sittlichkeit, in der die Notwendigkeit des Sollens und die Zufälligkeit des Gesollten einander gegenüberstehen. Hegels These ist, daß ihre »gesetzgebende Vernunft« durch ihre »Form des Begriffes ... das, was sittlich notwendig ist, dadurch, daß sie es in dem Gegensatz gegen Anderes erscheinen läßt, zu einem Zufälligen macht; Zufälliges aber in der Sittlichkeit – und das Zufällige ist eins mit dem empirisch Notwendigen – ist unsittlich« (467). Der Einschub dieses Satzes verschärft den Vorwurf der Unsittlichkeit einer solchen Sittlichkeit dadurch noch weiter, daß er Kants und Fichtes Anspruch, Sittlichkeit in ihrem Sinne verkörpere die Wirklichkeit von Freiheit, als unbegründet und selbstwidersprüchlich zurückweist.

(f) Sittlichkeit und Freiheit

Von der formalen Grundstruktur der absoluten Sittlichkeit, aus deren Perspektive Hegel die »unächten« Behandlungsarten kritisiert, ist bisher oft genug die Rede gewesen; zusammenfassend soll sie in der Formel ›absolute Identität (Indifferenz) von Idealität und Realität‹ festgehalten sein, wobei ›Idealität‹ die Bestimmung des Unselbständig- oder Aufgehobenseins des Einzelnen im Allgemeinen (der Idee) bedeutet und ›Realität‹ dessen Selbständigkeit (als Ding – lat. *res*). Nach Hegel ist alles ›ideell‹, was sein Sein nicht in sich selbst, sondern in einem anderen hat (vgl. WL; 5, 172 f.). Ihm zufolge ist jede Philosophie ›Idealismus‹ in diesem Sinne, denn stets versucht sie, die einzelnen Dinge und Erscheinungen aus allgemeinen Prinzipien zu erklären, lehrt also deren Unselbständigkeit und Erklärungsbedürftigkeit. – Bevor Hegel das wahre System der Sittlichkeit skizziert (vgl. 480 ff.), unternimmt er es, jene formale Struktur im Hinblick auf den Freiheitsbegriff zu konkretisieren, und zwar mit den Mitteln der Schellingschen Potenzenmethode, die er dann in seiner Skizze ebenso wie auch im *System der Sittlichkeit* (SdS) anwendet. Zunächst benutzt er jene Formel als diagnostisches Instrument bei der Strukturanalyse vor allem der Fichteschen praktischen Philosophie (vgl. 469 ff.). Alle ihre Probleme resultieren nach Hegel aus dem Stehenbleiben bei der abstrakten Idealität, und diese Probleme versteht Hegel zudem als Manifestation der Macht des »absolute(n) Begriff(s), welcher das Prinzip der Entgegensetzung und die Entgegensetzung selbst ist« (469). So konstruiert Hegel zunächst das Fichtesche Verhältnis von Subjekt und Recht/Pflicht nach, aus dem sich unter Fichtes Prämissen die unübersteigbare Differenz von Legalität und Moralität ergebe. Es versteht sich von selbst, daß Legalität und Moralität, so gesehen, keineswegs »wahrhaft sittlich« sein können, aber auf das Verhältnis von Legalität, Moralität und absoluter Sittlichkeit kommt Hegel im konstruktiven Teil seiner Abhandlung selbst zurück (vgl. 504 ff). Hegels zentraler Einwand gegen Fichtes Konstruktion, in die er recht weit eindringt, ist, daß dessen (und Kants) Konzeption des Rechts die allgemeine Freiheit nur als ein System sich gegenseitig potentiell zwingender freier Individuen zu denken gestattet. In der Tat hatte schon Kant den Rechtszustand definiert als den Zustand, in dem »die Freiheit eines jeden mit der Freiheit eines jeden anderen nach einem allgemeinen Gesetz der Freiheit zusammenbestehen kann«,[19] und er hatte zudem dieses »allgemeine Gesetz der Freiheit« als notwendig mit der »Befugnis zu zwingen« verknüpft. Für Hegel ist es widersinnig, ein solches Zwangssystem, ein System des allgemeinen Gleichgewichts wechselseitigen Zwangs, kurz: das »System einer solchen Äußerlichkeit« (471), als Freiheitssystem verstehen zu wollen, sei es nun im Bereich des privaten oder des öffentlichen Rechts; außerdem erweise es sich nicht als *perpetuum mobile*, wie Fichte meint, sondern als totes *perpetuum quietum*, in dem sich die widerstreitenden Kräfte gegenseitig neutralisieren und so das sittliche Leben ersticke (vgl. 473). Hegels Argumentation zehrt wesentlich von der Assoziationskette ›abstrakt-formal-mechanisch-tot‹ und ihrem Komplement ›konkret-inhaltlich-organisch-lebendig‹; daß die Verstandeskultur der Tod aller Sittlichkeit im Terror ist, wird die PhG in dem berühmten Kapitel »Die absolute Freiheit und der Schrecken« (vgl. 3, 431 ff.) ausführen.

So kommt Hegel zu dem Ergebnis, daß die Konstruktion der Legalität bei Fichte scheitert; sie war als System der allseitigen Freiheit gedacht und erweist sich als allgemeines Zwangssystem; in ihm hebt »das Sittliche, welches nach dem [äußeren] Verhältnis allein gesetzt wird, oder die Äußerlichkeit und der Zwang, als Totalität gedacht, sich selbst auf« (475). Den Grund hierfür sieht Hegel im fehlerhaften Freiheitsbegriff, der jener Konstruktion zugrunde liegt. Er führt aus, daß hier die Einheit von individueller und allgemeiner Freiheit durch das Gegenteil der Freiheit, den Zwang, herbeigeführt, ja erzwungen werden soll, und dies ist für Hegel ein Widerspruch: »In dem Begriff des Zwangs selbst wird unmittelbar etwas Äußeres für die Freiheit gesetzt; aber eine Freiheit, für welche etwas wahrhaft Äußeres, Fremdes wäre, ist keine

19 Kant, MdS, § B.

Freiheit; ihr Wesen und ihre formelle Definition ist gerade, daß nichts absolut Äußeres ist.« (476) Es wäre falsch – wie es vielfach geschieht –, an dieser Stelle gegen die angeblich bloß negative Freiheit (›Freiheit von ...‹) bei Kant und Fichte die positive Freiheit (›Freiheit zu ...‹) bei Hegel ins Feld zu führen. Der weitere Text und die Verwendung der durch Schellings Potenzenlehre inspirierten Symbolisierung ›+ A‹ und ›– A‹ machen deutlich, worum es Hegel geht: um die These, wir seien nur dort wirklich frei, wo die Äußerung unserer positiven Freiheit nicht auf »Zwang«, d. h. ein »absolut Äußeres« trifft. Dies bedeutet nicht, wir träfen nirgends auf Äußeres, denn es gibt ja auch andere Individuen mit ihren Freiheitsansprüchen. Vielmehr kommt es darauf an, in der richtig verstandenen Freiheit das + A als mit dem – A vereinigt zu denken: also als »+ A – A = 0« (477), womit Hegel in Schellingscher Notation die Indifferenz von Positivität und Negativität der Freiheit formal darstellt. Die Textstelle geht sogleich auf den möglichen Einwand ein, daß die 0 nur relativ auf das + A und – A gelte und somit die Indifferenz beider, d. h. zugleich einfach A sei, was man wieder mit einem + oder – versehen denken könne. Entscheidend aber ist die These, daß es sich in der auf diese Weise formal angezeigten Freiheit um die »absolute Freiheit« handele, und die ist nach Hegel »ebenso über diesen Gegensatz wie über jeden und jede Äußerlichkeit erhaben und schlechthin alles Zwangs unfähig, und der Zwang hat gar keine Realität« (ebd.).

So kann man zusammenfassend sagen, daß Hegel den Wesenszusammenhang zwischen Freiheit und Sittlichkeit, den Kant und Fichte ihrer praktischen Philosophie zugrunde legen, keineswegs aufhebt. Auch das System der Sittlichkeit, das er im weiteren Text mit Schellingschen Mitteln skizziert, soll und muß ein System der Freiheit sein. Nur kommt alles auf den Freiheitsbegriff an; er darf keine bloße Abstraktion sein, sondern muß »konkrete Freiheit« (478) zu denken gestatten, und dann ist wahre Sittlichkeit dasselbe wie konkrete Freiheit. Dies ist auch der Grund für die Zurückweisung des Modells der Wahlfreiheit, d. h. der Möglichkeit, sich zwischen + A und – A entscheiden zu können (vgl. 476 f.). Die Formel »+ A – A = 0« zeichnet vor, die konkrete Freiheit des Individuums als Indifferenz von positiver Freiheit und Zwang, Unendlichkeit und Endlichkeit zu denken. Was dies konkret heißt, machen im folgenden Text wohl nur die Beispiele ganz deutlich. Der Grundgedanke ist, daß das Individuum, wenn es handelnd aus der Indifferenz heraustritt und + A setzt, notwendig das – A als ein dieser Option Entgegengesetztes setzt; aber dies kann es auch rückgängig machen durch das Rückgängigmachen des Setzens von + A, wodurch es in die Indifferenz zurückkehrt. Hegel leugnet, daß in diesem Zusammenhang von »äußerem Zwang« (wie bei Kant und Fichte) die Rede sein könne, denn das widerständige – A sei doch ein Ergebnis des Setzens von + A durch den Handelnden selbst, und wenn dann, nachdem das Subjekt durch die Negation des + A auch das – A aufgehoben hat, noch von Zwang die Rede sei, müsse man davon sprechen, das Subjekt sei »*be*zwungen«, aber nicht »*ge*zwungen« worden (479) – »bezwungen« durch seine eigene Tat. Hegel erläutert diesen Zusammenhang am Beispiel des Todes und der Strafe. Der Tod ist ihm zufolge die Erscheinung der absoluten Freiheit in der Potenz der Negativität: »negativ Absolutes«, »reine Freiheit«, d. h. durch die »Fähigkeit des Todes«, d. h. die Fähigkeit, sich den Tod zu geben – Hegel redet hier nicht wie Heidegger und andere bloß vom Bewußtsein des Todes oder Sterbenmüssens als der Bedingung der Freiheit –, entzieht es sich einem jeden Zwang des – A auf ein + A und erweist sich so »als frei und über jeden Zwang erhaben«. Somit ist der Tod als vollständige Rückkehr in die Indifferenz von positiver Freiheit und Zwang das Jenseits beider, die »absolute Bezwingung« und somit zugleich die Erscheinung des Absoluten als negativ Absolutes oder reine Freiheit. – Hegel exponiert schließlich in wenigen Sätzen seine berühmte Straftheorie (vgl. dazu auch GPR, §§ 99 ff.; 7, 187 ff.), der zufolge die Strafe das – A ist, daß der Verbrecher durch das Setzen seines + A selbst provoziert hat; der Vollzug der Strafe ist darum nicht eine Einschränkung, sondern die Realisierung seiner absoluten Freiheit durch Manifestation der Indifferenz von + A und – A. Hegel macht deutlich, daß er die Straftheorie des gesunden Menschenverstandes für abgeschmackt und unsittlich hält.

(g) Elemente des Systems der Sittlichkeit

Dann unternimmt es Hegel, das Versprechen einzulösen: »*Betrachtung der Natur und des Verhältnisses der Wissenschaften des Sittlichen als philosophischer Wissenschaften*« (440); in paralleler Formulierung wird angekündigt, aus der folgenden Betrachtung werde »der wahre Begriff und das Verhältnis der praktischen Wissenschaften sich ergeben« (480/1). Auffällig ist, daß Hegel in beiden Fällen den Ausdruck »Verhältnis der Wissenschaften des Sittlichen« bzw. »... der praktischen Wissenschaften« ohne Bezugsobjekt läßt. Man weiß zunächst nicht, wozu sich diese Wissenschaften verhalten sollen. Da dies im Text zweimal in gleichlautender Weise vorkommt, ist eine laxe oder abgekürzte Redeweise auszuschließen, und dies legt die Deutung nahe, Hegel meine mit »Verhältnis« das zueinander Im-Verhältnis-Stehen der praktischen Wissenschaft, d. h. den Aspekt ihrer Idealität (s. o.). Bestätigt wird dies durch eine spätere Formulierung, wo von der »absolute(n) Identität des Unendlichen oder der Seite des Verhältnisses mit dem Positiven« (481) gesprochen wird, also von der Identität von Idealität und »dem Positiven«, dem positiv Vorhandenen, d. h. der Realität. Dies macht dann auch den Zusammenhang jener zweiten Formulierung klar: In ihm wird das, was generell über die praktischen Wissenschaften als die philosophischen Wissenschaften des Sittlichen zu sagen ist, als Resultat der Betrachtung der *»absoluten Sittlichkeit«* und des »Vielgewandte(n) der absoluten Form oder der Unendlichkeit in seinen notwendigen Momenten« (480) ins Auge gefaßt. Das bedeutet: die Wissenschaften der absoluten Sittlichkeit folgen in ihrer Struktur der der absoluten Sittlichkeit als ihres Gegenstandes, und die ist bestimmt durch die Identität (Indifferenz) von Idealität und Realität; also kann erst hier die allgemeine »Natur« oder die »Seite des Verhältnisses« der praktischen Wissenschaften als deren wahre Identität expliziert werden.

Obwohl Hegel erst im SdS die absolute Sittlichkeit nach Schellingschen Prinzipien wirklich durchkonstruiert, machen die WBN die Grundfiguren dieser Konstruktion doch schon deutlich; sie und die wichtigsten Inhalte, auf die sie sich bezieht, sind die Elemente des Systems der Sittlichkeit, die in diesem Kommentarteil betrachtet werden sollen. – Wichtig ist ferner, daß die einzelnen Konstruktionsschritte nicht real-genetisch oder historisch aufgefaßt werden; es geht um eine rein begriffliche Konstruktion, d. h. um ein schrittweises Aufzeigen, was impliziert ist, wenn eine bestimmte Bestimmung der sittlichen Totalität vorgenommen wurde. – Der Exkurs in die Straftheorie hatte nach Hegel gezeigt, daß dasjenige, was das »Verhältnis von Verbrechen und Strafe bestimmend bezeichnet« – das »Bezwingen« (vgl. auch 481) –, »das Moment des negativ Absoluten oder der Unendlichkeit« (480) ist, und dies ist nichts anderes als das Moment der Identität (Indifferenz) in der spekulativen Grundformel, d. h. das die Beziehung zwischen Idealität und Realität bestimmende Idealitätsmoment, ganz für sich genommen. Von ihm fordert Hegel nun, es müsse in der »*absoluten Sittlichkeit*« (ebd.) selbst als deren Moment aufgezeigt werden; umgekehrt aber ist es selber bloß Moment der absoluten Sittlichkeit und nicht die ganze Sittlichkeit selbst, denn die ist auch das »Vielgewandte der absoluten Form oder der Unendlichkeit« (480) – d. h. das in vielen Formen Vorhandene. – Damit ist nicht nur die Struktur, sondern auch die Anwendungsweise der spekulativen Grundformel vorgezeichnet: Alle einzelnen Gestaltungen der absoluten Sittlichkeit müssen die Identität (Indifferenz) von Idealität und Realität aufweisen; sowohl diese Idealität wie ihr Gegenteil, die Realität, ist als eine solche Identität des Verschiedenen darzustellen. Daraus folgt eine Reihe von Binnendifferenzierungen der absoluten Sittlichkeit zu Gestalten relativer Sittlichkeit, die notwendig weitere Außendifferenzierungen dieser Gestalten zur Folge hat, aber immer muß die wahre Philosophie auch das Moment der Idealität all dieser »Realitäten« im Auge behalten, das sich stets erneut im »Bezwingen« des Besonderen durch das Allgemeine manifestiert. Umgekehrt muß das zu Bezwingende auch bestehen, damit sich die Idealität des Sittlichen als mächtig erweisen kann; die Identität der absoluten Sittlichkeit ist eben die Einheit von Idealität und Realität. Später heißt es dazu: »in dieser [ideellen] Seite des Verhältnisses oder der Unendlichkeit« ist »auch das Bestehen des Vernichteten gesetzt, denn eben da der absolute Begriff das Gegenteil seiner selbst ist, ist mit seiner reinen Einheit und Negativität auch das Sein der Differenz gesetzt; oder das Vernichten setzt etwas, was es vernichtet, oder das Reelle ...« (488). Damit ist bereits auch das formuliert, was Hegel in seinem späteren Werk »bestimmte Negation« nennt: die Tatsache, daß das Negieren (Vernichten) von etwas das Negieren von etwas ist und deswegen dieses Etwas in sich auch enthält (vgl. dazu Vorrede zur 1. Ausg. der WL; 5, 16 f.).

Die Frage, worauf sich die Rede von absoluter Sittlichkeit konkret beziehe – modern gesprochen: was ihr Referenzobjekt sei –, beantwortet Hegel mit dem Verweis auf das »Volk«: als »Positives« wird vorausgesetzt, daß die »absolute sittliche Totalität nichts anderes als ein Volk« (481) sei; in ihm ist auch jenes negative Absolute bloßes Moment. Beim Begriff ›Volk‹ ist zu beachten, daß er hier in einem sehr eingeschränkten und darum präzisen Sinne eingeführt ist: gemeint ist nur das, wovon die Rede ist, wenn von der Wirklichkeit absoluter Sittlichkeit die Rede ist, und dies kann nur ein sittlich verfaßtes Kollektiv sein. Bedenkt man, daß Hegel im weiteren Text bei seiner Konstruktion des Systems der Sittlichkeit immer von der griechischen *pólis* ausgeht, kann man sagen: es ist der politische Sinn von lat. *populus* – z. B. in der bekannten Formel *senatus populusque romanus* – und nicht der naturalistische, »völkische«, quasi-biologische Volksbegriff der damals entstehenden politischen Romantik. Hegel hat später den Volksbegriff nachdrücklich kritisiert, und zwar in den GPR im Zusammenhang seiner Polemik gegen die politische Romantik der Burschenschaftsbewegung und gegen Fries als ihren Wortführer (vgl. 7, 18 f.). Dies steht im Zusammenhang mit seiner Kritik an der Volkssouveränität, sofern sie gegen die des Monarchen ausgespielt wird: »... in diesem Gegensatze gehört die Volkssouveränität zu den verworrenen Gedanken, denen die wüste Vorstellung des Volkes zugrunde liegt. Ein Volk ohne seinen Monarchen und die eben damit notwendig und unmittelbar zusammenhängende Gliederung des Ganzen genommen, ist die formlose Masse, die kein Staat mehr ist und der keine der Bestimmungen, die nur in dem in sich geformten Ganzen vorhanden sind – Souveränität, Regierung, Gerichte, Obrigkeit, Stände und was es sei – mehr zukommt.« (GRR, § 279; 7, 447; vgl. auch § 303, Anm.; 7, 473 f., sowie EWP, § 544; 10, 341 f., wo Hegel mit dem Gegensatz von *populus* und *vulgus* argumentiert: das sittlich verfaßte Volk ist *populus* und dann dasselbe wie der Staat.)

Der erste Schritt der Konstruktion der absoluten Sittlichkeit ist die nähere Bestimmung der vorausgesetzten »absoluten sittlichen Totalität« (481), d. h. des Volkes. Der Begriff ›Volk‹ als sittlicher Totalitätsbegriff meint nach Hegel eine absolute Einheit von Negativität und Positivität. Das Moment der absoluten Negativität ist das in der Straftheorie angeführte »Bezwingen« des Besonderen, das sich zunächst nicht auf bestimmtes Besonderes, sondern auf das »Leben« schlechthin, d. h. auf alle Aspekte des Lebens des Volkes bezieht (ebd.), und dies bedeutet: Es gibt nichts, worauf sich dieses »Bezwingen« nicht erstrecken könnte. Das Positive besteht hier darin, daß das, worauf sich die sittliche Totalität als »Bezwingen« negativ bezieht, zugleich ihm angehört und positiv in ihm besteht; der Einzelne aber erweist seine positive Zugehörigkeit zu einem Volk auf »eine unzweideutige Art« zugleich »im Negativen, durch die Gefahr des Todes allein« (481). Der weitere Fortgang des Textes zeigt, daß mit der »Gefahr des Todes« nicht die des kollektiven Todes des Volkes oder die des individuellen Sterbenmüssens seiner Mitglieder gemeint ist, sondern die Tatsache, daß nach Hegel in einem sittlich verfaßten Volk von den Einzelnen im Augenblick der Gefahr für das Ganze der Einsatz ihres Lebens gefordert werden kann. Allein diese »Gefahr des Todes« – des Todes als negativer Anforderung der sittlichen Totalität an den Einzelnen – erweist die zugleich positive wie negative Zugehörigkeit des Einzelnen zum Volk, und insofern sind das Positive und das Negative nach Hegel hier absolut identisch. Was Hegel hier konkret vor Augen hat, ist die idealisierte griechische *pólis*, in der Staat und Gesellschaft in der Tat noch nicht unterschieden waren, in der auch keine individuellen Grundrechte existierten und sich die ›politischen‹ Entscheidungen auf alle Lebensbereiche der Bürger erstrecken konnten. Zugleich war für das griechische Denken ein freies Leben außerhalb einer *pólis* unvorstellbar, so daß Leben und Tod des einzelnen Menschen mit dem Leben und Vergehen der jeweiligen *pólis* unmittelbar verknüpft waren; unterlag sie im Krieg, blieb für die Freien nur der Tod oder der Tod ihrer Freiheit, d. h. die Sklaverei.

Der nächste Konstruktionsschritt ist der Übergang von ›das Volk‹ zu ›einem Volk‹. Wenn mit ›Volk‹, der Form nach, die absolute Identität von Positivität und Negativität gemeint ist, dann ist damit die Bestimmung ›Individualität‹ gesetzt, und diese Bestimmung existiert real nur im Plural: Individuum ist man immer nur im Unterschied zu anderen Individuen. Hegel beansprucht, diese Tatsache aus der Bestimmung der absoluten Sittlichkeit selbst zu deduzieren, wenn er sagt: »Durch die absolute Identität des Unendlichen oder der Seite des Verhältnisses mit dem Positiven gestalten sich die sittlichen Totalitäten, wie die Völker sind, konstituieren sich als Individuen und stellen sich hiermit als einzeln gegen einzelne Völker.« (481) Verständlich wird dieser Übergang, wenn man im Auge behält, daß Hegel das Moment des »Positiven« mit dem der »Realität« gleichsetzt; Realität aber impliziert Vielheit, Außereinander- und Nebeneinandersein des Besonderen, und darum muß jede sittliche Totalität, sofern sie Positivität enthält, Individualität aufweisen, die sich von anderen sittlichen Totalitäten unterscheidet. Hegel fügt sofort hinzu, daß eine nicht als Individualität in diesem Sinne gedachte sittliche Totalität ein bloßes »Gedankending« oder eine »wesenlose« (ebd.) Abstraktion wäre. Im Klartext heißt dies: die Idee des einen Weltstaates und der

Kosmopolitismus sind unsittlich (vgl. 529 f.). – Da also das sittliche Volk nur als jeweils ein Volk im Unterschied zu anderen Völkern existiert, muß man die Momente der Positivität und Negativität weiter bestimmen; zunächst bezogen sie sich nur auf die Binnenstruktur des Volkes, werden nun aber relevant für das – darum notwendig »gedoppelte« – Außenverhältnis des Volkes zu den anderen Völkern. Die positive und die negative Außenbeziehung – Frieden und Krieg – sollen sich dadurch beide als »absolut notwendig« erweisen. Von der »absolut formalen Tugend« der »Tapferkeit« (481), die der Kriegsfall von den Mitgliedern des sittlichen Volkes erfordert, war ja schon die Rede gewesen. – Hegel geht von hier aus über zu einer Metaphysik des Krieges als sittlicher Notwendigkeit: Ohne den Krieg gibt es nach Hegel keine konkrete Sittlichkeit, weil nur der Kriegsfall die absolute Negativität zu mobilisieren vermag, in der sich die Macht des Sittlichen allein manifestiert. Diese Kriegsmetaphysik, die Hegel in den GPR mit einem wörtlichen Zitat aus den WBN wiederholt (vgl. § 324; 7, 491 ff.), ist in den Schriften des deutschen Idealismus zur politischen Philosophie und danach sehr verbreitet, und sie erlebte eine verhängnisvolle Renaissance in der Weltkriegsphilosophie um 1914;[20] der Pazifismus gilt in dieser Tradition als unsittlich. Kants Position dazu ist differenziert. Auf der einen Seite ist der Krieg als die Wurzel der »größten Übel, welche gesittete Völker drücken«[21], ein unsittlicher Zustand, der in einem »weltbürgerlichen Zustand« der Menschheit, den herbeizuführen Pflicht ist, keinen Ort mehr hätte.[22] Die schärfsten Formulierungen einer moralisch-sittlichen Verurteilung des Krieges als der Folge des radikal Bösen im Menschen findet Kant in der *Religionsschrift*,[23] während er gleichzeitig in den zitierten kleinen Schriften, vor allem aber in der *Kritik der Urteilskraft* (KU) dazu übergeht, den Krieg funktional zu rechtfertigen.[24] Dort finden sich schon dieselben Formulierungen wie die, in denen Hegel – und nicht nur er – die versittlichende Kraft des Krieges preist. Uns Heutigen ist es wohl unmöglich, angesichts der Erfahrungen unseres Jahrhunderts zu akzeptieren, daß der Krieg der Ernstfall des Sittlichen sein soll.

20 Vgl. Lübbe.
21 Kant, *Anfang*, A 23.
22 Vgl. Kant, *Idee*, Satz 8 u. 9.
23 *Religion*, Erstes Stück, III.
24 Vgl. § 28.

Im nächsten Konstruktionsschritt leitet Hegel die Differenz von Ökonomie und Recht ab (vgl. 482 ff.). Bisher war die sittliche Totalität des Volkes als Einheit von Positivität und Negativität nur begrifflich, d. h. als Individualität, und in Bezug auf ihre Wirklichkeit nur im Außenverhältnis zu anderen Völkern betrachtet worden. Hegel zeigt nun, daß damit auch ein konkretes Binnenverhältnis von Positivität und Negativität, Realität und Idealität in der sittlichen Totalität angezeigt ist. Die Idealität der Tapferkeit ist nur die eine Seite; die andere – die Hegel wortreich in einer Vielzahl logischer Bestimmungen einführt – ist die unendlich vielgestaltige Realität des Sittlichen in »physische(n) Bedürfnisse(n) und Genüsse(n)«, die »*einer* Notwendigkeit gehorchen« und auf diese Weise »das System der allgemeinen gegenseitigen Abhängigkeit in Ansehung der physischen Bedürfnisse und der Arbeit und Anhäufung für dieselben« ausmacht: der Gegenstand der Wissenschaft »System der sogenannten politischen Ökonomie« (482). Hegel greift hier auf sein Studium der britischen Nationalökonomie zurück, die er kurz zuvor in der Form des Systems von Steuart kennengelernt hatte. (Karl Rosenkranz, der erste Biograph Hegels, berichtet von einem ausführlichen Kommentar zur deutschen Übersetzung von J. D. Steuarts *Staatswirtschaft*, den Hegel vom 19. 2. bis 16. 5. 1799 angefertigt habe;[25] dieses Manuskript ist verschollen.) Erstaunlich dabei ist, daß er die Ökonomie als politische, den gesamten politischen Körper als ein System allseitiger ökonomischer Abhängigkeit, d. h. als eine Marktökonomie, in die einfache Sittlichkeit der *pólis* hineinprojiziert. Historisch gesehen ist dies ein Anachronismus, weil in der Antike und bei ihren politischen Denkern – z. B. bei Aristoteles – die Ökonomie (grch. *oikonomía* – die Gesetze des *oíkos*, d. h. der Hauswirtschaft) Privatsache und eben nicht »politisch« war.[26] Begrifflich gesehen aber meint Hegel gar nicht primär die neuzeitliche Marktökonomie, die er in den GPR unter dem Titel »System der Bedürfnisse« ausführlich behandelt (vgl. die §§ 189 ff.; 7, 346 ff.), denn im Fortgang des Textes spielt der immanente Systemcharakter der ökonomischen Sphäre gar keine Rolle mehr, der in den GPR so wichtig sein wird. Es ist nur noch davon die Rede, daß die ausufernde Realität in ihrer »Negativität« und »Unendlichkeit« (482) sittlich gebändigt werden muß durch

25 Vgl. Rosenkranz, 86.
26 Vgl. Riedel (1969), 42 ff. u. 135 ff.

die Idealität der Staatsmacht, und nach Hegel geschieht dies, wenn auch meist »bewußtlos und in der Gestalt einer äußeren Naturnotwendigkeit«, in »jedem Staate« (483), wobei Hegel an Besteuerung zugunsten der Staatsaufgaben und an die jeweils zu erwartenden Kriegslasten denkt. Sogar Phänomene wie »Eifersucht anderer Stände und Bedrückung des Handels, teils mit Willen, teils wider ihren Willen durch Unverstand« (ebd.) versucht Hegel als Symptome der Macht der sittlichen Idealität zu interpretieren, d. h. der Macht der Instanz, die dafür sorgt, daß die Bäume der sittlichen Negativität des Eigennutzes und der Habgier nicht in den Himmel wachsen. – Gleichwohl treibt die ökonomische Sphäre auch ihre eigene Idealität hervor, und zwar in der »relative(n) Identität der entgegengesetzten Bestimmtheiten« des Ökonomischen in der notwendig formalen Bestimmung »Eigentum«, die »als ein Allgemeines bestimmt« die »Sphäre des Rechts konstituiert« (484). So ist das formale Recht Eigentumsrecht, denn es konstituiert sich (begrifflich) auf der Grundlage der formalen Bestimmung aller unendlich vielfältigen ökonomischen Gegenstände als Eigentum. Dieser interne Zusammenhang von Eigentum und Recht ist eine Konstante in Hegels Rechtsphilosophie. Sie folgt der Grundthese, daß in dem Augenblick, in dem ökonomische Gegenstände allgemein als Eigentum definiert und respektiert werden, sich Recht im formalen Sinne konstituiert. So nimmt Hegel die viel spätere historisch-materialistische These von Marx und Engels vorweg, das neuzeitliche bürgerliche Recht sei nur der »Überbau« einer bestimmten ökonomischen Struktur, d. h. der bürgerlichen Marktökonomie. In Hegels GPR wird diese »Sphäre« in dem ersten großen Abschnitt »Das abstrakte Recht« inhaltlich abgehandelt, und es wird dann im Abschnitt »Sittlichkeit« gezeigt, daß und wie dieses abstrakte Recht im »System der Bedürfnisse« der bürgerlichen Gesellschaft »positiv« wird, d. h. reale Geltung erlangt. Die Grundfigur einer »Konstitution« des Rechts in der ökonomischen Sphäre, und zwar als deren Idealität, ist dieselbe geblieben.

Das Recht ist Hegel zufolge in der absoluten Sittlichkeit die Instanz der »bezwingenden« Idealität gegenüber der sich fast ins Unendliche differenzierenden und verzweigenden Realität des Ökonomischen. Er beschreibt ausführlich, welche Konsequenzen die Tatsache zeitigt, daß jene Idealität nur in der Form des formalen (oder abstrakten) Rechts wirksam wird. Die Formalität des Rechts schließt »wahrhafte totale Gerechtigkeit« (485) aus; im Rechtssystem bekommt man statt Gerechtigkeit immer nur ein Urteil. (In diesem Sinne sagte Bärbel Bohley nach 1989 für viele DDR-Bürger, sie hätten auf Gerechtigkeit gehofft und den Rechtsstaat bekommen.) Platon wird als Zeuge dafür zitiert, daß formales Recht den konkreten Einzelfällen immer unangemessen bleiben muß und ein weiser Richter, der solche Fälle in ihrer Komplexität kompetent beurteilen könnte, den starren Gesetzen eigentlich vorzuziehen wäre; Platon hatte darum im Spätwerk den Rechtsstaat, d. h. den Staat, in dem Gesetze herrschen, auch nur als die zweitbeste Staatsverfassung akzeptiert.[27] Platons Argumente, aber auch die modernen Klagen über die Schwächen des Rechtsstaats – zu denen z. B. die Erfahrung gehört, daß eine Vermehrung der Gesetze keineswegs mehr Gerechtigkeit schafft – finden in Hegels Formulierungen beredten Ausdruck.

Sie bleiben aber nicht das letzte Wort, sondern Hegel unternimmt es, das vielbeklagte Verhältnis von abstrakter Norm und konkretem Leben, Recht und Ökonomie, in die absolute Sittlichkeit zurückzuführen und zu zeigen, daß das Auseinandertreten des Ökonomischen – das Hegel dann das »*Praktische*« (489) nennt – und des Rechts die Form ist, in der das absolut Sittliche allein wirklich ist, ja daß nur dies die Realität des Sittlichen ist und nicht die abstrakte, die Differenz aus sich ausschließende Indifferenz des Praktischen und des Rechts. Am Ende steht das Sittliche als die absolute, d. h. differenzierte Einheit des Praktischen und des Rechts. Den Übergang bildet die Beschreibung der Art und Weise, wie sich das »absolut Sittliche« »organisiert« (487), wobei dieses Wort ganz buchstäblich zu verstehen ist: als organische Gestaltung, als Gestaltung zu einem Organismus. In diesem Absatz wird die leitende Grundfigur der Hegelschen Konstruktion der Sittlichkeit besonders deutlich, die auch schon die vorherigen Konstruktionsschritte bestimmte; daß sie in einem Kontext erscheint, der von Metaphern des Organischen bestimmt ist, ist die Folge der schon erwähnten Tatsache, daß Hegel jene Grundfigur den von Hölderlin inspirierten Spekulationen über den negativen Zusammenhang von Leben und Lebendigem entnimmt. In »organologischer« Redeweise bedeutet dies: »Indem das Verhältnis in der Gestalt schlechthin indifferenziert wird, hört es nicht auf, die Natur des Verhältnisses zu haben; es bleibt ein Verhältnis der organischen zur un-

27 Vgl. *Politikós*, 297b ff. u. *Nómoi*, 739c ff.

organischen Natur.« (487) Das »Verhältnis« ist das Moment der Idealität. In der vielfältigen »Gestalt«, in der sich das Sittliche »organisiert« hat – d. h. in der konkreten Wirklichkeit des sittlich Gelebten –, ist dieses Moment »indifferenziert«, zur Indifferenz gebracht, in der Selbständigkeit der Gestalt verschwunden. Aber es ist gleichwohl in ihm enthalten. Der Vergleich mit den Lebensprozessen, der die folgenden Sätze bestimmt, soll deutlich machen, daß sich jenes zunächst »indifferenzierte« Moment des »Verhältnisses« in der organischen Gestalt des Sittlichen selbst als Verhältnis ihrer »organischen zur unorganischen Natur« wieder herstellt; dabei steht die »organische Natur« für die vielfältig gestaltete Realität des Sittlichen und die »unorganische Natur« für die Idealität, wobei das Unorganische als präindividuelle, abstrakte Allgemeinheit bloßer Naturstoffe gedacht ist. So wie die organische Natur Unorganisches aufnimmt und ausscheidet und nur auf diese Weise leben kann, so zehrt nach Hegel die reale, lebendige sittliche Gestalt von der unendlichen Idealität des Sittlichen, aus der sie ständig (durch »Indifferenzierung« des »Verhältnisses«) hervorgeht und in die sie sich stets wieder aufhebt.

Es folgt der Übergang zu Hegels Ständelehre, die sich aus dem nächsten Konstruktionsschritt ergibt; er vollzieht den Übergang zur Realität der Bestimmungen, die bislang nur als ideelle Momente der absoluten Sittlichkeit gesetzt waren: der absoluten Sittlichkeit als des bloßen Moments ihrer Idealität und der relativen Sittlichkeit, die die Realität der absoluten Sittlichkeit ausmacht. (Das Praktische und das Recht, die vielfältige Realität und die in ihr »positiv« werdende abstrakte, »bezwingende« Idealität des Sittlichen bilden zusammengenommen die »relative« Sittlichkeit.) Beide Gestalten der Sittlichkeit aber – die absolute und die relative – sind in der absoluten Sittlichkeit nur real in Individuen, die diese Bestimmungen in ihrem Leben verkörpern; sie selbst leben sittlich nur, insofern sie diese Bestimmungen des Sittlichen verkörpern. Diese Individuen, die zugleich die differenten Bestimmungen der absoluten Sittlichkeit lebendig verkörpern, bilden nach Hegel die Stände.

Es ist hier nicht möglich, Hegels Ständelehre im einzelnen zu kommentieren, zumal er sie mehrfach veränderte und ihr erst in den GPR ihre definitive Gestalt gab. Wichtig ist aber festzuhalten, daß es nach Hegel keine wahre Sittlichkeit ohne ständische »Organisation« (489) des Staates und/oder der Gesellschaft gibt. Genauso wie sich die sittliche Totalität immer in Völkern oder Staaten als politischen Einheiten individualisieren muß, um wirklich zu sein, ist Hegel zufolge das jeweilige sittliche Individuum nur als ein intern gegliedertes denkbar. Absolute politische oder ökonomische Gleichheit widerspräche der Grundfigur der Identität (Indifferenz) von Idealität und Realität des Sittlichen; sie wäre ebenso unsittlich wie der Kosmopolitismus oder die Idee des einen Weltstaates. – Was die Einzelheiten dieser Ständelehre betrifft, so ist erstaunlich, daß Hegel sich in den WBN beim Nachweis der Wirklichkeit der begrifflich konstruierten absoluten Sittlichkeit vor allem an das Zeugnis der Philosophen Platon und Aristoteles hält; später tritt dann noch der Verweis auf die klassisch-griechische Tragödie hinzu. – Für die Differenz zwischen den Freien und den Unfreien (489 ff.) ist wieder die Idealität der Sittlichkeit im möglichen Tod für die *pólis* und die damit verbundene Tugend der Tapferkeit entscheidend. Der Stand der Unfreien wird noch einmal differenziert in die Handwerker und Händler als den zweiten Stand und in den »dritten Stand« (490) der Bauern, die wegen ihrer elementaren, erdverbundenen Tätigkeit dazu geeignet sein sollen, als elementare Masse gleichsam den ersten Stand im Kriegsfall massenhaft zu unterstützen. Hegel hat hier offenbar die spartanische Heeresverfassung vor Augen, die es zuließ, daß die schwerbewaffneten Spartiaten jeweils von mehreren Heloten als Troß begleitet wurden. So berichtet Herodot von sieben Heloten, die jeden der fünftausend Spartiaten in der Schlacht von Platäa (479 v. Chr.) begleitet hätten.[28] Eine andere Form der »Vermehrung« der Spartiaten durch die Heloten als diese »nach der Masse und dem elementarischen Wesen« war nicht vorgesehen. Gleichwohl waren die Heloten nicht nur Bauern, während in Athen auch die freien Bauern zum Kriegsdienst herangezogen wurden. Hegel hat seit dem SdS den »Bauernstand« nicht mehr als Stand der Unfreien behandelt, aber gleichwohl an der besonderen Nähe dieses Standes der »rohen Sittlichkeit« zum Stand der »Tapferkeit« festgehalten (vgl. SdS; 68; auch: JPG_2; 243 f.). Offenbar hatte Hegel bei seiner These von der natürlichen Affinität zwischen dem ersten und dem Bauernstand weniger antike Modelle als die Wirklichkeit der Kriege im Zeitalter des sich auflösenden Lehenswesens vor Augen. In den GPR wird dieses Motiv nicht mehr erwähnt. – Unklar bleibt

28 Vgl. Herodot, IX, 29, 1.

Hegels Bezugnahme auf das Problem der Sklaverei; während Aristoteles sie prinzipiell gerechtfertigt hatte – im wesentlichen mit dem Argument, das Hegel selbst anführt[29] –, wird sie in Platons *Politeía* nicht ausdrücklich erwähnt, aber eine Stelle aus dem *Politikós* wird von Hegel zu dem Nachweis aufgeboten, daß auch Platon die Sklaverei für sittlich erklärt, und zwar im Falle einer Strafe für gelebte Unsittlichkeit.

Es folgt dann die These, in der Universalität des Römischen Reiches sei die Sklaverei »von selbst« (491) verschwunden, und zwar durch die allgemeine Angleichung aller Stände unter dem Nivellement der römischen Herrschaft; der Kronzeuge ist der Historiker Gibbon. Erstaunlich aber ist der Satz: »... mit dem Aufhören der Freiheit hat notwendig die Sklaverei aufgehört« (ebd.). Er läßt den Umkehrschluß zu: der Preis für das Aufhören der Sklaverei ist der Verlust der Freiheit, und das heißt der absoluten Sittlichkeit. Vertritt Hegel also die These von der absoluten Sittlichkeit der Sklaverei? – Schwierig ist zudem, daß Hegel in diesem Absatz plötzlich von einer strukturell-konstruktiven in eine historisch-genetische Betrachtungsweise überwechselt, deren Ergebnis so festgehalten werden kann: im Römischen Reich verschwindet der erste Stand; der zweite Stand wird zum eigentlichen Volk; durch den langen römischen Frieden breitet sich allgemeines Privatleben unter Regulierungen des abstrakten römischen Privatrechts aus, und die Tapferen werden zur elitären Ausnahme. Das Ganze könnte man unter der Überschrift »Die Genealogie des *bourgeois*« zusammenfassen. In der Tat sah Hegel auch noch in der PhG die moderne bürgerliche Welt als das welthistorische Resultat des Römischen Reichs und römischen Rechts an (vgl. 3, 355 ff.). – Daß Hegel aber nicht einfach in einen anderen Diskurs überwechselt, zeigt die Formulierung: »Jenes Verhältnis der Sklaverei ist in der empirischen Erscheinung der Universalität des römischen Reichs von selbst verschwunden.« (491) Diese »Universalität« ist nach Hegel nicht bloß empirische Erscheinung, sondern wesentlich für die absolute Sittlichkeit, und die Geschichte selbst ist die empirische Erscheinung des damit angesprochenen Wesenszusammenhangs. Die Überzeugung, daß in der Geschichte das Absolute – später: die absolute Idee – empirisch erscheine und

29 Vgl. Pol. I; auch Weber, Kap. 1-6 und zur Beurteilung der Sklaverei durch die Philosophen insbes. 329 ff.

sich als die das Geschichtliche bewegende und strukturierende Macht erweise, ist die Grundthese der Hegelschen Geschichtsphilosophie, ja sie ist für ihn die Voraussetzung dafür, daß man die Geschichte überhaupt philosophisch betrachten und erkennend durchdringen kann. So muß man die These vom gemeinsamen Ende von Freiheit und Sklaverei im Römischen Reich als philosophische These in diesem Sinne verstehen: Sie verweist auf einen absolut und nicht nur empirisch notwendigen Übergang, d. h. im Lichte des Absoluten gesehen mußte beides notwendig verschwinden, und dieses Verschwinden ist das Werk und die Wirklichkeit der absoluten Sittlichkeit selbst in ihrer historischen Erscheinung.

Hegel nennt dies die »Aufführung der Tragödie im Sittlichen, welche das Absolute ewig mit sich selbst spielt« (495); diese Tragödie und die sich daran anschließende Komödie (als Satyrspiel) führt Hegel an, um mit Hilfe der darin implizierten Grundfiguren die Genese der modernen bürgerlichen Welt nachzuzeichnen. Gemessen an der idealen Sittlichkeit der Antike ist sie eine Welt der verlorenen, in Extreme zersprengten Sittlichkeit. In diesem System von Besitz und Erwerb, dem ein formales Recht korrespondiert, dominiert der Privatmann, der seine durch einen Staat, an dem er nicht teilhat, bewirkte bürgerliche Sicherheit mit »politischer Nullität« (494) bezahlt. Hegel bestimmt diesen Zustand als »die Realität der Sittlichkeit als absoluter Indifferenz« (ebd.), in der sich diese Sittlichkeit gegenüber den Individuen teilweise indifferent verhält, und dies bestimmt Hegel als die Selbstaufopferung des Sittlichen an seine eigene Realität. Dieses Opfer ist die Basisstruktur der »Tragödie im Sittlichen«, so »daß es [das Absolute] sich ewig in die Objektivität gebiert, in dieser seiner Gestalt hiermit sich dem Leiden und dem Tode übergibt und sich aus seiner Asche in die Herrlichkeit erhebt« (495). Nach Hegel hat die griechische Welt in der klassischen Tragödie das Wesen ihrer gelebten Sittlichkeit angeschaut; zusammengenommen mit der Komödie wird sie für Hegel zur Ermunterung, auch in der modernen bürgerlichen Welt und ihrer sittlichen Zerrissenheit das Walten der absoluten Sittlichkeit wiederzuerkennen. Die Deutung der klassischen Tragödie als die Darstellung der Selbstentzweiung und Selbstversöhnung der »sittlichen Natur« ist ein Leitmotiv Hegels seit seinen theologischen Jugendschriften, wobei der Begriff ›Schicksal‹ eine zentrale Rolle spielt. Die »Schicksallosigkeit« der Komödie sieht er in zwei Gestalten ausgeprägt: der »alten oder göttlichen« und der modernen Komödie (496). Hier ist nach Hegel die sittliche Totalität so weit in ihre Extreme auseinandergetreten, daß sie Raum gibt für fast grenzenlose Individualität. Im Fall der klassischen Komödie – Aristophanes vor allem – sieht Hegel diese Individualität durchwirkt vom Allgemeinen, das diese Individualisierung aber zuläßt, und so ergeben sich ihm zufolge heitere »Extreme des Talents in jeder Kunst und Wissenschaft und Geschicklichkeit«, »göttliche Monstruositäten«, »Homer, Pindar ... usf.«. In Sokrates hingegen und der »pullulierenden Menge und hohen Energie der zugleich aufkeimenden Individualisierungen« (497) wird nach Hegel zugleich das innere Schicksal der antiken Sittlichkeit sichtbar: Sokrates verkörpert das Prinzip der nicht mehr heiteren, sondern die *pólis*-Sittlichkeit notwendig zerstörenden Individualisierung, antizipiert also den welthistorischen Zustand der modernen Welt (vgl. auch VGP I; 18, 441 ff.). – Die *»andere«* (498) Komödie – Hegel denkt hier wohl zunächst an Molière – zeigt das Sittliche selbst in ernsthaften, aber in der Zuschauerperspektive komischen Verwicklungen, für die es aber keine stabilen Lösungsmöglichkeiten gibt, weil eine jede Lösung neue Verwicklungen bringt, und dies in »schlechter«, d. h. niemals eine sittliche Gestalt annehmender Unendlichkeit.

Beim Übergang zu der Gestalt, die die absolute Sittlichkeit in der Neuzeit annimmt, benutzt Hegel das »Trauerspiel« (499) als Leitfaden – hier ist auf Corneille und Racine zu verweisen; gemeint ist die »Freiheit des Einzelnen«, in der das Allgemeine und das Besondere, die »zwei Zonen des Sittlichen«, zwar vereinigt sind, aber diese Einheit existiert hier nur als »eine nachgeahmte negative Selbständigkeit« (ebd.). Was der freie Einzelne am Orte seiner Individualität »negativ nachahmt«, ist die zerfallene sittliche Totalität des »Volkes«. Worin dies hinter dem Vorbild zurückbleibt, benennt Hegel mit zwei Bestimmungen: Einmal »scheinen« jene »zwei Zonen des Sittlichen« (ebd.) nur ineinander, sie reflektieren sich gegenseitig oder spiegeln sich gegenseitig wider, ohne miteinander identisch zu sein; zum anderen drückt genau deswegen das Individuum als die »reelle Seite« der Sittlichkeit hier deren »absolute Idee« nur »verzogen [verzerrt]« (ebd.) aus. Die absolute Sittlichkeit am Orte des freien Einzelnen, des modernen sittlichen Individuums, ist deswegen durchzogen von der Differenz zwischen dem absoluten Bewußtsein des Sittlichen und dem empirischen Bewußtsein des lebendigen Einzelmenschen – man kann hinzufügen: von der Spannung zwischen Pflicht und Neigung, dem Leitmotiv des neuzeitlichen Trauerspiels. Hegel sieht gleichwohl das Einheitsmoment dieser Sittlichkeit präsent in der geglaubten Religion (vgl. 499 f.).

Der folgende Abschnitt ist schwer zu interpretieren. Er beginnt mit einem kontrastierenden Rückgriff auf die Sittlichkeit des ersten Standes im Kontext der idealisierten sittlichen Totalität vor der römisch-bürgerlichen Entzweiung. Dann folgt ein Durchgang durch den Stufengang der spekulativen Naturphilosophie Schellings, mit der sich Hegel damals identifiziert, um vor diesem Hintergrund das Wesen und die Struktur der absoluten Sittlichkeit weiter zu erläutern. Wichtig sind in diesem Zusammenhang vor allem die Stellen über »Intelligenz« (502), weil sie den systematischen Einsatzpunkt für die Philosophie der Sittlichkeit bilden (vgl. SdS und JPG); erst auf dem Niveau der Intelligenz ist im Stufenreich der Natur die strukturelle Voraussetzung für Sittlichkeit erfüllt: »absolute Indifferenz« (502) von Realität und Idealität. (Erstaunlich ist vor allem der behauptete Übergang von der »Zahl« zur »Intelligenz«.) In sehr poetischen Formulierungen trägt Hegel dann die These vor, daß noch die prächtigsten Gestaltungen der Natur hinter den einfachsten Gestaltungen des Geistes zurückbleiben – der Intelligenz ebenso wie der Sittlichkeit. Auf der prinzipiellen Höherstufigkeit des Geistigen gegenüber dem Natürlichen, das ein antiromantisches Motiv ist, hat Hegel immer bestanden (vgl. vor allem EPW, § 248; 9, 27 ff.).

Mit der Sittlichkeit am Orte des freien Einzelnen hat Hegel zugleich das beschrieben, was das uns geläufige Wort ›Moral‹ bezeichnet. Hegel will aber dieses Wort reserviert sehen für die Wissenschaft von der »*Sittlichkeit des Individuums*«, und ihm stellt er das Naturrecht als die Wissenschaft von der »realen absoluten Sittlichkeit« (504) gegenüber. Aus dem bisherigen Text geht hervor, daß das Adjektiv »real« wichtig ist, d. h., die Wissenschaft ›Naturrecht‹ muß sich auch auf die Realität oder die Realisierungen der absoluten sittlichen Idee beziehen, will sie nicht selbst im Formalismus verharren. Was der Untertitel der GPR ausdrückt, kündigt sich schon hier an, nämlich Hegels Überzeugung, daß Naturrecht und Staatswissenschaft keinen Gegensatz bilden dürfen, sondern eine theoretische Einheit ausmachen müssen. Eine Gestalt dieser Realität ist die wirkliche Beziehung der individuellen zur allgemeinen Sittlichkeit, eine andere die Beziehung der Wissenschaften von diesen beiden Gestalten der Sittlichkeit, und eine dritte – wie der Text zeigt – ist die Beziehung zwischen der gelebten Sittlichkeit und den Wissenschaften von ihr; damit ist die These der Eingangsabsätze eingeholt, der Zustand der Wissenschaften vom Sittlichen müsse als Element des realen Zustandes der Sittlichkeit betrachtet werden. – Vor dem Hintergrund seines Konzepts absoluter Sittlichkeit hatte Hegel die individuelle Freiheit als »nachgeahmte negative Selbständigkeit« bestimmt; in diesem Sinne nun kennzeichnet er die neuzeitliche individuelle Sittlichkeit als nachgeahmte absolute Sittlichkeit und schlägt darum, um Konfusionen zu vermeiden, den modernen Terminus ›Moralität‹ vor, um so an einem von ›Moral‹ verschiedenen Sinn von ›Sittlichkeit‹ festhalten zu können. Damit ist aber zugleich begrifflich die Möglichkeit eröffnet, was bei Kant und Fichte nebeneinander stehen bleibt – Recht und Moral, Legalität und Moralität –, in einer höheren Einheit zusammenzufassen, und die These von Hegels System der Sittlichkeit ist es ja, daß die Gegenstände der Disziplinen ›Naturrecht‹ und ›Moral‹ in ihrem Nebeneinander die Entzweiung der absoluten Sittlichkeit in der Neuzeit anzeigen. Damit ist zugleich der Zusammenhang hergestellt zwischen der philosophischen und der historisch-diagnostischen Erörterung neuzeitlicher Moral. Die Perspektive der absoluten Sittlichkeit ermöglicht es Hegel, diese Moral vollständig zu objektivieren, sie von außen zu betrachten und ihre Geltung auf einen bestimmten Weltzustand hin zu relativieren. So bereitet Hegel die moderne soziologische und ideologiekritische Analyse der bürgerlichen Moral vor, die das Zentrum vor allem der marxistischen Moraltheoretiker bis in unsere Tage bildete.

Eine weitere, damit verbundene These Hegels lautet: Da die Disziplin ›Ethik‹ nur die individuelle Sittlichkeit zum Gegenstand hat, ist sie in Wahrheit Tugendlehre oder »Naturbeschreibung der Tugenden« (507). Da aber das in der Ethik zu Beschreibende abhängig ist von dem Zustand der absoluten Sittlichkeit, der sich in den Tugenden widerspiegelt, kann die Ethik nicht mehr das Prinzip der Sittlichkeit überhaupt angeben, sondern nur das Naturrecht als Wissenschaft der absoluten Sittlichkeit. Damit sind die Verhältnisse, wie wir sie von Kant her kennen, auf den Kopf gestellt:[30] Bei

30 Vgl. Claesges, 53.

Kant gründet die gesamte Metaphysik der Sitten auf dem Moralprinzip, d. h. dem Kategorischen Imperativ, der in der Ethik expliziert wird, und das Rechtsprinzip als Basis des Naturrechts im vorhegelschen Sinne ist davon abgeleitet. Hegel hingegen macht die Ethik zu einer Unterdisziplin des Naturrechts, wenn er behauptet, »daß nämlich der Moral nur das Gebiet des an sich Negativen [des Individuellen der Moralität] zukommt, dem Naturrecht aber das wahrhaft Positive, nach seinem Namen, daß es konstruieren soll, wie die sittliche Natur zu ihrem wahrhaften Rechte gelangt« (505). Diese Formulierung macht die spekulative Umdeutung der Kantischen Begriffe des Rechts und der Legalität deutlich, durch die Hegels Unterordnung der Ethik unter das Naturrecht allein Sinn macht; wenn das Naturrecht »konstruieren soll, wie die sittliche Natur zu ihrem Rechte gelangt«, muß es auch »konstruieren«, wie die sittliche Natur der Moralität »zu ihrem Rechte gelangt«. Hegels spekulative Umdeutung des Naturrechts drückt sich auch darin aus, daß er – wie dann auch die rechten und linken Hegelianer nach ihm – die unbedingte Geltung des Kantischen »Sittengesetzes« bestreitet und ihm nur bedingte Gültigkeit für die Sittlichkeit des »*bourgeois* oder des Privatmenschen« (506) beimißt: Moralität ist eben nur der Reflex der absoluten Sittlichkeit am Orte des zweiten Standes. Der formalistische Charakter dieser Moralität, den Hegel in seiner Kritik an der rein formellen Behandlungsart des Naturrechts glaubt dargestellt zu haben, wird in diesem Zusammenhang als Symptom der eigentlichen Unsittlichkeit dieser Moralität behauptet. Daraus folgt: eine Ethik im Sinne Kants und Fichtes, die sich als Theorie absoluter Sittlichkeit versteht, ist unsittlich, weil ihr Gegenstand nicht die absolute Sittlichkeit ist, sondern eine ihrer Verfalls- oder Durchgangsformen.

Da Hegel die Ethik systematisch und historisch zu einem bloßen Moment des wahrhaft Sittlichen herabsetzt, so folgt hieraus, daß es ihm zufolge keine ethische Begründung und Beurteilung des Rechtlichen und Politischen im Sinne Kants geben kann. Ethik als »Naturbeschreibungen der Tugenden« hat es immer nur mit den »Reflexen« (506) des allgemeinen Zustandes der Sittlichkeit am Orte des Individuums zu tun, und deswegen können ethische Prinzipien, die ja immer nur abgeleitet gültig sind, nicht letztverbindlich angeben, was sittlich ist, sondern dies können nur die Institutionen als das »Allgemeine der Sitten«. Später spricht Hegel vom »*System der Gesetzgebung*« als der »*Form der Allgemeinheit* und der Erkenntnis« des Sittlichen; ein Zustand, in dem »dasjenige, was in einem Volke recht und in der Wirklichkeit ist, aus seinen Gesetzen nicht erkannt werden kann« (508), ist für ihn einer der Barbarei. Hegel behauptet dann auch, Lehensverfassung und Knechtschaft besäßen unter bestimmten Bedingungen »absolute Wahrheit«, und er behauptet weiter: »... dies Verhältnis ist [dann] die einzig mögliche Form der Sittlichkeit und darum die notwendige und gerechte und sittliche« (524). Der Primat des spekulativen Naturrechts gegenüber der Ethik hat eben zur Konsequenz, daß formale normative Erörterungen, die nach Hegel der Perspektive des Individuums angehören, unterhalb des beanspruchten theoretischen Niveaus bleiben und zudem in den Verdacht des Unsittlichen geraten; also muß man sich an das gelebte Allgemeine, an die Gesetze und Institutionen halten, denn die enthalten das, was für sie das jeweils Sittliche ist – auch für das Individuum. In der Vorrede zu den GPR sagt Hegel in diesem Sinne von den modernen Skeptikern in moralischen Fragen: »Denn ist es wahrhaft, und nicht um die Eitelkeit und Besonderheit des Meinens und Seins zu tun, so hielten sie sich an das substantielle Rechte, nämlich an die Gebote der Sittlichkeit und des Staats, und richteten ihr Leben danach ein.« (7, 14) Kants sittliche Fundamentalfrage ›Was soll ich tun?‹ gerät so selbst noch unter Unsittlichkeitsverdacht. Dieses Leitmotiv seiner Rechtsphilosophie hat Hegel den Vorwurf eingetragen, sie enthalte keine eigentliche Ethik, sei moralfrei und lehre einen ethischen Konformismus mit den jeweiligen Verhältnissen, die bloß darum, weil sie bestehen, auch schon sittlich seien; im Abschnitt I. 4 wird darauf zurückzukommen sein.

Die letzten Sätze dieses Abschnitts nehmen ein Motiv von S. 499 ff. wieder auf, indem sie die Religion mit dem jeweiligen Zustand der Sittlichkeit in einem Volk in Verbindung bringen; so soll die Religion die in Gott angeschaute und angebetete und im Kultus gelebte, aber versöhnte absolute Sittlichkeit selbst zum Gegenstand haben. Dieser Zusammenhang von Sittlichkeit und Religion variiert einerseits einen stabilen Topos der aufklärerischen Religionskritik, dem zufolge der rationale Kern der Religion ein sittlicher sei – nach Kant ist alles andere Aberglaube und »Afterdienst«[31]; umgekehrt ist damit aber auch der objektivierende Blick auf die Religion geworfen, insofern sie gedeutet wird als Symptom

31 Kant, *Religion*, B 225 ff.

des jeweiligen sittlichen Zustandes einer Glaubensgemeinschaft, so daß Hegel damit auch die moderne Religionssoziologie vorbereitet.[32]

(b) Praktische Philosophie und positive Rechtswissenschaft

Vom Verhältnis von Wissenschaft und Empirie war schon die Rede; so bleibt nur noch auf einige Folgerungen zu verweisen, die sich daraus für die Beziehungen zwischen Naturrecht und positiver Rechtswissenschaft ergeben. Daß der Empirie in der Wissenschaft nicht das letzte Wort gebührt, macht Hegel wieder am Beispiel der Strafe deutlich: Was empirisch als Zwang erscheint, erweist die Philosophie als »Äußerung der Freiheit« (513), in der der Delinquent in Wahrheit nicht gezwungen, sondern gerade in seiner Freiheit respektiert werde. Daß die wahre wissenschaftliche, d. h. philosophische Erklärung eines Phänomens häufig auf das Gegenteil des naiv oder vom gesunden Menschenverstand Gemeinten hinauslaufe, erläutert Hegel mit der Differenz zwischen dem Augenschein und dem wissenschaftlichen Wissen in der Astronomie (vgl. 514); Wesen und Erscheinung seien eben nicht dasselbe. Solange darum die positive Rechtswissenschaft sich bloß an das »Meinen« oder an »wesenlose Abstraktionen« halte, sei sie als Wissenschaft irrelevant (516).

Im übrigen glaubt Hegel, den abstrakten Anspruch der Philosophie, den positiven Wissenschaften ihre Grenzen und ihren Platz im Reich der Wissenschaften anweisen zu können, im Hinblick auf die positiven Rechtswissenschaften eingelöst zu haben, denn die Positivität des abstrakten Rechts, auf die sich die positiven Wissenschaften als ihren Gegenstand beziehen, ist ja dem Anspruch nach in seiner Skizze des Systems der Sittlichkeit und der es konkretisierenden geschichtsphilosophischen Extrapolationen als notwendiges Moment der absoluten Sittlichkeit im Zustand ihrer Selbstentfremdung »konstruiert«. – Daraus ergibt sich auch das begrenzte Recht der positiven Rechtswissenschaften, denn auch sie sind wie ihr Gegenstand ein solches Moment der absoluten Sittlichkeit, und in diesem Sinne werden sie von Hegel stets respektiert. Daß sie sich an die bloße Form halten und stets vom Formalismus bedroht sind (vgl. 516ff. u. 520f.), während sich das wahre

32 Vgl. auch Marx, 207ff.

Naturrecht erkennend an die »Lebendigkeit des Sittlichen« (509) hält, in dem der Rechtsformalismus sein begrenztes Recht hat, ist für Hegel kein Hindernis, die These zu vertreten, ein guter Teil dessen, was die positiven Rechtswissenschaften behandelten, gehöre ohnehin in »die vollkommen entwickelte und ausgebreitete Philosophie« (510); dies löste Hegel in seinen GPR dadurch explizit ein, daß er den Grundbestand des positiven Zivil-, Straf- und Staatsrechts seiner Zeit philosophisch behandelte. – Das begrenzte Recht des abstrakten bürgerlichen Rechts im Kontext der sich historisch entfaltenden absoluten Sittlichkeit darf aber nach Hegel nicht *pars pro toto* auf den Gesamtbereich des Sittlichen ausgedehnt werden, und darauf gründet sich sein ständiger Vorwurf gegen das philosophische und positive Rechtsdenken seiner Epoche, es übertrage Figuren des abstrakten Rechts auf Bereiche, wo sie nichts zu suchen hätten: z. B. wenn man glaube – mit den meisten Naturrechtstheoretikern mindestens seit Hobbes – die Staatsmacht oder die Beziehungen von Staaten untereinander nach der Rechtsfigur des Vertrages konstruieren zu können; vor allem die Staatsvertragstheorien hält Hegel für unsittlich und destruktiv, weil sie gegen »die absolute Majestät der sittlichen Totalität« (518) verstoßen, die sich im souveränen Monarchen manifestiere.[33] Die gängigen Vorwürfe der »Staatsvergottung«, deren sich Hegel schuldig gemacht haben soll, haben hier ihre Wurzel; sie wurden meist von liberaler Seite geäußert, die sich eine andere Legitimation der Staatsmacht als die auf der Grundlage privatrechtlicher Rechtsfiguren nicht vorstellen können. Ob jene Vorwürfe berechtigt sind, soll im Kommentarteil zu den GPR näher erörtert werden. Hier ist nur darauf zu verweisen, daß die Perspektive der absoluten Sittlichkeit, in der Hegel philosophiert, natürlich auch die These einer absoluten, d. h. von der individuellen Zustimmung der Betroffenen unabhängigen Herrschaftslegitimation nahelegt. – Im übrigen zeigt schon dieser Text, daß ein allmächtiger Zwangs- und Überwachungsstaat mit Hegels Konzeption der Absolutheit der Staatsmacht nicht zu vereinbaren ist, denn der moderne Staat muß die begrifflich und historisch eingetretene Autonomisierung der Privatsphäre auch respektieren, und so wirft er Fichte vor, die Konzeption eines Staates zu vertreten, der »als eine vollkommene Polizei das Sein des Einzelnen ganz durchdringen ... und so die bürgerliche Frei-

33 Vgl. Schnädelbach (1992), 185 ff.

heit vernichten« wolle, »was der härteste Despotismus« wäre (vgl. 519).

Nachdem Hegel die allgemeinen Merkmale der positiven Rechtswissenschaften formal gekennzeichnet hat, wendet er sich explizit ihrer »Materie« zu, d.h. ihren Gegenständen in ihrer positiven Besonderung. Gleichwohl ist nicht viel zu finden, was in den vorigen Absätzen nicht schon gesagt wäre, und darum ist es sinnvoll, sich nur an die wenigen neuen Gesichtspunkte darin zu halten. – Nach einer erneuten Warnung vor dem Formalismus (520) und der Forderung, sich an das Lebendige des Sittlichen zu halten – wobei die Behauptung, der Formalismus töte das Lebendige (vgl. 520f.), bei Hegel ein durch Goethe inspirierter Kritikpunkt ist (vgl. EPW, § 246; 9, 21) –, erscheint der bei Hegel seltene Begriff »Kultur« (522), den wir heute fast immer dort verwenden können, wo Hegel »Geist« sagt. Bemerkenswert ist auch das Vorkommen des Begriffs »Weltgeist« (ebd.), unter dem man sich kein Weltgespenst vorstellen sollte, sondern die Gesamtheit des Geistes der sittlichen Welt in einer seiner jeweiligen Realisierungsgestalten, und in diesem Sinn hat Hegel später ausdrücklich zwischen dem ›Weltgeist‹ und dem absoluten Geist unterschieden (vgl. GPR, §§ 340ff.). – Auffällig sind in diesem Zusammenhang auch die zahlreichen Analogien aus der Naturphilosophie, die sich nach Schellings Vorbild am Organischen orientieren, während immer wieder das Abstrakt-Verständige mit dem Mechanischen und Toten gleichgesetzt wird. Auch das Thema der Positivität aus den theologischen Jugendschriften spricht Hegel immer wieder an: es ist das Problem des Toten als Moment des Lebens selbst. – Dann folgt eine *hommage* an Montesquieu (vgl. 524f.), dessen *Geist der Gesetze* lehrt, die Institutionen eines Volkes vor dem Hintergrund seines Lebens unter bestimmten natürlichen und historischen Bedingungen zu verstehen. Die Verehrung für Montesquieu hat Hegel zeit seines Lebens bewahrt, und er entlehnte ihm auch den spezifischen Sinn des Begriffs ›Geist‹, unter dem Hegel niemals bloß ›Bewußtsein‹ oder ›Denken‹ verstand, sondern das, was die PhG »das *sittliche Leben* eines *Volks*« nennt (vgl. 3, 326). Im Text erscheint Montesquieu als derjenige, der den Empirikern unter den Naturrechtstheoretikern »auf eine ihnen begreifliche Weise gezeigt« habe, »daß die Vernunft und der Menschenverstand und die Erfahrung, aus welchen die bestimmten Gesetze herkommen, keine Vernunft und Menschenverstand a priori, auch keine Erfahrung a priori, was eine absolut allgemeine wäre, sind, sondern ganz allein die lebendige Individualität eines Volkes – eine Individualität, deren höchste Bestimmtheiten wieder aus einer allgemeineren Notwendigkeit zu begreifen sind« (525). Hegel feiert Montesquieu als denjenigen, der konkretes und historisches Denken gegenüber dem abstrakten Apriorismus durchgesetzt habe, und dann beansprucht er für sich, diese Zurückweisung des Apriorismus auch auf die rein-formellen Behandlungsarten des Naturrechts (Kant und Fichte) ausgedehnt zu haben, die Montesquieu ja nicht vor Augen hatte. Im übrigen fügt er der Sicht Montesquieus noch die Perspektive des Absoluten hinzu, in der sich die »höchsten Bestimmtheiten« der historisch konkreten Individualitäten »wieder aus einer höheren Notwendigkeit ... begreifen« lassen sollen.

Im folgenden stellt Hegel den Formalismus des modernen Rechtszustandes erneut in einen weltgeschichtlichen Zusammenhang, der aber nicht nur erzählt werden dürfe, sondern philosophisch zu begreifen sei – als Geschichte der notwendigen Entfremdung einer ursprünglichen sittlichen Einheit (525 ff.). Am Ende stehen die deutschen Verhältnisse, die Hegel in seiner Schrift *Die Verfassung Deutschlands* (1802) analysiert; ihr zufolge ist Deutschland kein Staat mehr (vgl. 1, 461), das deutsche Volk ist ein »aufgelöste(s) Volk« (527), und das bedeutet: die Gesetze, die formal gelten, werden von niemandem mehr befolgt; sie durchdringen das Leben nicht mehr und sind selbst vom Leben ausgestoßen wie eine tote Hülle. Die rechtliche Wirklichkeit Deutschlands beschreibt Hegel als einen rechtlich-politischen Nihilismus – er spricht von Gesetzen, »deren inneres Wesen das Nichts« (528) ist –, dem er den philosophischen Skeptizismus seiner Zeitgenossen als das notwendige intellektuelle Pendant zuordnet. Beide Phänomene bilden die ideelle und reale Seite eines und desselben sittlichen Zustandes. Wieder führt die absolute Perspektive des Philosophierens Hegel in die Nähe der späteren ideologietheoretischen und wissenssoziologischen Untersuchungen solcher Zusammenhänge zwischen gesellschaftlichen und Bewußtseinszuständen.

Der Text schließt mit einem Fazit: Was folgt aus all dem für die Philosophie? Der sittliche Zustand der Welt, der sie angehört, ist von Hegel ohne verklärende Absicht beschrieben und nachkonstruiert; das, was Hegel in der Vorrede zu den GPR den »Atheismus der sittlichen Welt« (7, 16) nennt, scheint auch den WBN zufolge das letzte Wort zu behalten, denn die Wirklichkeit scheint gottverlassen und dem zu entsprechen, was Fichte in seiner Geschichtsphilosophie die Epoche im »Stand der vollendeten Sündhaftigkeit« nennen sollte.[34] Die Flucht in den Kosmopolitismus, in die »Leerheit der Rechte der Menschheit« oder in die »gleiche Leerheit eines Völkerstaats und der Weltrepublik« (530), wie sie Kant in seiner Schrift *Zum ewigen Frieden* (1795) ins Auge gefaßt hatte, aber ist dem Philosophen der konkreten Sittlichkeit verwehrt, weil solche »Abstraktionen und Formalitäten das gerade Gegenteil der sittlichen Lebendigkeit enthalten und ihrem Wesen nach gegen Individualität protestantisch und revolutionär sind« (530), d.h. sie sind mit wahrer sittlicher Individualität nicht vereinbar und wirken auf sie zerstörerisch. So ist der die absolute Idee der Sittlichkeit konstruierende Philosoph vollständig an die Gegenwart verwiesen; er kann sie nicht überspringen, ohne sich aus der Perspektive des Absoluten herauszureflektieren, und ist aufgerufen, sie in »Gedanken zu erfassen« (vgl. GPR, Vorrede; 3, 26). Hier gilt es, die »Rose im Kreuz der Gegenwart« (ebd.) zu ergreifen und auch noch in den »verzogensten« Gestalten des gelebten Lebens die Macht der absoluten Sittlichkeit wiederzuerkennen.

I. 4 Hinweise zum Verständnis der WBN

Die WBN werden von einem modernen Leser kaum angemessen zu verstehen sein ohne einige Informationen über die Stellung dieser Schrift im Werk Hegels und die wichtigsten Veränderungen, die sein Konzept praktischer Philosophie bis zu den GPR erfuhr; dabei ist auch auf Thesen zu verweisen, die bis heute philosophischen Widerspruch herausfordern.

Zunächst fällt an diesem Text das ungeheure philosophische Selbstbewußtsein des Verfassers und der herablassende Ton auf, in dem alternative Positionen zu den Fragen des Naturrechts schlicht als unwissenschaftlich, ja als unsittlich traktiert werden; fast könnte man den Eindruck haben, hier sei ein deutscher Privatdozent größenwahnsinnig geworden. Die Perspektive des Absoluten, die das allein rechtfertigen könnte, läßt sich näher bestimmen als die Perspektive des jungen Schelling, der im Gegenzug zu Fichte versucht, den Spinozismus unter Kantischen Prämissen zu wieder-

34 Fichte, *Grundzüge*, 405.

holen. Es geht dabei um die Vereinigung von absoluter Substanz mit dem absoluten Subjekt, von der Hegel in der Vorrede zur PhG sagt: »Es kommt ... alles darauf an, das Wahre nicht als *Substanz*, sondern ebenso sehr als *Subjekt* aufzufassen und auszudrücken.« (3, 22 f.) So besteht die Bedeutung der WBN primär darin, daß sie versucht, diesen absoluten Idealismus auch in der praktischen Philosophie durchzusetzen und zu bewähren; an diesem Projekt hat Hegel stets festgehalten und ihm in den GPR seine definitive Gestalt gegeben. Der Eindruck des Anmaßenden, ja Gewalttätigen, den der Autor der WBN erzeugt, entsteht dadurch, daß die absolute Perspektive, der gegenüber alle anderen Sichtweisen als überholt und subaltern erscheinen müssen, von ihm ohne Umschweife einfach in Anspruch genommen wird, und eine Rechtfertigung dafür läßt der Text nicht einmal in Umrissen erkennen. So wird auf den ersten Seiten behauptet, wahre Wissenschaft gebe es nur am Orte das Absoluten, und alles andere bedeute, auf die wahre Wissenschaft Verzicht zu tun; hier erscheint es als ein bloß subjektiver Fehler des abstrakten Verstandes, wenn er es nicht zur absoluten Wissenschaft bringt (vgl. 459), während die Frage ihrer objektiven Möglichkeit, vereinfacht gesagt, so beantwortet wird: ›Es muß sie geben; also ist sie auch möglich!‹ Ganz explizit argumentiert Hegel so, wo es um die Darstellung empirisch-historischer Lebensformen als Manifestationen der absoluten Sittlichkeit geht. Im Sinne von Schellings Naturphilosophie behauptet er: »Wie in der Natur des Polypen ebenso die Totalität des Lebens ist als in der Natur der Nachtigall und des Löwen, so hat der Weltgeist in jeder Gestalt sein dumpferes oder entwickelteres, aber absolutes Selbstgefühl und in jedem Volke, unter jedem Ganzen von Sitten und Gesetzen sein Wesen und seiner selbst genossen ... Über den einzelnen Stufen schwebt die Idee der Totalität, die sich aber aus ihrem ganzen auseinandergeworfenen Bilde wiederstrahlt und sich darin anschaut und erkennt; und diese Totalität des ausgedehntesten Bildes ist die Rechtfertigung des Einzelnen als eines Bestehenden.« (522 f.) Über die Möglichkeit aber, diese Generalthese auch im einzelnen – am Polypen ebenso wie an der Lehensverfassung – zu erweisen, heißt es lediglich: »Ist es absolut ohne eine empirische Beziehung um die höhere Darstellung zu tun, so ist sie zu finden, denn sie muß der absoluten Notwendigkeit nach vorhanden sein.« (523) Der Eindruck eines Dogmatismus des Absoluten, den die WBN erwecken, schwächt sich freilich etwas ab, wenn man Hegels

DS und seine kurz zuvor im *Kritischen Journal* erschienene Schrift *Glauben und Wissen* (GW) parallel liest, wo der philosophische Standort Schellings und Hegels zumindest näher erläutert wird; so konnte Hegel bei den WBN dies bei den Lesern als bekannt voraussetzen. – In der Vorrede zur PhG hat Hegel dann jenen imperialen Gestus des Philosophierens einer durchgreifenden Kritik unterzogen, was zugleich radikale Selbstkritik im Methodischen bedeutete; gegen Schelling und die Schellingianer, zu denen er damals selbst gehörte, wendet er dort ein: Das Philosophieren in der Perspektive des Absoluten kann nicht unmittelbar – »wie aus der Pistole« (3, 31) – beginnen, sondern bedarf selbst einer erkenntniskritischen Rechtfertigung, die Hegel dann in der PhG vorlegt. In diesem Sinne kehrt Hegel vom romantischen Überschwang einer Philosophie des Absoluten im Medium intellektueller Anschauung zum nüchternen Kant zurück, und er beansprucht in der PhG, dann aber vor allem in der WL, das vernunftkritische Programm Kants zum ersten Mal wirklich durchgeführt zu haben; seine absolute Philosophie konstituiert sich ihrem Anspruch nach im »sich vollbringenden Skeptizismus« (3, 72).

Weiterhin fällt an den WBN eine beträchtliche Laxheit in der Begriffsverwendung auf. Wie schon angemerkt operiert Hegel mit zahlreichen Varianten der spekulativen Grundfigur ›Identität (Indifferenz) von Idealität und Realität‹, wobei an die Stelle dieser im Absoluten als identisch zu setzenden Bestimmungen auch ›Unendlichkeit-Endlichkeit‹, ›Allgemeines-Besonderes‹, ›Absolutes – Relatives‹, ›Formales – Inhaltliches‹ und sogar *›a priori – a posteriori‹* treten können. So verdankt sich die *prima facie*-Plausibilität vieler Übergänge im Text der bloßen Analogie solcher Begriffspaare, und sie verschwindet, wenn man sich die Mühe macht, etwa auf die Kantischen Distinktionen zurückzugreifen, aus denen z. B. folgt, daß zwar alles, was *a priori* ist, allgemein ist, aber nicht umgekehrt, oder daß überhaupt nicht ausgemacht ist, daß das Unendliche formal sei. Man kann sogar von einem deutlichen Formalismus der Argumentation in den WBN sprechen, weil deren Triftigkeit immer wieder nur von der als gültig vorausgesetzten spekulativen Grundfigur in einer ihrer zahlreichen Varianten abhängt. So müßte man eigentlich den Vorwurf des Formalismus, den Hegel gegenüber Kant erhebt, an ihn selbst zurückgeben. Wieder ist die Vorrede der PhG der Ort, an dem dieser Vorwurf selbstkritisch und kritisch gegenüber Schelling tatsächlich erscheint: Was bei Schelling

»Konstruktion« genannt wurde, erklärt Hegel nun zu einer mechanischen und gedankenlosen Anwendung des Schemas der »*Triplizität*«, die von Kant wiedergefunden und dann (von Schelling) »zu ihrer absoluten Bedeutung erhoben« (3, 48) wurde, auf alles und jedes; die Methode der WBN erscheint hier selbst als »äußerliche und leere Anwendung der Formel« des Absoluten (3, 49). Schon in seinen Jenaer Systementwürfen, vor allem aber in seiner WL, hat sich Hegel der gigantischen Mühe unterzogen, die logischen Bestimmungen des Denkens des Absoluten systematisch zu ordnen und auseinander abzuleiten; immer hat Hegel seitdem auf äußerster begrifflicher Strenge bestanden, und vor allem im Spätwerk beeindruckt die Klarheit und Konsequenz seiner Begriffsverwendung vor dem Hintergrund der Grundlinien seiner Logik.

Die Attitüde absoluter Überlegenheit, die Hegel in den WBN gegenüber den alternativen Behandlungsarten des Naturrechts an den Tag legt, stattet ihn auch mit dem objektivierend-diagnostischen Blick auf jene Ansätze aus, mit dem er die späteren ideologietheoretischen und wissenssoziologischen Analysen von Theorien vorbereitet. Gleichwohl verpflichtet sich Hegel schon in den WBN dem Prinzip immanenter Kritik; zwischen diesem Prinzip aber und jener Überlegenheitsattitüde besteht eine unübersehbare Spannung. Dem Grundsatz immanenter Kritik zufolge soll sich ohne äußeres Zutun zeigen lassen, daß die kritisierten Positionen durch ihre eigene Logik auf das Gegenteil dessen hinauslaufen, was sie intendieren; zugleich sollen sich die vielfältigen Lebensformen nach dem Verlust der antiken Sittlichkeit von selbst dem theoretischen Blick als Momente einer absoluten Sittlichkeit erweisen, die gegen allen Augenschein in ihnen lebendig sei. Es liegt auf der Hand, daß sich Hegel damit eine beträchtliche Beweislast aufbürdet.

Was die immanente Kritik von Theorien betrifft, so kann man zumindest im Fall der Kant-Kritik zeigen, daß Hegel in den WBN nicht erfolgreich ist. Der Formalismus-Einwand steht und fällt mit der Behauptung, die Prüfung einer Maxime auf ihre Verallgemeinerungsfähigkeit als Gesetz laufe auf die »Produktion von Tautologien« (460) hinaus und umgekehrt lasse sich aus dem Kategorischen Imperativ keine materiale Norm ableiten. – Der Formalismuseinwand, dem zufolge sich angeblich mit dem Kategorischen Imperativ jede beliebige Maxime als allgemeines Gesetz darstellen lasse, kann heute als zwingend widerlegt gelten. Julius Ebbinghaus trat

1948 dem Vorwurf John Deweys entgegen, Kants formalistische Pflichtethik habe den Nationalsozialismus mit vorbereitet; er arbeitete diese Richtigstellung später weiter aus.[35] Hegel übersieht, daß es nach Kant in der Ethik nicht darum geht, irgendeine inhaltliche Bestimmung wie ›Eigentum‹ zu verallgemeinern – was dann auch auf ein Produzieren von Tautologien hinauslaufen mag –, sondern um die Überlegung, ob man eine Maxime – d. h. einen subjektiven Handlungsgrundsatz wie ›Ich will fremdes Eigentum nicht respektieren‹ – auch dann noch wollen kann, wenn sie zur Maxime aller und damit zum allgemeinen Gesetz würde. Die Folge wäre nämlich, daß es nichts mehr gäbe, was nicht zu respektieren man sich vorgesetzt hat, und auch das eigene Eigentum, das man durch das Nichtrespektieren fremden Eigentums zu erwerben hofft, wäre hinfällig. Der Widerspruch liegt also nicht darin, daß im Verallgemeinerungsfalle kein Depositum oder kein Eigentum mehr existierte – das wäre ohne Widerspruch denkbar –, sondern er besteht zwischen der subjektiven Maxime, deren Realisierung das Eigentum voraussetzt, und dessen Aufhebung im Falle ihrer allgemeinen Realisierung als allgemeines Gesetz. Was Kant diskutiert, ist der Fall einer sich selbst zerstörenden Willensmaxime im Fall ihrer Verallgemeinerung. Obgleich es fraglich ist, ob dieser Test ausreicht, um eine Maxime als moralisch auszuweisen,[36] kann doch keine Rede davon sein, Kants Ethik biete den lächerlichen Anblick, von dem Hegel in Kantzitaten spricht (vgl. 460). Man mag bedauern, daß Hegel diese Kant-Kritik niemals revidiert hat, sondern in den GPR ebenso (vgl. § 135) wie in den *Vorlesungen über die Geschichte der Philosophie* (vgl. 20, 367 f.) unverändert wiederholt.

Gegen das zweite Argument, aus dem Kategorischen Imperativ folge nichts Inhaltliches, spricht zumindest die Tatsache, daß Kant eine ganze *Metaphysik der Sitten* geschrieben hat, in der z. B. das Rechtsprinzip samt zahlreichen Folgebestimmungen aus dem Kategorischen Imperativ abgeleitet wird; er bildet überdies die Grundlage einer umfangreichen Tugendlehre. Der biographischen Nachricht von Karl Rosenkranz, Hegel habe 1798 die gesamte *Metaphysik der Sitten* (MdS) Kants studiert, ist wohl die begründete Vermutung entgegenzusetzen, dabei könne es sich nur um die

35 Vgl. Ebbinghaus; M. G. Singer bezeichnet Hegels Einwand als »fast unglaublich einfältig«, in: Singer, 291.

36 Vgl. Singer.

Grundlegung zur Metaphysik der Sitten (GMS) handeln.[37] Da aber bekannt ist, daß Hegel sich seit 1798 intensiv mit Kants praktischer Philosophie beschäftigte, ist der Vorwurf, sie sei inhaltsleer und fruchtlos, schwer zu erklären. Wahrscheinlich rührt er daher, daß Hegel unter dem Einfluß Schellings damals nicht bereit war, zwischen ›formal‹ und ›formalistisch‹ zu unterscheiden; beides fällt freilich zusammen, wenn man eine praktische Philosophie absoluter Sittlichkeit ins Auge faßt, denn da sind formale Überlegungen allein deswegen ungenügend, weil sie formal sind. In demselben Sinne haben bis in unsere Tage Hegelianer der formalen Logik immer wieder vorgeworfen, sie sei bloß formal.

Dies ist auch im Spiel, wenn man den für Kantianer schwer erträglichen Einwand näher betrachtet, Kantische Ethik sei »Taschenspielerei« und sie gehe nicht über die jesuitische Kasuistik hinaus, die ihrerseits mit einer bloßen Glückseligkeitslehre zusammenfalle (464). Ob es sich dabei um subjektive oder objektive Unredlichkeit handeln soll, ist dabei weniger interessant als die starke These, Kants Ethik, die sich nach Kräften dem Eudämonismus entgegenzustellen versuchte, laufe genau darauf hinaus, was ihre Verfahrensweise betrifft. Einen Sinn ergeben solche Vorwürfe nur dann, wenn man Kant unterstellt, er habe eine praktische Philosophie absoluter Sittlichkeit genau in dem Sinne ins Auge gefaßt wie Schelling und Hegel; dann kann man sagen: »durch Vermischung der absoluten Form aber mit der bedingten Materie wird unversehens dem Unreellen, Bedingten des Inhalts die Absolutheit der Form untergeschoben, und in dieser Verkehrung und Taschenspielerei liegt der Nerv dieser praktischen Gesetzgebung der reinen Vernunft.« (464) Man fragt sich, was bei Kant die »absolute Form« sein soll im Unterschied zur »bedingten Materie«. Ihm zufolge gilt der Kategorische Imperativ als das Moralprinzip unbedingt, d. h. ohne alle weitere Bedingung, während die hypothetischen Imperative – »Wenn du Y erreichen willst, tue X« – als bloße Klugheitsregeln keine moralische Qualität haben. Daß moralische Geltung unbedingte Geltung sei, heißt bei Kant aber nicht, hier handle es sich um die Geltung des Unbedingten; man mag von absoluter Gültigkeit des Kategorischen Imperativs sprechen – i. S. des Losgelöstseins seiner Verbindlichkeit von allen anderen Verbindlichkeiten –, aber das rechtfertigt nicht, ihn als

37 Vgl. Kimmerle (1970), 202.

»absolute Form« zu bezeichnen, was bei Hegel ja heißt: ›Form des Absoluten‹, ›formale absolute Sittlichkeit‹. Es ist also nur die oben angedeutete begriffliche Unschärfe des absoluten Sittlichkeitsdiskurses Hegels, die den Übergang von ›unbedingter Geltung‹ und ›absoluter Form‹ plausibel macht. Sie suggeriert, auch Kant habe in der praktischen Philosophie »an sich« (eigentlich) schon in der Perspektive des Absoluten philosophiert. Es ist nur diese Suggestion, die die Schärfe der Hegelschen Kritik erklärt; immanent ist diese Kritik gewiß nicht, denn sie mißt Kants Ethik an einem transzendenten Maßstab.

Der Unterschied zwischen der Kantischen Ethik und Hegels praktischer Philosophie absoluter Sittlichkeit wird vor allem deutlich, wenn man Hegels Einwand näher betrachtet, die Verallgemeinerung der Maxime ›Ich will den Armen helfen‹ führe entweder zur allgemeinen Armut oder zur Abschaffung der Armut, wodurch sich die Maxime selbst zerstöre, da sie dann gegenstandslos sei; also müsse man Armut erhalten, um ihr abhelfen zu können, was aber selbstwidersprüchlich und unsittlich sei (465/6). Kants Ethik ist eine der Endlichkeit, d. h. einer praktischen Lebenswelt, in der immer mit Armut gerechnet werden muß; besteht zufällig keine Armut, dann setzt das jene moralische Maxime nicht außer Geltung, wohl aber außer Anwendung. Für Hegel hingegen gilt: »Zufälliges aber in der Sittlichkeit ... ist unsittlich« (467); darum kann auch ein Sollenssatz, der gilt, aber ohne Anwendung ist und dadurch Zufälligkeit ausdrückt, nicht wahrhaft sittlich sein. Es ist also wieder die permanente Unterstellung absoluter Sittlichkeit, die Hegels Kantkritik so fruchtlos sein läßt; sie begründet auch – wie das Armuts-Beispiel zeigt – den Dissens zwischen Kant und Hegel in der Fundamentalfrage des Sollens.[38] Kant zufolge ist es die Differenz zwischen Sein und Sollen, die überhaupt praktische Philosophie im Unterschied zur theoretischen begründet; eine Theorie, die die gelebten Sitten nur beschreibt und erklärt, wäre nach Kant Teil der Naturwissenschaften, und darum ist das Prinzip der Metaphysik der Sitten eben ein Sollenssatz. Hegel hingegen versteht, vermittelt durch Fichte, das Sollen als Index der Endlichkeit, d. h. eines Noch-Nicht, eines Noch-zu-Realisierenden, was bedeutet, daß eine Sollens-Ethik hinter dem Niveau einer praktischen Philosophie absoluter, d. h. wahrhaft unendlicher Sitt-

38 Vgl. Marquard.

lichkeit zurückbleiben muß. Hegel kann sich dabei freilich auf Kants Überlegung berufen, das moralische Sollen wäre für reine Vernunftwesen unbedingtes eigenes Wollen, denn in der GMS heißt es: »... dieses Sollen ist eigentlich ein Wollen, das unter der Bedingung für jedes vernünftige Wesen gilt, wenn die Vernunft bei ihm ohne Hindernisse praktisch wäre«[39] und: »Das moralische Sollen ist ... eigenes notwendiges Wollen als Gliedes einer intelligiblen Welt, und wird nur so fern von ihm als Sollen gedacht, als er sich zugleich wie ein Glied der Sinnenwelt betrachtet.«[40] Aber da wir eben keine reinen Vernunftwesen sind, ist dies nur eine negative Kontrastbestimmung des Sollens. Im übrigen existiert Kant zufolge keine erkenntniskritische Rechtfertigung dafür, in der praktischen Philosophie die Perspektive des Absoluten einzunehmen, die nur reinen Vernunftwesen zugänglich wäre, und deswegen bleibt es hier beim Sollen. Hegel hätte freilich nie bestritten, daß wir keine reinen Vernunftwesen sind, denn immer wieder räumt er in seinem Werk unserer Endlichkeit ein begrenztes Recht ein. In der praktischen Philosophie absoluter Sittlichkeit hingegen versucht er, unser endliches Sollen als Moment eines freien Wollens des Absoluten darzustellen, was zugleich bedeutet, daß nicht mehr unsere endliche Vernunft wie bei Kant, sondern das Absolute selbst das Subjekt des Sittlichen sein soll. In diesem Sinne nimmt die Rede von der »Tragödie im Sittlichen, welche das Absolute ewig mit sich selbst spielt« (495), die Philosophie der Weltgeschichte vorweg, in der Hegels praktische Philosophie schließlich kulminiert; ihr zufolge erweist sich der »Weltgeist« (522; auch GPR, § 344; 7, 505) als der eigentliche Agent in der Welt menschlicher Praxis, »und sein Recht ist das allerhöchste«, das er »in der *Weltgeschichte* als dem *Weltgerichte* ... ausübt« (§ 340; 503).

Daß er in den WBN Kant nicht gerecht geworden ist, hat Hegel zumindest indirekt dadurch selbst eingestanden, daß in den späteren Schriften das Urteil viel differenzierter ausfällt. In der PhG ist die Moralität die höchste Bewußtseinsstufe unterhalb des absoluten Wissens; in den GPR wird die Moralität nicht mehr einfach der Unsittlichkeit geziehen, sondern als das die »*für sich* unendliche Subjektivität der Freiheit« (GPR, § 104; 7, 198 f.) verkörpernde Moment von Sittlichkeit überhaupt respektiert. Das Urteil der

39 B 102.
40 B 113.

WBN wird so abgeschwächt: Nicht das Sollen als solches sei unsittlich, sondern das Sollen als letztes Prinzip des Sittlichen sei dies; als Moment der sittlichen Totalität habe es durchaus sein Recht. Ein Sollen als Prinzip des Sittlichen ist unsittlich in der Perspektive absoluter Sittlichkeit, die man nur dann einnehmen kann, wenn diese Sittlichkeit nicht nur gesollt, sondern wirklich ist; die Wirklichkeit des Vernünftigen erfordert auch die Wirklichkeit des Sittlichen. Wirklich aber ist das Sittliche nur in gelebten Lebensformen, Institutionen, Rechtssystemen usf., in denen eine auf die Perspektive absoluter Sittlichkeit festgelegte praktische Philosophie das Sittliche muß erkennen können. So wie nach Hegel vernünftige Erkenntnis nur dort möglich ist, wo wir etwas als vernünftig erkennen können,[41] so steht und fällt die wahrhaft, d. h. absolut sittliche Erkenntnis mit der Möglichkeit, das Erkannte als sittlich zu erkennen. Diese Erkenntnis wäre gegenstandslos, wenn sie nur ein Gesolltes, Nichtwirkliches zum Gegenstand hätte.

Durch die Hinwendung zum Absoluten führt Hegel das Kantische Modell praktischer Philosophie, das sich ausschließlich am Sollen orientiert und das Sein im ganzen der theoretischen Philosophie zugewiesen hatte, wieder ins Theoretische zurück; wenn er an die Stelle von Kants Idee einer Ethik als Explikation dessen, wozu wir unbedingt verpflichtet sind, Ethik als »Naturbeschreibung der Tugenden« (507) setzt, kehrt er von Kant zu Aristoteles zurück, d. h., praktische Philosophie erscheint wieder als bloß theoretische Erkenntnis praktischer Wirklichkeit, nun aber in der Hinsicht ihrer Transparenz auf das Absolute. Daraus ergibt sich zunächst der Anschein des Positivismus und Historismus in normativen Fragen, ja des völligen Fehlens einer Ethik im Kantischen Sinne, und beides ist Hegel immer wieder vorgeworfen worden. Der Positivismus hält Normen schlicht deswegen für verbindlich, weil sie faktisch gelten, und der Historismus relativiert solche Geltung auf bestimmte historische Situationen. So könnte man die schon zitierten Thesen Hegels verstehen, die Sklaverei und die Lehensverfassung besäßen in der Situation, in der sie faktisch bestehen, »absolute Wahrheit«, denn sie seien »die einzig mögliche Form der Sittlichkeit und darum die notwendige und gerechte und sittliche« (524). Warum ist die jeweils »einzige mögliche Form der

41 Vgl. Schnädelbach (1993).

Sittlichkeit« – auch die unsittlichste – immer die »notwendige und gerechte und sittliche«? Der naheliegende Gedanke, es könne gesellschaftliche Situationen geben, in denen es gar keine Sittlichkeit gibt, ist für Hegel *a priori* ausgeschlossen, denn auch die unsittlichsten Verhältnisse muß diese Philosophie noch als Moment der Tragödie der absoluten Sittlichkeit darstellen können, um recht zu behalten. Der Fluch der absoluten Perspektive ist der Zwang zur Theodizee des Absoluten – auch und gerade in der Weltgeschichte; die absolute Philosophie ist blamiert, wenn dies nicht gelingt und der »Atheismus der sittlichen« Welt das letzte Wort behält. Vom Positivismus und Historismus im gewöhnlichen Sinn unterscheidet sich diese auf die Wirklichkeit des Sittlichen festgelegte praktische Philosophie nur dadurch, daß sie wegen ihrer dialektischen Konstruktion die Negativität des positiv historisch Vorhandenen nicht abzuleugnen braucht; gleichwohl ist auch sie auf die Faktizität festgelegt, d. h. sie muß das Sittliche als vorhanden aufweisen, oder es gibt keine Sittlichkeit. Es ist der große Vorzug einer jeden Sollensethik, daß sie dieser Nötigung nicht unterliegt: Was unsere Pflicht ist, wird nicht dadurch gegenstandslos, daß wir unsere Pflicht nicht tun.

Was das Normative der Hegelschen Ethik betrifft, so wäre es freilich unangemessen zu behaupten, es käme in ihr nicht vor. So wie Hegel das Sollen durchaus als Moment des absoluten Seins des Sittlichen akzeptiert, so leugnet er keineswegs, daß es in der Ethik auch um normative Fragen gehen muß. Von einer platten Reduktion des Normativen auf das Faktische kann darum bei Hegel keine Rede sein, und auch insofern ist der Vorwurf des Positivismus oder Historismus ungerecht. Hegel behauptet nur, daß das, was die Menschen sollen, nicht wie bei Kant oder Fichte aus einem abstrakten und ahistorischen Prinzip abgeleitet werden kann, sondern immer Bestandteil ihrer tatsächlich vorhandenen sittlichen Lebensverhältnisse ist, aus denen jeweils das Gesollte auch erkannt werden kann. Wie schon angedeutet, unterscheidet sich Hegel von Montesquieu dadurch, daß er glaubt, diese faktischen Verhältnisse im Lichte einer »allgemeineren Notwendigkeit« (525) verstehen zu können, und die ist für ihn eine geschichtliche. Der Anschein, Hegel übergehe die normativen Fragen und damit das Ethische im üblichen Sinne, entsteht also dadurch, daß Hegel schon in den WBN von der theoretischen Analyse der individuellen Gestalten konkreter Sittlichkeit übergeht in die geschichtsphilosophische

Betrachtungsweise, in der sich ihre historische Notwendigkeit »erweisen« lasse. Diese Notwendigkeit aber soll die absolute Notwendigkeit sein, die alle historischen Lebensformen in das Licht des Absoluten selbst rückt, und da für Hegel (mit Schelling) ausgemacht ist, daß das Absolute die Einheit von Theoretischem und Praktischem, Sein und Gesolltem, Faktizität und Normativität sei, ist in der absoluten Perspektive das Normative gerade nicht ausgeklammert, sondern immer schon mitbehandelt. Wie in der klassischen Metaphysik ist eben auch bei Hegel das, was in Wahrheit ist, die Einheit des Faktischen und des Guten: *ens et verum et bonum convertuntur* [Das Seiende, Wahre und Gute können vertauscht werden, sind dasselbe]. Eine Philosophie der Endlichkeit wie die Kantische hingegen, die sich mit Gründen nicht der Perspektive des Absoluten für mächtig hält, wird darauf bestehen müssen, daß die nicht absolute Erkenntnis des Faktischen nicht immer schon die Lösung der normativen Fragen enthält; sie wird an der Differenz zwischen faktischen und normativen Fragen festhalten und eine autonome Ethik fordern.

I. 5 Stellenkommentar

436, 15 f. – »Diameter« ist ein anderes Wort für den Durchmesser.
436, Fußnote, 1 – *Grundlage des Naturrechts nach Prinzipien der Wissenschaftslehre*, Leipzig und Jena 1796/97.
438, 9 – Das Sittliche als den »Beweger aller menschlichen Dinge« zu bezeichnen ist eine Anspielung auf den sogenannten »unbewegten Beweger« aller natürlichen Dinge, von dem Aristoteles handelt, der aber als das zu verstehen ist, »das ohne bewegt zu werden selbst bewegt, das ewig und Wesenheit (*ousía*) und wirkliche Tätigkeit (*enérgeia*) ist« (Met. XII 7, 1072a 25 f., übers. v. Hermann Bonitz, Reinbek 1966, 276 f.). Dieses »erste unbewegte Bewegende (*prôton kinoûn akíneton*)« wird freilich von Aristoteles selbst dadurch personalisiert, daß er es als Gott (*hò theós*) bezeichnet (vgl. XII 7, 1072b 25 ff.).
443, 14 – Diese Assoziation von Empirie und Ekel ist einerseits eine Attacke auf den naturrechtlichen Formalismus, der sich nur durch die Abstraktion von allem empirischen Inhalt eine überzeugende Gestalt zu geben vermag; also muß er sich vor der Empirie ekeln. Zugleich ist aber die Anspielung auf Kants Konzeption »reiner«

Vernunft unübersehbar, die nichts anderes als Erfahrungsunabhängigkeit meint, seitdem aber immer wieder auch mit sich vor der Empirie ekelnder »Reinlichkeit« in Zusammenhang gebracht wurde. Schon Hamann hatte kritisch von Kants »Purismus der Vernunft« gesprochen (vgl. Hamann). Bestätigt wird diese Deutung durch eine Äußerung Hegels über die Philosophie des Kantianers Reinhold in der DS, ihre »Eigentümlichkeit« bestehe »in der Ergründungs- und Begründungstendenz, die sich mit eigentümlichen philosophischen Ansichten und einem geschichtlichen Bemühen um dieselben viel zu schaffen macht. Die Liebe und der Glaube an Wahrheit hat sich [hier] in eine so reine und ekle Höhe gesteigert, daß *er*, damit der Schritt in den Tempel recht ergründet und begründet werde, einen geräumigen Vorhof erbaut, in welchem *sie*, um den Schritt zu ersparen, sich mit Analysieren und Methodisieren und Erzählen so lange zu tun macht, bis sie zum Trost ihrer Unfähigkeit für Philosophie sich beredet, die kühnen Schritte anderer seien weiter nichts als Vorübungen oder Geistesverwirrungen gewesen.« (2, 18) Die Ersetzung eines inhaltlichen Philosophierens durch angeblich vorbereitende methodologische Erwägungen erscheint hier nicht nur als Symptom philosophischer Impotenz, sondern auch eines Ekels des reinen Formalismus vor dem Material der Erkenntnis. In der PhG spricht Hegel dann auch wie ein Psychoanalytiker davon, daß »das, was sich Furcht vor dem Irrtume nennt, sich eher als Furcht vor der Wahrheit zu erkennen gibt« (3, 70).

446, 26 – Hier spielt Hegel auf Hobbes' Bestimmung des Naturzustandes als *bellum omnium contra omnes* an; vgl. Thomas Hobbes, *De cive* (Vom Bürger) I, 12.

460, 29 – Vgl. Kant, KrV, B 82 f.

460, 3 ff. – Vgl. Kant, KpV, A 48 f.

460, 34 ff. – KpV, A 54 ff.

462, 23 – Das Depositum-Beispiel stammt von Kant: vgl. KpV, A 49.

470, 36 ff. – Vgl. Fichtes Deduktion des Rechtsprinzips, in: *Grundlage des Naturrechts* (1796), §§ 1-4.

471, 13 – *Naturrecht*, Erstes Hauptstück; von »Treue und Glauben« spricht Fichte explizit im § 13; *Sämtliche Werke*, hg. v. I. H. Fichte (1834-42), [SW], Bd. III, 139.

472, 1 – Ebd., § 14; SW, Bd. III, 142.

475, 5 u. 10 – Das »Ephorat« bezeichnet Fichte als den »wesentlichste(n) Bestandteil jeder Konstitution« (*Naturrecht*, Einleitung;

SW, Bd. III, 20): »Es ist sonach ein Fundamentalgesetz jeder vernunft- und rechtmäßigen Staatsverfassung, daß die *exekutive Gewalt*, welche die nicht zu trennende richterliche und ausübende im engeren Sinne unter sich begreift, und *das Recht der Aufsicht und Beurteilung, wie diese verwaltet werde*, welches ich das *Ephorat*, im weitesten Sinne des Worts nennen will, getrennt seien; daß die letzte der gesamten Gemeine verbleibe, die erstere aber bestimmten Personen anvertraut werde.« (§ 16; SW, Bd. III, 160) Das Ephorat ist nach Fichte die Instanz, vor der sich die »Verwalter der öffentlichen Macht« verantworten müssen, ohne sie handle es sich um eine Despotie. Mit seiner Konstruktion des Ephorats versucht Fichte, Schwächen der traditionellen Lehre der Gewaltenteilung seit Locke und Montesquieu zu kompensieren: vgl. a.a.O., 160ff.

476, 34 – Hegel wendet hier die Potenzenmethode der Schellingschen Naturphilosophie auf einen Gegenstand der praktischen Philosophie an – auf die Freiheit. Den Begriff ›Potenz‹ greift Schelling aus der Mathematik auf, vermittelt über Eschenmayer, der versucht hatte, »die Materieverhältnisse in ihrer Evolution als Potenzierungsverhältnisse von Attraktions- und Repulsionskraft zu begreifen« (Zimmerli (1981), 269). Schelling überträgt dieses Modell vom physikalischen in den philosophischen Bereich, wodurch aufgrund der These von der Indifferenz des Idealen und Realen im Absoluten der Begriff ›Potenz‹ »als ein sowohl ontologischer als auch erkenntnismethodischer aufzufassen« (ebd.) ist. Ontologisch gesehen sind Potenzen die Gestalten, die das Absolute als die Einheit des Endlichen und Unendlichen oder als Indifferenz von Idealität und Realität auf den jeweiligen Stufen seiner Realisierung annimmt; zugleich sind die Potenzen die Gedankenformen, in denen jene ontischen Gestalten allein angemessen erfaßt werden können.

481, 16-17 – Hegels Syntax ist an dieser wie an vielen anderen Stellen sehr eigenartig; statt »das Angehören einem Volke« oder »das Einssein mit welchem« (481) würden wir sagen: »das einem Volke Angehören« und »mit welchem Einszusein der Einzelne ... erweist«. So muß man diesen Satz paraphrasieren, um ihn zu verstehen.

485, 30 – Platon, *Politikos*, 294a-c.

489, 32 – Zur Sklaverei nach Aristoteles vgl. Pol. I 4, 1254a 17ff.

490, 34 – Platon, *Politikos*, 308e-309.

490, 36 – Aristoteles, Pol. I 5, 1254b 2ff.

491, 36 – Wieder ein Beispiel von Hegels eigenwilliger Syntax; Hegel bezieht sich auf Edward Gibbon, *The History of the Decline and Fall of the Roman Empire* (1787), Bd. I, 74f.

493, 19 – Platon, *Politeia*, 425c-426a. – Die Hydra ist in der griechischen Mythologie eine vielköpfige Wasserschlange, der immer sofort zwei oder mehr Köpfe nachwachsen, wenn man ihr einen abschlägt; Herakles besiegte sie in seiner »zweiten Arbeit« durch eine List (vgl. Robert von Ranke-Graves, *Griechische Mythologie* (aus dem Engl.), Reinbek 1960, Bd. 2, 102f.

493, 32 – Ebd., 404e-405b.

495, 31 ff. – Hegel bezieht sich hier auf die *Orestie* des Aischylos.

497, 15 – Platon, *Politikos*, 302a.

497, 26 – Hier fragt man sich, welche Alternativen Hegel wohl zur Verfügung gestanden haben mögen.

497, 32 – Der Ausdruck »ernsthafter werdende Besonderung« deutet Hegels Interpretation des Sokrates an als der Verkörperung des weltgeschichtlich unabwendbaren Untergangs des Ethos des klassischen Griechenlands durch die Entstehung der selbstbewußten Individualität. In den Vorlesungsnachschriften zum § 138 der GPR heißt es: »Sokrates stand in der Zeit des Verderbens der atheniensischen Demokratie auf: er verflüchtigte das Daseinde und floh in sich zurück, um dort das Rechte und Gute zu suchen.« (7, 260) – Zu Hegels philosophiegeschichtlicher Deutung des Sokrates vgl. 18, 441 ff.

497, 33 – lat. *pullulo* – ausschlagen, keimen, wuchern.

498, 26 – Gemeint ist Klopstock, *Der Messias*, 2. Gesang, Vers 370-387.

501, 2 – Platon, *Phaidros*, 246c-d.

502, 10 – Aristoteles, I 4, 985b 8.

503, 5 – Zum Äther vgl. den Stellenkommentar zum SdS; 21, 16f. u. 21, sowie den Abschnitt III. 4.

505, 12 – Ebd., 1253a 25-29.

508, 10 – Diogenes Laertios, Buch VIII, § 16.

524, 18 – *De l'esprit des lois*, Genf 1748.

527, 25 ff. – Vgl. Hegels Schrift *Die Verfassung Deutschlands* (1800-02), in: 1, 451 ff.

II System der Sittlichkeit (SdS)

II. 1 Der Text

Es handelt sich um ein Fragment, das in Hegels Reinschrift und ohne Titel in dessen Nachlaß in der Berliner Staatsbibliothek überliefert ist; Hegels erster Biograph, Karl Rosenkranz, gab ihm den Titel *System der Sittlichkeit*, der seitdem als sachangemessen allgemein akzeptiert ist. Auch die Datierung auf die Jahre 1802/03 ist unstrittig. Der Text des SdS ist wohl weitgehend parallel zu den WBN entstanden, und zwar als Entwurf für Vorlesungen über »Naturrecht *ex dictatis*«, die Hegel für das SS 1802 angekündigt hatte. Der erste Druck von Georg Mollat (1893) war ungenau und unvollständig; texttreu veröffentlichte erst Georg Lasson 1913 das SdS im Band VII der von ihm herausgegebenen *Sämtlichen Werke* Hegels. Dieser Kommentar bezieht sich auf Lassons 2. Aufl. (1923) (zitiert als ›L‹); die darin enthaltenen Überschriften in eckigen Klammern stammen von Lasson.

II. 2 Zur Methode ([Einleitung])

Das SdS ist der Versuch, die in den WBN nur skizzierte absolute Sittlichkeit mit den Mitteln der Schellingschen Potenzenmethode wirklich durchzukonstruieren, wobei Hegel völlig auf historische und geschichtsphilosophische Erläuterungen verzichtet. Die ›[Einleitung]‹ gibt dazu eine grundsätzliche methodologische Erläuterung, die an die einschlägigen Passagen der WBN anknüpft. Das Vorbild bilden Schellings *Fernere Darstellungen aus dem System der Philosophie* von 1802,[1] wobei es unter den Kommentatoren umstritten ist, wie genau Hegel dem gefolgt ist.[2] Grundlegend für das Verständnis ist die schon in den WBN zu beobachtende ständige Parallelisierung von ›Idealität-Realität‹ mit ›Unendlichkeit-Endlichkeit‹, ›Allgemeinheit-Besonderheit‹ und ›Anschauung-Begriff‹. Die Potenzenmethode besteht in der wechselseitigen Subsumtion beider Glieder untereinander, aber immer in der Perspektive ihrer Identität im Hinblick auf das Absolute, denn nur in ihr ist

1 Schelling, AS 2, 156ff.
2 Vgl. Zimmerli (1981).

eine Philosophie absoluter Sittlichkeit möglich. Zunächst bestimmt Hegel das Absolute als Idee, die selbst als Identität von Anschauung und Begriff zu bestimmen ist. Dann heißt es: »Diese Identität aber, damit sie erkannt werde, muß als ein Adäquatsein gedacht werden.« (SdS; 7) Damit spielt Hegel an auf die klassische Wahrheitsdefinition ›*adaequatio rei et intellectus*‹ (Übereinstimmung von Gegenstand und Intellektinhalt), die hier nach Kantischem Vorbild bezogen ist auf das Verhältnis von Anschauung und Begriff. Somit ist Erkenntnis des Absoluten nichts anderes als das Erfassen der absoluten *adaequatio* von Anschauung und Begriff. Zugleich aber muß beides »im Gleichsein auseinander gehalten werden« (ebd.), denn sonst wäre das erkannte Absolute *bloße* Identität und leer. Also muß die *Identität* von Anschauung und Begriff, Allgemeinheit und Besonderheit, als Identität *von* Anschauung und Begriff, Allgemeinheit und Besonderheit bestimmt werden, und diese nicht leere Identität nennt Schelling ›Indifferenz‹: »Identität aus Differenz hervorgegangen ist Indifferenz.«[3] So sind jene Bestimmungen, als deren Identität das Absolute zu denken ist, zunächst immer »mit einer Differenz« (SdS; 7) gesetzt, und das wechselseitige Subsumtionsverfahren hat den Sinn, diese Differenz als in der absoluten Identität (Indifferenz) aufgehobene zu erweisen.

Nicht unmittelbar einsichtig ist, warum Hegel das, »was wahrhaft das Allgemeine ist«, als Anschauung und das »wahrhaft Besondere« als den »absoluten Begriff« bezeichnet (vgl. ebd.). Erklärbar ist dies nur, wenn man nicht von vornherein mit ›Anschauung‹ die empirische Anschauung assoziiert, denn die ist in der Tat immer auf Besonderes und Individuelles bezogen. Was Schelling und Hegel mit ›Anschauung‹ meinen, läßt sich am besten vom Begriff ›Intuition‹ her erklären (lat. *intueor* – hinblicken, anblikken; mittellat. *intuitus* – der Anblick, Blick): gemeint ist das Erfassen von etwas wie mit einem Blick, wobei keineswegs nur an sinnliches Wahrnehmen, sondern auch an ein geistiges Erfassen, an das ›geistige Auge‹ zu denken ist. Kant hatte gelehrt, das menschliche Denken sei nicht intuitiv, sondern diskursiv, und er hatte damit den Erkenntnismodus ›Intuition‹ ganz an die Sinnlichkeit verwiesen.[4] Durch Fichtes und Schellings Konzeption der intel-

3 Schelling, AS 2, 343.
4 Vgl. Kant, KU, § 59.

lektuellen Anschauung hingegen wird die Intuition wieder mit dem Denken als Erkenntnismodus verbunden, und genau dies ist gemeint, wenn zu Beginn des SdS von Anschauung die Rede ist: das intuitive Erfassen des Allgemeinen. Unübersehbar ist der Platonismus in diesem Konzept von ›Anschauung‹, denn Platon hatte das Gute, Schöne oder Gerechte – also dasjenige, was wir gewohnt sind als Allgemeinbegriffe aufzufassen – als Ideen, d. h. als singuläre Gegenstände einer rein geistigen Schau der Seele verstanden. Kants Lehre vom diskursiven Denken hingegen ist antiplatonisch, wie seine Polemik gegen den romantischen Platonismus der Intuitionsphilosophen in seiner Schrift *Von einem neuerdings in der Philosophie erhobenen vornehmen Ton* (1796). Schelling und Hegel zufolge muß das intuitive Erfassen des Allgemeinen zum intuitiven Erfassen des Absoluten weiterbestimmt werden, und dies bedeutet: Das intuitiv erfaßte Allgemeine darf nicht bloß Abstrakt-Allgemeines oder bloße Allgemeinbestimmung sein, denn es ist nur absolut, wenn es Einheit von Allgemeinem und Besonderem ist. Hier haben wir die Grundintuition der Schelling-Hegelschen Spekulation vor uns, die ein Leitmotiv der Hegelschen Dialektik sein wird; ihr zufolge kann ein bloß Allgemeines, das das Besondere nicht in sich enthält, nicht das Absolute sein. Um aber dessen interne Differenzierungen zu erfassen, bedarf es des Begriffs, d. h. des begrifflichen Denkens, das Kant als »diskursiv« bestimmt hatte, womit ein »Durchlaufen« verschiedener Bestimmungen im Hinblick auf das jeweils Gemeinsame gemeint ist. Somit gehört zum Erfassen des Besonderen immer auch das Erfassen der jeweiligen Gemeinsamkeiten und Verschiedenheiten des Besonderen, was nur durch Begriffe möglich ist. Daß es Begriffe erfordert, das in der Totalität enthaltene Besondere als Besonderes zu erfassen, während die Anschauung (Intuition) nur die Totalität des Allgemeinen ohne dessen innere Besonderung vor Augen stellt, ist die Grundlage für Hegels Prämisse, das »wahrhafte Besondere« sei der »absolute Begriff« (SdS; 7). – Wichtig ist ferner zum Verständnis, daß die Ausdrücke ›Anschauung‹ und ›Begriff‹ nicht bloß in dem uns vertrauten subjektiven Sinn von Vorstellungsformen zu verstehen, sondern zugleich auch objektiv aufzufassen sind – als Charaktere der Gegenstände; die Redeweise: »Dasjenige aber, was wahrhaft das Allgemeine ist, ist die Anschauung, das wahrhaft Besondere aber der absolute Begriff« (ebd.) bezieht sich auf das Angeschaute oder auf das Begriffene bzw. auf das in Begriffen erfaßte Wesen der Dinge. Es handelte sich nicht um absolute Erkenntnis des »Subjektobjekt(s)« (vgl. DS; 2, 11), wenn die Anschauung oder der Begriff des Absoluten nur etwas Subjektives wären.

Im nächsten Abschnitt nimmt Hegel direkten Bezug auf die Potenzenmethode aus Schellings *Fernere(n) Darstellungen* ... (ebd.). Schelling hatte dort die erste Potenz die Potenz der Reflexion, die zweite Potenz die der Subsumtion und die dritte Potenz die der Vernunft genannt.[5] Zum Verständnis kann man sich an Kants Unterscheidung zwischen der reflektierenden und der bestimmenden Urteilskraft orientieren, der zufolge die Urteilskraft in der Fähigkeit besteht, ein Besonderes als unter einem Allgemeinen enthalten zu denken. Im reflektierenden Fall ist das Besondere gegeben und das Allgemeine zu suchen, während es im bestimmenden Fall umgekehrt ist.[6] Die erste Potenz Schellings erscheint bei Hegel als Subsumtion der Anschauung unter den Begriff; hier verschwindet die Idealität des Absoluten hinter der dominierenden Realität der Differenzen, zu der auch die Differenz zwischen dem differenten Besonderen und den abstrakten Bestimmungen gehört, unter denen es jeweils gefaßt ist. In Schellings Terminologie handelt es sich um die Potenz der Reflexion, weil zunächst die Realität des Besonderen dominiert und die Allgemeinheit zu konstruieren ist. Die zweite Potenz ist die der Subsumtion des Begriffs unter die Anschauung, d. h. die Idealität dominiert über die Realität, und dies hatte Schelling die Potenz der Subsumtion genannt. Hegel nennt dieses Subsumtionsverhältnis das »absolute«, aber nicht ohne das Reflexionsverhältnis als »eben[so] absolut notwendig« zu bezeichnen, weil ohne es das erste »nur ein und nur EIN Verhältnis« (SdS; 7) wäre, was so viel heißt wie: es wäre nur ein *Verhältnis* und nur *EIN* Verhältnis. Wie bereits an den WBN gezeigt, ist für Hegel das Absolute nicht als Verhältnis vollständig darstellbar, denn »Verhältnis« ist nur *eine* Potenz des Absoluten – eben die Potenz der Reflexion, mit der der Haupttext des SdS beginnt: »I. Die absolute Sittlichkeit nach dem Verhältnis.« (9) – Daß die zweite Potenz nicht zureicht, das Absolute darzustellen, hat nach Hegel seinen Grund darin, daß »darin nicht die absolute Gleichheit der Anschauung und der [begrifflichen] Erkenntnis gesetzt« (7) ist,

5 Vgl. Schelling, a.a.O., 162 ff.
6 Vgl. Kant, KU, B XXVI.

denn die Idealität dominiert in ihr. Also bedarf es der dritten Potenz der Vernunft, die als die der Identität (Indifferenz) von Idealität und Realität zu bestimmen ist, und sie wird im Text in unmittelbarer Anwendung auf die Sittlichkeit angesprochen: Die »Idee der absoluten Sittlichkeit« enthält die absolute Realität des Sittlichen in der Einheit einer absoluten Idealität; die Anschauung dieser Idee ist »ein absolutes Volk«, ihr Begriff das »absolute Einssein der Individualitäten« (ebd.). Damit ist der Ausgangspunkt der Systemskizze der absoluten Sittlichkeit in den WBN mit Schellingschen Mitteln rekonstruiert.

Dann wird der Beginn der Konstruktion der absoluten Sittlichkeit mit der Subsumtion der Anschauung unter den Begriff angekündigt; dies ergibt die absolute Sittlichkeit als Natur oder als natürliche Sittlichkeit, denn Natur sei ja »nichts anders als die Subsumtion der Anschauung unter den Begriff« (SdS; 8). Wichtig ist dabei wieder die subjektiv-objektive Bedeutung der Ausdrücke ›Anschauung‹ und ›Begriff‹. Die Konsequenz ist das Zurücktreten der Idealität hinter der »anschaulichen« Mannigfaltigkeit der sittlichen Realität. Damit sind drei wichtige, für das Verständnis des weiteren Textes entscheidende Momente impliziert. Einmal ist das, was wir Anschauung im üblichen Sinne nennen, als Resultat der Subsumtion der Anschauung unter den Begriff »deduziert«, was einen recht guten Sinn macht: nur im Lichte begrifflicher Unterscheidungen vermögen wir ja Besonderes als Besonderes anzuschauen. Zum zweiten ist durch die Subsumtion der Anschauung unter den Begriff das Allgemeine nicht verschwunden, sondern es existiert nun abgetrennt vom Besonderen als »etwas über diesem Einzelnen Schwebendes, oder etwas Formelles« (ebd.). Dies findet sich in der Formulierung bestätigt: »... denn das Formelle ist eben die Einheit, welche nicht in sich selbst absoluter Begriff, oder absolute Bewegung ist.« (Ebd.) Die erste Potenz erweist sich somit als eine »unvollkommene Vereinigung oder als ein *Verhältnis* [des Besonderen und Allgemeinen]« (ebd.). Drittens zeigt die Formulierung »absoluter Begriff, oder absolute Bewegung« an, daß Hegel mit Schelling die Potenzen zugleich als dynamische Einheiten versteht. Demzufolge erscheint der »Widerspruch« (ebd.) zwischen dem Besonderen und dem in der ersten Potenz ausgeblendeten Allgemeinen nicht als eine bloß ideale, statisch-begriffliche Beziehung, sondern das Allgemeine zeigt sich hier zugleich real als ein das Besondere zum Allgemeinen »Treibendes, als Trieb, Streben« (ebd.). In diesem Sinne wird die Sittlichkeit auf dieser Potenz auch als »Trieb« bezeichnet (SdS; 9), und es erscheint bereits hier die Vorform der Dialektik zwischen dem Leben und dem ihm entgegengesetzten Lebendigen, die in der PhG eine wichtige Rolle spielt (vgl. 3, 141 f.). Die mit der Perspektive des Absoluten vorausgesetzte Identität (Indifferenz) von Idealität und Realität läßt es nicht zu, den Widerspruch nur als etwas Ideelles zu verstehen. Die These, daß alles Einzelne existierender Widerspruch sei und deswegen etwas Dynamisches, hat Hegel auch in der späteren Gestalt seiner Systemdialektik immer festgehalten (vgl. WL II; 6, 74 f.).

Die Interpreten sind sich einig darüber, daß Hegel im SdS den angeführten begrifflichen und methodologischen Festlegungen keineswegs konsequent folgt und daß sich hier beträchtliche Harmonisierungsprobleme stellen.[7] (Dafür bietet der Text schon früh ein Beispiel: Hatte Hegel zuvor die Natur als »Subsumtion der Anschauung unter den Begriff« (SdS; 8) bestimmt, heißt es jetzt plötzlich, die erste Potenz der absoluten Sittlichkeit sei das »Subsumiertsein des Begriffs unter die Anschauung; also die eigentliche Natur« (9). Man kann dies wohl nur dadurch auflösen, daß die hier genannte erste Potenz als die erste Potenz der »absoluten Sittlichkeit nach dem Verhältnis« (ebd.) aufgefaßt wird, die zuvor aus der Subsumtion der Anschauung unter den Begriff begrifflich hervorgegangen ist und von der Hegel sagt, daß auch sie gemäß dem Modell der wechselseitigen Subsumtion des Allgemeinen und Besonderen zu traktieren sei (vgl. SdS; 9). Daß die erste Potenz der absoluten Sittlichkeit die Subsumtion der Anschauung unter den Begriff verkörpert, könnte erklären, warum Hegel bei der ersten Potenz mit der umgekehrten Subsumtion beginnt – d. h. mit der Subsumtion des Begriffs unter die Anschauung –, aber dies entspricht nicht dem Schellingschen Vorbild; auch die These, die »völlige Differenzlosigkeit« der natürlichen Sittlichkeit »oder das Subsumiertsein des Begriffs unter die Anschauung« sei die »eigentliche Natur« (9), ist damit nicht zu vereinbaren.

7 Vgl. Göh., 366 ff.

II. 3 Inhaltsübersicht

Es ist im folgenden nicht möglich, Hegels Konstruktion der absoluten Sittlichkeit in allen Einzelheiten nachzuvollziehen; Hinweise auf den Aufbau und auf wichtige Sachkomplexe müssen genügen. – Im ganzen gesehen folgt der Aufbau der Schrift strikt der schon die WBN anleitenden spekulativen Grundformel ›Identität (Indifferenz) von Idealität und Realität‹ und der Forderung, diese Identität (Indifferenz) von Idealität und Realität in jeder ihrer drei Bestimmungen – also am Orte der Idealität, der Realität und der Identität (Indifferenz) selber – aufzuweisen; »Potenzen« sind ja nichts anderes als die jeweils am Orte ihrer drei Elemente aufzuweisenden Konfigurationen der ganzen spekulativen Grundfigur.[8] Daraus ergibt sich eine Dreiteilung der Schrift; die »natürliche« (1.), die »negative« (2.) und die »absolute« Sittlichkeit (3.) sind jeweils Potenzen der einen absoluten Sittlichkeit, wobei die im 3. Kapitel dargestellte »Sittlichkeit« als Identität (Indifferenz) von natürlicher und negativer Sittlichkeit und damit als absolute zu konstruieren ist. Erst hier entspricht die Sittlichkeit ihrer eigentlichen Bestimmung, absolut zu sein. Jede dieser drei Potenzen der absoluten Sittlichkeit erforderte wieder eine Darstellung nach drei Potenzen, und in den einzelnen Systemteilen wiederholt sich dies auf weiteren, tiefer liegenden Ebenen. Das Fragmentarische des Textes zeigt sich nicht zuletzt an der Unvollständigkeit der Durchführung jenes Konstruktionsprinzips, aber man kann diese Tatsache auch als Anzeichen des Ungenügens deuten, das Hegel dazu veranlaßte, in seinen späteren Systematisierungen der praktischen Philosophie die Potenzenmethode aufzugeben und durch ein anderes Konstruktionsprinzip zu ersetzen.[9]

Zum 1. Kapitel

In der natürlichen Sittlichkeit ist die Anschauung unter den Begriff subsumiert, und Hegel sagt dazu: »In dieser Subsumtion wird dann die Anschauung der Sittlichkeit, die ein Volk ist, eine mannigfaltige Realität oder eine Einzelheit, ein einzelner Mensch.« (SdS; 8) Damit befinden wir uns am Orte der Subjektivität, des einzelnen

8 Vgl. Zimmerli (1981), 262.
9 Vgl. Abschnitt II. 4.

Bewußtseins, des »subjektiven Geistes«, wie Hegel später sagen wird. Die natürliche Sittlichkeit nun betrachtet Hegel zuerst in der Potenz der Subsumtion des Begriffs unter die Anschauung (A), und diese Anschauung, die den Begriff, d. h. die Besonderung als unter sich subsumiert, enthält, ist »*Gefühl*«, und Hegel fügt hinzu: »und wir wollen dies die *praktische* Potenz nennen.« (SdS; 10) Das »*Gefühl*« als »*praktische* Potenz« – dies ist im SdS der Einsatzpunkt der praktischen Philosophie insgesamt im Rahmen der Gesamtsystematik von Philosophie, die Hegel damals vor Augen gestanden haben muß; später wird dies ersetzt durch die Bestimmungen ›Intelligenz‹ und ›Wille‹ (vgl. den Beginn der JPG_2). Das »*Gefühl*« ist praktische Potenz, weil es als das Ganze eines subjektiven Zustandes in sich eine das Handeln provozierende Dynamik enthält, die in der Negativität des Gefühls als Bedürfnis aufbricht. Diese Negativität erklärt Hegel aus dem Widerspruch des Gefühls, auf der einen Seite »ein ganz einzelnes und besonderes« (SdS; 10) und zugleich »absolut Gefühl« zu sein, d. h. das Ganze zu meinen, so daß sich das Gefühl notwendig zunächst als »Gefühl der Trennung« darstellt: »Das Gefühl der Trennung ist das *Bedürfnis*; das Gefühl als Aufgehobensein derselben der *Genuß*.« (10) Das Ganze des Gefühls muß nun seinerseits wieder nach der Potenzenmethode dargestellt werden, d. h. »a) den Begriff subsumierend, b) unter den Begriff subsumiert« (10), und man könnte in Hegelschen Worten ergänzen: c) als die vernünftige Mitte beider, als ihre Indifferenz.

Das Ergebnis der ersten Subsumtion (a.), selbst als Totalität begriffen, ist die Trias ›*Bedürfnis-Bemühung/Arbeit-Genuß*‹ (SdS; 10 f.), die noch ganz im Natürlichen angesiedelt ist und von Hegel am Essen und Trinken erläutert wird. ›Arbeit‹ bedeutet hier im Unterschied zu späteren Formen nichts weiter als die Bemühung, die dazu gehört, Hunger und Durst angesichts des vorhandenen Eß- und Trinkbaren zu stillen. Gleichwohl besteht Hegel darauf, daß diese erste Trias zwar »natürlich«, aber eben doch nicht bloß animalisch sei, denn der Genuß selbst ist schon »praktisch, und unterscheidet sich von dem absoluten Selbstgefühl dadurch, daß er aus der Differenz herkommt, und insofern ein Bewußtsein der Objektivität des Objekts in ihm ist« (SdS; 12). Damit erfüllt diese erste Trias die Bestimmungen dessen, was bei Hegel später »subjektiver Geist« heißt.

Auch die umgekehrte Subsumtion des Gefühls im Sinne der

Subsumtion der Anschauung unter den Begriff (b.) ergibt wieder eine Trias, denn auch sie »muß selbst ebenso als Totalität begriffen werden«: »αα) als negat. prakt. Anschauen (Arbeit), ββ) Differenz(-Produkt) und Besitz, γγ) Werkzeug« (SdS; 12). Dadurch, daß Hegel den Begriff ›Arbeit‹ als negativ-praktisches Anschauen einführt, nähert er sich dem konkreten Arbeitsbegriff, der in der JPG und in der PhG eine so wichtige Rolle spielen wird; er enthält hier die drei unter hebräischen Buchstaben aufgeführten Teilbestimmungen »*Besitzergreifung*«, »*Tätigkeit der Arbeit*« und »*Besitz des Produkts*« (SdS; 13). »Negatives Anschauen« – das erläutert Hegel im Unterschied zur Negation durch Verzehr. Es ist damit die Vernichtung eines anschaulichen Objekts dadurch gemeint, daß es in eine andere anschauliche Gestalt transformiert wird, und die Tätigkeit dieser Gestaltveränderung ist Arbeit, die ihrerseits die Hemmung oder den Aufschub des Genusses voraussetzt (vgl. SdS; 13). Die PhG bestimmt dann explizit die Arbeit als »gehemmte Begierde« (3, 153). Die zweite Bestimmung »Differenz (Produkt) und Besitz« ist nach Hegel von der in der Arbeit enthaltenen Besitzergreifung zu unterscheiden, weil sie dort nur etwas Transitorisches, den Gestaltwandel des Objekts erst Ermöglichendes ist (vgl. SdS; 12 f.); hier erst konstituiert sich – und zwar durch Arbeit – dasjenige, was der Mensch als seinen Besitz objektiv von sich unterscheiden kann. Schwierig ist es auf den ersten Blick, die unter γγ) angekündigte Bestimmung »Werkzeug« im Text wiederzufinden; möglich ist dies, wenn man sich an die Hinweise Hegels auf die Tatsache hält, daß das Verhältnis von Arbeit und Besitz selbst als ein wechselseitiges Subsumtionsverhältnis zu denken ist (vgl. SdS; 14). Es bestimmt ja nicht nur die Arbeit das Objekt, sondern auch umgekehrt das Objekt die Art der Arbeit; und diese Plausibilität kann man hier zu Hilfe nehmen. Hegel behauptet freilich mehr, denn in der spekulativen Perspektive muß das Objekt der lebendigen Arbeit, um die lebendige Arbeit unter sich subsumieren zu können, selbst etwas Lebendiges sein, und so gelangt Hegel in Variation von Motiven der Schellingschen Naturphilosophie zu der Trias ›Pflanze-Tier-Intelligenz‹ als den Medien lebendiger Arbeit, die das erläutern, was der Ausdruck »Werkzeug« ankündigte. Das Lebendige unter den Begriff subsumiert sei die Pflanze (1. Potenz), das Lebendige unter die Anschauung subsumiert sei das Tier (2. Potenz), und schließlich die Indifferenz beider sei die Intelligenz (3. Potenz). Hegel erreicht hier in einer etwas abenteuerlichen

Konstruktion den Punkt, an dem er seit der JPG die praktische Philosophie des Geistes erst beginnen läßt, während in den WBN und im SdS die Intuition eines »absoluten Volkes« (SdS; 7) das Erste ist. Wichtig ist, daß Hegel hier die Intelligenz noch nicht als Prinzip von Praxis überhaupt versteht, sondern nur als quasi-natürliches Medium von Arbeit und Besitz, die deren Art und Weise ebenso bestimmt wie die Potenzen ›Pflanze‹ und ›Tier‹; zugleich wird er dadurch auf die intersubjektiven Implikationen des Mediums ›Intelligenz‹ geführt, die für die weitere Entfaltung der praktischen Philosophie Hegels so wichtig werden sollten. Sie werden hier zunächst über den Begriff ›Bildung‹ eingeführt, der sich deswegen anbietet, weil die Beziehung von Arbeit und Produkt im allgemeinen Medium der Intelligenz als ein wechselseitiger Prozeß des Formens, Bearbeitens, Bildens unter Menschen anzusehen ist (vgl. SdS; 16 f.). Daß Arbeit bildet und daß Bildung Arbeit ist, kann als eines der Leitmotive der Hegelschen praktischen Philosophie angesehen werden (vgl. die Vorrede zur PhG, insbes. 3, 31 ff.), das vor allem von Marx aufgenommen und weiterentwikkelt wurde: In den *Pariser Manuskripten* (1844) rühmt Marx es als das »Große an der Hegelschen Phänomenologie und ihrem Resultat, der Dialektik ...«, daß Hegel »das Wesen der Arbeit faßt und den gegenständlichen Menschen, wahren, weil wirklichen Menschen, als Resultat seiner eigenen Arbeit faßt«.[10] Diese Sentenz hat die gesamte »linkshegelianische« Hegel-Interpretation bestimmt über Lukács, Kojève, Horkheimer, Marcuse, Adorno und die Praxis-Philosophie.

Die folgenden Passagen konstruieren die noch naturhafte, subjektiv-intersubjektive Totalität der Intelligenz nach den drei Potenzen mit dem Ergebnis ›Geschlechterliebe‹ als Idealität, ›*Eltern* und *Kinder*‹ im Sinne der Realität – d. h. einer auf Auflösung hin angelegten sozialen Beziehung »ohne Begierde« – und »die allgemeine Wechselwirkung und *Bildung* der Menschen« (SdS; 18), die die individualisierende Einheit von Idealität und Realität bedeutet, was man am besten im Sinne einer vorstaatlichen und vorinstitutionellen Vergesellschaftung kooperierender Menschen versteht. Hier haben wir die Vorform von Hegels Theorie der Familie aus den GPR vor uns (vgl. ebd. §§ 158 ff.), der zufolge die Familie sich notwendig auflöst und Individuen aus sich entläßt,

10 Marx L, 269.

die als freie und gleiche die »bürgerliche Gesellschaft« ausmachen (vgl. §§ 182 ff.). Auch das Stichwort »Anerkennen« als Verhältnisbestimmung solcher Individuen zueinander fällt im Text, das in der JPG und in der PhG ein Grundmotiv von Hegels Theorie der Vergesellschaftung bezeichnet; »Anerkennung« repräsentiert dort das Grundprinzip von Sittlichkeit überhaupt.[11]

Die Absätze 37 ff. schließlich vereinigen die erste und zweite Potenz der ersten Potenz der natürlichen Sittlichkeit in einer dritten Potenz der Vernunft, von der Hegel sagt: »Dies Vernünftige ist dasjenige, was in die Mitte tritt, und von der Natur des Subjektiven und Objektiven, oder das Vermittelnde beider ist.« (SdS; 19) Da diese »Mitte« wieder nach der Potenzenmethode zu bestimmen ist, kommt Hegel zu einer weiteren Trias »*Kind-Werkzeug-Rede*« (19-21), die die drei Potenzen der Wirklichkeit der Vernunft als Identität von Idealität und Realität repräsentiert. Da Hegel hier mit der Subsumtion des Begriffs unter die Anschauung beginnt, wir uns aber noch in der Sphäre der natürlichen Sittlichkeit befinden, tritt zunächst eine zugleich natürliche und individuelle, d. h. eine das Ganze in einer Einheit verkörpernde Wirklichkeit des Vernünftigen – »Reale Vernünftigkeit der Natur« (19) – in den Blick; im Rückblick auf die vorige Potenz kann Hegel sagen, im Kinde schauten »die Eltern ihre Einheit als Realität an« (ebd.). – Die umgekehrte Subsumtion zeigt die vernünftige Mitte der natürlichen Sittlichkeit in der Potenz der Realität, der Hegel das Werkzeug zuordnet. ›Realität‹ heißt hier, daß die in der Indifferenz enthaltenen Elemente auseinandertreten und relative Selbständigkeit gewinnen. Somit tritt das Werkzeug als »Mitte« zwischen Subjekt und Objekt, Bewußtsein und Gegenstand, was einerseits das Subjekt entlastet, d. h. ganz buchstäblich »Hand und Geist« vor dem »Stumpfwerden« schont, andererseits an die Stelle des unmittelbaren Vernichtens des Objekts (wie in der »Bemühung« des Verzehrs) die Bearbeitung als »gehemmtes« Vernichten setzt (SdS; 20). Wichtig ist, daß das Werkzeug selbst ein Werk des Subjekts ist, und so kann Hegel sagen: »Im Werkzeug macht das Subjekt eine Mitte, zwischen sich und das Objekt, und diese Mitte ist die reale Vernünftigkeit der Arbeit.« (Ebd.) Der letzte Satz des Absatzes formuliert zwei Gedanken, die sich als Leitmotive durch die gesamte praktische Philosophie Hegels verfolgen lassen. Da ist ein-

11 Vgl. Abschnitt III. 6.

mal das Motiv der »List der Vernunft«, die darin besteht, daß im Werkzeug das Subjekt »sein Stumpfwerden« und die »Objektivität« (ebd.) von sich abtrennt und ein anderes als sich selbst der Vernichtung hingibt; die größte Bedeutung gewinnt dieser Gedanke in Hegels Geschichtsphilosophie (vgl. 12, 49). Zum anderen ist hier die These formuliert, daß das Werkzeug, wenn es denn einmal geschaffen wurde, etwas Allgemeines und die Arbeit wie den Arbeitenden Verallgemeinerndes sei, was die Verehrung der Alten für die Werkzeuge erkläre; damit ist der schon erwähnte Gedanke vom bildenden Charakter der Arbeit wieder aufgenommen. – Dann konstruiert Hegel die Identität (Indifferenz) von Idealität und Realität auf dieser Ebene als »*Rede*«, und zwar so, daß sie als Einheit von »Kind« und »Werkzeug« (SdS; 21) erscheint. Was auf den ersten Blick als abstrus erscheinen mag, läßt sich so auflösen: Das »Kind« ist die bloß ideale, d. h. unmittelbare oder natürliche »Mitte« oder Vermittlung von Idealität und Realität, das Werkzeug die reale, die Gegensätze herausstellende Vermittlung zwischen beidem, während in der Rede beides zugleich realisiert ist – die Realität der diskreten Äußerungen, die gleichwohl in einem durchgängigen idealen Medium (einem »ätherischen Körper«) zusammengehalten werden. Jener Eindruck wird dann durch die schöne Formulierung zurechtgerückt, die Rede sei »das Werkzeug der Vernunft, das Kind der intelligenten Wesen« (ebd.). Bemerkenswert ist daran, daß Hegel die mindestens seit Aristoteles dominierende Vorstellung, Sprache sei ein Werkzeug und nur ein Werkzeug der Vernunft – nämlich das Werkzeug der Fixierung und Mitteilung von Gedanken –, einschränkt zugunsten der nichtinstrumentellen Natürlichkeit des menschlichen Sprechens – »Kind der intelligenten Wesen«. Obwohl es schwer nachzuweisen sein dürfte, kommt hier der Einfluß Herders in Betracht, der in seiner Preisschrift über den Ursprung der Sprache (1775) die Werkzeugtheorie durch die These ergänzt hatte, daß der Mensch seine Vernunft gar nicht anders betätigen könne als dadurch, daß er zugleich Sprache erfinde;[12] somit hat der Mensch nicht zuerst Vernunft und erfindet dann mit ihrer Hilfe die Sprache, sondern die Werkzeuge erfindende Vernunft ist schon sprachlich. Ferner ist zu beachten, daß Hegel die Skizze seiner Sprachphilosophie an der lebendigen Rede und nicht an Sprache als einem Arsenal bloßer Kommunika-

12 Vgl. Herder, 22 ff.

tionsmittel orientiert; auch deswegen wäre eine Werkzeugtheorie der Sprache ungenügend. Schließlich führt ihn die erneute Anwendung der Potenzenmethode auf die Trias »*Gebärde – körperliches Zeichen – tönende Rede*« (SdS; 22-23), wobei der Ausdruck ›körperliches Zeichen‹ im Sinne materieller Zeichen zu verstehen ist, die hier vor allem mit bestimmten akustischen Signalen verbunden sind und so eine eigene Objektivität besitzen; die »tönende Rede« ist dann eine Vereinigung von subjektiven Gebärden und objektiven Zeichen, in der das Subjektive objektiviert und das Objektive zugleich subjektiv getönt wird. So erscheint schon hier die lebendige Rede als der Ort wirklicher, zugleich subjektiver und objektiver Vernunft; auch daran hat Hegel später immer festgehalten; in der EPW heißt es: »Was ich nur meine, ist mein, gehört mir als diesem besondern Individuum an; wenn aber die Sprache nur Allgemeines ausdrückt, so kann ich nicht sagen, was ich nur meine. Und das Unsagbare, Gefühl, Empfindung, ist nicht das Vortrefflichste, Wahrste, sondern das Unbedeutendste, Unwahrste.« (§ 20; 8, 74)

Es folgt die Konstruktion der natürlichen Sittlichkeit in der Potenz der Subsumtion der Anschauung unter den Begriff. Damit tritt das zuvor »anschauliche«, jeweils intuitiv erfaßbare Sittliche auseinander in eine Vielheit von einzelnen Realitäten, die gleichzeitig von einer formalen »subsumierenden Allgemeinheit« (SdS; 24) begrifflich und kausal bestimmt wird, und zwar von außen, weswegen Hegel hier auch von »Beherrschen« spricht. Das Neue dieser Potenz bestimmt Hegel so: »Die Liebe, das Kind, die Bildung, das Werkzeug, die Rede, sind objektiv und allgemein, Beziehungen, Verhältnisse, aber natürliche, ununterworfene, zufällige, unregierte, nicht selbst in die Allgemeinheit aufgenommene« (25); nun aber ist die Idealität aus der natürlichen Sittlichkeit »herausgetreten« und ihr »entgegengesetzt« (ebd.). Im Vorgriff auf die Terminologie der PhG kann man darum hier von der entfremdeten natürlichen Sittlichkeit sprechen; ›Entfremdung‹ meint nichts anderes als das Auseinandertreten von Allgemeinheit und Besonderheit, wodurch das Besondere als ein im Hinblick auf ein Allgemeines jeweils Gleiches – man könnte sagen, als »Fall von ...« – erscheint.

Diese entfremdete natürliche Sittlichkeit wird nun wieder nach der Potenzenmethode konstruiert, wobei Hegel mit der Subsumtion des Begriffs unter die Anschauung beginnt. Wir befinden uns nach Hegel damit in einer Welt von Einzelnem, in dem die Entgegensetzung von Allgemeinem und Besonderem selbst erscheint. Dieses Einzelne, das die Entgegensetzung in sich selbst repräsentiert, hat seinen Ort »im rein praktischen, realen, mechanischen Verhältnis der Arbeit und des Besitzes« (SdS; 25). So gelangt Hegel zu der Trias »*Maschine-Überfluß-Eigentum/Recht*« (25/26). In der Maschine existiert das Werkzeug abgetrennt von dem lebendigen Umgang des Subjekts mit dem Objekt, »*Überfluß*« ist der Besitz abgetrennt von Bedürfnis und Genuß – gewissermaßen »totes Kapital« oder bloße »allgemeine Möglichkeit des Gebrauchs« (26), und im Eigentum findet sich der »*Überfluß*« in einer ähnlich verallgemeinerten Form wieder wie das Werkzeug in der Maschine. Für Hegel sind hier Eigentum und Recht ebenso wie in den WBN nur zwei Seiten derselben Medaille; Eigentum ist im Unterschied zum Besitz ein Rechtstitel, und umgekehrt möchte Hegel den Rechtsbegriff nur auf Eigentumsverhältnisse bezogen sehen, weswegen er es für »lächerlich« (ebd.) hält, alles Soziale bloß rechtlich betrachten zu wollen. Hegel hat später den Rechtsbegriff ausdrücklich in einem engeren und einem weiteren Sinne verwendet, und das hier Dargestellte fällt dann unter den Titel »Das abstrakte Recht« (vgl. GPR, §§ 4 und 34 ff.). Wichtig ist ferner die Verknüpfung der Freiheit mit dem Komplex ›Eigentum/Recht‹, von der später die Rede ist (vgl. SdS; 27), wobei hier die Freiheit nur negativ, d. h. als Differenz des Besonderen gegenüber dem Allgemeinen bestimmt ist. Diese Differenz als »das *Negative* dieser Potenz« (ebd.) impliziert die mögliche Aufhebung des Eigentums im »Nichtanerkennen« (ebd.) desselben. Was hier negiert wird, ist nicht die Materialität des Eigentums, sondern seine formale Bestimmung als Eigentum, aber die nähere Erläuterung wird an die nächste Potenz verwiesen. Das Wort »Nichtanerkennen« weist erneut voraus auf die Theorie der Anerkennung als der Schlüsseltheorie der späteren praktischen Philosophie Hegels.

Welche Mühe Hegel die Konstruktion der zweiten Potenz der natürlichen Sittlichkeit im Stande ihrer Entfremdung macht, bezeugt der weitere Text (SdS; 28 f.), der als eine Zusammenfassung des Bisherigen und Überleitung zu lesen ist; die naturphilosophischen Anspielungen (Magnetismus, Elektrizität) könnte man nur mit wissenschaftsgeschichtlichen Mitteln erläutern. In dieser Potenz treten Idealität und Realität, Allgemeinheit und Besonderheit des Eigentums völlig auseinander, so daß es nunmehr gänzlich unabhängig von dem subjektiven Umgang des Subjekts mit ihm (z. B. als Konsument) betrachtet wird. Das Ergebnis ist die Trias »*Wert/Preis-Tausch-Vertrag*« (SdS; 29), wobei die Idealität des abstrakten Eigentums im Tausch realisiert und in der Figur des Vertrags auf rechtliche Dauer gestellt wird, weswegen Hegel den Vertrag als Einheit der Idealität des Wert/Preises und der Realität des Tauschvorganges versteht. Hegel unterscheidet hier noch nicht zwischen ökonomischen und rechtlichen Kategorien, d. h. er faßt den Wert oder Preis der Ware wie den Warentausch nur im Sinne des Eigentumsrechts auf.

Die dritte Potenz der entfremdeten natürlichen Sittlichkeit läuft auf die Konstruktion der Familie hinaus, in der Idealität und Realität der natürlichen Sittlichkeit überhaupt zur Indifferenz gelangt sein sollen. Von ihr sagt Hegel zunächst, sie sei das Eigentum, als Totalität gesetzt, »aber immer innerhalb der Einzelnheit selbst« (SdS; 32). Die Sätze über das Geld und den Handel (ebd.) stellen – modern gesprochen – die Medien von Eigentum, Tausch und Vertrag vor Augen, d. h. die Sphären, innerhalb deren Idealität und Realität des »Überflusses« überhaupt erst auseinandertreten; ob es gerechtfertigt ist, dies in dieser dritten Potenz zu plazieren, oder ob es nicht eigentlich der zweiten Potenz angehört, kann hier offenbleiben. – Die Anschauung der Totalität des Sittlichen auf dieser Potenz ist nach Hegel das lebendige Individuum, das sich durch wechselseitige Anerkennung von Individuen untereinander als Person, d. h. als freies – und man kann aus dem bisherigen Kontext hinzusetzen: eigentums-, rechts- und geschäftsfähiges – Einzelwesen konstituiert. Da aber mit der Freiheit immer zugleich die Möglichkeit des Gegenteils impliziert ist (vgl. SdS; 33), führt die Realität dieser allgemeinen Bestimmung des Personseins des Individuums auf das Verhältnis von »*Herrschaft und Knechtschaft*« (34), denn hier ist das Nichtanerkennen durch den Herrn realisiert. Wichtig ist, daß Hegel dieses Verhältnis ausdrücklich der Natürlichkeit des Sittlichen zuordnet; es repräsentiert die »Ungleichheit der Macht des Lebens unmittelbar und absolut« (ebd.). Von Recht kann hier noch nicht die Rede sein, was zugleich impliziert, daß es in bloß natürlichen Verhältnissen, wo sich Menschen vergesellschaften, nach Hegel immer nur zu rechtsfreien Herrschaftsverhältnissen kommt (vgl. ebd.). Damit ist schon Hegels spätere These angedeutet, der zufolge der Begriff ›Naturrecht‹ deswegen irreführend ist, weil er suggeriert, es gäbe in der Natur selbst so etwas wie

Recht. In der Natur herrscht dagegen die ungleiche »Macht des Lebens«, d. h. das vermeintliche Recht des Stärkeren, während das wahre Recht den Ausgang aus der Natur erfordert.[13] Hegels Position ist hier aber nicht ohne Schwierigkeiten, weil er auf der einen Seite das Verhältnis von Herrschaft und Knechtschaft – so die Sklaverei – als unrechtlich darstellt, sie aber zugleich als Gestalt natürlicher Sittlichkeit und damit als sittlich ausweisen muß. Gleichwohl ist eine Positionsänderung gegenüber den WBN unübersehbar, die der Sklaverei für eine bestimmte Epoche »absolute Wahrheit« (2, 524) zugesprochen hatten. – Idealität und Realität dieser Potenz, also das Individuum und das Verhältnis von Herrschaft und Knechtschaft, sollen dann in der Familie »indifferentiiert« (SdS; 35) sein, womit Hegel in seiner Konstruktion die konkreteste Gestalt natürlicher Sittlichkeit erreicht hat. Hegel geht es sehr darum zu zeigen, daß in der Familie Herrschaft und Knechtschaft nicht buchstäblich stattfinden, also weder im Verhältnis der Ehe, noch in dem der Eltern zu den Kindern; die Über- und Unterordnung, die in der Sklaverei rein hervortritt, ist nach Hegel durch die wechselseitige Anerkennung der Familienmitglieder als Personen gemildert und sittlich »gebändigt«. So wendet sich Hegel zugleich gegen das nach seinen Maßstäben unsittliche Mißverständnis der Ehe als eines Vertragsverhältnisses, wobei Kants berühmte Definition der Ehe als einer »Verbindung zweier Personen verschiedenen Geschlechts zum lebenslänglichen wechselseitigen Besitz ihrer Geschlechtseigenschaften«[14] den polemischen Anlaß bietet. Was er hier als »höchste Vernunftwidrigkeit und Infamie« (SdS; 37) geißelt, nennt er an späterer Stelle schlicht »schändlich« (GPR, § 75 Anm.; 7, 157f.). Das Unsittliche einer solchen Eheauffassung besteht – ruhig gesprochen – in der Subsumtion eines Sittlichen unter das bloß Abstrakt-Rechtliche. Wenn man auch in der Familie Verträge schließen kann – was Hegel nicht ausschließen will –, ist die Familie selbst doch kein Vertragsverhältnis.

Man sollte die Betrachtung dieser zweiten Potenz der natürlichen Sittlichkeit nicht verlassen, ohne die wichtigsten Veränderungen wenigstens anzuführen, die Hegel später in diesem Bereich vorgenommen hat. Daß er im SdS die ökonomisch/rechtlichen

13 Vgl. Abschnitt IV. 2 (b).
14 Kant, MdS, §§ 24 u. ff.

Bestimmungen ›Eigentum-Tausch-Vertrag‹ systematisch der Familie unterordnet, deutet darauf hin, daß Hegel die Ökonomie damals noch im aristotelischen Sinne der *oikonomía*, d.h. der Gesetze der Haushaltsführung (grch. *oíkos*: das Haus, der Haushalt), versteht. Die Ausgrenzung der Ökonomie aus dem Familienkontext und die begriffliche Konstitution einer politischen, die gesamte Gesellschaft umfassenden und bestimmenden Ökonomie ist eine der wichtigsten theoretischen Neuerungen, die der praktischen Philosophie Hegels zu verdanken sind; hier reagiert die Philosophie zum ersten Mal auf die reale Genese der bürgerlichen Gesellschaft in der Neuzeit.[15] – Im übrigen separiert Hegel später das Verhältnis von Herrschaft und Knechtschaft ausdrücklich von der natürlichen Sittlichkeit der Familie und verortet es im Basisbereich menschlicher Vergesellschaftung durch Anerkennung. Das Verhältnis von Herrschaft und Knechtschaft ist dann ein transitorisches Resultat des Kampfes um Anerkennung (vgl. PhG; 3, 145 ff.). – Eine weitere Veränderung ist die deutliche Abhebung des ökonomischen vom rechtlichen Bereich, worauf schon hingewiesen wurde.

Was Hegel nicht darstellt, aber durch die Potenzenmethode eigentlich erfordert wäre, ist die dritte Potenz der natürlichen Sittlichkeit, und zwar als Indifferenz ihrer dargestellten ersten und zweiten Potenz. Man kann jedoch die Familie als diese Indifferenz verstehen, denn ebenso wie alles, was in der zweiten Potenz angesprochen ist – Preis, Tausch, Vertrag usf. –, enthält die Familie auch die Elemente der ersten Potenz: Bedürfnis, Arbeit, Genuß, Kinder, Werkzeuge, Rede. Hegel hat es offenbar als redundant empfunden, dies explizit auszuführen, und man mag darin bereits eines der Motive für die Methodenveränderung in der JPG erblicken.[16]

Zum 2. Kapitel

Dieser Abschnitt, der überschrieben ist mit »2. Das Negative oder die Freiheit oder das Verbrechen« (SdS; 38), stellt sich die Aufgabe, die absolute Sittlichkeit in der Potenz der Subsumtion des Begriffs unter die Anschauung zu konstruieren. Er ist der Negativität am

15 Vgl. Abschnitt IV. 9.
16 Vgl. Abschnitt II. 4.

Orte der absoluten Sittlichkeit gewidmet, und darum erscheinen in ihm wesentliche Gedankenmotive wieder, die die WBN unter dem Stichwort »Tragödie des Sittlichen« ausführte. Der eigentlichen Anwendung der Potenzenmethode auf diesen Bereich schickt Hegel eine Reihe von Erläuterungen voraus (SdS; 38-40), was einen erhöhten Erläuterungsbedarf anzeigt; er führt diese Potenz ein durch einen Wechsel zwischen Rückblick auf das bisher Entwikkelte und Vorblick auf das Ziel des Ganzen, die absolute »Aufhebung« der in der ersten Potenz nebeneinander bestehenden »Bestimmtheiten« (38) der absoluten Sittlichkeit durch »Aufnahme aller Bestimmtheiten in die absolute Allgemeinheit« (ebd.). Diese Aufhebung hat einen negativen und einen »absoluten und positiven« Aspekt, wobei die Darstellung des zweiten die des ersten voraussetzt, und dies bedeutet: die Bestimmtheiten des Sittlichen in der ersten Potenz dürfen nicht nur in der absoluten Sittlichkeit irgendwie enthalten sein, wie es nach Hegel im bisher Dargestellten der Fall ist, sondern sie müssen als Bestimmtheiten des Absoluten selbst nachgewiesen werden. Bei der Aufnahme dieser Bestimmtheiten des Sittlichen in die absolute Sittlichkeit geht es ohne deren Aufhebung nicht ab, und diese Aufhebung muß selbst eine absolute sein (ebd.). Bei der Erläuterung dieses »Aufnehmens« (ebd.) fällt bei Hegel (wohl zum ersten Mal) das Wort »dialektisch« (ebd.), was hier noch eine Entlehnung von Schelling ist, der darunter die antinomische Vernichtung des Endlichen durch das Absolute versteht.[17] Hegel selbst gebrauchte an dieser Stelle – vor allem in der DS – sonst das Prädikat ›spekulativ‹; später wird der von Schelling akzentuierte Aspekt der spekulativen Methode bei Hegel als »dialektisch oder negativ-vernünftig« bezeichnet (vgl. EPW, §§ 79 und 81; 8, 168 ff.). Dialektisch im weiteren Sinn, d. h. widersprüchlich, ist die Figur, der zufolge das absolute und positive Aufnehmen aller Bestimmtheiten des Sittlichen in die absolute Allgemeinheit selbst »auch bloß negativ« (SdS; 38) sei. Die absolute Form drücke sich hier aus im »Vernichtetsein des Gegensatzes« durch die »Erkenntnis der Idealität und das reale Aufheben der Bestimmtheit« (ebd.), und der Text fährt fort: »das Negative wird nicht fixiert, ist nicht im Gegensatz, und so ist es im Absoluten.« Man möchte dies so formulieren: Das *Aufgehoben*sein des Endlichen, des Gegensatzes, der Bestimmtheit durch das Absolute ist seine Weise zu *sein.* Hegel

17 Vgl. Schelling, *Studium*, 82 ff.

macht hier bereits Gebrauch von dem berühmten Doppelsinn des Wortes ›Aufhebung‹: Negation und Bewahrung, dem man noch als dritte Bedeutung die Erhebung auf eine höhere Stufe hinzufügen kann. Im übrigen führt der Text zwei Formen der Aufhebung oder Negation ein: die einfache und negative Aufhebung. Im ersten Fall verschwindet die endliche Bestimmtheit differenzlos in der Idealität des Absoluten, wodurch sie unmittelbar »positiv oder reell« wird (SdS; 39). Davon unterscheidet Hegel die »negative Aufhebung«, die »Aufhebung gegen die Aufhebung« (ebd.) oder Aufhebung der Aufhebung, wodurch das endlich Bestimmte im Absoluten zugleich ein Bestehen erhält. ›Aufhebung der Aufhebung‹ – dies ist die Vorform der Negation der Negation, durch die sich dem späteren Hegel zufolge die bestimmte von der abstrakten Negation unterscheidet. Die aufgehobene Aufhebung läuft somit nicht auf die Vernichtung des Realen durch dessen Subsumtion unter die Idealität hinaus, sondern auf eine Transformation der Realität in Idealität: »Das Reelle wird gesetzt als ein Ideelles.« (Ebd.)

Es folgt die Formulierung: »... es [das Reelle] ist durch die reine Freiheit bestimmt.« (SdS; 39) Damit ist die Konjunktion von Negativität und Freiheit angesprochen, die in der Kapitelüberschrift vorkommt. Hegel erläutert diesen Übergang zunächst durch die »Umwandlung« der Empfindung, wenn sie »als Gedanke gesetzt wird« (ebd.). Diese Umwandlung als Werk der freien Intelligenz hat genau jene Struktur der negativen Aufhebung oder bestimmten Negation, denn in der Idealität des Gedankens ist nach Hegel die Realität des empfundenen Inhalts zugleich negiert und bewahrt. Mit dem Begriff »Freiheit der Intelligenz« (39) erscheint wieder der Begriff, der seit der JPG den Anfangspunkt der praktischen Philosophie abgibt, und Hegel appliziert ihn auch hier sofort im Hinblick auf das »Praktische« (vgl. SdS; 40). Daß das Praktische »an und für sich negativ« sei, war in den Abschnitten über den Genuß und die Arbeit deutlich geworden. Nun wird das sittlich Praktische als ganzes als ein negierendes Setzen oder ein setzendes Negieren des bloß Subjektiven beschrieben, und zwar im Kontrast zum Mord, der nur die abstrakte Negation des Subjekts und dessen Rückkehr in die unorganische Objektivität zur Folge hat. Insofern bedeutet die sittliche Negation der Subjektivität zugleich deren Bestehen als Intelligenz. Das Mordbeispiel bringt die erstaunliche Verknüpfung von reiner Freiheit mit reiner Negativität auf den Punkt, die ebenfalls ein Hegelsches Leitmotiv bildet. Zuvor war schon von negativer Freiheit die Rede gewesen; hier verschärft Hegel dies zur Gleichsetzung von Freiheit und Negativität, wodurch die Freiheit der Intelligenz und die praktische Freiheit »rein« erscheint als die Fähigkeit, von allem zu abstrahieren, alles zu negieren, bis hin zum eigenen Leben. Das Junktim von Freiheit und Tod erscheint dann wieder in der schon in den WBN enthaltenen Lehre, der zufolge der »Stand der Freien« definiert ist durch die Fähigkeit des Todes und der dazugehörenden Tugend der Tapferkeit. Hegel besteht aber darauf, daß es bei dieser reinen Freiheit als einfacher Negation nicht sein Bewenden haben kann. Die »reine Freiheit« (SdS; 40) ist die Negation der natürlichen Sittlichkeit und in ihrer Realisierung notwendig Verbrechen. Damit sich diese Potenz der Negativität des Sittlichen gleichwohl als Potenz des Sittlichen erweisen läßt, muß jener einfachen Negation des Realen durch die »reine« Freiheit »entgegengewirkt« (ebd.) werden, was auf die Negation dieser Negation hinausläuft. In der Wiederaufnahme von Passagen der WBN erläutert Hegel dies am Verhältnis von »*Verbrechen*« und »*rächender Gerechtigkeit*« und dessen ideaIem, innersubjektivem Pendant, dem »*Gewissen*« (SdS; 41). Das Gewissen ist somit Hegel zufolge kein »Faktum der Vernunft« wie bei Kant, sondern eine aus intersubjektiven Lebensverhältnissen rekonstruierbare psychische Instanz – eine sehr moderne Gewissenstheorie, die auf Nietzsche und Freud vorausweist.

Nachdem Hegel diese Potenz der negativen absoluten Sittlichkeit durch vollständige Erläuterung ihres Titels »Das Negative oder die Freiheit oder das Verbrechen« (SdS; 38) eingeführt hat, wird auch sie der Potenzenmethode unterworfen. Diese Negativität nach ihrer Subsumtion unter die Anschauung ist die einfache, differenzlose Negativität der Verwüstung und Vernichtung, angetrieben von der Wut und dem Fanatismus des Verwüstens und Vernichtens (vgl. SdS; 42 f.). Der Text bedarf wohl keiner weiteren Erläuterung; er spricht in bewegender Weise für sich selbst und antizipiert die Trauer, mit der Hegel in der Philosophie der Weltgeschichte von den Exzessen der Zerstörung und des Mordens spricht, die da an der Tagesordnung zu sein scheinen (vgl. 12, 34 ff.). Hegel ist also entgegen seinem Ruf von einer harmonistischen Sicht der Geschichte und des Sittlichen weit entfernt. Daß aber solche Betrachtungen im Zusammenhang einer Konstruktion des absolut Sittlichen vorkommen, belegt Hegel wie schon in den WBN und dann in den GPR mit einer erheblichen Beweislast:

Wenn man sie hier wirklich ins Auge faßt, muß man diese Orgien der Negativität doch als die Wirklichkeit des absolut Sittlichen, als ihr Moment aufweisen und rechtfertigen, und tatsächlich enthält der Text Ansätze einer solchen Theodizee der Geschichte: Im Motiv einer Vernichtung der Vernichtung durch sich selbst ist sie verborgen, in der die Macht des Absoluten erneut hervortritt – wie in der »Tragödie des Sittlichen« der WBN (vgl. 2, 502). – Die zweite Potenz subsumiert die sittliche Negativität unter den Begriff, wodurch sie als Gegensatz in ein gemeinsames Allgemeines fällt. Die sittliche Verletzung ist jetzt Verletzung des Rechts der Person durch Beraubung und Diebstahl. Wichtig ist dabei wieder, daß Hegel dies als Verletzung der interpersonalen Anerkennung versteht, wodurch der Diebstahl zugleich persönliche Verletzung und Beraubung ist (vgl. SdS; 44). Dieser Absatz und der folgende enthalten dann eine Vorform der berühmten Dialektik von Herrschaft und Knechtschaft aus der PhG. Der Ausgangspunkt ist der Gedanke, daß in der absoluten Sittlichkeit die Negation, die in der Verletzung einer Person durch die andere liegt, selbst negiert werden muß – durch Bezwingen der Bezwingung (vgl. dazu die Parallelstelle in den WBN; 2, 512ff.). Das Herrschaft-Knechtschaft-Verhältnis kommt dadurch ins Spiel, daß Hegel es als Kontrastfolie für die vollständige Negation der Negation bei der Verletzung der Person benutzt, in der »die Vernichtung selbst absolut ist, also die Rückwirkung wie gegen ein reißendes Tier, absolute Bezwingung oder der Tod« (SdS; 46). Die Knechtschaft ist die Negation der Negation der Person »zum herabgesetzten Preis«; der Knecht bleibt am Leben um den Preis seiner Freiheit und vollständigen Anerkennung als Person. – Es folgt die Potenz der Indifferenz der negativen Sittlichkeit, und dabei wird der Begriff der Ehre eingeführt, in dem nach Hegel die physische Existenz und das Personsein des Einzelnen unmittelbar miteinander verklammert sind; die Ehre betrifft »die Indifferenz der Bestimmtheiten, oder das Leben, und ganze Persönlichkeit«. (46) Hier ist jeder Angriff immer einer auf die ganze Person, und der Ausweg in die Knechtschaft ist dem Ehrbewußten ebenso verstellt wie der Mord oder die bloße Rache; also bleibt nur der Kampf als die vernünftige »Mitte« der total negierten sittlichen Totalität (vgl. SdS; 50). Eine gesteigerte, die Grenzen der Person übersteigende und das jeweilige Ganze eines Sittlichen betreffende Gestalt des Kampfes ist der Krieg (vgl. SdS; 51), den Hegel als eine Gestalt der Negativität begreift, die unter bestimmten Bedingungen in die Indifferenz des Friedens überzugehen vermag. Kampf und Krieg stehen nach Hegel gemeinsam unter der Alternative ›Tod oder Knechtschaft‹, es sei denn, es läßt sich ein Frieden unter keinen die Kriegsgegner entehrenden Bedingungen schließen.

Der Abschnitt »2. Das Negative oder die Freiheit oder das Verbrechen« muß im Zusammenhang des SdS als Rekonstruktion dessen gelesen werden, was bei Hobbes als der Naturzustand erscheint. Gekennzeichnet ist diese Potenz durch die Gefahr planloser Vernichtung, der allgemeinen Unsicherheit der Einzelnen vor persönlicher Verletzung und des *bellum omnium contra omnes* (Krieg aller gegen alle). Die erste spezifische Differenz zu Hobbes besteht darin, daß Hegel diesen angeblichen Naturzustand als negative Potenz der natürlichen Sittlichkeit selber konstruiert, also bestreitet, daß es sich dabei um einen vorsittlichen Zustand handelt. Daß sich solche von Hobbes als natürlich oder vorsittlich verstandenen Zustände im Zuge der Konstruktion der absoluten Sittlichkeit als denknotwendig aufdrängen, bestätigt im übrigen das Projektionsargument aus Hegels Kritik an den empirischen Behandlungsarten des Naturrechts.[18] Die zweite Differenz gegenüber Hobbes besteht darin, daß Hegel den Kampf oder Krieg aller gegen alle nicht als eine Auseinandersetzung um dasjenige begreift, worauf jeder ein uneingeschränktes Recht hat – die Natur, die natürlichen Ressourcen, ja sogar den Körper eines jeden anderen Menschen –, sondern als einen Kampf um Anerkennung und Ehre.[19] Damit ist auch die »reine« Freiheit, von der Hobbes ebenfalls ausgeht mit seiner Lehre vom unbegrenzten Recht eines jeden auf alles, anders bestimmt, nämlich als Vermögen der unbegrenzten Negation einer jeden Bestimmung, auch des eigenen Lebens. Daraus folgt, daß für Hegel Freiheit positiv oder konkret werden kann allein im stabilen Anerkennungsverhältnis zwischen Menschen. Von Hobbes, mit dem sich Hegel im Zusammenhang seiner Anerkennungstheorie intensiv auseinandergesetzt haben muß, hat Hegel stets zustimmend die Lehre zitiert, derzufolge die Vernunft gebiete, daß aus dem Naturzustand herauszugehen sei. So enthalten Hegels Habilitationsthesen von 1801 den paradox anmutenden Satz: »*Status naturae non est iniustus et eam ob causam ex illo*

18 Vgl. WBN; 2, 445 ff.
19 Vgl. Siep (1974), 155 ff.

exeundum« [Der Naturzustand ist nicht ungerecht, und aus diesem Grunde ist aus ihm herauszugehen]. (2, 533) In der Jenaer *Philosophie des Geistes* (1805/06) wird Hobbes explizit zitiert: »*exeundum e statu naturae*« (JPG$_2$, 197), und in der EPW bezeichnet Hegel den Naturzustand als einen »Zustand der Gewalttätigkeit und des Unrechts, von welchem nichts Wahreres gesagt werden kann, als daß aus ihm herauszugehen ist« (§ 502, Anm.; 10, 312).

Zum 3. Kapitel

Der Abschnitt mit dem lapidaren Titel »3. Sittlichkeit« (SdS; 52) stellt den Kommentar vor keine geringen Probleme, weil er offenbar fragmentarisch und gegen Ende nur noch skizzenhaft ausgeführt ist. Schon ein Blick auf die Disposition zeigt dies: Auf »Erster Abschnitt: Die Staatsverfassung« (56) folgen kein zweiter oder gar dritter Abschnitt, wie es die Potenzenmethode erforderte. Die Unterscheidung zwischen »I. Die Sittlichkeit als System, ruhend« (56) und »II. Regierung« (68) wird zwar angekündigt (vgl. SdS; 55); zugleich aber erscheint hier die »Staatsverfassung«, die ja das Thema des ganzen ersten Abschnittes sein sollte, nur als Gegenstand des Abschnitts I. (Auf die Probleme einer Differenz zwischen »absoluter« (70) und »allgemeiner Regierung« (76) ist zurückzukommen.) So kann man sich schon beim ersten Hinsehen des Eindrucks nicht erwehren, daß Hegel bei dem Versuch, die Elemente und Motive einer Konzeption absoluter Sittlichkeit, die schon in den WBN fast vollständig versammelt sind, mit Schellingschen Mitteln zu systematisieren, an die Grenzen dieser Methode gestoßen ist. Das Material will sich dem Schematismus einfach nicht mehr fügen.

Der Sache nach finden sich in diesem Kapitel des SdS alle Hauptgedanken des dritten Teils der WBN wieder. Es beginnt mit einem resümierenden Rückblick, der als Resultat festhält, in keiner der bisher behandelten Bestimmungen sei die »absolute Natur« in »Geistesgestalt« (SdS; 52); hier erscheint der Leitbegriff, der bei Hegel in der JPG systematisch an die Stelle der Fichte-Schellingschen ›Intelligenz‹ treten wird: »Geist«. Dem Kriterium, dem zufolge nur die in »Geistesgestalt« vorhandene »absolute Natur« sittlich sei, genügt Hegel zufolge nichts von dem bisher Behandelten; nicht einmal die Familie kann so als sittlich gelten. Die »Geistesgestalt« expliziert der Text genauer als »absolute Identität der

Intelligenz«, und dem genügt nichts, was noch mit »Besonderheit« und »relativer Identität, deren das Naturverhältnis allein fähig ist«, behaftet ist (ebd.). Die absolute Sittlichkeit wird dann in geradezu euphorischen Formulierungen beschworen als Identität (Indifferenz) von allgemeinem Wesen und Individuum, intellektueller und empirischer Anschauung, gemeinsamer und individueller Praxis (vgl. SdS; 52 f.). Damit soll zugleich die Ausgangsbestimmung des SdS erneut erreicht sein: das »*Volk*« als die »Anschauung dieser Idee der Sittlichkeit« (54). Auch der Schlußgedanke des 3. Abschnitts der WBN, dem zufolge das Volk in der Religion seine eigene »Göttlichkeit«, d. h. die Tatsache, absolute Sittlichkeit zu sein, in »ideeller Weise« anschaut, wird hier wiederholt (vgl. SdS; 55), aber näher begründet. Dabei zeigt sich, daß das, was uns heute wie eine Antizipation der modernen Religionssoziologie anmutet, sich von selbst aus Hegels Prämissen ergibt: Ist das Volk die Wirklichkeit absoluter Sittlichkeit, die ihrerseits »absolute Identität der Intelligenz« ist – und diese »Intelligenz« ist ja selbst das Absolute, wie es aus den Konstruktionen der Naturphilosophie hervorgeht –, dann kann das Selbstbild dieses Volkes vom Bild des Absoluten nicht verschieden sein. – Auch hier ist schon auf wichtige Veränderungen hinzuweisen, die Hegel später an seiner praktischen Philosophie vornahm. Einmal behauptet er dann nicht mehr, die Familie und die Gestalten der relativen und negativen Sittlichkeit seien schlicht unsittlich, weil sie jenem Indifferenzkriterium nicht genügen, sondern sie werden dann als Momente oder Stufen mit relativem sittlichen »Recht« in die Sittlichkeit integriert. Zum anderen ersetzt Hegel später den Terminus ›Volk‹, der ihm vor allem unter dem Eindruck der politischen Romantik zunehmend suspekt erscheinen mußte,[20] durch den Begriff des Staates; in den GPR ist der Staat die alle Momente der natürlichen, relativen und negativen Sittlichkeit umfassende individuelle Einheit des Sittlichen. Zugleich wird dann der Staat in der Sphäre des objektiven Geistes angesiedelt – die Unterscheidung zwischen objektivem und absolutem Geist wird erst nach der JPG vollzogen –, was ihn davon entlastet, unmittelbar die Manifestation des Absoluten zu sein; die geradezu theologischen Obertöne einer Volks- oder Staatsvergottung, die uns Nachgeborene vor allem im SdS Schwierigkeiten machen, sind in den GPR deutlich abgedämpft.

20 Vgl. Abschnitt I. 3 (g).

Das Volk als die »absolute Indifferenz aller Bestimmtheiten des Praktischen und Sittlichen« (SdS; 56) wird nun selbst Gegenstand der Potenzenmethode, wodurch die Intuitionen der WBN dem Anspruch nach wissenschaftlich nachkonstruiert werden. Bemerkenswert ist, daß die Differenz der ersten und zweiten Potenz dabei als die zwischen der Ruhe und der Bewegung der sittlichen Totalität erscheint, wobei die »Staatsverfassung« dem Aspekt der Ruhe und die »Regierung« dem Aspekt der Bewegung entspricht, wobei wichtig ist, diese Aspekte zugleich als Realitäten innerhalb der »organische(n) Totalität« des Volkes zu begreifen (vgl. ebd.). Die Parallelisierung von ›Ruhe‹ mit ›Idee als Anschauung‹ und ›Bewegung‹ mit ›Idee nach dem Verhältnis‹ mag auf den ersten Blick als gewaltsam erscheinen, aber es ist daran zu erinnern, daß auch schon den WBN zufolge die absolute Sittlichkeit nur prozessual als Identität (Indifferenz) von Idealität und Realität erwiesen werden kann, wobei die Stufe der Realität dasjenige ist, was jenen Prozeß erforderlich macht und in Gang setzt. So kann man in erster Annäherung Hegels »Staatsverfassung« als die Struktur und seine »Regierung« als die gelebte Wirklichkeit des Sittlichen eines Volkes ansehen.

Der Abschnitt »I. Die Sittlichkeit als System, ruhend« (SdS; 56 ff.) wiederholt die Stände- und Tugendlehre der WBN, aber in umgekehrter Reihenfolge und inhaltlich erweitert. Wichtig ist dabei, daß die Trias *»absolute Sittlichkeit – relative Sittlichkeit – Zutrauen«* (SdS; 57-61) nicht nur Tugenden im Sinne subjektiver Haltungen betrifft, sondern auch die diesen Tugenden entsprechenden Lebensformen, denn das sittliche Leben, das auf dieser Potenz unmittelbar mit dem lebendigen Sittlichen zusammenfallen soll, muß auch die Betätigung der Tugenden umfassen. Daraus folgt, daß diese verschiedenen sittlichen Lebensformen nach Hegel in der absoluten Sittlichkeit auch realisiert sein müssen, und zwar in einer den Tugenden entsprechenden Trias von Ständen »absoluter – Stand der Rechtschaffenheit – *Bauern*stand« (SdS; 63 ff.). – Was den »absoluten Stand« und seine Tugend betrifft, so wiederholt Hegel die These vom Zusammenhang zwischen Tapferkeit, Krieg und Todesbereitschaft, verstärkt durch eine an Carl Schmitts Definition des Politischen durch die Freund-Feind-Differenz[21] gemahnende Philosophie des Feindes (vgl. SdS; 58), der zufolge der Kriegsgegner

21 Vgl. Schmitt (1932), 26.

nur ein Volk und kein Individuum sein kann. Die Verknüpfung von Tapferkeit und Freiheit, aus der die WBN die Sittlichkeit der Sklaverei ableiteten, tritt im SdS ganz in den Hintergrund, weswegen es hier auch keinen Stand der Unfreien mehr gibt. Das Sklavesein wird jetzt – historisch auch viel angemessener – als bloß persönliches Abhängigkeitsverhältnis bestimmt (vgl. SdS; 63).

In den Ausführungen zur Tugend und zum Stand der Rechtschaffenheit wird manches wiederholt, was schon in der zweiten Potenz der »natürlichen Sittlichkeit« vorkam. Besonders bemerkenswert ist der Zusammenhang, den Hegel zwischen diesem Stand und seiner Tugend auf der einen Seite und einer Kultur des Gedankens oder des Verstandes andererseits herstellt (vgl. SdS; 60 f.): Rechtschaffenheit ist die Form der Sittlichkeit, die sich in der Entsprechung oder Nichtentsprechung von Handlungen gegenüber dem Prinzip des Rechts, »daß jedem das Seinige zukomme« (60), darstellt. Hegel meint hier nicht unmittelbar das abstrakte, in allgemeinen Normen niedergelegte Recht, sondern rekurriert auf den Gesichtspunkt der Gerechtigkeit (vgl. SdS; 66), der eben nur gedanklich eingenommen werden kann. Genau dies impliziert, daß für den Rechtschaffenen das Sittliche nur ein Gedanke sein kann; es steht »unter der Herrschaft des Verstandes« (60). Diesen Zusammenhang zwischen dem Rechtsgedanken und dem Stand der Rechtschaffenheit, in dem unschwer das Bürgertum wiederzuerkennen ist – es ist wie in den WBN ausdrücklich vom *bourgeois* die Rede (vgl. SdS; 65) –, hat Hegel in seiner späteren praktischen Philosophie festgehalten. Vor allem in den GPR wird er zur Grundlage einer geradezu ideologiekritischen Interpretation der Menschenrechte und des Rechts überhaupt als ideellem Pendant der bürgerlichen Gesellschaft (vgl. GPR, § 190, Anm.; 347 f.). Darüber hinaus ordnet Hegel wie ein moderner Wissenssoziologe die abstrakte Verstandeskultur dem Bürgertum zu, und Marx und viele andere sind ihm darin gefolgt. – Was Hegel in den WBN noch sehr wenig ausgeführt unter dem Stichwort ›System der sogenannten politischen Ökonomie‹ angesprochen hatte (vgl. 2, 482), gewinnt hier bereits deutlichere Kontur (vgl. vor allem SdS; 80 ff.). Daß er dieses System im SdS unmittelbar mit der Familie zusammenschließt, zeigt an, daß Hegel hier die deutliche Trennung zwischen der natürlichen Sittlichkeit der Familie und der negativen Sittlichkeit der bürgerlichen Gesellschaft, die eine der Neuerungen der JPG sein wird, noch nicht wirklich vollzogen hat: Erscheint die

Familie im SdS schlicht als *bourgeois*-Familie und umgekehrt die Familie als der sittliche Lebensraum des *bourgeois*, so erkennt Hegel später, daß der moderne bürgerliche Mensch gerade die Negation der Familie, d.h. ihr Verlassenhaben oder sogar ihre Zerstörung, voraussetzt – was freilich nicht ausschließt, daß diese Menschen wieder Familien gründen. Der Sache nach gehört die Familie als Lebensform eher zum Bauernstand. – Daß das Sittliche in der *bourgeois*-Welt nur in der Gestalt der »*Gerechtigkeit* über dingliches Eigentum« (SdS; 66) erscheint, schließt aus, daß es auf dieser Ebene zu Ehrverletzungen kommen kann (vgl. SdS; 67), denn Bürger haben keine Ehre im Sinn des »absoluten Standes«. Hegel geht sogar so weit, dem »Stand der Rechtschaffenheit« überhaupt die Fähigkeit zur Tugend abzusprechen (vgl. ebd.), was freilich im Widerspruch zu SdS, S. 57 steht, wo von verschiedenen Tugenden die Rede ist, die man sinngemäß den verschiedenen Ständen zuordnen muß. Hegel müßte, um dies zu harmonisieren, wohl von absoluter und relativer Tugend sprechen, und damit verschwände auch das Paradox der Behauptung, die Rechtschaffenheit sei »ohne Freiheit« (SdS; 67), womit dann nur die absolute Freiheit der einfachen Differenz zwischen Leben und Tod gemeint sein könnte (vgl. WBN; 2, 479). – Vielleicht ist noch darauf hinzuweisen, wie künstlich oder gewaltsam der Bauernstand nach der Potenzenmethode »konstruiert« ist (vgl. SdS; 68); wie er hier beschrieben wird, ist er weit davon entfernt, die Identität (Indifferenz) des ersten und zweiten Standes zu sein.

Der mit »II. Regierung« (SdS; 68) überschriebene Abschnitt präsentiert das System der Sittlichkeit in der Potenz der Subsumtion der Anschauung unter den Begriff, und diese zeigt das reale Auseinandertreten der Einzelmomente und -kräfte im »Prozeß des sittlichen Lebens« (ebd.) an. Die auch in den WBN verwandte Metapher des Verhältnisses vom Organischen zum Unorganischen wird in diesem Abschnitt wiederholt aufgenommen; das ›Organische‹ vertritt dabei das Allgemeine des sittlichen Organismus, und das ›Unorganische‹ das Besondere, Relative, das sich der Organismus wie in der belebten Natur als das ihm Fremde anverwandelt, um daraus sein Leben zu gewinnen. Der Unterschied zwischen der »Sittlichkeit als System, ruhend« und der »Regierung« besteht nach Hegel darin, daß im Zweiten das »different« (WBN; 2, 480) auseinandertritt, was im Ersten harmonisch vereinigt ist. Dieses Auseinandertreten aber ist zugleich die Realisierung, das Lebendigwerden des Sittlichen – das eigentliche sittliche Leben. Real und lebendig aber ist das Sittliche nur in Individuen, die es leben; damit aber ist es »in Händen von Individuen« (SdS; 69). Was Hegel unter der Überschrift »Regierung« darzustellen versucht, ist nichts anderes als der Prozeß samt den ihn sichernden Institutionen, durch den sich die in die Individualität des Planens und Handelns verlorene Sittlichkeit als allgemeine wiederherstellt. Wichtig ist dabei, daß Hegel diese Wiederherstellung nicht als ein äußerliches Formieren des Besonderen durch das Allgemeine versteht; welche Individuen oder welche Gruppe von ihnen, die doch selber nur besondere sind, sollte dazu in der Lage sein? Die Aufhebung der Besonderheit in der sittlichen Allgemeinheit muß als das Werk der Individuen selber erkannt werden können – »daß diese in Wahrheit im Allgemeinen und indifferentiiert sind, und in der Trennung eine solche Bewegung nehmen, daß durch sie die Besonderung unter das Allgemeine subsumiert und ihm schlechthin gleich wird« (69).

Das Allgemeine nicht als der Gegensatz zum Besonderen, sondern als das eigene Werk des Besonderen – dies ist eine der grundlegenden Intuitionen der gesamten praktischen Philosophie Hegels, die vor allem ihren Freiheitsbegriff prägt. Für den Begriff der Regierung bedeutet dies, daß er nur dann, wenn er jener formalen Charakterisierung entspricht, das »positive absolut Allgemeine« meint, welches »absolute Potenz« ist (SdS; 69). Darum wäre es falsch, bei der Darstellung der Regierung nur das Formale der Konstitution (Verfassungsform) zu berücksichtigen, so richtig es auch zunächst bestimmt sein mag, nämlich als »Realität des Allgemeinen, insofern es im Gegensatz gegen ein Besonderes ist, und also als Potenz und Ursache auftritt« (ebd.). Als »Potenz und Ursache« tritt das Allgemeine auf, weil es im realen sittlichen Leben mit Macht ausgestattet ist. Die »wahre Konstitution« hingegen ist die sittliche »Totalität in dem Auseinandertreten der Potenzen«, also nicht ein Formal-Allgemeines, das die Vielfalt des Lebens sich gegenüber hat, sondern ein sich immanent differenzierendes Ganzes: »Eine wahrhaft sittliche Totalität muß in diese Trennung gegangen sein ...« Wenn Hegel dann davon spricht, »der Begriff der Regierung« müsse sich »als Weisheit der Verfassung« (SdS; 69) darstellen, so ist mit Weisheit nicht etwa die Weisheit der Regierenden gemeint, sondern das, was man mit einem modernen Terminus als »Systemrationalität« (Luhmann) bezeichnen könnte: Die Verfassung ist »weise«, wenn das Leben in ihr – der Verfassungswirklichkeit – es gestattet, daß Allgemeinheit und Besonderheit, Idealität und Realität des Sittlichen zusammen bestehen können, was Hegel so ausdrückt: »daß die Form und das Bewußtsein ebenso reell ist, als das Absolute in der Form von Identität und Natur ist; die Totalität ist nur als die Einheit des Wesens und der Form, deren keines fehlen kann.« (Ebd.) ›Wesen‹ vertritt dabei die Substanz und ›Form‹ die Gliederung des Sittlichen. »Formlosigkeit« (ebd.) des Sittlichen liegt vor, wenn alles Besondere immer unmittelbar auf das Allgemeine bezogen ist, und dies ist nach Hegel dasselbe wie Unfreiheit, während – wie angedeutet – Freiheit nur real ist in jeweils individuellen Konstellationen von Allgemeinem und Besonderem, »denn diese [die Freiheit] ist in der Form, und darin, daß der einzelne Teil, ein untergeordnetes System des ganzen Organismus für sich in seiner Bestimmtheit selbsttätig ist« (ebd.). Demzufolge muß auch die »Regierung« ein in sich gegliedertes Ganzes ausmachen.

Der Abschnitt über die »absolute Regierung« (SdS; 70 ff.) bereitet der fairen Interpretation nicht geringe Schwierigkeiten, die wohl denen entsprechen dürften, die Hegel selbst mit dessen Formulierung hatte. Es geht dabei um die Frage, was im System der Regierung der ersten Potenz der Subsumtion des Begriffs unter die Anschauung entsprechen könnte: Welche Regierungsinstanz verkörpert und praktiziert die Identität (Indifferenz) von Idealität und Realität als solche? Daß es eine solche Instanz geben müsse, ist zunächst nur durch die Potenzenmethode erfordert. Hegel erkennt zugleich, daß sie nicht mit dem ersten Stand identisch sein könne, denn der ist selbst »Stand gegen Stand« (SdS; 70). Also muß die »absolute Regierung« noch über den Ständen stehen, aber wie und wo wird sie real? Hegel führt zunächst aus, daß die »absolute Regierung« zunächst ihren realen Ort im »absoluten« (ebd.) ersten Stand hat, der in der Tat gegenüber den beiden anderen Ständen das sittliche Allgemeine vertritt und durchsetzt – nach dem Modell der platonischen *Politeia* als Wächter nach innen und außen. Die Tatsache jedoch, daß er diese Funktion noch als Stand wahrnimmt, wird überwunden auf der Ebene des »*Gesetzes*«, auf der das sittliche Allgemeine »bewußt gesetzt« und »erkannt« (ebd.) wird. (Dabei ist wohl der erste Stand als der gesetzgebende Stand zu interpolieren.) Der erste Stand aber untersteht selbst dem Gesetz, und es entsteht das Problem, wer im Konfliktfall das Gesetz auch noch gegen den ersten Stand durchsetzen soll. Die Rede von der

»Herrschaft des Gesetzes« muß Phrase bleiben, solange diese Frage nicht beantwortet ist. Hegels Antwort lautet: dies ist die Aufgabe der Alten und der Priester, »welche beide eigentlich Eines sind« (SdS; 71); ihre Nähe zur Natur und zu Gott soll das »höchste Indifferente« bereitstellen, an das »allein die Erhaltung des Ganzen geknüpft werden« könne, »denn jede andere Form der Realität ist in der Differenz«. (71) Was Hegel im folgenden über die Natur und den Leib als »Werkzeuge« des Sittlichen ausführt, ist wenig hilfreich für die Lösung des Problems, das hier gleichwohl gestellt ist: Wie sollen Individuen »auf der Schwelle des Todes« und »schon halb gestorben« (SdS; 71) die ihnen zugedachte Aufgabe wirklich wahrnehmen können? Man kommt weiter, wenn man zunächst bestimmt, worin diese Aufgabe tatsächlich besteht. Es geht um die Sicherung des Ganzen des Sittlichen, das ja real ganz in individuelle Gliederungen aufgelöst ist. Was gesichert werden muß, ist das Gesetz des Ganzen, dem auch der gesetzgebende Stand untersteht. ›Sicherung des Gesetzes‹ bedeutet Identifikation und Abwehr aller Entwicklungen, die die Grundstruktur des sittlichen Systems, d. h. »das in der ersten Potenz konstruierte Verhältnis der Stände« (SdS; 73), verändern; es handelt sich also um eine »negative« Aufgabe (vgl. ebd.). Dies ist nach Hegel nicht bloß im Sinne eines »Veto« (SdS; 74) zu verstehen, sondern durchaus auch positiv im Sinne einer Regulierung der Weiterentwicklung der Konstitution. Hinzu kommt die Entscheidung von Kollisionsfällen. Hegel behauptet dann, »in allen Systemen der Theorie so wie der Wirklichkeit« des Sittlichen sei ein »formaler Gedanke der absoluten Regierung ... eine organische Zentralgewalt, und zwar eine die Konstitution bewahrende«, anzutreffen (ebd.), und es stellt sich die Frage: Gibt es eine individuelle Gliederung des Sittlichen, die in der Lage ist, als individuelle die Bewahrung des Ganzen zu gewährleisten? Nachdem Hegel eine Reihe von Modellen durchgegangen ist, die unangemessen sind – darunter auch Fichtes Ephorat[22] –, läuft seine eigene Lösung auf eine Apotheose einer absoluten Regierung hinaus, die zwar nicht mit dem ersten Stand identisch sein kann, aber doch aus ihm hervorgegangen sein soll (SdS; 75); sie wird zur »Erscheinung Gottes« (ebd.), jenseits des Menschlichen und menschlicher Sanktionen, d. h. dessen, was Menschen durch Erklärungen und Wahlentscheidungen zuwege bringen können (vgl.

22 Vgl. Stellenkommentar zum Abschnitt I, S. 73 f.

SdS; 75 f.). – Was Hegels Gegnern bis heute als »Staatsvergottung« unerträglich ist, muß einerseits aus der Rationalität der Methode erklärt werden: Ist man, wie schon die WBN betonen, in der Wissenschaft vom Sittlichen auf das Absolute festgelegt, muß man im Sittlichen selbst den Ort angeben können, wo das Absolute real erscheint, und dies kann im SdS nur die »absolute Regierung« sein. (In den GPR erscheint dieses Motiv dann in der Lehre von der »fürstlichen Gewalt« und ihrer übermenschlichen »Majestät«: vgl. §§ 275 ff.; 7, 441 ff.) Zugleich darf man aber nicht übersehen, daß es sich hier um Hegels Antwort auf das Problem handelt, das vor allem Hobbes der politischen Philosophie gestellt hatte – das der Souveränität: Wer entscheidet im Sinne des Ganzen im Konfliktfall zwischen Einzelinteressen ohne Einzelinteresse? Bei Hobbes ist der *Leviathan* die Antwort – ein »künstlicher Mensch«[23] und »sterblicher Gott«,[24] d.h. ein von Menschen eingesetzter, aber zugleich mit uneingeschränkter Macht ausgestatteter Machthaber. Für Hegel hingegen ist solche Souveränität noch zu menschlich, noch zu sehr ihrer Zustimmungswillkür ausgeliefert, und deswegen rekurriert er auf eine »absolute Regierung«, die »göttlich, in sich sanktioniert und nicht gemacht, sondern schlechthin das Allgemeine« ist (SdS; 76). Die modernen Verfassungsstaaten müssen ohne solche absolute Souveränität auskommen. Einiges von dem, was Hegel dem »Rat der Alten und Priester« zuweist, wird heute von Präsidenten mit Vetorecht, aber auch von Verfassungsgerichten wahrgenommen; für »göttliche« Zentralgewalten ist wohl in der Moderne kein Platz mehr.

Die »allgemeine Regierung« (SdS; 76) ist die Wirklichkeit des Sittlichen in der Potenz der Subsumtion der Anschauung unter den Begriff, wodurch das sittliche Allgemeine dem Besonderen selbst als ein Besonderes, wenn auch als subsumierende Agentur des Allgemeinen gegenübertritt (vgl. SdS; 77). Dabei hebt Hegel sogleich hervor, daß die Aufgabe der »allgemeinen Regierung« nicht in der Regelung von Einzelheiten, sondern nur in der Herbeiführung oder Sicherung eines Zustandes des Allgemeinen, einer »Bestimmtheit des Volks für diese Zeit« (76), liegen kann. Nach erneuter Variation der formalen Grundstrukturen und einer kaum verständlichen Passage zur Metaphysik des Krieges[25] kommt He-

23 Hobbes, Introd.
24 Ebd., Chap. XVII.
25 Vgl. Abschnitt II. 4.

gel zur inneren Gliederung der »allgemeinen Regierung«, die (dem Anspruch nach) wieder nach der Potenzenmethode erfolgt (vgl. SdS; 77-80). Interessant ist dabei, daß Hegel hier explizit Stellung nimmt zum Problem der Gewaltenteilung, die er nicht rundweg ablehnt, sondern nur in der Gestalt kritisiert, wie sie vor ihm – vor allem seit Montesquieu – gedacht wurde: als reale Unterscheidung verschiedener Machtfunktionen. Hegel stellt dem das Modell innerer Gliederung der Sittlichkeit entgegen, in dem die drei üblicherweise abstrakt geschiedenen Gewalten – die gesetzgebende, die richterliche und die ausübende (vgl. SdS; 77) – in jedem Regierungsakt vereinigt sind (vgl. SdS; 78 ff.); Gewaltenteilung im funktionalen, durch Individuen auszuübenden Sinne akzeptiert Hegel, aber keine institutionalisierte Separierung der einzelnen Funktionen. (Vgl. dazu Hegels Theorie der Gewaltenteilung in den GPR, §§ 272 ff.; 7, 432 ff.)

Die »allgemeine Regierung« in der ersten Potenz der Subsumtion des Begriffs unter die Anschauung ist das »erste System der Regierung. System des Bedürfnisses« (SdS; 80). Damit ist nicht nur das in den GPR »System der Bedürfnisse« genannte »System der sogenannten politischen Ökonomie« (WBN 482) gemeint, sondern auch der Inbegriff der Regierungsfunktionen, die sich regulierend und intervenierend auf das ökonomische System beziehen. Das »erste System der Regierung« ist in Wahrheit die auf das Ökonomische einwirkende öffentliche Verwaltung; diese Funktionen sind der JPG_2 (248) und den GPR (§§ 231 ff.; 7, 382 ff.) zufolge die der »Polizei«. Hegel präsentiert das »Regierende« (SdS; 81) zunächst als das Allgemeine, das sich in der ökonomischen Sphäre selbst bildet, und man ist erinnert an Adam Smiths »*invisible hand*«, die ihm zufolge in der liberalen Marktökonomie am Werke ist.[26] Den liberalen Grundgedanken aber gibt Hegel sofort wieder auf durch den Satz: »Aber dieses bewußtlosen, blinden Schicksals muß sich das Allgemeine bemächtigen und eine Regierung werden können.«(Ebd.) Sieht man einmal von der Frage ab, ob Hegel dafür bloß ein philosophisches oder auch ein politisch-ökonomisches Argument anführen könnte, ergibt sich daraus eine Sequenz von Regierungs- und Verwaltungsfunktionen, die von der an längerfristigen Gesichtspunkten orientierten Marktintervention über Beschäftigungspolitik bis zur Sozialpolitik rei-

26 Vgl. Smith I, 400.

chen (vgl. SdS; 82 ff.). Hegel macht sich keine Illusionen über die sittlichen Folgen allzu großer Besitzunterschiede, ohne der abstrakten Besitzgleichheit das Wort zu reden. Er sieht, daß ökonomische Ungleichheit unmittelbar Herrschaft generiert, die geeignet ist, das Sittliche eines Volkes zu zerstören (vgl. insbes. SdS; 84). So vertritt Hegel schon hier einen Staatsinterventionismus im Sinne eines politischen Korrektivs des liberalen Marktgeschehens, den die GPR weiter präzisieren (vgl. GPR, §§ 243 ff.; 7, 389 ff.). Den »polizeilichen« Maßnahmen aber kommt »die Konstitution des Standes in sich« (ebd.) zu Hilfe, womit bei Hegel in Wahrheit ökonomische Stände gemeint sind, denn der Stand in diesem Sinne gehört nicht zur Regierung (SdS; 85). Hegel führt bereits hier implizit die Differenz zwischen politischen und ökonomischen Ständen ein, die in den GPR besonders wichtig sind; dort heißen die ökonomischen Stände – bzw. ihre Organisationsformen – »Korporationen« (vgl. GPR, §§ 250ff.; 7, 393 ff.). Auch hier ist schon der Gedanke der GPR (vgl. § 249; 7, 393) angesprochen, daß in der Konstitution von Ständen in der ökonomischen Sphäre eine immanente Rückkehr des positiv Sittlichen in die negative Sittlichkeit stattfinde (vgl. SdS; 84). In der These, daß das »erste System der Regierung« selbst in Ständen institutionalisiert werden muß (vgl. SdS; 85), bereitet Hegel seine Lehre vom modernen Berufsbeamtentum in den GPR vor (vgl. § 303). Daraus ergibt sich die Notwendigkeit der Besteuerung (»Auflagen« (SdS; 85)), um die Regierung funktionsfähig zu erhalten. Mit Bemerkungen über die Unmöglichkeit einer vollkommen gerechten Besteuerung (85) und über den Zusammenhang von Besteuerung und volkswirtschaftlichem Gesamterfolg (86) schließt der Abschnitt.

Das »zweite System der Regierung. System der Gerechtigkeit« (SdS; 87) entspricht der Subsumtion der Anschauung unter den Begriff, d. h. das Besondere steht hier real einem Allgemeinen gegenüber, das ihm in der Abstraktheit von Regelungen und Verfahren entgegengesetzt ist: als »*Rechtspflege*« (ebd.). Hegel definiert das Gesetz als das »Recht in der Form des Bewußtseins« und formuliert bereits das Prinzip, das er später vor allem gegen die politische Romantik und die Historische Rechtsschule vertrat, dem zufolge es »notwendig ist, daß das Recht in der Form des Bewußtseins als Gesetz vorhanden ist« (ebd.). Nach einer wenig überzeugenden Konstruktion der möglichen Rechtstatbestände Diebstahl, Gewalttat und Mord (SdS; 88) vertritt Hegel die Notwendigkeit der staatlichen Institutionalisierung der Rechtspflege, die man eben nicht dem zweiten und dritten Stand überlassen könne – als »Organisation der Gerichtshöfe« (ebd.). Das philosophische Argument zielt auf die Notwendigkeit, daß in allen Potenzen des Sittlichen die ganze Sittlichkeit präsent sein müsse. Die weiteren Abschnitte werden immer skizzenhafter, was vieles unverständlich sein läßt; vor allem der Sinn des Stichworts »Krieg« im Zusammenhang von »Strafe« (SdS; 89) ist kaum nachvollziehbar. – Bemerkenswert ist aber der lakonische Satz: »Das organische Prinzip ist die Freiheit, daß das Regierende selbst das Regierte sei.« (88) Er nimmt das Prinzip aus Rousseaus *Contrat social* auf, dem zufolge Freiheit im Staat nur dort möglich ist, wo jeder Bürger Souverän und Untertan zugleich ist; es wird allgemein als das Identitätsprinzip der Demokratie bezeichnet. – Hinzuweisen ist auch auf die Variation der aus den WBN schon bekannten Straftheorie, die hier mit dem Leitmotiv der Anerkennung verknüpft ist (89).

Der Text zum »dritten System der Regierung. [System der Zucht]« (SdS; 89f.) ist kaum noch kommentierbar. Auffällig ist, daß die Kolonisation unter den sittlichen Aufgaben der allgemeinen Regierung im gleichen Atemzug wie die Kinderzeugung erscheint. Wenn es sich nicht wieder bloß um eine Reminiszenz an das klassizistisch verklärte Griechentum und seine Tradition der Gründung von »Pflanzstädten« handelt, kann nur die neuzeitliche Kolonisation unter dem Druck von Überbevölkerung und ökonomisch erzeugter Verarmung gemeint sein; die GPR ordnet dies als Aufgabe der »Polizei« zu (vgl. §§ 248f.; 7, 392f.). – Nach dem Abschnitt über »III. Kindererzeugung« hat Lasson eine weitere Überschrift »C. Die freie Regierung« eingefügt – wohl zu Recht, denn der Text nennt zumindest die »möglichen Formen der freien Regierung«. (SdS; 90) In Stichworten wird hier die klassische platonisch-aristotelische Lehre von den drei Regierungsarten ›Monarchie-Aristokratie-Demokratie‹ und ihrer Verfallsformen ›Ochlokratie-Oligarchie-Despotie‹ wiederholt.[27] Schwierig ist es, Hegels Einschätzung dieser drei Regierungsformen zu rekonstruieren, denn auf der einen Seite sind sie so abgestuft: Die Monarchie ist »Darstellung der absoluten Realität der Sittlichkeit ... in einem Individuum«, die Aristokratie »... in mehrern«, die Demokratie »... in allen« (SdS; 90), so daß hier die Absonderung des ersten,

27 Vgl. Aristoteles, Pol. V, 1301a ff.

absoluten Standes wegfällt. Es ist zu vermuten, daß Hegel bei der Demokratie die politischen Verhältnisse im Athen des perikleischen Zeitalters in höchst idealisierter Form vor Augen hat. Bezieht man diese Abstufung auf die abschließenden Bemerkungen zum Verhältnis von Regierungsform und Religion, so kommt der Demokratie wegen ihrer Nähe zu einer allgemeinen Volksreligion wohl der höchste Rang zu. Unverträglich damit ist freilich die These, die Aristokratie sei die »schlechteste« Regierungsform (ebd.) – ob Hegel vielleicht schreiben wollte: »die schlechtere«?

Die Kommentierung sollte nicht schließen ohne einen ausdrücklichen Hinweis auf den Satz: »Je mehr das Volk eins mit sich selbst, der Natur und der Sittlichkeit wird, desto mehr nimmt es das Göttliche in sich und verliert an dieser ihm widerstehenden Religion [der Monarchie]; und geht dann durch die Versöhnung mit der Welt und sich selbst durch die Phantasielosigkeit der Irreligion und des Verstandes durch.« (SdS; 91) Es ist damit nicht nur die der Demokratie zuzuordnende Religiosität angesprochen, sondern auch das große Motiv der »Versöhnung mit der Welt und sich selbst« (ebd.), das Hegel freilich später auf den Bereich der Philosophie einschränkt; nur sie gewähre diese Versöhnung (vgl. GPR, Vorrede; 7, 27). Hier jedoch erscheint sie als eine reale sittliche Möglichkeit des Volkes, die sich dann eröffnet, wenn es »eins mit sich selbst, der Natur und Sittlichkeit wird« (SdS; 91), und es ist unübersehbar, daß dies wesentlich mit der Demokratie als der »Darstellung« der absoluten Sittlichkeit »in allen« (SdS; 90) zusammenhängt. Hegel denkt hier ganz in den Bahnen Rousseaus, der die im *Contrat social* konstruierte Demokratie als die völlige Verwirklichung des nicht mehr natürlichen, sondern sozialen Menschen versteht. Damit ist auch der Durchgang durch die »Phantasielosigkeit der Irreligion und des Verstandes« möglich – eine Reminiszenz an das in der Handschrift Hegels überlieferte *Älteste Systemprogramm des deutschen Idealismus* (vgl. 1, 234 ff.).

II. 4 Hinweise zum Verständnis des SdS

Von den offensichtlichen Grenzen der Potenzenmethode bei der systematischen Entwicklung der praktischen Philosophie war gelegentlich schon die Rede. Sie markieren die Gründe, warum sie Hegel in der JPG aufgab. Alle Kommentatoren verweisen auf das

Schematische und Mechanische dieses Verfahrens, und einmal mehr wird deutlich, daß Hegels Kritik an der äußerlichen und routinemäßigen Anwendung der spekulativen Triplizitätsformel in der Vorrede zur PhG auch als nachträgliche Selbstkritik zu verstehen ist (vgl. 3,48 f.). Allerdings läßt sich noch etwas genauer angeben, worin das Schematische jenes Verfahrens besteht: Hegel gibt immer zuerst die von der Potenzenmethode vorgegebene formale Bestimmung an – z. B. »das Subsumiertsein des Begriffs unter die Anschauung« (SdS; 9) – und sucht dann nachträglich den inhaltlichen Beleg oder die materiale Bestimmung auf, die dem formal Vorkonstruierten am besten entspricht. Auf diese Weise gelangt er zu so merkwürdigen Trias-Bildungen wie »*Kind-Werkzeug-Rede*« (SdS; 19 ff.) oder »Verwüstung-Diebstahl-Ehrverletzung« (43 ff.). Was dann auf den einzelnen Potenzstufen über den Zusammenhang der Bestimmungen untereinander gesagt wird – z. B. die Sprache sei die Einheit von Kind und Werkzeug –, hat darum selten etwas mit den sachlichen Verhältnissen selbst zu tun, sondern folgt zumeist nur den begrifflichen Erfordernissen der Potenzenhierarchie. – Was Hegel hier methodisch praktiziert, ist die besondere Ausprägung eines konsequenten Apriorismus, dem zufolge alles, was wir im Ernst wissen, ein Wissen *a priori* sein muß. Die leitenden Formulierungen dieser These finden sich bei Schelling, bei dem es in der Einleitung zu dem *Entwurf eines Systems der Naturphilosophie* (1799) heißt: »Wir wissen nur das Selbsthervorgebrachte, das Wissen im strengsten Sinne des Worts ist also reines Wissen a priori.«[28] Dies aber soll keinen Gegensatz gegen die Erfahrung implizieren – Schelling behauptet sogar: »Wir wissen nicht nur dieß oder jenes, sondern wir wissen ursprünglich überhaupt nichts als durch die Erfahrung, und mittelst der Erfahrung«[29] –, aber wie schon im Zusammenhang der WBN ausgeführt, liefert die Erfahrung nur die Belege, nicht aber das Prinzip der wissenschaftlichen Erkenntnis. Dies versteht Schelling so, daß das empirische Wissen dadurch, daß es sich bestätigend in den apriorischen Konstruktionsgang einfügt, selbst zu einem Wissen *a priori* werde[30] – eine nicht unmittelbar einleuchtende Folgerung, denn ihr liegt die problematische Prämisse zugrunde, alles notwendige Wissen sei in Wahrheit Wissen *a priori*. Was Kant noch als reine Naturwissenschaft von der

28 Schelling AS 1, 344.
29 Vgl. ebd., 346.
30 Vgl. ebd.

empirischen Naturlehre unterschieden hatte, folgt freilich diesem Prinzip, aber Schelling glaubt nun, es mit seinem Entwurf der Naturphilosophie als »spekulativer Physik« auf den ganzen Bereich der naturwissenschaftlichen Empirie ausdehnen zu können.

So ist das SdS das problematische Ergebnis des Versuchs von Hegel, Schellings Konzept einer spekulativen Physik in der praktischen Philosophie zu wiederholen. Aber immer wieder stellt sich heraus, daß sich die empirischen Belege für das a priori Konstruierte nicht einstellen wollen. Dies beginnt schon mit der Konstruktion des »Volks« als der Anschauung der Totalität des Sittlichen; empirisch einlösbar ist dies nur im Rückgriff auf ein klassizistisch hochstilisiertes Griechentum und die idealisierten Selbstbilder, die sich davon bei Platon, Aristoteles und den Tragikern auffinden lassen. Wie wenig die historische Wirklichkeit das bestätigt, was Hegel da in seiner Stände- und Tugendlehre konstruiert, ist mindestens seit Jacob Burckhardts *Griechische(r) Kulturgeschichte* allgemein bekannt. Dieses Werk hat wohl am nachhaltigsten das romantische und neohumanistische Griechenbild korrigiert. Ähnlich ist es mit der »absoluten Regierung«: Hegel kann dafür nur Ansätze von »Gedanken« anführen, aber nirgends einen konkreten Beleg, denn auch der Rekurs auf die *Nómoi* Platons wird wohl kaum als ein solcher gelten können. Schelling hatte über die Prinzipien seiner apriorischen Naturwissenschaft gesagt: »... wenn im ganzen Zusammenhang der Natur eine einzige Erscheinung ist, die nicht nach jenem Princip nothwendig ist, oder ihm gar widerspricht, so ist die Voraussetzung eben dadurch schon als falsch erklärt, und hört von diesem Augenblick an auf als Princip zu gelten.«[31] Hätte sich das SdS wirklich diesem Grundsatz verpflichtet, müßte es als Dokument eines gescheiterten Versuchs gelten. – Eine unerfreuliche Nebenwirkung dieses Verfahrens ist auch, daß Hegel philosophische Argumente, die im Konstruktionsgang ihre Plausibilität haben mögen, unmittelbar als die soziale und politische Wirklichkeit stringent betreffende Argumente präsentieren muß; was in der Theorie gilt, muß einfach auch in der Wirklichkeit gelten. (Von den Beweis- und Theodizee-Zwängen einer solchen spekulativen praktischen Philosophie war schon im Kommentar zu den WBN die Rede.) Als besonders extremes Beispiel nenne ich das Argument: »Das Volk, das sich nicht anerkannt findet, muß

31 Vgl. ebd., 345.

dieses Anerkanntwerden produzieren durch Krieg und Kolonien.« (SdS; 77) Dem liegt die Prämisse zugrunde, das Volk als absolute, aber gleichwohl individuelle Gestalt des Sittlichen könne nur als diese Gestalt existieren, wenn es von anderen Völkern als eine solche anerkannt sei. Hier wird eine innergesellschaftliche Bedingung von Individualität, nämlich die intersubjektive Anerkennung als Individuum, einfach auf die Beziehung zwischen Völkern übertragen – was in empirischer Hinsicht sehr fragwürdig ist –, und es wird dann behauptet, dieses Anerkanntwerden sei nur durch Krieg und Kolonien zu gewinnen. Die darin enthaltene implizite Prämisse hat zu tun mit der erst in der PhG wirklich entfalteten und in der Auseinandersetzung mit der von Hobbes[32] formulierten Theorie, der zufolge Anerkanntsein immer Resultat eines Kampfes um Anerkennung sei – was ebenfalls empirisch schwer zu belegen sein dürfte. Und so gelangt Hegel immer wieder auf rein spekulativem Wege zu konkreten politischen Aussagen und Beurteilungen, die nicht nur uns Heutigen, sondern schon vielen seiner philosophierenden Zeitgenossen als nur schwer tolerierbar erscheinen mußten – man denke nur an die politische Theologie seiner Lehre von der »absoluten Regierung« (SdS; 74).

So ist das SdS ein Text des Übergangs. Zahlreiche Intuitionen und einige Argumente bleiben auch für die spätere praktische Philosophie Hegels bestimmend, aber sowohl die Grundlegung wie die Methode der Durchführung werden in der JPG grundlegend verändert. Die Kenntnis der SdS ist vor allem wichtig, um etwas von den ideengeschichtlichen Ursachen wie den inhaltlichen und methodologischen Gründen zu verstehen, die erklären, wie Hegels praktische Philosophie die Gestalt annahm, die sie in ihrer endgültigen Entwicklung aufweist.

II. 5 Stellenkommentar

8, 19 – Statt »Streiben« ist offensichtlich »Streben« zu lesen.
21, 1 f. – In den *Vorlesungen über die Philosophie der Geschichte* Hegels heißt es über die Werkzeuge: »Diese menschlichen Erfindungen gehören dem Geiste an, und solches Werkzeug ist höher zu achten als der Naturgegenstand. Auch sehen wir, daß die Griechen

32 Vgl. Siep (1974).

sie besonders zu schätzen wissen, denn im Homer erscheint recht auffallend die Freude des Menschen über dieselben. Beim Zepter des Agamemnon wird weitläufig seine Entstehung erzählt; der Türen, die sich in Angeln drehen, der Rüstungen und Gerätschaften wird mit Behaglichkeit Erwähnung getan. Die Ehre der menschlichen Erfindung zur Bezwingung der Natur wird den Göttern zugeschrieben.« (12, 295) Die von Hegel erwähnte Stelle über das Zepter des Agamemnon findet sich in der Ilias II, 100; allerdings erzählt Homer nur, daß es von »Hephaistos (dem göttlichen Schmied) kunstvoll gebildet« sei, und im übrigen nur die Vorgeschichte seines Besitzes. Die Rüstung des Agamemnon wird ausführlich geschildert in: XI, 18ff.

21, 16 f. und 21 – Mit dem Ausdruck »aetherischer Körper« bedient sich Hegel einer Metapher aus der Naturphilosophie des Aristoteles, der neben Erde, Wasser, Luft und Feuer einen fünften einfachen Naturkörper annimmt, um die besondere Art der Bewegung der Himmelskörper zu erklären; dabei wird das griechische Wort *aithér* (Himmel, Himmelsluft, Äther) von ihm etymologisch umgedeutet in *aeí theí* (läuft stets) (vgl. *De coelo* I, 268a ff., insbes. 270b). Die Idee des Äthers wurde in der älteren mechanistischen Physik seit Descartes und Huygens wieder aufgegriffen, um das Phänomen der Fernwirkung von Kräften – z. B. der Gravitation – zu erklären; so wurde der Äther als ein unendlich feiner Stoff gedacht, der das Universum erfülle und als Medium der Kraftübertragung fungiere (vgl. dazu auch WL II; 6, 174). Die Annahme eines Lichtäthers zur Erklärung der elektromagnetischen Phänomene durch Oersted (1820) wurde lange als plausibel angesehen, obwohl experimentelle Nachweise stets scheiterten. Beide Ätherkonzepte wurden endgültig durch Einsteins spezielle und allgemeine Relativitätstheorie verdrängt.

36, 32 – Der Satz in Parenthese »(In der Religion wird es ein anderes.)« kann wohl nur verstanden werden, daß man »das Besondere« im Satz davor auf das »Geschlechtsverhältnis« bezieht, das in der Form der Verallgemeinerung nur zu einem »empirisch Allgemeinen«, d. h. in zahllosen Einzelfällen Exemplifizierten gerät, während es in der Religion durch seine Verallgemeinerung eine Veränderung erfahren soll, und zwar im Sinne einer »Versöhnung« von Subjektivität und Objektivität (vgl. 2, 291). Eine alternative Deutung könnte auf die religiöse Transformation des Geschlechtsverhältnisses im Sakrament der Ehe verweisen. Wahrscheinlich hat

Hegel diesen Satz in seinem Manuskript als Anstoß zum Extemporieren notiert.

40, 33 f. – Hier ist wohl »diese Negation« zu lesen.

41,1 – Es ist nicht eindeutig, worauf sich das »diese« bezieht: Offenbar ist »Wiederherstellung« zu interpolieren, aber eben nicht die religiöse Wiederherstellung der »Verletzung des Lebens« (40), die »nicht auf die Wirklichkeit« gehe, sondern die, die zwar auf die Wirklichkeit gehe, aber eben nur als formale »Rekonstruktion« (41) möglich sei, weil die »Verletzung des Lebens in ihrer Wirklichkeit nicht wiederherzustellen« sei (40). Die so eingeführte »rächende Gerechtigkeit« unterscheidet sich somit von der Religion dadurch, daß sie die Wiederherstellung der »Verletzung des Lebens ... in ihrer Wirklichkeit« genau darum verfehlt, weil sie »auf die Wirklichkeit« geht, d. h. sie in der Wirklichkeit sucht, während dies die Religion wohl vermag, aber eben nur dadurch, daß sie dies nicht in der Wirklichkeit anstrebt.

51, 13 – »Mars ein Überläufer«: »Der thrakische Ares liebt den Kampf um seiner selbst willen. Seine Schwester Eris versucht immer wieder nach Gelegenheiten für einen Krieg, indem sie Gerüchte verbreitet und Eifersucht stiftet. So wie sie hat auch ihr Bruder keinerlei dezidierte Vorliebe für diese oder jene Partei, diese oder jene Stadt. Wenn die Lust zu töten ihn überfällt, kämpft er auf dieser oder jener Seite, mordend und zerstörend. Alle Götter, von Zeus und Hera angefangen, hassen ihn, ausgenommen Eris und Aphrodite, die eine widernatürliche Leidenschaft für ihn hegt, und Hades, der gierig auf die jungen Krieger wartet, die in grausamen Schlachten fallen.« (Robert von Ranke-Graves, Griechische Mythologie, Bd. I, (aus dem Engl.), Reinbek 1960, 62; erzählt nach Apollodoros III, 14, 2 und Pausanias I, 21, 7) Es war nicht zu ermitteln, woher Hegel dieses Mythologem kannte, mit dem er hier die Kriegssituation als eine sittlich indifferente beschreibt; im Krieg hat nicht die eine Partei recht und die andere unrecht, und deswegen ist der Kriegsgott ein »Überläufer« – je nach dem jeweiligen Kriegsgeschehen.

53, 10 – »Und Gott der Herr baute ein Weib aus der Rippe, die er von dem Menschen nahm, und brachte sie zu ihm. Da sprach der Mensch: ›Das ist doch Bein von meinem Bein und Fleisch von meinem Fleisch; man wird sie Männin heißen, darum daß sie vom Manne genommen ist.‹« (Gen 2, 22 f. in der Übers. von Luther)

53, 32-35 – Hegel identifiziert hier die »Ansicht der Philosophie«

mit der Spinozas: »Alles, was ist, ist in Gott, und nichts kann ohne Gott sein oder begriffen werden.« (*Ethik*, übers. v. Otto Baensch, Hamburg 1955, I. Teil, Lehrsatz 15, 16)

54, 28 – Mit der »Gleichheit der Bürgerlichkeit« nimmt Hegel Bezug auf das spätere römische Reich, in der die »abstrakte Gleichheit« aller als römischer Bürger herrschte; in den Frühschriften führt Hegel in merkwürdig anachronistischer Weise sogar den neuzeitlichen *bourgeois* darauf zurück (vgl. die WBN; 491 ff. und den Abschnitt »Rechtszustand« in der PhG; 3, 355 ff.). Erst in den GPR wird die Differenz zwischen dem antiken und dem neuzeitlichen Bürger erkannt und der *bourgeois* mit der »bürgerlichen Gesellschaft« im neuzeitlichen Sinne genetisch und sachlich verknüpft (vgl. vor allem §§ 182 ff.; 7, 339 ff.).

56, 32 – Briareus (auch: Briareos) ist ein hundertarmiger Riese und gehört zu den ersten Kindern der Gäa (Mutter Erde); vgl. Robert von Ranke-Graves, a. a. O., Bd. I, 26 u. 44.

59, 40 – Vgl. die Parallelstelle in den GPR, wo das »Feuergewehr« als Erfindung des Prinzips der »modernen Welt«, d. h. des Gedankens und des Allgemeinen in seiner Rückwirkung auf die Tapferkeit dargestellt wird: § 328 A.; 7, 496.

62, 38 – Vgl. den Kommentar zu 21, 16 u. 21.

71, 2 ff. – Hegel nimmt hier unmittelbar Bezug auf Platons *Nomoi*, die letzte Schrift Platons; hier hat eine »nächtliche Versammlung« der ältesten Wächter genau diese Aufgabe der Gesetzeserhaltung (vgl. *Nómoi*, 460c ff.).

74, 22 – Zum Ephorat bei Fichte vgl. den Stellenkommentar zu den WBN; 475, 5 u. 10 (S. 73 f.).

77, 38 – Kant variiert hier sehr frei den § 45 aus seiner *Metaphysik der Sitten*, Rechtslehre: »Ein jeder Staat enthält drei *Gewalten* in sich, d. i. den allgemein vereinigten Willen in dreifacher Person (trias politica): die *Herrschergewalt* (Souveränität), in der des Gesetzgebers, die *vollziehende Gewalt*, in der des Regierers (zu Folge dem Gesetz) und die *rechtsprechende Gewalt* (als Zuerkennung des Seinen eines jeden nach dem Gesetz), in der Person des Richters (potestas legislatoria, rectoria et iudicaria), gleich den drei Sätzen in einem praktischen Vernunftschluß: dem Obersatz, der das *Gesetz* jenes Willens, dem Untersatz, der das *Gebot* des Verfahrens nach dem Gesetz, d. i. das Prinzip der Subsumtion unter denselben, und dem Schlußsatz, der den *Rechtsspruch* (die Sentenz) enthält, was im vorkommenden Falle rechtens ist.« (B 195)

III Jenaer Philosophie des Geistes (JPG)

III. 1 Der Text

Einschlägig für Hegels praktische Philosophie sind die handschriftlich überlieferten Textteile zur Philosophie des Geistes aus Hegels Jenaer Systementwürfen von 1803/04 (JPG_1) und 1805/1806 (JPG_2), die als Vorlesungsmanuskripte entstanden. Sie wurden zuerst veröffentlicht in *Sämtliche Werke*, hg. v. Georg Lasson, Leipzig 1911 ff., und zwar unter dem Titel *Jenenser Realphilosophie I* (Leipzig 1932) und *Jenenser Realphilosophie II* (Leipzig 1931), beide herausgegeben von Johannes Hoffmeister. Dieser Kommentar bezieht sich auf die kritische Edition durch die Rheinisch-Westfälische Akademie der Wissenschaften (Akademie-Ausgabe): G. W. F. Hegel, *Gesammelte Werke*, Bd. 6, *Jenaer Systementwürfe I*, hg. v. Klaus Düsing und Heinz Kimmerle, Hamburg 1976; und Bd. 8, *Jenaer Systementwürfe III*, hg. v. Rolf-Peter Horstmann, Hamburg 1971, und zwar in der Paginierung der Ausgabe der *Philosophischen Bibliothek*, Bd. 331 und 333 des Meiner Verlags, Hamburg 1986 und 1987, zitiert als I und III.

III. 2 Inhaltsübersicht

Die JPG_1 ist nur fragmentarisch überliefert, und sie enthält weitgehende Parallelen zur JPG_2. Gleichwohl ist dieser Text unentbehrlich, weil nur er die Einordnung der Philosophie des Geistes in Hegels damaliges Gesamtsystem verdeutlicht und weil er außerdem als Hintergrund die durchgreifende methodologische Veränderung sichtbar macht, die zwischen der JPG_1 und der JPG_2 stattfand. Auf beide Punkte wird nach der Inhaltsübersicht besonders zurückzukommen sein.

(a) Die JPG_1

Über die systematische Einordnung der Philosophie des Geistes geben der Schlußabsatz von Fragment 15 und das davon unabhängige, alternative Einleitungsfragment 16 Auskunft; auch der Absatz 2 des Fragments 18 gehört hierhin. Beide Texte rekapitulieren in äußerst gedrängter Form die zuvor skizzierte Naturphilosophie sowie den immanenten Übergang von der Natur zum Geist.[1] Weil hier der Geist zunächst als Bewußtsein auftritt, gibt das Fragment 17 Erläuterungen zum Begriff des Geistes, die sich wesentlich am Begriff des Bewußtseins orientieren, d. h., wenn der Geist als »absolutes Einssein der absoluten *Einzelnheit*, für die Vielheit als ein Negiertes, und der absoluten Vielheit, die positive oder selbst an sich allgemeine einfache Vielheit« (I; 187) bestimmt wird, so erweist er sich als ein komplexes Gefüge von Allgemeinheit und Besonderheit, Idealität und Realität, die Hegel zufolge nur an der Struktur des Bewußtseins exemplifiziert werden kann. Unter »Einzelnheit« ist eine Einheit von Allgemeinheit und Besonderheit zu verstehen, in der die »Vielheit« des Besonderen zugleich negiert und als Moment des Allgemeinen selbst aufbewahrt ist; dadurch verliert die Allgemeinheit den Charakter des Abstrakt-Allgemeinen und kann als ein intern differenziertes Allgemeines begriffen werden. Genau dies ist nach Hegel die Struktur des »ganzen Bewußtseins« (ebd.), das er bestimmt als »Einheit der Einzelnheit«, wobei die folgende Formulierung als Apposition dazu zu lesen ist; »Einzelnheit« wird somit erläutert als »Einheit ... der negativen Einheit [des Abstrakt-Allgemeinen] und der gesetzten an sich allgemeinen Vielheit«, und dies ist die Einheit »des [immanent] bestimmten Begriffs«. Die Realisierung dieser formalen Struktur des Bewußtseins, das niemals nur die Struktur eines »Bewußtseins überhaupt«,[2] sondern als Exemplifikation der Bestimmung »Einzelnheit« immer nur ein einzelnes Bewußtsein betreffen kann, ist nun nach Hegel nur so zu denken, daß sie selbst aus einer bloß abstrakt-allgemeinen Bestimmung ›einzelnes Bewußtsein‹ zur »absoluten Einzelnheit« weiterentwickelt wird, und dies impliziert eine Einheit von Allgemeinheit und Besonderheit des Einzelbewußtseins wirklicher Individuen. Das Allgemeine des so bestimmten Bewußtseins ist dann ein »großes allgemeines Individuum«, das als »der Geist eines Volkes existiert« (I; 187), während die Besonderheit repräsentiert ist durch die Vielheit der im »Geiste eines Volkes« lebenden und handelnden Einzelindividuen. Wichtig ist es, zunächst festzuhalten, daß damit das »Volk«, das noch im SdS den

1 Vgl. dazu Abschnitt III. 4.
2 Kant, Prol., A 82.

unmittelbaren Einsatzpunkt der Philosophie der Sittlichkeit bildet, hier als ein auf bewußtseinstheoretischer Grundlage erst zu konstruierender Gegenstand eingeführt ist. Damit ist der methodische Weg vorgezeichnet, den die JPG_1 vor sich hat. Hegel vertieft dies durch die Betonung der Differenz zwischen den bloß subjektiven oder psychischen Bestimmungen wirklicher Individualität – mit ihnen hatte das SdS begonnen – und der »*Organisation* des Geistes« (I; 188) mit einer eigenen Objektivität; hier findet sich die später wichtige Differenz zwischen dem subjektiven und dem objektiven Geist vorbereitet.

Das Fragment 18 und das wegen seines sachlichen Neueinsatzes parallel zu lesende Fragment 19 wiederholen zunächst die bewußtseinstheoretischen Grundfiguren, wobei der 1. Satz von Fragment 18 besonders eindrücklich formuliert ist: Das Bewußtsein ist sein eigener Gegensatz; es ist es selbst und zugleich Gegenteil seiner selbst.[3] Wenn das Bewußtsein dann in »das sich Bewußtseiende« und »das, dessen es sich bewußt ist« (I; 189) zerlegt wird, haben wir die Struktur des Selbstbewußtseins als die einer sich selbst zum Objekt gewordenen Subjektivität vor uns, die seit Kant grundlegend für die idealistische Philosophie geworden war. Bei Fichte erscheint sie als spekulative Grundfigur einer absoluten Einheit von Ich und Nicht-Ich, Subjekt und Objekt am Orte eines absoluten Ich oder Subjekts. – Der Text führt dann aus, daß dieses so explizierte Bewußtsein sich nicht ohne weiteres als eines solchen bewußt werden könne. Hegel bestimmt das »Sich-einer-Sache-Bewußtwerden« als Negation dieser Sache, d. h. als Aufhebung ihrer unmittelbaren Realität und Transfer als Moment in das Innere der Idealität des Bewußtseins. Ihm zufolge bleibt es hier immer bloß empirisches Bewußtsein, das sich nicht selbst als das Wesen dessen erfaßt, was es negiert. Wenn dies geschieht – d. h. wenn das Bewußtsein sich in seinem Gegenstand selbst als Bewußtsein wiedererkennt –, hat es sich als absolutes Bewußtsein erfaßt, und genau dies ist im »Geist eines Volkes« (I; 187) möglich und der Fall. Damit ist erneut der Konstruktionsweg markiert, den die JPG_1 zu gehen hat: Der Begriff ›Volk‹ ist nicht mehr der Anfang der Philosophie des Geistes wie in den WBN, sondern ein in ihr erst zu Konstruierendes. – Der 3. Absatz des Fragments 18 präzisiert das Bewußtsein als Einheit der »Idealität der Allgemeinheit und Unendlichkeit

3 Zum Begriff »ätherische Identität« vgl. Abschnitt III. 4.

des Einfachen in Form der Entgegensetzung« (I; 191), was bedeutet, daß in der Idealität der Allgemeinheit deren Entgegensetzung »ist« oder als Realität existiert. Die Vermittlung zwischen Idealität und Realität bestimmt Hegel hier als »*Mitte*« (ebd.) beider, die selbst existiert, und damit erhält das Bewußtsein eine von Idealität und Realität des Geistes auch unterschiedene Existenz als »*Mitte*«. So faßt Hegel hier das Bewußtsein und damit den Geist dreigliedrig auf: als »*Mitte*« von Idealität und Realität, die einander entgegengesetzt sind. Man kann darin unschwer eine Variation der spekulativen Grundfigur aus der DS erkennen: »Identität von Identität und Nichtidentität.« – Hegel versucht dann, dies im Rückgriff auf die Naturphilosophie zu erläutern, wobei Luft und Erde die einschlägigen Bestimmungen sein sollen, und es fehlt nicht der Begriff »*Äther*«, mit dem Hegel die reine »*Idealität der Natur*« (I; 192) meint – ausgedrückt mit einem selber naturphilosophischen Terminus.[4] – Die Auffassung der Vermittlung zwischen Idealität und Realität als eines Dritten – als »*Mitte*« oder »Medium«, wie wir heute sagen würden – hat Hegel nicht beibehalten, und der weitere Text zeigt, daß dies in Wahrheit entbehrlich ist, denn wenn er das reale Bewußtsein in der Trias »Sprache/Gedächtnis – Werkzeug/Arbeit – Gut/Familie« (I; 193) auseinanderlegt, kommt keine dritte Entität als »*Mitte*« vor; das Bewußtsein ist immer die Vermittlung zwischen den Paaren. Gedächtnis, Arbeit und Familie sind die idealen Momente und Sprache, Werkzeug und Familiengut die realen Momente der »*Mitte*«, d.h. der Totalität beider Seiten, die das wirkliche Bewußtsein ist. (In der JPG_2 gehört diese Explikation unter die Überschrift »Wirklicher Geist«.) So wird die »*Mitte*« dann explizit als »Mittel« der wechselseitigen Einwirkung der idealen auf die reale Seite des wirklichen Bewußtseins und umgekehrt gefaßt. Diese wechselseitige Einwirkung bestimmt Hegel dann weiter als eine Wechselwirkung von Aktivität und Passivität des Individuums, ohne daß dabei von »Herrschaft des Individuums oder gegen das Individuum« (I; 193) die Rede sein könne. Damit ist zugleich die These impliziert, daß Herrschaft nur durch einen Vorgang der Entfremdung der in der Totalität des Geistes enthaltenen Momente der Idealität und Realität voneinander in die Welt kommt. Der Rest des Textes versucht, das Gesagte erneut mit naturphilosophischen Parallelen zu erläutern.

4 Vgl. Abschnitt III. 4.

Was im Fragment 18 gesagt ist, kann nur als eine programmatische Übersicht über das gelten, was in der JPG im einzelnen zu leisten ist. Das Fragment gibt in einem Neueinsatz eine wesentlich kürzere und präzisere Darstellung dieser Programmatik. Neu ist dabei, daß die erste ideal-reale Einheit »Gedächtnis/Sprache« als theoretischer und die ideal-reale Einheit »Arbeit/Werkzeug« als praktischer Prozeß gefaßt wird – beides in ausdrücklichem Gegensatz zur Natur: »als für sich der Natur entnommener Geist« (I; 195). Das Bewußtsein ist aber in Wahrheit die Einheit beider Seiten, und deswegen zerfällt es, weil es sich notwendig »in differenten Momenten« realisiert, »deren jeder selbst ein Bewußtsein ist, in der Geschlechtsdifferenz« (I; 195/6). Die Einheit beider soll die Familie sein, in der die natürliche Begierde zur »*bleibenden* Neigung« und die »unorganische Natur zu einem Familiengut« (I; 196) erhoben ist. Damit ist Hegel zufolge der Übergang von der Bewußtseinstheorie zur Philosophie der Sittlichkeit angezeigt. Die Einheit der reinen Idealität des Bewußtseins als »formaler *Vernunft*« und der »realen Konstitution« des Bewußtseins als Familie ist dem Fragment 19 zufolge der Geist als »*Volk*«; hier erst komme »die absolute Natur des Geistes zu ihrem Rechte« (ebd.).

Die Fragmente 20-22 sind zu lesen als die fragmentarische Detailausführung des in den vorhergehenden Textstücken formulierten Programms. Auffällig ist, daß Hegel in den Überschriften immer noch den Potenz-Begriff verwendet, aber von einer wirklichen Anwendung der Potenzenmethode, d. h. der wechselseitigen Subsumtion von Begriff und Anschauung, kann nicht mehr die Rede sein.[5] – Zunächst expliziert Hegel in einiger Breite den Komplex »*Gedächtnis und Sprache*« (I; 197) als I. Potenz, d. h. als das Moment der Idealität des wirklichen Geistes, und zwar im Hinblick auf die Stufe ihrer Realisierung, die das Thema der II. Potenz ist (I; 208 ff.); beide Potenzen verhalten sich wie das Theoretische und Praktische zueinander. Die JPG_2 präzisiert dies dann als den Gegensatz von ›Intelligenz‹ und ›Willen‹, wobei in beiden Varianten die auch später von Hegel immer festgehaltene These wichtig ist, daß das Zweite aus dem Ersten hervorgehe. Erläuternd kann man sagen, daß Hegel damit den Kantischen Dualismus von theoretischer und praktischer Philosophie, den Fichte eher befe-

5 Vgl. dazu die Abschnitte II. 2 u. III. 5.

stigt als aufgelöst hatte, durch eine Figur des immanenten Übergehens glaubt hinter sich gelassen zu haben.

Mit dem Fragment 20 der JPG_I besitzen wir das umfänglichste Textstück zur Sprachphilosophie aus Hegels Feder.[6] Es kann hier nicht im einzelnen interpretiert werden. Interessant ist daran, daß Hegel die Sprache aus vorsprachlichen, wenn auch schon geistigen Bedingungen rekonstruiert. Der Einsatz mit der Empfindung hat starke Ähnlichkeit mit dem Beginn der PhG bei der »sinnlichen Gewißheit«, auch wenn es dort nicht um die Konstitution der Sprache geht. Daß der Begriff als die »ideale Potenz« (I; 197) des Bewußtseins bestimmt wird, zwingt zur Interpolation, daß die Empfindung als dessen reale Potenz zu sehen ist, die in der Idealität aufgehoben wird – im doppelten Sinne des Wortes. Damit ist die Empfindung keine bloße Naturtatsache mehr, und dem widerspricht nicht, daß Hegel sagt: »Der Geist *als empfindender ist selbst tierisch, in die Natur versenkt*« (I; 205), denn es handelt sich in der Empfindung schon um Geist, während Organismen nach Hegel nicht empfinden. (Die EPW ordnet die Empfindung der »natürlichen Seele« zu (vgl. §§ 391 ff., insbes. § 399; 10, 51 ff., insbes. 55).) Gleichwohl entspricht die Empfindung erst als »idealisierte«, d. h. in den Begriff erhobene, dem Fürsichsein des Geistes im Bewußtsein; darum sind »Idealität des Empfindens« und »sein Werden zum Bewußtsein« (I; 197) dasselbe. (Hegel wird in der PhG diese Zusammenhänge erneut unter der Überschrift »Die sinnliche Gewißheit« (3, 82 ff.) ausführen.) Die strukturellen Dimensionen der durch den Begriff idealisierten Realität der Empfindung identifiziert Hegel mit Raum und Zeit, wobei der Raum das Moment der Realität und die Zeit das der Idealität sein soll. Wichtig ist, daß Hegel nicht behauptet, das Bewußtsein auf dieser Stufe sei sich des Raums und der Zeit bewußt; es schaut sie nicht an, sondern schaut in ihnen an. Damit hat Hegel dem Anspruch nach Kants transzendentale Ästhetik mit ihrer Lehre von den beiden irreduziblen Anschauungsformen ›Raum‹ und ›Zeit‹ in seine Bewußtseinstheorie integriert. Im Unterschied zu Kant bestimmt Hegel dieses empirische Bewußtsein als »*empirische Einbildungskraft*« (I; 198). Der Vollständigkeit halber ist anzumerken, daß Hegel in seinem voll entwickelten System Raum und Zeit aus der Theorie des Bewußtseins ausgrenzt und zu Beginn der Naturphilosophie

6 Vgl. Bodammer.

behandelt (vgl. §§ 254 ff.; 9, 41 ff.). – Hegel behandelt dann die subjektive Einheit des Bewußtseins auf der Stufe der empirischen Einbildungskraft, auf der gehabte Empfindungen wieder hervorgerufen oder reproduziert werden, ohne feste Regeln; diese reproduktive Einbildungskraft verdeutlicht man sich am besten anhand dessen, was im englischen Empirismus allgemein als Assoziation von Ideen (Vorstellungen) aufgefaßt wurde.[7] Die Strukturierung dieses »wachenden oder schlafenden Träumens« (I; 199) geschieht nach Hegel durch das Zeichen, das er als »existierende Mitte« (ebd.) des Begriffs des Bewußtseins versteht, d. h. als Vereinigung von Idealität und Realität des Bewußtseinsinhalts, aber zunächst nur in subjektiver Hinsicht. Diese subjektiven Zeichen sind immer nur Zeichen eines Subjekts, das bei der Bezeichnung von Dingen andere Dinge als Zeichen benutzt. Darum sagt Hegel von diesem Zeichen: »Es hat nicht seine absolute Bedeutung in ihm selbst, d. h. das Subjekt ist in ihm nicht aufgehoben.« (I; 200) Da erst auf der Stufe der Autonomisierung des Zeichens – seinem Fürsichsein, »entgegengesetzt dem, das bedeutet, und dem, für welches es die Bedeutung hat« (ebd.) – von Gedächtnis und Sprache die Rede sein kann, rechnet Hegel somit mit vorsprachlichen, rein mentalen und subjektiven Zeichen der Dinge, die bei Aristoteles *pathémata* (grch. »Erleidungen«, Eindrücke),[8] bei Locke *ideas* genannt werden[9] und aus der unmittelbaren Einwirkung der Dinge auf unsere Sinnesorgane entstehen sollen; Hobbes spricht hier sogar von einem vom *»Discourse in words«* unterschiedenen *»Mentall Discourse«*,[10] der ganz in der Immanenz des Bewußtseins eingeschlossen bleibt. Bis zu Herder wurde die intersubjektive Wortsprache als Ergebnis einer konventionellen Bedeutungsfestlegung verstanden, in der sich Menschen darüber geeinigt haben sollen, welches Wortzeichen welche subjektiven Vorstellungen bezeichnen soll. Es ist wohl deutlich, daß Hegels Konzeption beides ausschließt – sowohl die kausalistische Vorstellungstheorie wie die konventionalistische Bedeutungstheorie –, sondern der Schritt von der Empfindung zum subjektiven Zeichen ebenso wie der vom subjektiven Zeichen zur intersubjektiven Sprache soll als ein immanenter Übergang in

7 Vgl. Hume I, 1, 4; die Parallelstelle in der JPG_2 spricht ausdrücklich von »Ideenassoziation«: vgl. III, 173.
8 Vgl. Aristoteles, Perí herm. 1, 16a.
9 Vgl. Locke II, II, 1.
10 Hobbes, Lev., I, 3.

der Explikation des Geistes dargestellt werden. Die Gleichordnung der Sprache mit dem Gedächtnis – wobei die Sprache die Realität und das Gedächtnis die Idealität des Geistes auf dieser Stufe repräsentiert – und die kühne Zuordnung des Gedächtnisses zum »Gedachten« (I; 201) erlauben es Hegel, das subjektive Zeichen und das Sprachzeichen in das Verhältnis von Anschauung und Denken zu setzen (ebd.). Das Zeichen als Name ist dann selbst nichts Reales – kein Ding mehr, das für ein anderes steht –, sondern etwas rein Ideelles, Gedachtes. Die Sprache selbst ist somit nichts anderes als die Existenzform der Namen (ebd.), und Hegel gelangt dann durch einen naturphilosophischen Rückgriff auf die Luft (vgl. auch Fragment 8 in I; 61 f.) zu einer Theorie der Artikulation im Wechselspiel von »Vokalen« und »Stummen« (I; 202) (d. h. Konsonanten), die von Herder angeregt sein dürfte und bei Humboldt eine wichtige Rolle spielt.[11]

Der lange Absatz 202 ff. verdient deswegen besonderes Interesse, weil Hegel hier eine sprachtheoretische Rekonstruktion dessen ins Auge faßt, was Kant als die vorsprachlichen, einander entgegengesetzten und sich wechselseitig ergänzenden Vermögen ›Verstand‹ und ›Sinnlichkeit‹, Spontaneität und Rezeptivität des Bewußtseins, einfach voraussetzt. Kurz gesagt: die Sprache in der Idealität der Vielheit der Namen ist der Verstand, und der Verstand ist nichts anderes als dies. Zugleich konstituiert sich durch die »Idealisierung« des Empfindungsinhalts dieser Gehalt selbst als ein realer, in seiner Einzelheit identifizierbarer. So operiert Hegels Bewußtseinstheorie immer schon am Orte der Einheit von Idealität und Realität, Subjektivität und Objektivität, und die Gegensätze, aus denen Kant das Gegenstandsbewußtsein zu rekonstruieren unternimmt, fallen damit »in es«, wie die PhG formuliert (vgl. 3, 76). Diese Kantkritik wird dann recht detailliert ausgeführt und zu einer begründeten Zurückweisung des Gegensatzes ›Idealismus-Realismus‹ ausgebaut (vgl. I; 203-205). Zusammenfassend formuliert Hegel: »Es muß ... eigentlich weder von einem solchen Subjekte noch Objekte die Rede [sein], sondern vom Geiste, und für diesen haben wir gesehen, wie er sich als Totalität zur Natur wird und wie er sich zum Geiste wird.« (I; 205) Modern gesprochen vertritt Hegel in seiner Philosophie des Geistes einen Holismus des Bewußtseins: Alles ist im Bewußtsein, denn es unterscheidet den

11 Vgl. Humboldt, 191 ff.

Gegenstand zwar von sich, aber bezieht sich zugleich auf ihn, und ohne dieses Sichbeziehen gäbe es gar keinen Gegenstand. (Hegels These über das Bewußtsein: »Dieses unterscheidet nämlich etwas von sich, worauf es sich zugleich bezieht« (3, 76) hat Konrad Cramer einmal sehr zutreffend Hegels »Satz des Bewußtseins« genannt.[12]) – Hegel entwickelt dann aus dem sprachtheoretisch rekonstruierten Verstand die einfache Einheit des individuellen Bewußtseins, wobei er eine für uns kaum nachvollziehbare naturphilosophische Parallele zur Individualität der Erde herstellt (vgl. dazu auch Fragment 18, I; 192). Bemerkenswert ist an diesem Übergang, daß er implizit eine sprachtheoretische Rekonstruktion des individuellen Einzelbewußtseins anzeigt, wie sie in unserem Jahrhundert vor allem G. H. Mead versuchte.[13]

Wenn am Ende der I. Potenz die individuelle Einzelheit des Bewußtseins rekonstruiert ist, bedeutet das für Hegel unmittelbar den Übergang von der theoretischen in die praktische Potenz des Geistes, die Hegel »Potenz des Werkzeugs« (I; 208) nennt. Hegel erklärt zunächst diesen Übergang (I; 208 f.) und deutet dann die Konsequenzen an (I; 209 ff.). Diese zweite Potenz des Geistes kann in Analogie zur Subsumtion der Anschauung unter den Begriff betrachtet werden, d. h. die individuelle Realität des Geistes dominiert, und seine ideelle Allgemeinheit, die in den Hintergrund gedrängt ist – als »die unsichtbare Mitte, der verborgene Geist derselben« (I; 208) –, muß sich durch die Aufhebung der Einzelheit wiederherstellen. Dies geschieht nach Hegel in der praktischen Beziehung des individuell vereinzelten Bewußtseins auf sein »absolut Entgegengesetztes, *ein totes Ding*« (I; 209). Diese Tätigkeit wird von Hegel beschrieben als die »Stillung« der menschlichen Begierde, die sich von der bloß animalischen dadurch unterscheidet, daß sie in dem Gegenstand, auf den sie sich bezieht, selbst als Begierde aufgehoben ist. Diese »gehemmte« Begierde ist die Arbeit, die den Gegenstand ja nicht vernichtet, sondern ihn gestaltet, sich in ihm realisiert – was die PhG dann viel detaillierter ausführt (3, 153 ff.). So wie in der I. Potenz das theoretische Bewußtsein als Gedächtnis/Sprache entwickelt wurde, so ist nun »*die Arbeit* ... dies praktische Bewußtsein als Beziehung, Allgemeines, Einssein beider« (I; 211), d. h. der Begierde und ihres Objekts. Das Werk-

12 Vgl. Cramer, 367.
13 Vgl. Mead.

zeug ist dann die Idealität des realen Arbeitsprozesses: »die existierende, vernünftige Mitte, existierende Allgemeinheit des praktischen Prozesses« (ebd.).

Wie in den Fragmenten 18 und 19 angekündigt, führt das Fragment 21 die dritte Potenz des Geistes als Bewußtsein aus; Familie und Besitz konstituieren sich dadurch, daß an die Stelle des Verhältnisses von Begierde und *»totem Ding«* ein Verhältnis eines individuellen Bewußtseins zu einem anderen, »einem unmittelbaren Einssein beider in dem absoluten Fürsichsein beider« (I; 212) tritt, was soviel heißt wie daß sich jedes Bewußtsein im anderen selbst anschaut. Dies ist nach Hegel realisiert in Liebe und Ehe. Liebe und Ehe sind dem Text zufolge selbst eine »Mitte« zwischen den Individuen, die sich im Kind realisiert und in der sich die Eltern »als ein anderes, als sie selbst sind, nämlich als gewordne Einheit« (I; 213) anschauen. Erstaunlich ist die These, daß die Eltern im Kind ihr eigenes Aufgehobensein anschauen und es deswegen erziehen, d. h. auf die Ebene ihres eigenen Bewußtseins erheben müssen, womit sie zugleich ihren eigenen Tod »erzeugen« (I; 214); so ist nach Hegel die Geburt des Kindes der beginnende Tod der Eltern. Den Prozeß, der zwischen Eltern und Kindern abläuft, konstruiert Hegel insgesamt als Einheit des theoretischen und praktischen Bewußtseins; so kann Hegel sagen: »In der Familie ist hiermit die *Totalität des Bewußtseins* dasselbe [das Bewußtsein] als ein *für sich selbst* Werdendes; das Individuum schaut in dem andern sich selbst an; das andre ist dasselbe Ganze des Bewußtseins, und es hat sein Bewußtsein in dem andern, in dem Erzeugten ...« (I; 215 f.). Aus den anderen Fragmenten ist sinngemäß zu ergänzen, daß die Familie die lebendige, prozessuale Seite dieser Potenz repräsentiert, das Familiengut oder der Besitz die »unorganische«, statische Seite.

Das Fragment 22 stellt die Verbindung zwischen der Trias der ersten drei Potenzen und dem Begriff des Volkes her. Dies geschieht durch eine Theorie der Anerkennung, die zwar in den früheren Texten schon vorgebildet ist, aber erst jetzt neben der Bewußtseinstheorie zur Grundlage der praktischen Philosophie Hegels in dieser Zeit wird; im Abschnitt III. 6 wird sie besonders behandelt. Jetzt wird der Geist als »absoluter« bestimmt – als »absolut reales Bewußtsein« (I; 222) – und der weitere Text bestimmt ihn als *»Geist eines Volks«*, der als Einheit von Substanz und Form zugleich »absolute *Sittlichkeit«* ist; die ist real in den *»Sitten* *des Volkes*« (I; 223). Angesichts dieser Häufung des Prädikats ›absolut‹, das Schelling und Hegel in jenen Jahren besonders leicht aus der Feder floß, muß an die ursprüngliche Bedeutung des Wortes erinnert werden: lat. *absolutus* – abgelöst, vollendet, vollkommen, uneingeschränkt, unbedingt. Wenn also gesagt wird, im Volk sei der Geist absolut, dann ist damit sein Abgelöst- oder Unabhängigsein von äußeren Bedingungen, seine Freiheit als Autarkie, aber auch seine innere Vollkommenheit gemeint. Dies wird dann näher ausgeführt, meist in Organismus-Metaphern; der tierische Organismus ist selbst eine Vorform dieser »Organisation«, aber Hegel ist kein Biologist – er unterscheidet sich auch darin von manchen Strömungen der Romantik –, weil ihm zufolge das Organische eine Vorform des Geistes und nicht umgekehrt das Geistige ein Epiphänomen des Organischen ist. Wenn im Text von Leben und Lebendigkeit der allgemeinen Substanz die Rede ist, dann ist damit immer Tätigsein, Handeln assoziiert – gemäß der aristotelischen Gleichsetzung von Leben und Handeln für den Menschen.[14] – Grundlegend ist dabei außerdem eine logische Grundfigur, der zufolge das Absolute Einheit seiner selbst und seines Gegenteils ist, also nichts, was es betrifft oder bestimmt, mehr außer sich hat und damit alle seine äußeren Bedingungen zu inneren herabgesetzt hat. (Auf die Implikationen, die sich daraus für den Begriff ›Geist‹ und für das Verhältnis von Natur und Geist ergeben, kommt dieser Kommentar in den Abschnitten III. 3 und III. 4 zurück.) So ist der »absolute« Geist zugleich einfache allgemeine Substanz (»Äther«) wie der Inbegriff der individuellen Tätigkeit aller; so ist er als das Werk aller – »ewiges Werden zum *Geiste*« (I; 224). (Die PhG spricht in solchen Zusammenhängen vom »bacchantischen Taumel, in dem kein Glied nicht trunken ist«, der aber zugleich »ebenso die durchsichtige und einfache Ruhe« (3, 46) sei.)

Die Rede von der Familie als der *»unorganischen Natur des Geistes*« (I; 226) bedarf sicher der Erklärung; die Figur des Verhältnisses der organischen zur unorganischen Natur findet sich in Hegels Frühwerk auf vielen Ebenen – nicht nur auf der der Naturphilosophie im engeren Sinne. Hegel stellt hier sofort klar, daß die Familie nicht Natur im buchstäblichen Sinne ist, sondern Geist, sich aber zum Geist des Volks wie die unorganische zur organischen Natur verhält: So wie der Organismus sich aus Unorgani-

14 Vgl. Aristoteles, Pol. I 4, 1254a 8.

schem speist und daraus sein Leben gewinnt, so speist sich das allgemeine sittliche Leben aus der Familie, die in ihr zugleich aufgehoben und gesetzt, d. h. als sittliche bestätigt wird; aufgehoben wird die Familie ständig dadurch, daß die erwachsen gewordenen Kinder sie als mündige Bürger verlassen, aber die gründen wieder Familien, so daß die Institution ›Familie‹ durch ihre Negation ständig neu entsteht. – Damit ist die These vorbereitet, die der Rest des Fragments 22 zu explizieren unternimmt, ohne dies zu Ende zu führen: die drei Potenzen ›Sprache/Gedächtnis‹, ›Arbeit/Werkzeug‹ und ›Familie/Besitz‹ existieren real nur als Potenzen eines Volkes, nur in einem Volk. So ist nach Hegel die Sprache immer eine bestimmte Volkssprache und niemals Sprache überhaupt; dasselbe soll sogar für Verstand und Vernunft gelten (vgl. I; 226), womit ein extremer Kulturrelativismus angedeutet zu sein scheint. Wenn es tatsächlich wahr wäre, daß das »allgemeine *Bewußtsein*« – Kants »Bewußtsein überhaupt« – nur dasjenige ist, was durch eine wirkliche Sprache »ideell« gemacht wurde (ebd.), dann müßte es so viele Formen von Verstand und Vernunft geben wie natürliche Sprachen. Diese sprachtheoretische Rekonstruktion der Vernunft aus der Sprache hat Hegel schon in der JPG_2 nicht mehr weiterverfolgt; seit der PhG wird die Sprache eindeutig der sprachunabhängig zu explizierenden Vernunft untergeordnet. Im übrigen wäre selbst bei weiterer Ausarbeitung dieser Sprache-Vernunft-Theorie in der JPG_1 kaum mit einem modernen Sprachrelativismus zu rechnen gewesen, denn die Sprache ist nach Hegel ebenso wie das Volk »Geist«, enthält also immer auch Allgemeines.

Die JPG_1 schließt mit einer weiteren Variante der Darstellung des schon in den WBN angesprochenen »Systems der sogenannten politischen Ökonomie«, wobei freilich sofort festzuhalten ist, daß es hier nicht mehr – wie im SdS – in die Sphäre der Familie eingeschlossen ist. Die Ökonomie ist »politisch«, weil die Bedürfnisse und ihre Befriedigung, die Arbeitsteilung und der Werkzeuggebrauch (vor allem in der maschinellen Produktion), aber auch der Besitz als allgemein respektiertes Eigentum sowie der Eigentümer als Person sämtlich Bestimmungen sind, die das Ganze des Volkes betreffen und nur in ihm Sinn machen: wir würden sie soziale Tatbestände nennen. Indem Hegel diese die Quasi-Natürlichkeit der Familie sprengenden Tatbestände in der JPG_1 als Anerkennungsverhältnisse beschreibt, wird Anerkennung zum grundlegenden Prinzip von Vergesellschaftung überhaupt.[15] Im übrigen ist – wie schon erwähnt – die Ausgrenzung des Ökonomischen aus dem Kontext der Familie (dem *oíkos*) eine strukturelle Neuerung Hegels, nicht nur bezogen auf seine früheren Entwürfe praktischer Philosophie, sondern auf deren Geschichte überhaupt.

(b) Die JPG$_2$

Diese zweite Ausarbeitung der Philosophie des Geistes ist in dem Sinne vollständig, als sie alle Lehrstücke dieses Systemteils umfaßt und schon die Architektur der GPR erkennen läßt. Gleichzeitig wirkt sie unfertig durch die Unvollständigkeit vieler Sätze und die zahlreichen Randbemerkungen, was deutlich macht, daß wir es nicht mit einem druckfertigen Manuskript, sondern mit Vorlesungsvorbereitungen Hegels zu tun haben. – Der Text ist dreiteilig, wobei die Überschrift des ersten Teils »Subjektiver Geist«, die Lasson in seiner Ausgabe hinzugefügt hatte, vom Herausgeber der Akademie-Ausgabe durch »[I. Der Geist nach seinem Begriffe]« ersetzt wurde. Dies ist angemessen, da Hegel den Ausdruck »subjektiver Geist« erst später gebrauchte; in der EPW erscheint er als Titel des Systemteils, der Anthropologie, Phänomenologie des Geistes und Psychologie enthält. Der Abschnitt I der JPG$_2$ kommt aber im Zusammenhang der begrifflichen Explikation des Willens auf Bestimmungen des Geistes zu sprechen, die nicht mehr in den Bereich des Systemteils »subjektiver Geist«, sondern in den späteren des objektiven Geistes fallen – vor allem auf die Familie. – Der Aufbau des Abschnitts »[I. Der Geist nach seinem Begriffe]« folgt im wesentlichen den Skizzen und Ausarbeitungen der JPG$_1$. Sofort fällt auf, daß der Bewußtseinsbegriff zugunsten des Begriffs ›Geist‹ in den Hintergrund tritt[16] und daß die Differenz zwischen Intelligenz und Wille, die in der JPG$_1$ im Verlauf des Textes eingeführt wurde, hier das Einteilungsprinzip des ganzen ersten Abschnitts abgibt.

Zunächst wird über die Zwischenstufen »vorstellende *Einbildungskraft*« (III; 171) und Erinnerung die Sprache erreicht, wobei bemerkenswert ist, wie Hegel beginnt: nicht mehr mit der Empfindung, sondern wie in der WL mit dem »*Sein*« (ebd.). Das Sein

15 Vgl. dazu Abschnitt III. 6.
16 Vgl. dazu Abschnitt III. 3.

des Dinges im Raum ist der Gegenstand der Anschauung, den der Geist aber sofort als unmittelbaren aufhebt und als sein Angeschautes setzt: das Sein des Gegenstandes bekommt die Bedeutung des »*Meinen*« (III; 173), d. h. ich erfasse das Seiende als das von mir Vorgestellte und implizit mich selbst als das Vorstellende. Dieser Übergang vom Ansichsein zum Fürsichsein des Gegenstandes ist also ein Reflexionsschritt, und er fällt nach Hegel mit dem Übergang von der Anschauung zur Einbildungskraft zusammen. Ihn parallelisiert Hegel mit der Differenz zwischen Raum und Zeit als der elementarsten Form der Vermittlung des Unmittelbaren, was auf eine neue Variante der Rekonstruktion der Kantischen transzendentalen Ästhetik im Rahmen der Geistphilosophie hinausläuft. Eindrucksvoll sind die Formulierungen, in denen Hegel die Verwandlung des Seins in ein Bild der Einbildungskraft als das Zurückgehen des Seienden in die »Nacht der Welt« (III; 172) beschreibt, die sich auftut, wenn man einem Menschen ins Auge blickt. Diese Nacht ist aber zugleich der Ort der »*Ideen*assoziation« (III; 173), an dem sich durch Erinnerung und sinnliches Zeichen hindurch die Einheit von Sprache und Namen konstituiert; hier wird im Unterschied zur JPG_1 die Unsinnlichkeit des Namens betont, durch die sich die Sprache von der sinnlichen Anschauung emanzipiert. Der Geist gewinnt dadurch eine eigene Sphäre seiner Tätigkeit, nämlich der »*stofflosen Beschäftigung*« und »Bewegung des Geistes mit sich« (III; 178), die zugleich die »Arbeit« des »erste(n) innere(n) Wirken(s) auf sich« (III; 179) ist. Das Resultat ist wieder die Selbstkonstitution des Geistes als Verstand, die Hegel als ein »Sich-zum-Ding-Machen« des Ich und als ein »Zum-Ich-Werden« des Dinges beschreibt; man kann dies paraphrasieren als die Einsicht in die Einheit von Subjekt und Objekt, die dadurch zustande kommt, daß das Bewußtsein seine eigenen Gedankenbestimmungen als Wesensbestimmungen der Dinge auffaßt. Sobald der Geist diesen ganzen Zusammenhang als das »Dritte« (III; 183) von Bewußtsein und Sein, Subjektivität und Objektivität, und zwar sich selbst als dieses »Dritte« erfaßt, konstituiert sich der Verstand als Vernunft: als Intelligenz, die sich selbst Gegenstand ist, und als freie Intelligenz, die nichts mehr außer sich hat, wovon sie abhinge. Mit Hilfe der PhG, deren erste Bewußtseinsstufen hier schon skizziert sind, kann man erläuternd hinzufügen, daß Hegel unter dem Stichwort ›Vernunft‹ das Fichtesche »ICH bin ICH« vor Augen hat (vgl. PhG; 3, 179), wobei das

Tätigsein dieses ICH – nach Fichte ist es nichts anderes als Tätigkeit – als Konsequenz seiner vollständigen Leerheit erscheint, die im Widerspruch steht zur Bestimmung des ICH, sein eigener Gegenstand zu sein. – Besonders wichtig ist, daß hier explizit der »Schluß« als die Denkfigur erscheint, an der sich Hegel bei der begrifflichen Entwicklung methodisch orientiert; im Abschnitt III. 5 ist darauf gesondert zurückzukommen.

War in dem mit »[a. Intelligenz]« überschriebenen Textteil der theoretische Geist das Thema, so geht es unter »b. Wille« um den praktischen Geist, und der umfaßt mehr als nur die Bestimmungen praktischer Vernunft, weil es ja immer auch um die gegenständlichen Aspekte des Geistes geht. Die Orientierung der Entwicklung der Begriffe an der Schlußfigur ist nun ganz explizit: Ist »*Trieb*« (III; 186) der erste, so ist die »Befriedigung des Triebes« (187) der zweite Schluß. Daran schließt sich wieder die Stufe »Arbeit/Werkzeug« an, die gegenüber der JPG_1 nicht wesentlich erweitert ist, aber andere Akzente setzt: vor allem in der Betonung der »List« des Werkzeugs (vgl. dazu auch SdS; 20 f.). – Den Übergang von der Arbeit zur Familie stiftet eine Passage über »*Charakter*« (III; 191), den Hegel als den Willen bestimmt, sofern er seinen eigenen Gegensatz in sich enthält. Hinzuzufügen ist, daß dies die gegenständliche Arbeit voraussetzt, die ja das unmittelbare Sein des Gegenstandes zu einem Ideellen, d. h. zu einem Moment des tätigen Geistes machte. Die beiden kontrastierenden Konstellationen, die die entzweiten Momente des Geistes im Charakter eingehen können, bringt Hegel dann in Zusammenhang mit dem Geschlechtsunterschied, der die Basis für den Bereich der Familie abgibt, wie ihn schon die JPG_1 beschrieb (vgl. I; 195). Hervorzuheben ist die These Hegels, daß sich auf der Grundlage des Charakters der Trieb in Liebe verwandelt; dabei spielt das »*Erkennen*« (III; 191) eine wichtige Rolle, worunter Hegel die Selbstwahrnehmung im Anderen versteht (vgl. III; 192). Die biblische Nebenbedeutung von »Erkennen« als Vollzug des Geschlechtsverkehrs[17] war damals allen Hörern dieses Kollegs gegenwärtig. So ist Liebe die motivierende Konsequenz von Erkenntnis in diesem zu unterstellenden Doppelsinn (III; 193), und durch sie wird zugleich der natürliche Trieb versittlicht (vgl. III; 193 f.). Auch das Motiv des Todes der Eltern im Prozeß der Erziehung der Kinder aus der JPG_1

17 Vgl. u. a. Gen 4, 1.

erscheint erneut, hier aber mit einer wichtigen und folgenreichen Konsequenz: der Ableitung dessen, was gewöhnlicherweise – d. h. im vorkantischen Naturrecht – »der *Naturzustand* genannt wird« (III; 196 f.). Man muß diese Passage als eine ironische Paraphrase jener Naturrechtslehren lesen, die nach Hegel in ihren Beschreibungen des Naturzustandes implizit immer schon Familienverhältnisse voraussetzen: entweder in Gestalt voneinander unabhängiger, individueller Familien oder von fertigen, selbstbewußten und selbstbestimmten Individuen, die ja schon aus Familien hervorgegangen sein müssen, in denen sie ja allein als solche Individuen heranwachsen konnten (vg. III; 197). Hegel zeigt, daß die Grundbegriffe des traditionellen Naturrechts ›Person‹, ›Recht und Pflicht‹, ›Eigentum‹ und ›Vertrag‹ ihrem eigenen Sinn nach auf den Begriff ›Anerkennung‹ zurückverweisen, aus dem sie ihren Sinn gewinnen, und daß das Anerkanntsein seinen ursprünglichen Ort in der Familie hat, aus deren Grenzen es aber heraustreten muß. Die Dialektik der Anerkennung wird ziemlich detailliert bis in den »Kampf auf Leben und Tod« (III; 203) verfolgt, den Hegel als den notwendigen Durchgangspunkt zum allgemeinen Anerkanntsein des Individuums in seinem Personsein andeutet; wirklich ausgeführt ist dies erst im »Herrschaft/Knechtschafts«-Kapitel der PhG (vgl. 3, 145 ff.).

Der Abschnitt »II. Wirklicher Geist« geht am Leitfaden des Begriffs ›Anerkennung‹ vom Begriff zur Wirklichkeit des Geistes über. Der Unterabschnitt »[a. Anerkanntsein]« exponiert eine Trias von Anerkennungsverhältnissen aus der Perspektive der Personen, während der Unterabschnitt »b. Das Gewalt habende Gesetz« (III; 217) die in a. exponierten Anerkennungsverhältnisse in die Perspektive der ihnen entsprechenden Institutionen rückt. – Personsein als allgemeines Anerkanntsein ist dann die erste Bestimmung des »wirklichen Geistes«, den Hegel als Einheit von Intelligenz und Willen, d. h. von theoretischem und praktischem Geist bestimmt – und zwar genau auf dem Niveau des allgemeinen Anerkanntseins. Dadurch werden die Momente der Familie selbst verallgemeinert: »Der Besitz verwandelt sich dadurch in das Recht [Eigentumsrecht] so wie die Arbeit vorher in allgemeine; was Familiengut war, worin die Ehegenossen sich wußten, wird allgemeines Werk und Genuß Aller; – und der Unterschied der Individuen wird ein Wissen vom Guten und Bösen; – *persönliches* Recht und Unrecht.« (III; 204 f.) Daß Besitz, Arbeit, Familiengut und die Besonderheit der Individuen zu etwas Allgemeinem werden, bedeutet – modern gesprochen –, daß sie nun als gesellschaftliche Tatbestände erscheinen. Besitz wird zu rechtlich anerkanntem Eigentum, die Arbeit zum Moment gesellschaftlicher Produktion (»abstrakte« Arbeit), das Familiengut Teil des Sozialprodukts und die Individualität zum Gegenstand einer sozial geteilten normativen Beurteilung. Was in der JPG_1 nur strukturell angedeutet war, ist hier explizit formuliert: die Differenz zwischen Familie und bürgerlicher Gesellschaft und die Verortung der bürgerlichen Gesellschaft zwischen der Familie und dem Staat.[18] – Der Abschnitt »[a. Anerkanntsein]« behandelt in drei Unterabschnitten die wesentlichen Bestimmungen des Privat- und Strafrechts, und zwar am Leitfaden einer Ausdifferenzierung des grundlegenden Anerkennungs-Begriffs; in den GPR wird dieser Komplex zum Systemteil »Das abstrakte Recht«. Daß es sich hier um Abstraktes handelt, macht der Kontrast zum Abschnitt »b. Das Gewalt habende Gesetz« deutlich, der die institutionelle Wirklichkeit der unter a. dargestellten Bestimmungen zum Thema hat. Auffällig ist ferner, daß Hegel im Bereich des »[unmittelbaren Anerkanntseins]« noch nicht zwischen den abstrakt-ökonomischen und den abstrakt-rechtlichen Tatbeständen unterscheidet, d. h. er geht von der Trias »abstrakte Arbeit – Maschine – Geld« als einer ökonomischen unmittelbar über zu »Eigentum – Wert/Preis – Tausch« als quasi-rechtlichen Bestimmungen, wobei es schwierig ist, eine genaue Grenze zu ziehen, weil nach Hegel erst auf der Ebene des Vertrags das Eigentum und der Tausch, von dem in der »Unmittelbarkeit des Anerkanntseins« (III; 209) naiv Gebrauch gemacht wurde, explizit als ein allgemein Anerkanntes gesetzt sind. Hegel versteht dies als eine Ablösung des ideellen Gehalts der Vertrags- als Anerkennungsverhältnisse vom materiellen Substrat der Gegenstände, um die es geht (vgl. III; 209 f.). In der Tat gilt in rechtlichen Eigentumsgeschäften das Wort und nicht mehr primär die Sache oder die konkrete Handlung, denn Rechtsgeschäfte werden durch Erklärungen abgeschlossen. Dieser Gegensatz zwischen dem Ideellen und Materiellen, dem Allgemeinen und Besonderen, eröffnet die Möglichkeit der Täuschung und des Vertragsbruchs, der die Wirklichkeit des Zwanges zur Einhaltung des Vertrags entgegensteht. Hegel entwickelt hier den zentralen Gedanken Kants, daß das

18 Vgl. Riedel (1969), 35 ff.

Recht mit der »Befugnis zu zwingen«[19] ausgestattet sein müsse, aus der »Logik« der Anerkennungsverhältnisse im Rechtlichen selbst: Der Zwang zum Rechtlichen ist nichts anderes als der Zwang, Person zu sein und zu bleiben (vgl. III; 212). – Der Abschnitt »c. Verbrechen und Strafe« behandelt nicht mehr bloße Vertragsbrüche, sondern die Verletzung von Ehre und Leben der Personen und die Strafe als die diese Verletzung aufhebende Verletzung, wie schon in den WBN dargestellt. Erstaunlich ist, daß Hegel diese Verletzung der Ehre und des Lebens der Person, die nichts anderes als die Verletzung ihres Personseins ist, als notwendig behauptet: Sie ist für ihn nicht bloß zufällig, denn ihre »innere Quelle« ist der »Zwang des Rechts« (III; 215) selber. Die Begründung Hegels dafür kann man in dem Argument zusammenfassen, durch die Verletzung und die Verletzung dieser Verletzung des Personseins werde das Personsein als allgemeines Anerkanntsein wirklich realisiert. Man kann bei Hegel von einer Theodizee des Verbrechens sprechen, das geschehen und gesühnt werden muß, zur höheren Ehre des Rechts, und um ihm in der sozialen Wirklichkeit Realität zu verschaffen. – Zu erwähnen ist ferner, daß in den GPR »Verbrechen und Strafe« den systematischen Übergang vom Recht in die Moralität stiften (vgl. §§ 90-104; 7, 178 ff.).

Dieser innere Zusammenhang erscheint in der JPG_2 als der Durchgang zu dem »Gewalt habende(n) Gesetz«, also den mit Macht ausgestatteten Institutionen des Rechts: a) Gesetz, b) Privatrechts- und c) Strafrechtspflege. Zunächst skizziert Hegel in drei Unterabschnitten das Gesetz als »das Bestehen seines *unmittelbaren Daseins*« (III; 218) in der Familie (III; 218-221), womit die rechtlichen Aspekte der Institution ›Familie‹ angesprochen sind. – In der Rechtspflege (III; 221 ff.) wird das Gesetz »positiv«, d. h. es wird zur Sache des Staates im Sinne einer wirklich geltenden und mit Durchsetzungsmacht ausgestatteten Rechtsordnung. (Nur im Sinne dieses rein rechtlichen Staatsbegriffs ist das Stichwort »*Staat*« auf S. 222 zu verstehen; er entspricht dem, was Hegel in den GPR im Zusammenhang der Theorie der »bürgerlichen Gesellschaft« »*äußeren Staat, – Not- und Verstandesstaat*« nennt (vgl. GPR, § 183; 7, 340)). Der politische Staat wird unter Abschnitt »III. Konstitution« behandelt. Wichtig ist auch der Gedanke, daß dieser Staat zwar die Familie schützt, zugleich aber den Einzelnen

19 Kant, MSR, A 35.

ganz für sich beansprucht; die GPR nennen den bürgerlichen Menschen einen »*Sohn der bürgerlichen Gesellschaft*«, dem gegenüber sie den »Charakter der allgemeinen Familie« (GPR, §§ 238; 7, 386) annehme, während die Korporation Hegel dann als »zweite Familie« (§ 252; 7, 394) bezeichnet. Auch hier stattet Hegel – wie im SdS – diesen Gesetzesstaat zugleich mit Befugnissen zur Intervention in den ökonomischen Prozeß aus, und schon hier wird dies wie später in den GPR als Aufgabe der »Polizei« im Sinne öffentlicher Aufsicht und Verwaltung geschildert (vgl. III; 248 ff.; auch GPR, §§ 230 ff.; 7, 382 ff.). Hegel stellt die Notwendigkeit solcher Eingriffe eindrucksvoll vor Augen; er steht hier in der Reihe der großen Kritiker des Wirtschaftsliberalismus und seiner harmonistischen Ideologie, die »Kräfte des Marktes« würden schon alles regeln. Auch die dann von Marx aus den GPR aufgegriffene Akkumulations- und Verelendungstheorie ist hier schon vorbereitet. Sehr hellsichtig ist die These, daß der Staat selbst nur dann im Marktgeschehen als intervenierende Kraft auftreten kann, wenn er als »öffentliche Hand« selbst mit ökonomischer Macht ausgestattet ist, und Hegel fügt dem hinzu, daß dies am effektivsten über als »Auflagen« (III; 224) bezeichnete Steuern und Abgaben geschieht (vgl. ebd.; auch SdS; 85 f.). – Die staatliche Rechtspflege ist die Wirklichkeit der »*Macht des Rechts*«, dessen »Dasein« der Staat ist (III; 225), und in der »*peinlichen* Rechtspflege« (III; 228) – d. h. in der Strafrechtspflege –, in der diese Macht sich auf das Leben des Einzelnen bezieht, zeigt sie sich als »sein Wesen, als rein allgemeiner Willen« (ebd.). Die Anspielung auf Rousseaus *volonté générale* ist unübersehbar, die jetzt im Anschluß an Montesquieus *Geist der Gesetze* zu etwas Lebendigem konkretisiert ist: »Diese Macht über alles *Dasein*, Eigentum und Leben, und eben so den Gedanken, das *Recht* und das Gute und Böse, ist das Gemeinwesen, das lebendige Volk.« (III; 228) Damit ist der Übergang hergestellt zur Theorie des Staats im umfassenden Sinne, die Hegel unter »III. Konstitution« in Angriff nimmt. Daß Hegel das »Gemeinwesen« – die *res publica* – durch »das lebendige Volk« erläutert, bedeutet, daß er im Unterschied zur politischen Romantik mit dem Volksbegriff immer ein Volk als politisch-kulturelle Einheit und nicht als Naturtatsache meint.[20] – Hervorzuheben ist auch der Gedanke Hegels, daß dieses »lebendige«, rechtlich und politisch verfaßte Volk »Macht über...

20 Vgl. dazu auch Abschnitt III. 4.

den Gedanken sei« (ebd.). Dies ist nicht im Sinne von politischer Zensur des Denkens zu verstehen, sondern eigentlich ganz materialistisch oder ideologietheoretisch – daß nämlich vom wirklichen Leben eines Volkes abhängt, was in ihm und von ihm gedacht wird –, und wieder ist es ein spekulativ-philosophischer Kontext, der Hegel auf solche Gedanken führt.

Der Abschnitt »III. Konstitution« schließlich präsentiert die Einheit von Begriff und Wirklichkeit des Geistes, d. h. die Einheit von subjektivem Bewußtsein und institutioneller Objektivität dessen, was in den früheren Texten das Sittliche genannt worden war und nun »Staat« heißt. In dem sehr skizzenhaften und wenig geordneten Text dieses Abschnitts versammelt Hegel alle wichtigen Elemente seiner späteren Staatsphilosophie, und wenn er stellenweise wie eine Apotheose des Staates anmutet, die uns heute schwer erträglich sein mag, so ist zumindest daran zu erinnern, daß Hegel hier noch nicht systematisch zwischen dem objektiven und dem absoluten Geist unterscheidet. Dadurch ergießt sich eine Rhetorik des Absoluten über den Staat, die sich in den GPR deutlich abgeschwächt findet; umgekehrt ist der Bereich des absoluten Geistes im Sinne des späteren Systems – also Kunst, Religion und Philosophie – in der JPG_2 in einer Weise mit dem Staat verquickt, die Hegel nicht unverändert gelassen hat. – Als Schlüsselformulierung für den Staatsbegriff kann gelten, was Hegel über den Geist als »absolute *Macht*« sagt: »... seine Selbsterhaltung aber ist die *Organisation* seines Lebens, der Geist eines Volkes, der sich selbst beabsichtigt. – Sein Begriff, Allgemeinheit in der vollkommenen Freiheit und Selbständigkeit der Einzelnen.« (III; 232) Der Staat ist somit Organismus und Einheit von Intelligenz/Willen, denn er weiß und will sich selbst. Zugleich ist er die Einheit von Allgemeinheit und freier Individualität, und darum ist er moderner Staat, denn ›Individualität‹ ist »das *höhere Prinzip* der *neueren Zeit*, das die *Alten*, das *Plato* nicht *kannte* ...« (III; 240). So gibt es kein reales Zurück zur idealistisch verklärten antiken Sittlichkeit. – Dann ist aufmerksam zu machen auf die implizite Rousseau-Kritik dieses Textes, die sich auf die Entgegensetzung *volonté générale* (allgemeiner Wille) und *volonté de tous* (Wille aller) bezieht; Hegel besteht darauf, daß der wahrhaft allgemeine Wille die Einheit beider sei (III; 234-36). Dies führt Hegel zur Kritik der in den neueren Naturrechtslehren üblichen Lehre von der Staatssouveränität, d. h. des allgemeinen Willens als Summe der einzelnen

Willen (vgl. III; 234 f.). Er hält dem entgegen, daß Staaten immer von »großen Menschen« gegründet wurden, die als Einzelne »absoluten Willen« (III; 235) wissen, aussprechen und dann tyrannisch durchzusetzen vermögen. Hegel kommt so zu einer funktionalen Rechtfertigung der Tyrannei und zu einer Rehabilitierung des vor allem in der Aufklärungszeit verrufenen Machiavelli. Die Tyrannei begreift Hegel als »Bildung zum Gehorsam« (III; 237), die sich, wenn der Gehorsam durchgesetzt ist, selbst überflüssig und der »Herrschaft des Gesetzes« Platz macht (ebd.). So kann neben den Gesetzesgehorsam der Individuen, der sie lehrt, das Allgemeine im Auge zu behalten, das *»Vertrauen«* (III; 238) in die staatliche Ordnung treten, das es den Menschen gestattet, sich unbefangen ihren Privatinteressen hinzugeben. Dies ist die Genese des Gegensatzs zwischen *citoyen* und *bourgeois* (III; 238), den Hegel rechtfertigt – sowohl gegen den politischen Rigorismus der Jakobiner wie gegen die Mentalität des politischen und ökonomischen Liberalismus, die dazu tendiert, im Staat immer nur den Feind der Freiheit zu sehen. – Nach Betrachtungen über die Demokratie, die Hegel im klassischen Griechentum glücklich verwirklicht sah, ist aus der Formulierung »höhere Entzweiung« und ihren Folgen (III; 239) zu schließen, daß Hegel diese politische Form in der Neuzeit nicht für realisierbar hält. In der Situation entfremdeter Sittlichkeit, in der das *»höhere Prinzip* der *neueren Zeit«* (III; 240) gilt, kann die Einheit nur durch eine erbliche Monarchie als natürlicher *»unmittelbare(r)* Knoten des Ganzen« und durch *»öffentliche* Meinung« als »geistiges Band« garantiert werden (ebd.); so kommt Hegel zur Konzeption der konstitutionellen Monarchie als der einzig angemessenen Verfassungsform in der Neuzeit, und zwar nicht im Gegensatz zur modernen Individualität als dem *»höheren Prinzip* der *neueren Zeit«* (III; 240), sondern in genauer gedanklicher Konsequenz dieses Prinzips. Wie wenig im übrigen seine Staatslehre einem prämodernen Romantizismus folgt, zeigt Hegel dadurch, daß er die von ihm favorisierte Ständelehre auf folgende Trias gründet: »... das Vertrauen ist das Erste, die Entzweiung desselben in die Abstraktion des Rechts ist das Zweite; – das absolute Mißtrauen ist das Dritte«, und dies so erläutert: »(oder das absolute Gelten des Dinges – des Geldes – des Repräsentanten, des Allgemeinen)« (III; 243). Die Basis des »Repräsentanten, des Allgemeinen« – worunter im weiteren der »allgemeine Stand« zu verstehen ist – ist also nicht Vertrauen, sondern das »allgemeine

Mißtrauen«, d. h. die Sittlichkeit des modernen Staates ist institutionell gehegtes allgemeines Mißtrauen, in dem genau deswegen die individuelle Freiheit ihren Ort findet. – In der These, »der erbliche Monarch«, der die »natürliche« Individualität des Volkes und seiner Regierung verkörpere, sei »der feste unmittelbare Knoten des Ganzen« (III; 240), ist die Lehre von der »fürstlichen Gewalt« der GPR vorbereitet (vgl. GPR, §§ 275 ff.; 7, 441 ff.).

Es folgt eine Variation der schon aus den WBN und dem SdS bekannten Ständelehre, wobei einmal die Umstellung der methodischen Ordnung auffällt – Hegel beginnt jetzt mit dem »*Bauernstand*« (III; 243) –, aber auch die Ergänzung um den »Gelehrtenstand« verdient Aufmerksamkeit, die wohl nicht ganz ohne Ironie präsentiert wird: »... dem Gelehrten ist die Eitelkeit seines Selbsts das Wichtigste.« (ebd.); »Der eigentliche Geschäftsmann ist zum Teil auch zugleich *Gelehrter*...« (III; 249). Überhaupt ist es schwierig, den »Geschäftsmann« mit dem »allgemeinen Stand« in Verbindung zu bringen – Hegel verortete hier auch die Moralität im modernen Sinne (ebd.) –, aber er griff dies in den GPR nicht wieder auf und gab der modernen Moralität ihren sozialen Ort in der bürgerlichen Gesellschaft (vgl. § 242; 7, 388).

Im abschließenden, plötzlich mit »C.« numerierten Abschnitt kommt Hegel auf Kunst, Religion und Wissenschaft zu sprechen – die Themen der späteren Philosophie des absoluten Geistes. Der resümierende Eingangsabsatz stellt den Übergang vom Staat zur Kunst durch den Begriff »*geistiger* Inhalt« (III; 253) her, der das zusammenfaßt, dessen sich der Geist im Staat bewußt geworden ist. Schon in den WBN hatte Hegel gesagt, daß das Volk in der Religion sein eigenes sittliches Wesen anschaue und anbete. Diese Grundfigur wird hier in drei aufeinander aufbauenden Momenten auseinandergelegt, und zwar so, daß der Religion die Kunst vorgeschaltet und die Philosophie als die höchste Gestalt des absoluten Geistes übergeordnet wird. Eine genauere Interpretation dieses Abschnitts ist wegen des stichwortartigen Textes kaum möglich, und sie sprengte im übrigen den Rahmen einer Kommentierung der praktischen Philosophie Hegels. Eine Abweichung von der These der WBN über die Religion, die – wie dort angedeutet – in das Problem des Kulturrelativismus führt, kann man darin erblicken, daß Hegel den Staat und die Religion der Sache nach nebeneinander anordnet. Hegel führt aus, die Regierung sei zwar »der Geist, der sich als allgemeines Wesen und allgemeine Wirklichkeit weiß«, in der Religion aber erhebe »jeder sich zu dieser Anschauung seiner als [eines] allgemeinen Selbst ...« (III; 256), und dort gälten keine Standesunterschiede: jeder ist hier »dem Fürsten gleich« und »gilt Gott soviel als jeder andere« (ebd.). Das Thema ›Staat und Religion‹ hat Hegel auch später nachhaltig beschäftigt (vgl. GPR, § 270 A.; 7, 415 ff., und § 552 A., EPW; 10, 355 ff.) und kann hier nicht vertieft werden. Zusammenfassend kann man sagen, daß Hegel die »Versöhnung« des Himmlischen mit dem Irdischen in der Kirche ins Auge faßt, die ihrerseits ermöglicht ist durch die christliche Offenbarungsreligion, der zufolge Gott Mensch wurde und als Geist lebendig ist (III; 256 ff.). – Die Philosophie schließlich ist die »Einsicht« in das »*Wahrsein*« der Religion: »absolute *Wissenschaft* – derselbe Inhalt als der der Religion ...« (III; 260). So wird die JPG_2 an ihrem Ende selbstreflexiv: Sie wird sich selbst Gegenstand, wird Philosophie der Philosophie, aber des Absoluten. So ist sie der Ort, an dem das Absolute sich selbst erfaßt, und darum ist die absolute Philosophie zugleich Philosophie des Absoluten, d. h. dessen eigenes Selbstbewußtsein.

III. 3 »Geist«

Schon bei flüchtiger Lektüre der JPG fällt auf, wie stark der Leitbegriff der früheren praktischen Philosophie Hegels hier in den Hintergrund tritt: »Sittlichkeit«. Was die WBN in ihrem konstruktiven Teil und das SdS in spekulativer Perspektive entwickelt hatten, war eine Philosophie des Sittlichen, die die bisherigen Behandlungsarten des Naturrechts ersetzen sollte; sie wird seit der JPG_1 als Systemteil in eine Philosophie des Geistes eingeordnet. Dabei ist der Ausgangspunkt eine Philosophie des Bewußtseins (JPG_1) oder der Intelligenz (JPG_2). Im SdS wie in den WBN wurde die absolute Sittlichkeit als philosophischer Gegenstand einfach vorausgesetzt, auf den dann die Potenzenmethode anzuwenden war; dabei erschienen die subjektiven Bewußtseinsformen samt der Intelligenz als Zwischenstufen der Konstruktion. Demgegenüber besteht das Neue der JPG zunächst darin, daß Hegel der sich als Philosophie des Sittlichen verstehenden praktischen Philosophie eine bewußtseinstheoretische Ableitung ihres Gegenstandes vorausschickt, die nicht schon Bestandteil eines Systems der Sittlichkeit ist. Man hat dies als Resultat einer erneuten Fichte-Aneignung gedeutet;[21] aber es wird auch verständlich aus den architektonischen Problemen, vor die sich Hegel beim Aufbau seines eigenen Systems im Anschluß an Schelling gestellt sah.

Vergegenwärtigt man sich die Struktur des Systems der Philosophie, wie es Schelling im *System des transzendentalen Idealismus* (STI) von 1800 skizziert, so bilden Natur-Philosophie und Transzendental-Philosophie zwei gegenläufige Entwicklungsgänge der einen absoluten Philosophie ab, die nur als Philosophie der Kunst ihre einheitliche Darstellung findet. Das Thema der absoluten Philosophie ist die absolute Einheit von Subjekt und Objekt: »Das Objektive zum Ersten zu machen, und das Subjektive daraus abzuleiten ist ... Aufgabe der Natur-Philosophie. Wenn es also eine Transzendental-Philosophie gibt, so bleibt ihr nur die entgegengesetzte Richtung übrig, vom Subjektiven, als vom Ersten und Absoluten auszugehen, und das Objektive aus ihm entstehen zu lassen.«[22] Die Konstruktion des Objektiven der Natur aus dem Subjektiven des Ich oder der »Intelligenz« (»Transzendental-Philosophie«) und die umgekehrte Konstruktion des Subjektiven des Ich oder der Intelligenz aus dem Objektiven der Natur (»Natur-Philosophie«) stehen in einem komplementären Verhältnis zueinander und bilden zusammengenommen das Ganze der Philosophie. Dieses Komplementärverhältnis wird von Schelling seit 1801 als ein Identitäts- oder Indifferenzverhältnis weiterbestimmt, wobei unter ›Indifferenz‹ die aus der Differenz herkommende Identität zu verstehen ist.[23] Die Abgrenzung Schellings von Fichte erfolgt mit dem Argument, er bleibe auf halbem Wege stehen und vervollständige seine Philosophie des absoluten Ich nicht zu einer wahrhaften absoluten Philosophie, die nur als »Identitätssystem« möglich sei.[24] Im STI folgt Schellings Darstellung der Transzendentalphilosophie im wesentlichen der Fichteschen Wissenschaftslehre, aber auch seiner praktischen Philosophie, d. h. seiner Naturrechts- und Sittenlehre, wenn auch nur dem Grundriß nach. Diese systematische Ausgangslage, vor die sich Hegel nach seiner Übersiedlung nach Jena und seiner Identifikation mit Schelling gestellt sieht, bedeutet aber ein Problem für die praktische Philosophie, wie sie

21 Vgl. Wildt.
22 Schelling, STI § 1; AS 1, 420.
23 Vgl. Schelling, AS 2, 40.
24 Vgl. ebd., 97 ff.

Hegel damals vor Augen hat. Vor dem Hintergrund der Denkerfahrungen vor allem der Frankfurter theologischen Jugendschriften, aber auch der Hölderlinschen Vereinigungs- und Versöhnungsphilosophie faßt er praktische Philosophie eben nicht mehr nur als transzendentale Philosophie der subjektiven und formalen Bedingungen der Möglichkeit des Sittlichen wie bei Kant und Fichte auf, sondern als eine objektive und inhaltliche Philosophie des Sittlichen, in der die Grundstrukturen der antiken *pólis*-Sittlichkeit und das neuzeitliche Prinzip subjektiver Freiheit miteinander in Einklang gebracht werden können. Noch die WBN und das SdS machen deutlich, daß Hegel damals das, was bei Kant und Fichte am Anfang der praktischen Philosophie steht – das selbstbewußte, individuelle Ich –, als zugleich systematisches und weltgeschichtliches Resultat der tragischen Selbstentfremdung der klassischen Sittlichkeit auffaßt, und darauf stützt Hegel dann seine These von der theoretischen und praktischen Wiedergewinnbarkeit von Sittlichkeit in einem nicht bloß subjektiven und formalen Sinne. Genau dieses Programm aber ist ortlos in Schellings Systemkonstruktion. Im STI ist die praktische Philosophie notwendig auf das Transzendentale im Sinne Fichtes reduziert; Schelling schreibt selbst: »Es dünkt uns nicht unnötig, die Leser im voraus zu erinnern, daß, was wir hier aufzustellen gedenken, nicht etwa eine Moral-Philosophie, sondern vielmehr die transzendentale Deduktion der Denkbarkeit und der Erklärbarkeit der moralischen Begriffe überhaupt sei.«[25] Wohin gehört dann die »Moral-Philosophie«? Schellings Modell läßt dafür nur die Naturphilosophie offen, in der ja alles Objektive im Hinblick auf die systematische Genese von Subjektivität enthalten sein muß – also auch die der Moralität. Tatsächlich aber schließt die Naturphilosophie mit der Konstruktion der Intelligenz aus der Natur des Organismus und erreicht somit wieder den Einsatzpunkt der Transzendentalphilosophie.

In der DS skizziert Hegel einen Systemaufbau der von ihm angeblich mit Schelling gemeinsam vertretenen Identitätsphilosophie, der auf den ersten Blick jenes Problem zu lösen scheint. Es heißt dort: »Wenn ... die Wissenschaft der Natur überhaupt der *theoretische Teil*, die Wissenschaft der Intelligenz der *praktische Teil* der Philosophie ist, so hat zugleich jede wieder für sich einen

25 Schelling, AS 1, 600.

eigenen theoretischen und praktischen Teil.« (2, 109) Erstaunlich daran ist, daß Hegel hier die Transzendentalphilosophie Fichtes und des STI, die ja ihrerseits theoretische und praktische Philosophie umfaßt, umstandslos und im ganzen als praktische Philosophie kennzeichnet, so daß dann die bei Fichte und dem Schelling des STI vorgegebene Differenz zwischen theoretischer und praktischer Philosophie als Ergebnis nachträglicher Binnendifferenzierung erscheint. Hegel stützt sich hier offenbar auf Gedanken und Argumente Schellings, die dieser in seinen programmatischen Schriften zur Naturphilosophie seit 1797 veröffentlicht hatte. Die Grundintuition ist die einer objektiven Wendung der intellektuellen Anschauung, die schon Fichte als das eigentliche Organ des Philosophierens reklamiert hatte. Bei Fichte hatte es geheißen: »Dieses dem Philosophen angemutete Anschauen seiner selbst im Vollziehen des Aktes, wodurch ihm das Ich entsteht, nenne ich intellektuelle Anschauung.« (AW; 1, 463) Im STI sagt Schelling dazu: »... die Objekte der Transzendental-Philosophie existieren gar nicht, als insofern sie frei produziert werden ... Das ganze Objekt dieser Philosophie ist kein anderes, als das Handeln der Intelligenz nach bestimmten Gesetzen. Dieses Handeln ist nur zu begreifen durch eigene unmittelbare Anschauung, und diese ist wieder nur durch Produktion möglich.«[26] Da die intellektuelle Anschauung Anschauung unter dem Primat des tätigen Intellekts ist, kann die gesamte Transzendentalphilosophie, deren Organon ja die intellektuelle Anschauung sein soll, als praktische Philosophie angesehen werden, und dies, obwohl sie einen theoretischen und praktischen Teil umfaßt. Die objektive Wendung der intellektuellen Anschauung wird von Schelling am anschaulichsten in *Ueber den wahren Begriff der Naturphilosophie und die richtige Art, ihre Probleme aufzulösen* (1801) dargestellt, und zwar in apologetischer Absicht gegen seine Kritiker: »Abstrahire ich nun davon, was in das Objekt des Philosophen erst durch das freie Handeln – gesetzt wird, so bleibt es als ein rein Objektives zurück; durch dieselbe Abstraktion versetze ich mich auf den Standpunkt des rein theoretischen (von aller subjektiven und praktischen Einmischung befreiten) Philosophirens: dieses rein=theoretische Philosophiren gibt zum Produkt die Naturphilosophie; denn durch jene Abstraktion gelange ich zum Begriff des reinen Subjekt=Objekts (=Natur),

26 Schelling, STI § 4; AS 1, 418 f.

von welchem ich mich zum Subjekt=Objekt des Bewußtseyns (=Ich) erst erhebe; dieses wird Princip des idealistischen oder, was mit gleichbedeutend ist, praktischen Theils der Philosophie, jenes ist Princip des rein=theoretischen Theils ...«[27] Hier erscheint also die Naturphilosophie als Resultat einer von sich selbst abstrahierenden intellektuellen Tätigkeit, wodurch sie sich als »rein=theoretische« Disziplin konstituiert. Im Identitätssystem verhalten sich, so gesehen, Transzendentalphilosophie und Naturphilosophie wie idealistisch-praktische und realistisch-theoretische Wissenschaft zueinander.

Daß Hegel nun auch für die Naturphilosophie einen theoretischen und einen praktischen Teil in Anspruch nimmt, bleibt zunächst ganz vereinbar mit der Naturphilosophie Schellings: »Ebenso ... wie im Willen die Intelligenz sich erkennt und sich als sich selbst in die Objektivität hineinsetzt, ihre bewußtlos produzierten Anschauungen vernichtet, so wird die Natur in der organischen Natur praktisch.« (DS; 2, 109) Das Praktischwerden der Natur erläutert Hegel an Pflanze und Tier, wobei er im tierischen Geschlechterverhältnis das spätere praktisch-philosophische Motiv der Anerkennung unmittelbar am Werk sieht (vgl. III; 111 ff.) – so weit reichte die identitätsphilosophische Parallelisierung von transzendentalen und natürlichen Strukturen damals. Da Hegel in den WBN die transzendentale Behandlungsart des Naturrechts als »rein-formell« kritisiert, kann seine Konstruktion der absoluten Sittlichkeit nur in der Naturphilosophie Platz finden – gewissermaßen als deren Anhang. So ist dann auch der unmittelbare Einsatz mit dem ›Volk‹ im konstruktiven Teil der WBN und im SdS zu verstehen: »... so setzten wir das Positive voraus, daß die absolute sittliche Totalität nichts anderes als ein Volk ist.« (WBN; 2, 481) Auch das SdS setzt die »Anschauung der Sittlichkeit, die ein Volk ist« (SdS; 420) einfach voraus. Zwar soll erst deren Subsumtion unter den Begriff »die absolute Sittlichkeit als Natur« konstituieren, aber dies ändert nichts daran, daß hier das Volk als die sittliche Totalität wie eine Naturtatsache erscheint, die nur im Konstruktionsgang der spekulativen Naturphilosophie gerechtfertigt werden könnte. Da dies in Schellings Entwürfen nicht vorgesehen war, Hegel aber offenbar das dadurch entstehende Begründungsdefizit auffüllen wollte, sah er sich zu einer bewußtseins-

27 Schelling, AS 2, 18.

oder intelligenztheoretischen Fundierung der praktischen Philosophie genötigt, in deren Zusammenhang der spezifisch Hegelsche Geistbegriff entstand. Darum kann die JPG nicht als Ausführung der Systemskizze der DS verstanden werden; sie repräsentiert einen systematischen Neuansatz, der zu Schelling auf Distanz geht.[28]

Daß damit eine Rehabilitierung des transzendentalphilosophischen Einsatzes, der ja ein bewußtseinstheoretischer ist, in der praktischen Philosophie einhergeht – also eine Rückkehr zu Fichte –, ist nur teilweise richtig, denn der Anfang der JPG_1 zeigt ja, daß dort der Geist im Zusammenhang naturphilosophischer Ableitungen erscheint; aber sein Auftreten markiert zugleich das Ende der Naturphilosophie, und dies – die qualitative Differenz zwischen Natur und Geist – ist der Punkt, an dem Hegel Kant und Fichte nachträglich recht gibt: praktische Philosophie ist nicht als Anhang zur Naturphilosophie möglich, sondern nur jenseits ihrer Grenzen. Zugleich ist mit dem Ende der Naturphilosophie keineswegs bloß wieder der Anfang der Transzendentalphilosophie Fichtes, d. h. das reine Ich, erreicht, sondern wirkliches, sich in Naturzusammenhängen konstituierendes Bewußtsein, und dies und all das, was systematisch aus ihm folgt, heißt bei Hegel nun ›Geist‹. Hegel befindet sich somit bereits auf dem Entwicklungsniveau seiner Philosophie, auf dem er eine ›Phänomenologie des Geistes‹ als Einleitung in die systematische Philosophie ins Auge fassen konnte. Zugleich tritt nach den Vorlesungsankündigungen von 1802 und definitiv seit 1804/05 an die Stelle der transzendentalen Begründung der Philosophie aus dem reinen Ich nach Kantisch-Fichteschem Vorbild, die auch noch in Schellings STI wirksam ist, eine spekulative Logik als neue Fundamentaldisziplin der Philosophie, auf die eine Metaphysik sowie die Naturphilosophie und die Philosophie des Geistes folgen. Hegel kann für diese Veränderung anführen, daß die Kantischen und Fichteschen Begriffe »Ich«, »Bewußtsein überhaupt«, »Intelligenz« usf. ohne »psychologische« Konnotationen gar nicht zu verstehen sind und darum der Sache nach nicht als reine Prinzipien einer absoluten Philosophie gelten können; in Wahrheit setzen sie – und darin gibt Hegel Schelling recht – Naturhaftes voraus (vgl. Hegels Kritik am Fichteschen ICH in der WL I; 5, 76 f.). Der Preis für diese Veränderung

28 Vgl. Horstmann (1972), insbes. 95 ff.

ist, daß sich bei Hegel seitdem keine deutliche Unterscheidung zwischen dem transzendentalen Subjekt im Sinne Kants und Fichtes und dem endlichen empirischen Ich mehr ausmachen läßt. Vielmehr lehrt Hegel stets, Ich sei immer allgemein und individuell, ideal und real zugleich – existierender Begriff: »Der Begriff, insofern er zu einer solchen Existenz gediehen ist, welche selbst frei ist, ist nichts anderes als Ich oder das reine Selbstbewußtsein.« (WL II; 6, 253) Da dieses Ich viel zu voraussetzungsvoll ist, um als erstes Fundament des philosophischen Gesamtsystems gelten zu können, entsteht das Problem einer Einleitung in die mit der Logik einsetzende spekulative Wissenschaft, das Hegel zunächst mit der PhG zu lösen beabsichtigte.

Der erste Gesamtentwurf des Hegelschen Systems von 1804/05 ist vierteilig: Logik, Metaphysik, Naturphilosophie, Philosophie des Geistes, und schon ein so äußerliches Merkmal zeigt, wie weit sich Hegel damals bereits von der Gemeinsamkeit mit Schelling entfernt hatte. Zugleich ist bemerkenswert, daß sich in dem Systemteil ›Metaphysik‹ ein Unterabschnitt »Metaphysik der Subjektivität« findet, der in »I. Theoretisches Ich, II. Praktisches Ich, III. Der absolute Geist« unterteilt ist (vgl. I; 163 ff.). Gleichwohl ersetzt dieser Abschnitt die spätere Philosophie des Geistes nicht, denn Hegel verbleibt in dem angeführten Abschnitt ganz im Felde der Bewußtseinstheorie, was auch für den »absoluten Geist« gilt. Da Hegel am Ende die Natur aus dem »absoluten Geist« hervorgehen läßt, entspricht er systematisch dem, was in der WL ohne bewußtseinstheoretisches Vokabular als »absolute Idee« expliziert wird; aus ihr soll die Natur dadurch hervorgehen, daß sich die absolute Idee »frei« in die Natur »entläßt« (6, 573). Mit der Ineinssetzung von Logik und Metaphysik, die sich schon in der PhG abzeichnet und durch die alle geistesphilosophischen Elemente aus der Fundamentaldisziplin ›Logik = Metaphysik‹ verschwinden, erreicht Hegel die endgültige Dreiteiligkeit seines Gesamtsystems: Wissenschaft der Logik, Naturphilosophie, Philosophie des Geistes; der »Geist« ist dann die spekulative Synthesis von Idee und Natur.

Während in der JPG_2 Texte zum Übergang von der Naturphilosophie in die Philosophie des Geistes fehlen oder nicht überliefert sind, enthält das Textkorpus der JPG_1 gleich mehrere, parallel zu lesende Textstücke dazu. Dem abgedruckten Schlußabsatz des Fragments 15 steht der Satz voran: »*Im Geiste existiert die Natur als das, was ihr Wesen ist.*« (I; 183) Dies bedeutet, daß die Natur (noch) nicht als das existiert, was ihr Wesen ist, d. h., daß in ihr Wesen und Existenz (oder Erscheinung) auseinanderfallen. Diese Opposition erscheint im Fragment 15 als die zwischen dem »absolut einfachen Äther« und der »Unendlichkeit der Erde«. Wie das zu verstehen ist, erläutert der Beginn der Naturphilosophie von 1805/06, wo es heißt: »Die Idee als das in seinen Begriff zurückgegangene Dasein kann nun die *absolute Materie* oder *Äther* genannt werden. Es erhellt, daß dies gleichbedeutend ist mit reinem Geist, denn diese absolute Materie ist nichts Sinnliches, sondern der Begriff als reiner Begriff in sich selbst, der als solcher existierend Geist ist.« (JSE III; 3)[29] Der »Äther« ist somit eine reine Geistmaterie, aus deren Selbstdifferenzierung die »Unendlichkeit der Erde«, d. h. die Fülle der Naturerscheinungen, hervorgeht. »Äther« und »Unendlichkeit der Erde« sind nichts anderes als die in naturphilosophische Termini gefaßten logisch-metaphysischen Bestimmungen der Idealität und Realität. Der Bereich der Natur konstituiert sich dadurch, daß beide Momente auseinandertreten; wie bei der Subsumtion der Anschauung unter den Begriff erscheint an der Oberfläche eine unendlich vielfältige Realität von Naturerscheinungen, die aber gleichwohl im Inneren durch ein gemeinsames Band der Idealität – eben den »Äther« – zusammengehalten wird. Die Naturphilosophie betrachtet Hegel zufolge den Stufengang des Sichdurchsetzens des Seins im Werden, der Idealität in der Realität, wobei der Organismus des Tieres den Durchgangspunkt für die Rückkehr des »absolut einfache(n) Äther(s) durch die Unendlichkeit der Erde hindurch zu sich selbst« (I; 183) bilden soll; der Grund dafür ist, daß im Tier die Einheit von Idealität und Realität als »numerische Eins der Einzelnheit« (ebd.; vgl. auch die Zusammenfassung in Fragment 16; I; 185) realisiert ist – man

29 Zur Interpretation vgl. auch Kimmerle (1989), 263 ff. u. Horstmann (1977), 54 f.; zur Begriffsgeschichte von »Äther« vgl. den Stellenkommentar zum SdS; 21, Z. 16 f. u. 21.

könnte sagen: als diese Einheit in einem Falle. Das Neue des Geistes gegenüber dem Tier ist die vollständige Rückkehr der einen Idealität aus der unendlichen Realität, wobei »Vollständigkeit« heißt: »... im Geiste existiert sie [die Unendlichkeit] für sich selbst oder als wahrhafte Unendlichkeit; das *Entgegengesetzte* in ihr, in der Unendlichkeit (,) ist diese *absolute Einfachheit beider selbst.* Dieser Begriff des Geistes ist dasjenige, was *Bewußtsein* genannt wird.« (I; 183 f.) Die Differenz zwischen dem Tier und dem Bewußtsein, die die Schwelle zwischen Naturphilosophie und Philosophie des Geistes bezeichnet, besteht nicht nur in der Einheit von Idealität und Realität oder darin, daß das Bewußtsein ebenso »das einfache *unmittelbare* Gegenteil seiner selbst« (I; 184) ist, sondern daß es weiß, daß es das ist; das ist gemeint, wenn Hegel sagt, im Geiste existiere die Unendlichkeit »für sich selbst oder als wahre Unendlichkeit«. Zur Erläuterung kann man eine erstaunliche Formulierung aus dem Fragment 18 anführen, wo Hegel im Rückblick auf die bisherige Systemexplikation sagt: »Bisher in der Natur, worin der Geist nicht als solcher existiert, sind wir in unserm *Erkennen* der existierende Geist der Natur gewesen, der in ihr nicht als Geist existiert, sondern in ihr als verborgen, nur als ein andres seiner selbst ist.« (I; 190) Die Differenz zwischen Natur und Geist besteht somit darin, daß die Natur, die an sich Geist ist, nicht selbst, sondern nur in uns zum Bewußtsein ihrer selbst als Geist gelangt. Bewußtsein als bewußte Einheit von Identität und Nichtidentität – dies ist dann auch die Ausgangsbestimmung der PhG, die sich als Wissenschaft von der Erfahrung des Bewußtseins vorträgt; auch für sie bleibt die Struktur des Selbstbewußtseins grundlegend.

Die Einordnung der praktischen Philosophie in eine von der Naturphilosophie qualitativ unterschiedene Philosophie des Geistes ist die wichtigste Differenz zwischen dem SdS und der JPG_1. Aus ihr erklären sich alle weiteren sachlichen und methodologischen Unterschiede. Während das SdS Bestimmungen des subjektiven Geistes – also der Psychologie in unserem Verständnis – erst aus der Subsumtion des Volkes als der Anschauung der sittlichen Totalität unter den Begriff gewinnt, setzt die JPG_1 mit dem Bewußtsein ein, um von da aus den Begriff des Volkes zu erreichen (vgl. Fragment 17 und 18), wobei nicht übersehen werden darf, daß Hegel an den einschlägigen Stellen stets vom »Geist eines Volkes« spricht. Damit wird unterstrichen, daß es sich bei einem Volk keineswegs um eine Naturtatsache handelt, sondern um eine »Geistesgestalt«. Hier mag man einen der systematischen Gründe für Hegels Selbstabgrenzung von der politischen Romantik und ihrer »Naturalisierung« der Völker sowie seiner späteren Verwerfung des Volksbegriffs zugunsten des Staatsbegriffs erblicken: Als sittlich-politische Einheiten sind Völker nach Hegel mehr als bloß naturhafte Spezifikationen der biologischen Gattung ›Mensch‹; sie sind Geist und nicht bloß Natur, und dies fixiert Hegel später in der These vom Staat als der alles übrige, d. h. Familie und bürgerliche Gesellschaft umfassenden Gestalt konkreter Sittlichkeit.

III. 5 Methodisches

Vergleicht man nun die JPG_1 mit der JPG_2, so kann man feststellen, daß der Weg vom Bewußtsein zum Volk sehr viel weiter geworden ist. Zunächst mag es den Anschein haben, als präsentiere die JPG_1 das Bewußtsein unmittelbar als eine intersubjektive Wirklichkeit (vgl. die Fragmente 17 und 18), auf die dann im weiteren Text die Schellingsche Potenzenmethode anzuwenden sei. Sieht man aber genauer hin, so skizzieren die Übersichten in den Fragmenten 17-19 ein Konstruktionsprogramm, das mit der Potenzenmethode allein nicht ausgeführt werden könnte; hier ist begriffliche Entwicklung erfordert. Zwar präsentiert der überlieferte Text das, was die SdS die »natürliche Sittlichkeit« nannte, in drei Potenzen, aber schon das Fragment 20 dokumentiert die Tatsache, daß die Gedanken Hegels zur Realität des Sittlichen sich nur noch mit Mühe in die Potenzenarchitektur einfügen wollen, weil sie in ihrer Entwicklung einer anderen Logik folgen. Für die Theorie des Bewußtseins bedeutet dies, daß nicht mehr einfache Subsumtionen der Anschauung unter den Begriff oder umgekehrt genügen, um vom Bewußtsein zum Volk zu gelangen. – In der JPG_2 ist die Potenzenmethode ganz aufgegeben und durch ein Programm der begrifflichen Entwicklung ersetzt, was sich implizit schon in der JPG_1 andeutet,[30] die sich statt an Schellings Potenzen nunmehr am logischen Modell des Schlusses orientiert. Zunächst operiert Hegel mit dem Begriff »*Synthese*« von »*Inhalt* und *Ich*« (III; 174), und er erläutert dies an der »*stofflose(n) Beschäftigung* ... des Geistes mit sich« (178). Das Resultat dieser »Arbeit« (179) wird

30 Vgl. Siep (1976), 193.

dann explizit als ein »Schluß« gefaßt; vom zu Synthetisierenden heißt es: »Es ist ihr *Schluß* gesetzt; sie sind, insofern sie entgegengesetzt sind, in einem Dritten eins, und insofern sie gleich sind, ist ihre Entgegensetzung, das sie Dirimierende ebenso ein Drittes.« (183) Die Konstitution des konkreten Ganzen als eines Schlusses bringt Hegel mit dem Übergang vom Verstand zur Vernunft in Zusammenhang, dem logisch der vom Urteil zum Schluß entspricht: »*Alles Vernünftige ist ein Schluß*« heißt es später bei Hegel (6, 352). Darin ist eine Reminiszenz an Kant enthalten, dem zufolge die Vernunft, logisch gesehen, das Vermögen zu schließen ist – im Unterschied zum Verstand als dem Vermögen zu urteilen –, was für die Vernunfterkenntnis bedeutet, daß sie sich strukturell aus den Figuren des korrekten Schließens ableiten läßt.[31] Der Schluß ist aber für Hegel nicht bloß eine subjektive Denkprozedur, sondern die eigene Struktur des Absoluten als des Vernünftigen und Wahren selber, also auch des Geistigen als der vernünftigen Realität des Vernünftigen und Wahren; darum sind ihm zufolge auch nur Schlüsse die einzig angemessenen Denk-, Erkenntnis- und Darstellungsfiguren für das Absolute. Wenn Hegel vom »Schluß in seiner Unendlichkeit« spricht (III; 185), so kann man darin die logische Grundfigur seiner Dialektik erkennen.[32] – Zusammenfassend kann gesagt werden, daß Hegel sich zwar schon in der JPG_1 durch die Einführung des Geistbegriffs material von Schelling abgrenzt, aber erst in der JPG_2 daraus die erforderlichen methodologischen Konsequenzen zieht; in der Differenz zwischen dem Subsumieren und dem Schließen, das nach Hegel allein dem Geistigen angemessen ist, drückt sich auf der Methodenebene der strukturelle Unterschied zwischen Natur und Geist aus. So heißt es in der EPW von der Natur, in ihr sei die absolute Idee in der Bestimmung der »*Äußerlichkeit*« (§ 247; 9, 24). »In dieser Äußerlichkeit haben die Begriffsbestimmungen den Schein eines *gleichgültigen Bestehens* und der *Vereinzelung* gegeneinander; der Begriff ist deswegen als Innerliches.« (§ 248; 9, 27) Daraus folgt, daß in der Naturphilosophie Begriff und Realität sich nicht in derselben Weise gegenseitig durchdringen, wie es Hegels Modell begrifflicher Entwicklung in einer Sequenz von Schlüssen eigentlich erfordert. So bleiben Methode und Sache in der Naturphilosophie letztlich

31 Vgl. Kant, KrV, B 354 ff.
32 Vgl. Schmitz.

einander äußerlich, was Hegel mit der Äußerlichkeit begründet, in der die Idee als Natur existiere, und genau dem entspricht die Subsumtion im Unterschied zur begrifflichen Entwicklung: »Die Natur ist als ein *System von Stufen* zu betrachten, deren eine aus der andern notwendig hervorgeht und die nächste Wahrheit derjenigen ist, aus welcher sie resultiert, aber nicht so, daß die eine aus der andern *natürlich* erzeugt würde, sondern in der innern, den Grund der Natur ausmachenden Idee. Die *Metamorphose* kommt nur dem Begriffe als solchem zu, da dessen Veränderung allein Entwicklung ist.« (§ 249; 9, 31) Auf diesem Wege kommt Hegel dann auch zu einer apriorischen »Widerlegung« der Evolutionstheorien (vgl. ebd.).

III. 6 »Anerkennung«

Wiederholt ist auf ›Anerkennung‹ als einen grundlegenden Begriff der praktischen Philosophie Hegels in seiner JPG hingewiesen worden. Obwohl er schon in den WBN erscheint und im SdS an zwei Stellen eine wichtige Rolle spielt, gewinnt er erst in der JPG systembildende Kraft. Auch dies wird in der Forschung einhellig auf eine erneute Fichte-Aneignung zurückgeführt.[33] Fichte hatte in seiner *Grundlage des Naturrechts* (1798) das »Rechtsverhältnis« vor allem mittels des Modells wechselseitiger Anerkennung »endlicher Vernunftwesen« deduziert: »I. Ich kann einem bestimmten Vernunftwesen nur insofern anmuten, mich für ein vernünftiges Wesen anzuerkennen, inwiefern ich selbst es als ein solches behandle.« (AW; 3, 44) Fichte zeigt dann in weiteren Schritten die Notwendigkeit und die unvermeidliche Universalität dieser »Anmutung«, die auf nichts anderes als eine Reformulierung des Kantischen Rechtsprinzips hinauslaufen soll. Wichtig ist nun, daß Hegel dieses Anerkennungsmodell aus dem Kontext der Rechtsbegründung herauslöst, verallgemeinert und zum Grundprinzip von Sittlichkeit überhaupt macht.[34] Dies geschieht ansatzweise schon im SdS; aber die JPG bringt demgegenüber als wichtige Korrektur die Ausgrenzung der Anerkennung aus dem Bereich der natürlichen Sittlichkeit der Familie. Hier findet nur Erkennen statt – »Erken-

33 Vgl. Wildt, a.a.O.
34 Vgl. Siep (1992), 150.

nen heißt eben das Gegenständliche in seiner Gegenständlichkeit als Selbst Wissen« (III; 192 f.) – und zwar sowohl in der Liebe, die Hegel als ein Erkennen versteht (vgl. III; 192 ff.) als auch im Verhältnis der Eltern zum Kind: »es ist das Kind, in welchem sie sich als in *Einem* Bewußtsein als Eins erkennen und ebendarin als Aufgehobene, und sie schauen in ihm dies ihr Aufgehobenwerden an.« (III; 213) Anerkennung aber findet erst jenseits der Familie statt. In der JPG_2 ist zwar auch vom »Anerkanntsein« in der Liebe die Rede, aber Hegel setzt sofort hinzu: »... ohne Gegensatz des Willens, worin jedes der ganze Schluß wäre, worin sie nur als Charakter, nicht als freie Willen eintreten. Ein solches hat zu werden ...« (III; 200) Das Anerkennungsproblem stellt sich erst im Ernst, wenn zwei »freie Willen« mit dem Anspruch, »der ganze Schluß« zu sein, d. h. die Totalität zu repräsentieren, einander gegenübertreten. Die Differenz zwischen Erkennen und Anerkennen läßt sich schon in der JPG_1 anhand des Fragments 22 verdeutlichen; es übersetzt das Fichtesche »endliche Vernunftwesen« in die »Totalität, zu der das Bewußtsein in der Familie gelangt ist«, oder in die »Totalität des Bewußtseins«, die in der Familie »für sich« (I; 217) geworden ist, was den Tod der Eltern und die Auflösung der Familie implizierte (vgl. auch Fragment 21; I; 212 ff.). Was es bedeutet, daß das Bewußtsein »Totalität« sei, drückt Hegel so aus: »denn dies ist das Bewußtsein, Ideellsein der Welt« (I; 217), und es bedeutet: Für jedes Bewußtsein ist die Welt nur seine Welt, im kognitiven Sinne seines Fürwahrhaltens und im normativen seines Besitzanspruchs. Zugleich wird damit das Fichtesche Anerkennungsmodell selbst radikalisiert, weil unter der Voraussetzung, daß jedes Bewußtsein die Totalität verkörpert und zu sein beansprucht, gegenseitige Anerkennung nicht mehr bloß in wechselseitigem Respektieren bestehen kann, sondern effektiv in einen Widerspruch führt, den Hegel eindrucksvoll formuliert (vgl. I; 221). Anerkennung bedeutet somit Erkennen des anderen Bewußtseins nicht mehr nur als »Charakter«, von dem man sich unterscheidet und mit dem man sich doch zugleich in der Liebe eins weiß (vgl. III; 193 f.), sondern als Verkörperung derselben Totalität, die man selbst ist. Diese Hegelsche Konstruktion der Anerkennung als Selbsterkenntnis im Anderen unterscheidet sich somit deutlich von den vor allem von Fichte angeregten Fassungen des Begriffs, die unter ›Anerkennung‹ so etwas wie eine Entscheidung verstehen, etwas oder jemanden zu respektieren und gelten zu lassen.

Verglichen mit Hegels Konzeption ist eine solche voluntaristische Anerkennungskonzeption[35] allemal die harmlosere, weil man sich ihr zufolge dem Problem der Anerkennung auch entziehen kann. Dies gilt auch für das erste »Naturgesetz« nach Thomas Hobbes: »Suche den Frieden!«[36], als der ersten vernünftigen Konsequenz aus dem Elend des Naturzustandes, was auf die Willensentscheidung zu einem allseitigen Vertragsschluß hinausläuft, den man auch unterlassen könnte. Wenn sonst – z.B. zwischen Staaten – die gegenseitige Anerkennung als ein Weg erscheinen mag, Konflikte beizulegen, ist Hegel zufolge die Anerkennung selbst der Grund des Konflikts, und der ist unausweichlich, weil nach Hegel das auf der Stufe der Anerkennung vorauszusetzende Totalbewußtsein gar nicht anders kann, als dem anderen Totalbewußtsein ins Gehege zu kommen – *»sie müssen daher einander verletzen«* (I; 219). Beide suchen notwendig die Anerkennung als Totalbewußtsein vom jeweils anderen, um sich selbst als Totalbewußtsein erfassen zu können, und genau dadurch verletzen sie unausweichlich den Totalitätsanspruch des jeweils anderen Bewußtseins, und jede partielle Verletzung ist immer dessen totale Verletzung. So geht dieser unvermeidliche Konflikt unvermeidlich in den Kampf auf Leben und Tod über (I; 219ff.), und nur wenn er vor der letzten Konsequenz des Tötens nicht zurückschreckt, geht es darin wirklich um den wechselseitigen Totalitätsanspruch.

Diese Anerkennungstheorie hat Hegel sowohl in der JPG_2 wie in der PhG in Varianten vorgetragen, die heute sehr gut erforscht sind.[37] Daß die wechselseitige Anerkennung freier Individuen – und »Totalität des Bewußtseins« ist Hegels Freiheitsbegriff zufolge nichts anderes als Freiheit – den Kampf um Anerkennung impliziert, der seinerseits nur als Kampf um Leben und Tod geführt werden kann, sollte man nicht empirisch oder historisch verstehen, denn dann stellt sich freilich die Frage, wie solche Anerkennung zustande kommen soll, wenn der eine der Kämpfenden schließlich tot ist.[38] Man darf nicht übersehen, daß Hegel dieses »Anerkennen der einzelnen« als »absoluten Widerspruch in ihm selbst« charakterisiert (I; 221), also als etwas, was eigentlich gar nicht möglich ist. Man kann dies auch so ausdrücken: Genau so, wie der JPG_1 zufolge

35 Vgl. Ilting (1974).
36 Hobbes, Lev., Chap. XIV.
37 Vgl. Siep (1976), Wildt u. Honneth.
38 Dies gegen Wildt, 340.

das Bewußtsein das »Gegenteil seiner selbst« oder ein existierender Widerspruch ist, so muß man auch die freie Vergesellschaftung oder das Miteinander voneinander Unabhängiger als »Gegenteil seiner/ihrer selbst« oder als existierenden Widerspruch begreifen. Damit ist die Anerkennungsfigur ein gedankliches Mittel der begrifflichen Entwicklung dessen, was Geist und Sittlichkeit in Wahrheit sind, und dazu wird sie von Hegel im Fragment 22 der JPG_1 auch ausdrücklich benutzt: Geist und Sittlichkeit sind die widersprüchliche Einheit von Sein und Aufgehobensein der Totalität des Bewußtseins. Das »Wesen des Geistes [ist es], auf eine einfache Weise die Unendlichkeit in sich zu haben, so daß der Gegensatz sich unmittelbar aufhebe. Diese drei Formen des Seins, Aufhebens und Seins als Aufgehobenseins sind absolut als Eines gesetzt.« (I; 223) Für das einzelne Bewußtsein heißt dies: »Die einzelne Totalität ist, denn die andern einzelnen Totalitäten sind nur als aufgehobene gesetzt; es setzt sich so in dem aufgehobenen Bewußtsein der andern, es wird anerkannt. In diesen ist seine Totalität ebenso eine aufgehobene; und es ist *darin für sich selbst* als ein *Aufgehobenes*; es erkennt sich selbst als ein Aufgehobenes, denn eben es ist nur *als anerkannt(es)*.« (Ebd.) Die JPG_2 fügt dem erläuternd hinzu, daß hier die Bestimmung des Menschen als Person erreicht sei; womit sich die Sphäre des Rechts eröffne (III; 204).

Es fällt nicht schwer, in dieser Theorie eine Zusammenführung von Theoremen von Hobbes und Fichte zu sehen. Dem Ansatz von Hobbes folgt Hegel dort, wo der Einzelne als mit unbegrenztem Recht auf alles und jedes ausgestattet auftritt – so auch auf den Körper und das Leben jedes anderen Menschen –, woraus sich der allgemeine Kriegszustand (*bellum omnium contra omnes*) unvermeidlich ergibt. Diese Ausgangssituation, die Hobbes zwar ausdrücklich als eine konstruierte[39] – wenn auch auf anthropologischer Basis konstruiert – versteht, wird von Hegel mit Fichte ins Transzendentale gewendet, woraus aus dem wirklichen Menschen im konstruierten Naturzustand, den Hobbes im Auge hatte, das Bewußtsein im Sinne des »Ideellsein(s) der Welt« wird. Von diesem Bewußtsein eines »Vernunftwesens« im nachdrücklichen Sinne war auch Fichte in seinem ›Naturrecht‹ ausgegangen (vgl. AW; 3, 1). Daß Hegel bei der Übernahme der Fichteschen Anerkennungsproblematik am Hobbesschen Krieg aller gegen alle festhält, ergibt

39 Vgl. Hobbes, Lev., Chap. XIII.

sich aus dem Ernstnehmen des Totalitätsanspruchs, den jedes Individuum – sei es ein wirklicher Mensch oder ein »Bewußtsein überhaupt« – in der Situation eines vollständigen rechtlichen und sittlichen Vakuums erhebt, das sich nach Hobbes im Naturzustand und bei Hegel nach der Auflösung der natürlichen Sittlichkeit der Familie in selbständige Individuen ständig neu ergibt. Es darf nicht vergessen werden, daß Hegel selbst den vermeintlich präsozialen Naturzustand, von dem die älteren Naturrechtstheoretiker ausgehen, auf diese Weise rekonstruiert (vgl. III; 196 ff.): Die bürgerliche Gesellschaft, lokalisiert zwischen Familie und Staat, ist die ständige Reproduktion dessen, was das bürgerliche Naturrecht an den Anfang der Geschichte und Gesellschaft projiziert. Daraus folgt auch, daß man die ökonomischen und rechtlichen Strukturen dieses Zwischenreiches explizit als Anerkennungsverhältnisse darstellen kann, und genau dies geschieht in der JPG_2 unter der Überschrift »II. Wirklicher Geist« (vgl. III; 204 ff.).

So gewinnt Hegel mit der »Anerkennung« – die sicher mehr ist als ein bloßes Modell, nämlich eine in der gedanklichen Rekonstruktion des Sittlichen unausweichliche Figur – in der JPG eine tragfähige Grundlage seiner praktischen Philosophie. Die Sittlichkeit des Volkes muß nicht mehr quasi-naturphilosophisch aus der Wirklichkeit aufgegriffen werden, sondern läßt sich nun in Weiterführung von Fichtes Naturrechtslehre als eine Konstellation von Anerkennungsverhältnissen verstehen. Dies hat auch normative Konsequenzen, denn faktische Verhältnisse sind demzufolge nur dann sittlich, wenn sie eine Rekonstruktion aus Anerkennungsverhältnissen zulassen. So wird ›Anerkennung‹ zur Grundlage und zum Kriterium[40] selbstbewußter Freiheit in einem Gemeinwesen gemäß dem »*höhere(n) Prinzip* der *neueren Zeit*, das die *Alten*, das *Plato* nicht kannte« (III; 240).

Hegel hat sich bereits in der PhG vom Fichteanismus der Anerkennungstheorie entfernt und ihn in den GPR fast unkenntlich gemacht,[41] im Kommentar zur Einleitung der GPR wird darauf zurückzukommen sein.

40 Vgl. Siep (1992), 157.
41 Vgl. Wildt, 370 ff.

III. 7 »Arbeit und Interaktion«

Abschließend ist noch einzugehen auf eine Diskussion unserer Tage, die die späte Wirkungsgeschichte der JPG nach ihrer Publikation in den 30er-Jahren illustriert. Sie wurde ausgelöst durch die Arbeit von Jürgen Habermas *Arbeit und Interaktion. Bemerkungen zu Hegels Jenenser ›Philosophie des Geistes‹*.[42] Der Sturm entrüsteter Kritik, den dieser Text damals entfesselte, bezog sich weniger auf die Hegel-Deutung von Habermas, sondern auf die Konsequenzen, die er daraus für die Korrektur des Marxismus zog, und so waren es vor allem überzeugte Marxisten, die sich danach in fast unendlich vielen Varianten polemisch auf den Marx-Renegaten Habermas bezogen, denn er hatte es ja nicht versäumt, seine Marx-Kritik in *Erkenntnis und Interesse* (1968) zu vertiefen und zu präzisieren. Man muß hier hinzusetzen, daß sich auch die orthodoxen Anhänger der sogenannten ›Frankfurter Schule‹ an jenem Krieg gegen den Rechtsabweichler Habermas beteiligten.[43]

Habermas hatte behauptet, Hegel habe »in den beiden Jenenser Vorlesungen für den Bildungsprozeß des Geistes eine eigentümliche, später preisgegebene Systematik zugrunde gelegt«, und sie dann so beschrieben: »Die Kategorien Sprache, Werkzeug und Familie bezeichnen drei gleichwertige Muster dialektischer Beziehungen: die symbolische Darstellung, der Arbeitsprozeß und die Interaktion auf der Grundlage der Reziprozität vermitteln Subjekt und Objekt je auf ihre Weise. Die Dialektik der Sprache, der Arbeit und des sittlichen Verhältnisses ist jeweils als eine besondere Figur der Vermittlung entfaltet; es handelt sich noch nicht um Stufen, die nach der gleichen logischen Form konstruiert wären, sondern um verschiedene Formen der Konstruktion selbst. Eine Radikalisierung meiner These könnte lauten: es ist nicht der Geist in der absoluten Bewegung der Reflexion seiner selbst, der sich unter anderem auch in Sprache, Arbeit und sittlichem Verhältnis manifestiert, sondern erst der dialektische Zusammenhang von sprachlicher Symbolisierung, Arbeit und Interaktion bestimmt den Begriff des Geistes.«[44] Die Konsequenzen dieser Deutung für eine materialistische Geschichtsdeutung liegen auf der Hand: Selbst wenn man konzediert, daß Arbeit im intersubjektiven Werkzeug-

42 In: Habermas (1968a), 9 ff.
43 Vgl. Abendroth.
44 Habermas, 9 f.

gebrauch und die Interaktion in Familie und Gesellschaft schon sprachlich, d. h. symbolvermittelt sind – wobei Habermas Hegels Sprachkonzeption monologisch deutet[45] –, bleiben bei Hegel Arbeit und Interaktion als zwei voneinander unabhängige, nicht aufeinander reduzierbare Formen der Vergesellschaftung und damit der gesellschaftlichen Genese des Geistes zurück. Wenn Hegel damit recht hat, bedeutet dies, daß die Produktionsverhältnisse, die »Verkehrsformen« oder der gesamte institutionelle und kulturelle Überbau einer Gesellschaft nicht auf deren Produktionsweise zurückgeführt können. Der Monismus der Produktion in den marxistischen Erklärungsansätzen erweist sich als unhaltbar.[46] Für die Kritische Theorie der ›Frankfurter Schule‹ bedeutet dies, daß eine Ableitung aller Formen gesellschaftlicher Unterdrückung aus der »Logik« der Naturbeherrschung, wie sie die *Dialektik der Aufklärung* (1947) ins Auge gefaßt hatte, aufgegeben werden muß. Handlungstheoretisch folgt aus jenem Argument die Nichtzurückführbarkeit des kommunikativen auf das instrumentelle Handeln, die seitdem die leitende Grundintuition der Theorie von Habermas und ihrer weiteren Entwicklung war.

In einem Hegel-Kommentar ist nicht der Ort, jene Debatte nachträglich zu würdigen oder erneut zum Streitthema Stellung zu nehmen; gleichwohl könnten einige Hinweise dazu Hegels JPG weiter erläutern. – Gegen den Vorwurf, Marx habe das kommunikative Handeln auf das instrumentelle Handeln reduziert, wurde vor allem von »Marxologen« vorgebracht, dies setze seinerseits die unzulässige Reduktion der Marxschen »Produktion« auf instrumentelles Handeln voraus, und die umfasse als gesellschaftliche Produktion immer schon Arbeit und Interaktion.[47] Aber selbst wenn man zugibt, daß Produktion mehr ist als instrumentelles Handeln, findet sich bei Marx und im Marxismus keine Erklärung für die Ausdifferenzierung von Arbeit und Interaktion, instrumentellem und kommunikativem Handeln oder produktionsbedingten und kulturellen Verkehrsformen außer der sehr allgemeinen Behauptung, daß beide auseinander hervorgingen. So ist in der Tat die JPG dazu geeignet, eine breitere und differenziertere Gesellschaftstheorie anzuregen als die orthodox-marxistische.

Was nun die Frage betrifft, inwiefern das Konzept von Haber-

45 Ebd., 24f.
46 Vgl. ebd. 45 f. u. das Kap. I. 3 von Habermas (1968b/1973), 59ff.
47 Vgl. Schmied-Kowarzik, vor allem 87ff.

mas als Hegel-Deutung bestehen kann, so sind die Einschätzungen der Hegel-Interpreten kaum weniger kritisch, wenn auch deutlich unpolemischer.[48] Die dort vorgetragenen Argumente sollen hier nicht wiederholt werden. Es ist bei Hegel schwierig, Sprache, Arbeit und Familie als voneinander unabhängige Bildungsmomente des Geistes anzusehen, weil sie ja schon im Kontext einer Philosophie des Geistes eingeführt werden,[49] und zwar als dessen Momente der Idealität, Realität und Identität von Idealität und Realität, um die Terminologie des SdS zu benutzen. Habermas hat sicher recht darin, daß die bloße Subjekt-Objekt-Vermittlung des Geistes in der »absoluten Bewegung der Reflexion seiner selbst«[50] nicht ausreicht, um aus ihr Sprache, Arbeit und Familie auseinander hervorgehen zu lassen, aber der Geistbegriff Hegels umfaßt mehr, als Habermas unterstellt.[51] Der Sache nach ist der Abstand der Position, die Habermas als Konsequenz seiner Hegel-Deutung bezog, von Hegel selbst kaum geringer als von Marx – was freilich ebenfalls kein Einwand ist. Sprache, Arbeit und Interaktion sind bei Hegel sicher nicht in dem Sinne aufeinander reduzierbar, daß sie aus einem abstrakten Prinzip mit Zusatzbedingungen ableitbar wären; aber Hegel beansprucht in der JPG gleichwohl, sie begrifflich und ihrem Wesen nach als Momente des Geistes auseinander zu entwickeln. Daß dies nur möglich ist in einem totalisierenden, auf den Geist als das Absolute ausgreifenden Theorieprogramm,[52] gibt aber umgekehrt Habermas recht, der ein solches Projekt gerade nicht verfolgt. So kann man die systematische Unabhängigkeit von Arbeit und Interaktion, instrumentellem und kommunikativem Handeln verstehen als die Konsequenz des notwendigen Verzichts auf die Ambition, in der Gesellschaftstheorie in die Perspektive des Absoluten einzutreten. Die Berechtigung der Marx-Kritik folgt daraus, denn Marx kann wegen seines materialistischen Ansatzes auch kein Prinzip einer spekulativen Synthesis im Sinne des Hegelschen ›Geistes‹ beanspruchen, aus dem sich zugleich die Einheit und die Differenz von Arbeit und Interaktion ableiten ließe.

48 Vgl. Siep (1992), 172 ff. u. Wildt, 326 ff.
49 Vgl. Abschnitt III. 3.
50 Habermas (1968a), 10.
51 Vgl. Wildt, 327 f.
52 Vgl. dazu Kimmerle (1976), 319 ff., der sich kritisch gegen einseitig sozial- und politikwissenschaftliche Deutungen dieser Texte wandte.

Zu JPG$_1$

183, 22 – Zum Äther vgl. Stellenkommentar zum SdS; 21,16.
183, 31 – Im Manuskript steht darunter, jedoch nicht zum fortlaufenden Text gehörig: »Es ist α) einmal ein Entgegengesetztes und das ihm Entgegengesetzte, β) als Bewußtsein das diesem Entgegengesetzte, aber ebenso das Gegenteil seiner selbst und das Einssein beider; γ) insofern es in der Entgegensetzung gegen ein andres ist, ist das Entgegengesetzte.« Es handelt sich hier um eine Skizze der später näher ausgeführten Theorie des Bewußtseins.
198, 18 – Nach »aber...« ist zu ergänzen »als negative Allgemeinheit, praktisches Bewußtsein«.
201, 1 – Mnemosyne ist in der griechischen Mythologie die personifizierte Erinnerung (*mnemosýne*); sie ist die Göttin, mit der Zeus die Musen zeugte (vgl. Ranke-Graves, *Griechische Mythologie*, Reinbek 1960, Bd. I; 44).
201, 18 – »Denn als Gott der Herr gemacht hatte von der Erde allerlei Tiere auf dem Felde und allerlei Vögel unter dem Himmel, brachte er sie zu dem Menschen, daß er sähe, wie er sie nennte; denn wie der Mensch allerlei lebendige Tiere nennen würde, so sollten sie heißen. Und der Mensch gab einem jeglichen Vieh und Vogel unter dem Himmel und Tier auf dem Felde seinen Namen ...« (Gen 2, 20f. in der Übers. v. Luther).
204, 25 – Mit »Idealismus« ist zunächst der erkenntnistheoretische Idealismus des »*esse est percipi*« (Sein ist Wahrgenommenwerden) von George Berkeley gemeint, dessen Widerlegung Kant in einem der zweiten Auflage der KrV hinzugefügten Abschnitt unternommen hatte (vgl. B 274 ff.). Hegel knüpft hier aber nicht mehr unmittelbar an die Kantische Version des Verhältnisses von Idealismus und Realismus an, sondern an die von Fichte und Schelling definierte Form (vgl. den ausführlichen Kommentar dieser Stellen in der Meiner-Ausgabe der JPG$_1$, a.a.O., 271 f.).
213, 8 – Zur Ehe als »Kontrakt« vgl. Hegels Kantkritik im SdS; 36.
219, 1 – »Extension« heißt wörtlich Ausdehnung (lat. *extendo* – ausdehnen), ist aber ein philosophischer Terminus. Das Begriffspaar »Extension-Intension« ist bei Hegel nicht im Sinne der modernen Semantik, d. h. als die Unterscheidung zwischen Begriffsumfang und Begriffsinhalt, zu verstehen, sondern im Sinne der

Kantischen Unterscheidung zwischen extensiven und intensiven Größen. Nach Kant sind alle Anschauungen »extensive Größen« (KrV, B 202), d. h. solche, in welchen »die Vorstellung der Teile die Vorstellung des Ganzen möglich macht (und also notwendig vor dieser vorhergeht).« (B 203), und dies ist bei allen Größen der Fall, die in Raum und Zeit angeschaut werden. Intensive Größen hingegen haben »einen Grad« (B 207), und dies gilt für alle Empfindungsgehalte, die nur in die Zeit fallen (vgl. ebd. ff.). Die naturphilosophische Verwendung von »Extension-Intension« nach Schellings Vorbild, die auch hier als Hintergrund zu unterstellen ist, ist in Hegels Werk belegt im Abschnitt »Beobachtende Vernunft« der PhG; 3, 208 u. 219.
223, 34 – Am Seitenrand oben steht: keine Komposition, kein Vertrag, kein stillschweigender oder ausgesprochener Urvertrag; der einzelne [kann nicht] einen Teil seiner Freiheit aufgeben, sondern ganz; seine einzelne Freiheit ist nur sein Eigensinn, sein Tod.
226, 19 ff. – Es wäre interessant zu wissen, ob Hegel für solche »Barbaren« ein Beispiel geben könnte: Meint er damit ein barbarisches Volk, was dann ein Volk ohne Sprache in seinem Sinne sein müßte, oder Barbaren in einem Volk? Wahrscheinlich sitzt Hegel hier wie viele vor und nach ihm einer alteuropäischen ethnozentrischen Projektion auf, in der wilde Naturvölker auf der Bildfläche erscheinen.
227, 26 f. – In diesem Sinne arbeiten die Tiere nicht.
228, 2 – Am Rande steht: der umgekehrte Weg des Herausziehens aus dem Allgemeinen.
229, 40 bis 230, 9 und 239, 39 – Die Randbemerkung Hegels zu III; 230, 3 »Smith, S. 8« zeigt, daß er sich hier auf Adam Smith, *An Inquiry into the Nature and the Causes of the Wealth of Nations*, Bd. 1, Basel 1791 bezieht; diese Ausgabe befand sich in seiner Bibliothek.

Zu JPG$_2$

174, 21 – Hier bezieht sich »Idealismus« eindeutig auf Fichte: vgl. den Stellenkommentar zur JPG$_1$, 204, 25.
175, 17 ff. – Vgl. den Stellenkommentar zur JPG$_1$, 201, 18.
175, 20 – Hegel gibt hier eine ziemlich vollständige Beschreibung des Wortfeldes von grch. *lógos*.
185, 18 – Das Wort ›Intussusception‹ ist der Biologie entnommen

und bezeichnet die »Einlagerung neuer Substanzen zwischen schon vorhandene Strukturen«.

186, 22 – *Pattes de velour* (frz.) sind Samtpfoten.

189, 16 – »Die Säure ist unmittelbar gegen Anderes gekehrt, als Tätiges ...« (III; 87).

190, 2 – »Schwülen« sind Schwielen.

197, 7 – Der doppelt unterstrichene lateinische Satz bedeutet: »Herauszugehen ist aus dem Naturzustand«. Hegel bezieht sich dabei auf Thomas Hobbes, *De cive*; dort heißt es über den Naturzustand: »Wer... meint, daß man am besten in dem Zustande geblieben wäre, wo allen alles erlaubt war, der widerspricht sich selbst; denn jeder verlangt aus natürlicher Notwendigkeit nach dem Guten, und niemand wird einen solchen Krieg aller gegen alle, welcher diesem Zustande notwendigerweise anhaftet, als etwas für ihn Gutes ansehen. Dadurch kommt es, daß man infolge gegenseitiger Furcht es für ratsam hält, aus einem solchen Zustande herauszutreten (*ex tali statu exeundum*) und Genossen zu suchen, damit, wenn Krieg sein muß, er doch nicht gegen alle und nicht ohne Hilfe geführt werde.« (Übers. v. Max Frischeisen-Köhler, Leipzig 1949, 84). Hegels lateinische Formulierung ist also kein wörtliches Zitat. – Hegel nimmt an dieser Stelle eine seiner Habilitationsthesen wieder auf, die er 1801 in Jena verteidigt hatte: »9. *Status naturae non est iniustus et eam ob causam ex illo exeundum.*« (Der Naturzustand ist nicht ungerecht und aus diesem Grund ist aus ihm herauszugehen.) (2, 533) – In der EPW heißt es: »Das Recht der Natur ist ... das Dasein der Stärke und das Geltendmachen der Gewalt, und ein Naturzustand ein Zustand der Gewalttätigkeit und des Unrechts, von welchem nichts Wahreres gesagt werden kann, als *daß aus ihm herauszugehen* ist.« (§ 502 A.; 10, 312)

206, 10 – »Analysiert« ist hier im buchstäblichen Sinne von »aufgelöst« zu verstehen und nicht als methodologischer Ausdruck.

206, 20 – Hegel prägt hier lange vor Karl Marx den Begriff der »abstrakten Arbeit« (vgl. auch GPR, § 198; 7, 352f.).

211, 19 – Das Wortspiel »mein-Meinung« wird von Hegel wieder aufgenommen in der EPW: »Was ich nur meine, ist mein, gehört mir nur als diesem besondern Individuum an; wenn aber die Sprache nur Allgemeines ausdrückt, so kann ich nicht sagen, was ich nur meine. Und das Unsagbare, Gefühl, Empfindung, ist nicht das Vortrefflichste, Wahrste, sondern das Unbedeutendste, Unwahrste.« (§ 20 A.; 8, 74)

215, 20 – Herostratos steckte 356 v. Chr. den Artemistempel in Ephesus in Brand, um berühmt zu werden.
219, 2 – Hegel bezieht sich hier wie im SdS; 36 und in der JPG_1, I; 213 auf Kants MSR, §§ 24 ff.
219, 29 – Vgl. I; 206, 10.
221, 21 – Hegel bezieht sich hier auf das Testament, das der Bankier Thellusson im Jahre 1799 hinterlassen hatte und das erhebliches Aufsehen erregte. Näheres dazu in III; 307 f.
223, 17 ff. – Die hier angedeutete Akkumulations- und Verelendungstheorie erscheint wieder in den §§ 243 ff., GPR; 7, 389 ff.
223, 4 f. – Zur »Zweideutigkeit des Sollens« vgl. III; 210, 35 ff.; zu III; 211, 2 existiert eine Randbemerkung Hegels: »Widerspruch des Sollens, vorgestelltes Dasein« (III; 211). Die »Zweideutigkeit« des Sollens besteht nach Hegel offenbar darin, daß etwas Nichtdaseiendes, bloß Gesolltes im Vertrag wie ein Daseiendes behandelt wird.
234, 21 ff. – Es ist zu vermuten, daß Hegel sich hier auf Sieyès bezieht; vgl. III; 309.
234, 24 ff. – Hegel gibt hier bis 235, 7 die Staatslehre Rousseaus im *Contrat social* wieder: Rousseau bestimmt den Gesellschaftsvertrag in I; 6 als »das gänzliche Aufgehen jedes Gesellschaftsgliedes mit allen seinen Rechten in der Gesamtheit, denn indem sich jeder ganz hingibt, so ist das Verhältnis zunächst für alle gleich, und weil das Verhältnis für alle gleich ist, so hat niemand ein Interesse daran, es den anderen drückend zu machen« (hg. v. Heinrich Weinstock, Stuttgart 1958, 43). Zu den Bezügen der übrigen Passagen vgl. III; 309 f.
236, 14 – Hegel bezieht sich hier auf eine öffentliche Diskussion über Machiavellis *Il principe*, wobei der Ironieverdacht auf Wieland zurückgeht; vgl. auch Rousseau über Machiavelli; zit. n. III; 310).
236, 26 – Zu lesen ist »drückt [für sie] das Böseste aus«.
240, 6 – Daß die öffentliche Meinung als das »geistige Band [des Ganzen]« die wahre gesetzgebende Körperschaft und Nationalversammlung sei, hat Hegel so nicht festgehalten; wahrscheinlich ist es hier mit einem ironischen Unterton versehen, bezogen auf die Verhältnisse in Frankreich. Zur Ambivalenz der öffentlichen Meinung in den GPR vgl. § 318; 7, 485 f.
241, 14 – Die Familie des Fürsten löst sich nicht auf, denn sie ist Dynastie und nicht bürgerlich wie alle übrigen Familien; bemer-

kenswert ist dabei, daß Hegel damit dem Adel nicht mehr das Dynastische zugesteht. Der »substantielle Stand« der GPR wird nicht mehr durch Adel, sondern durch »natürliche Sittlichkeit« definiert, die ihrerseits das »Familienleben« und den »Grundbesitz« unter dem »Majorat« (§ 306; 7, 475), d.h. der ungeteilten Erbfolge unter den jeweils ältesten Söhnen, zur Basis hat (vgl. § 305; 474 f.). Im Prinzip aber ist nach Hegel im modernen Staat jeder Stand für jeden zugänglich (vgl. § 206; 358 f.).

243, 2 f. – Daß der Geist als Staat »sich daseiender Organismus« ist, unterscheidet ihn von allen anderen Organismen, denen dieses Selbstverhältnis fehlt; dies zur Differenz der Hegelschen von den romantischen organizistischen Staatsauffassungen.

243, 21 ff. – Hegels Ausführungen über den »Bauernstand« (vgl. auch WBN; 2, 489 f.) enthalten, wenn man einmal von den Projektionen des Städters in ihnen absieht, eine deutliche Absage an die romantische Verklärung des Ländlichen, die damals seit Rousseau in Mode war.

244, 24 – »Gelag« ist wohl schwäbisch für »Gelage«.

244, 32 f. – Hegel denkt hier wohl noch nicht primär an die modernen Volksheere, sondern an die spartanische Heeresverfassung (vgl. WBN; 2, 490 und den Kommentar I. 3 (g)).

246, 15 ff. – Der innere Zusammenhang zwischen bürgerlichem Geist und Geld findet sich in dieser Radikalität sonst nirgends im Hegelschen Werk formuliert. Karl Marx (vgl. Marx, 297 ff.) und Georg Simmel (*Philosophie des Geldes*, Leipzig 1900), die Ähnliches formulierten, haben diese Passagen nicht gekannt.

248, 20 – Hegel gibt hier eine Erklärung des älteren Begriffs der Polizei, der auch noch die Konzeption der GPR bestimmt (vgl. §§ 231 ff.; 7, 382 ff. und den Kommentar dazu).

250, 13 – Zum Außenverhältnis der Staaten als Naturzustand vgl. auch GPR, §§ 333 f.; 7, 499 f.

250, 23 f. – Hegel spricht von Kants Schrift *Zum ewigen Frieden* (1795); am Rand notiert er: »leere Träumerei Ewiger Friede, goldenes Zeitalter« (vgl. III; 250).

257, 3 – Das »*le pis aller*« (frz.) ist der schlimmste Fall; »jenes« bezieht sich offenbar auf das »Dasein«.

IV Grundlinien der Philosophie des Rechts (GPR*)

IV. 1 Text, Titel, Selbstzeugnisse, Publikationsgeschichte

Die äußere Textgestalt ist die eines Kompendiums, dessen damals immer noch übliche Form und Funktion Hegel selbst in der Vorrede erläutert. Bis zum Ende des 18. Jahrhunderts waren die Professoren verpflichtet, ihre Vorlesungen nach vorgeschriebenen Lehrbüchern abzuhalten – sie buchstäblich »vorzulesen« –, und die Lehrfreiheit beschränkte sich auf mündliche Paraphrasen und Variationen des Lehrstoffs. (So hat selbst Kant niemals Vorlesungen über seine *Kritik der reinen Vernunft* gehalten.) In diesem Sinne schreibt Hegel: »Ein eigentliches Kompendium ... hat den für fertig angesehenen Umkreis einer Wissenschaft zum Gegenstande, und das ihm Eigentümliche ist, vielleicht einen kleinen Zusatz hier und da ausgenommen, vornehmlich die Zusammenstellung und Ordnung der wesentlichen Momente eines Inhalts, der längst ebenso zugegeben und bekannt ist, als jene Form ihre längst ausgemachten Regeln und Manieren hat.« (Vorrede, GPR; 11 f.) Es wird deutlich, daß die Textform des Kompendiums das traditionelle Wissenschaftsverständnis voraussetzt, dem zufolge Wissenschaft der Inbegriff des als gültig angesehenen Wissens ist, das man in Lehrbüchern zusammenfassen und durch »Vorlesungen« vervielfältigen kann. Im übrigen spricht Hegel in Abkürzung des Titels *Naturrecht und Staatswissenschaft im Grundrisse* von dem *Grundriß*, der zwar »zum Gebrauch für seine Vorlesungen« gedacht ist – d. h. die traditionelle Kompendienfunktion zu erfüllen hat –, sich aber zugleich von einem »gewöhnlichen Kompendium« unterscheiden soll: einmal durch den Abdruck ausführlicher Anmerkungen (Vorrede, GPR; 11), dann vor allem aber durch die Methode (vgl. Vorrede, GPR; 12). Hegel stellt ferner eine Parallele zu seiner *Enzyklopädie der philosophischen Wissenschaften* (EPW) her, die 1817 in Heidelberg ebenfalls mit den Er-

* Im Unterschied zu den übrigen Kommentarteilen zitiere ich hier den Text der GPR nicht nach der Bandnummer 7 der TWA, sondern mit ›GPR‹, was sich dann auch auf die text- und seitengleiche Sonderausgabe der Reihe stw (suhrkamp taschenbuch wissenschaft) 145, Frankfurt am Main 1976 bezieht.

gänzungen des Titels durch »... im Grundrisse« und »Zum Gebrauch seiner Vorlesungen ...« erschienen war (vgl. Vorrede, GPR; 11). Die GPR sind demzufolge nur »eine weitere, insbesondere mehr systematische Ausführung« (ebd.) des rechtsphilosophischen Systemteils.

Daß Hegel an der traditionellen Lehrform festhält, zugleich aber das Kompendium selbst schreibt, wirft bereits Licht auf die eigentümliche Verschränkung von Tradition und Innovation, die Hegels Werk insgesamt auszeichnet. Die GPR sind das letzte große Exempel von systematischer, praktischer Philosophie überhaupt – einer *Philosophia practica universalis*, wie der Titel von Christian Wolffs Werk (1738/39) lautet – und stehen am Ende einer langen, bis auf Aristoteles zurückreichenden Traditionsreihe. Zugleich enthalten sie die erste wirklich moderne, d.h. die Erfahrungen der politischen und der beginnenden industriellen Revolution aufnehmende Gesellschafts- und Staatstheorie. Und doch präsentiert Hegel seinen in vielerlei Hinsicht revolutionären Entwurf durch die Analogie zur Kompendienform so, als handle es sich dabei um den »für fertig angesehenen Umkreis einer Wissenschaft« oder einen »Inhalt, der längst ... zugegeben und bekannt ist« (Vorrede, GPR; 11 f.). Dies zeigt, daß Hegel die GPR wie schon die EPW keineswegs nur als die Darstellung »seiner« Philosophie ansah, der dann aus didaktischen Gründen die Kompendienform übergestülpt wurde, sondern mit dem Wissenschaftsanspruch dieser Werke erhebt Hegel zugleich einen von seiner Person unabhängigen Anspruch auf Wahrheit und Allgemeingültigkeit, der sich in der Kompendienform selbst ausdrückt. Diese Form aber widerspricht offenbar den Erwartungen der Zeitgenossen: »Von einem philosophischen Grundriß erwartet man diesen Zuschnitt schon etwa darum nicht, weil man sich vorstellt, das, was die Philosophie vor sich bringe, sei ein so übermächtiges Werk als das Gewebe der Penelope, das jeden Tag von vorne angefangen werde.« (Vorrede, GPR; 12) Daß die Philosophie so wie Penelope verfahre, die jede Nacht, um die Freier weiter zu vertrösten, ihr am Tage fertiggestelltes Gewebe wieder aufknüpfte,[1] ist nicht bloß eine Erwartung, die sich aus der mangelnden Wissenschaftlichkeit der Philosophie – dem »Herumtappen« und dem Fehlen eines »sicheren Ganges«,

1 Vgl. Odyssee 19, 120 ff.

von dem Kant kritisch gesprochen hatte[2] – ergibt, sondern auch aus dem von Hegel beständig bekämpften Vorurteil, Philosophie sei etwas »Persönliches«, das jeder neu für sich hervorzubringen habe, so wie Penelope ihr Gewebe für jeden neuen Tag. So heißt es in der DS lapidar: »Das Wesen der Philosophie ist gerade bodenlos für Eigentümlichkeiten« (2, 19). Hegel soll zu einer ihn bewundernden Dame der Gesellschaft gesagt haben: »Was in meinen Büchern von mir ist, ist falsch.« Wenn dies nicht wahr ist, so ist es doch sehr gut erfunden, denn es erklärt, wie Hegel »seine« moderne Philosophie ohne Selbstwiderspruch in der traditionellen Kompendienform präsentieren konnte.

Der doppelte Titel der GPR wirft Fragen auf. Ihren wesentlichen Inhalt hatte er bereits in Heidelberg im Zusammenhang seiner EPW vorgetragen, und in seinem ersten Berliner Semester, dem WS 1818/19, kündigte Hegel folgende Vorlesung an: »Natur- und Staatsrecht oder Rechtsphilosophie (*Ius naturae et civitatis, i. e. philosophia iuris*)«.[3] Die Nachschrift, die Homeyer von dieser ersten Vorlesung anfertigte, hat ebenfalls den Titel: *Natur- und Staatsrecht.*[4] Diese Ankündigung wiederholt Hegel für das WS 1819/20 und setzt hinzu: *»ad compendium proxime in lucem proditurum«* (zu einem nächstens ans Licht tretenden Kompendium).[5] Hegel hatte offenbar die erste Vorlesung zur Fertigstellung des Manuskripts der GPR benutzt, das im Frühherbst 1819 druckfertig vorlag, was ihn veranlaßte, es in seiner neuerlichen Vorlesungsankündigung ausdrücklich zu erwähnen. Im Titel der GPR aber, die erst 1821 erscheinen, ist »Staatsrecht« durch »Staatswissenschaft« ersetzt, und dementsprechend lautet die Ankündigung für das WS 1821/22: »Naturrecht und Staatswissenschaft oder Philosophie des Rechts nach seinem Lehrbuch *Grundlinien der Philosophie des Rechts* (Berlin 1821)«.[6] Daß Hegel hier sein Kompendium unter dem Titel ›GPR‹ anführt, zeigt an, daß er ihn als den übergeordneten ansah; er trug damit selbst dazu bei, daß der traditionelle Disziplinname ›Naturrecht‹[7] bald gänzlich durch ›Rechtsphilosophie‹ verdrängt wurde – vor allem durch die abkürzende Bezeich-

2 Vgl. KrV, B 7f.
3 Vgl. Ilting (1973), 66.
4 Ilting (1973), 20.
5 Ebd., 66.
6 Hoffmeister, 7.
7 Vgl. den Abschnitt I. 1 (b) dieses Kommentars.

nung der GPR durch diesen Ausdruck, die sich bald im Schülerkreis Hegels und dann allgemein durchsetzte. Die Überordnung des zweiten Titels über den ersten ist schon in der genannten lateinischen Ankündigung des WS 1818/19 impliziert, denn die hatte, wörtlich übersetzt, gelautet: »Naturrecht und Staatsrecht, d. h. Philosophie des Rechts«; damit ist behauptet, daß die Philosophie des Rechts nur dann vollständig ist, wenn sie das Naturrecht und das Staatsrecht umfaßt. Dadurch aber, daß 1821 an die Stelle von ›Staatsrecht‹ das Wort ›Staatswissenschaft‹ getreten ist, wird eine zusätzliche Erweiterung des Themenfeldes des traditionellen Naturrechts durch die GPR angezeigt, denn nunmehr greift Hegels Rechtsphilosophie offenbar über den im engeren Sinne rechtlichen Bereich auch auf den politischen über.[8]

Für die Zeitgenossen jedenfalls war diese Titelfassung keineswegs ohne Probleme, wie Rezensionen zeigen,[9] und dies aus mehreren Gründen. Folgt man der Terminologie der WBN, so gehört die Staatswissenschaft, wenn man sie als juristische Disziplin betrachtet, zunächst zu den »positiven Rechtswissenschaften«, denen das »Naturrecht« als genuin philosophische Disziplin gegenübersteht; so gesehen wäre die ›Staatswissenschaft‹ der Inbegriff der sich auf das positive Staatsrecht beziehenden Jurisprudenz, und die Staatsrechtler mußten sich durch Hegels Titel angesprochen fühlen. Wenn Hegel dagegen von ›Staatswissenschaft‹ spricht, meint er nicht primär das positive Staatsrecht, sondern das, was er schon mit seiner Jenaer Vorlesungsankündigung als *»ius civitatis«* ins Auge gefaßt hatte: Staatsrecht als Bestandteil des spekulativen Naturrechts. Auf diesem Niveau traktieren auch die GPR das Staatsrecht, und indem Hegel behauptete, dies sei die einzige, wahrhaft wissenschaftliche »Staatswissenschaft«, mußten sich die Staatsrechtler provoziert fühlen. Im späten 18. Jahrhundert war die Tradition der aristotelischen ›Politik‹ als *pólis*-Wissenschaft fast ganz erloschen; von ihr setzt sich die »neueste Staatswissenschaft«[10] dadurch ab, daß sie sich als integrative Sammeldisziplin versteht, die alles den Staat betreffende normative und praktische Wissen zusammenführt. So ist auch die Verwendung des Ausdrucks »Staatswissenschaft« durch Carl Ludwig von Haller[11] zu verstehen, mit dem

8 Vgl. hierzu Ilting (1983), 106 f. u. Riedel (1968), 73 f.
9 Vgl. Baum/Meist, 107 f.
10 Gottfried Achenwall (1749), nach GG, Bd. 5, 999.
11 *Restauration der Staatswissenschaft oder Theorie des natürlich-geselligen Zustan-*

sich Hegel in der Anmerkung und in einer Fußnote zum § 258 (GPR, 399ff.) sehr ausführlich und außerordentlich polemisch auseinandersetzt. In diesem Sinne behandelt Hegel in den GPR somit nicht nur die klassischen Fragen des »Naturrechts« sondern auch die staatswissenschaftlichen Themen – die »politische« Ökonomie, die Polizei und die öffentliche Verwaltung sowie die politischen Institutionen –, versieht dies aber mit einem nachdrücklichen Wissenschaftsanspruch, der einerseits an den der aristotelischen *Politik* anknüpft, ihn aber ebenso wie den der entstehenden modernen Staatswissenschaft sofort ins Spekulative überbietet; so mußte Hegels Buchtitel auch den Vertretern der Staatswissenschaft im neuen Wortsinne suspekt sein.

Diese offensichtliche Okkupation rechts- und staatswissenschaftlicher Themen durch Hegels spekulatives Naturrecht und der damit verbundene erhöhte Wissenschaftlichkeitsanspruch, den die Juristen ebenso wie die Staatswissenschaftler seiner Zeit zugleich als thematischen Übergriff und als philosophischen Imperialismus verstehen mußten, verweist auf eine Voraussetzung zurück, die Hegel schon in den WBN klargestellt hatte: Für ihn kann Wissenschaft nicht im Gegenüber von Formalem und Empirischem verharren; deswegen dürfen die Themen der positiven und empirischen Staatswissenschaften nicht aus dem spekulativen Naturrecht ausgegrenzt werden, denn nur hier erfahren sie ihre wahrhaft wissenschaftliche »Behandlungsart«.[12]

Die dritte Komplikation des Doppeltitels ergab sich den Zeitgenossen aus der Tatsache, daß für Hegel der umfassende Begriff des Rechts, mit dessen Explikation die GPR beginnen, als Einheit von ›Naturrecht‹ (im traditionellen Sinne des Wortes) und staatlicher Wirklichkeit zu verstehen ist. Die berühmte Formel »Was vernünftig ist, das ist wirklich; und was wirklich ist, das ist vernünftig« (Vorrede, GPR; 24) bedeutet, daß auch das Recht als Identität von Vernunft und Wirklichkeit begriffen werden muß, soll es wahrhaft philosophisch begriffen werden. Das Naturrecht – sei es im Sinne des klassischen stoisch-christlichen Naturrechts oder des neuzeitlichen Vernunftrechts (Hobbes, Kant, Fichte) – als bloßer Normenbestand, ohne institutionelle Realität, ist Hegel zufolge bloß »abstraktes Recht« und schöpft den wahrhaft philo-

des; der Chimäre des künstlich-bürgerlichen entgegengesetzt, 6 Bde., Winterthur 1816-34.

12 Vgl. Abschnitt I. 3 (a).

sophischen Rechtsbegriff nicht aus. Daß die institutionelle Wirklichkeit des Rechts, die hinzutreten muß, für Hegel nur als staatliche Wirklichkeit vorgestellt werden kann, ist eine konzeptuelle Vorentscheidung, die Hegel mit der deutschen Tradition des Staats- und Rechtsdenkens teilt;[13] sie erklärt, warum für Hegel die Ausdrücke »Naturrecht und Staatswissenschaft« und »Philosophie des Rechts« offenbar synonym sind. So führt Hegels *Rechtsphilosophie* die Traditionen der aristotelischen Politik, des klassischen und neuzeitlichen Naturrechts und der modernen Staatswissenschaften in einem Entwurf zusammen, dessen Spannweite offenbar nur in einem Doppeltitel angezeigt werden konnte.

In den erhaltenen Briefen Hegels finden sich folgende Äußerungen Hegels im Zusammenhang mit der GPR: Hegel schreibt an Niethammer am 26. 3. 1819: »Auf die Leipziger Messe soll ich noch ein Buch schreiben (mein Naturrecht in §§).« (Briefe 2, 213) – In einem Brief an Creuzer vom 30. 10. 1819 aus Berlin heißt es: »Ich ließ eine Antwort auch darum länger anstehen, um es mit ein paar Bogen §§ über Rechtsphilosophie, zu arm, zu erwidern; so fleißig und frisch in den Arbeiten wie Sie kann nicht jeder sein. – Ich wollte eben anfangen drucken zu lassen, als die Bundestagsbeschlüsse [die Karlsbader Beschlüsse] ankamen. Da wir jetzt (wissen,) woran wir mit unserer Zensurfreiheit sind, werde ich (sie) jetzt nächstens in Druck geben.« (Briefe 2, 219 f.) – Hegel an die Nicolaische Buchhandlung, Berlin 9. 6. 1820: »Ich übersende hiemit einen Pack Manuskripte – die eine Hälfte (oder etwas darüber) für die Zensur, mit dem Ersuchen jedoch, den Druck nicht anfangen zu lassen, bis auch der Rest, den ich bald nachsenden werde, aus der Zensur zurück ist.« (Briefe 4, Teil 2, 34; es handelt sich um das Manuskript von Hegels GPR, die erst im Oktober 1820 bei Nicolai erschienen.) – An Daub schreibt Hegel am 9. 5. 1821: »Meine Rechtsphilosophie soll längst in Ihren Händen sein. Ich wünsche, daß die Hauptsachen wenigstens Ihre Zustimmung erhalten. Ich habe nicht auf alle Seiten, deren sich so viele an dem Gegenstande finden, das partikuläre Studium ausdehnen können. Dergleichen mußte ich mir auf die Zukunft ersparen und vornehmlich nur darauf sehen, mit dem Ganzen durchzukommen. [...] Soeben höre ich, daß mein Naturrecht in den Heidelberger Jahrbüchern – jetzigen schmutzigen Gewands, das ich allein davon gesehen, – angezeigt

13 Vgl. Vollrath.

sei. Ich hörte nur dies und begehre, wenn Sie oder Hinrichs mir nicht eine Aufforderung machen, mehr davon zu wissen, daß das Abgedruckte sich mit der Vorrede beschäftige. Daraus schließe ich auf meinen alten Landsmann Paulus! Mit meiner Vorrede und dahin einschlagenden Aeußerungen habe ich allerdings, wie Sie gesehen haben werden, dieser kahlen und anmaßenden Sekte – dem Kalbe, wie man in Schwaben zu reden pflegt – ins Auge schlagen wollen. Sie war gewohnt, unbedingt das Wort zu haben, und ist zum Teil sehr verwundert gewesen, daß man von wissenschaftlicher Seite nichts auf sie halte und gar Mut haben könne, öffentlich gegen sie zu sprechen, hier, wo diese Partei insbesondere das Wort zu führen gewohnt ist und war und sich für eine puissance [Macht] hielt, habe ich freilich saure, wenigstens stumme Gesichter gegen mich zu sehen gehabt.« (Briefe 2, 263) – Am 9.6.1821 heißt es an Niethammer: »Die demagogische Not (Atheismus s. o., Burschenschaften) habe ich ohne Gefährde bestanden, – nicht ohne Besorgnis zwar, vor Verdächtigmachern, Verleumdern u.s.f. [...] Eine neuerliche Gefährlichkeit wird, hoffe ich, mich ebenso unberührt lassen. – Sie wissen, ich bin einesteils ein ängstlicher Mensch, andernteils liebe ich die Ruhe, und es macht eben nicht gerade ein Behagen, alle Jahre ein Gewitter aufsteigen zu sehen, wenn ich gleich überzeugt sein kann, daß mich höchstens ein paar Tropfen eines Streifregens treffen.« (Briefe 2, 271 f.) – Am 18.7. dann erneut an Niethammer: »Ein paar Blätter, die ich als Vorwort geschrieben (zu Hinrichs Religionsphilosophie), lege ich hier bei. [Sie enthielten eine folgenreiche Attacke auf Schleiermacher.] – Diese Worte, da sie Philosophie, Theologie, Christentum betreffen, sind Ihrem Interesse vornehmlich gewidmet, und ich wünschte für die Grundsätze derselben Ihren Beifall. Ueber solche Materien kann man ohnehin nur die Zustimmung von Wenigen erwarten. Am schlechtesten aber kommt man mit Begriffen und Vernunft über Materien des Staats an; daß ich aber bei unserem Freiheitsgesindel nicht besser ankommen wollte, habe ich bereits drucklich selbst bezeugt. Man muß aber auch über das Anderswärts unbekümmert sein.« (Briefe 2, 325)

Die Umstände der Publikation der GPR sind sehr gut erforscht.[14] Ihr Grundkonzept auf der Grundlage einer systematischen Erweiterung und Vertiefung des rechtsphilosophischen Sy-

14 Vgl. Ilting (1973), 25 ff.; auch: Riedel I, 15 ff.

stemteils der EPW ist mit Sicherheit schon in Heidelberg in Angriff genommen worden und nicht erst in Berlin, wie die Legende seit der ersten Hegel-Biographie von Karl Rosenkranz will,[15] die bis in unsere Tage dazu herhalten mußte, um Hegel als opportunistischen »preußischen Staatsphilosophen« zu denunzieren. Nach seiner Berufung nach Berlin 1818 beginnt er seine Lehrtätigkeit mit der schon genannten Vorlesung, in deren Verlauf er offenbar die Druckfassung seines Entwurfs der GPR herstellte. Im schon zitierten Brief an Niethammer vom März 1819 erwähnt Hegel die Leipziger Messe.[16] Diese Messe fand im April statt, aber tatsächlich konnte Hegel erst im Spätsommer 1819 das Manuskript der GPR fertigstellen. Inzwischen war eine folgenreiche politische Veränderung eingetreten. Am 23. März 1819 hatte der Burschenschaftler Sand den bekannten Dichter und Schriftsteller Kotzebue ermordet; der stand in russischen Diensten und galt vor allem in der studentischen Jugend als Symbolfigur der Reaktion. Diese Tat war für die Mächte der »Heiligen Allianz« – Preußen, Österreich und Rußland –, die unter der Führung Metternichs eine gegen die Folgen der Französischen Revolution und die Napoleonischen Neuerungen gerichtete Restaurationspolitik betrieben, der willkommene Anlaß für innenpolitische Maßnahmen, die 1819 als die »Karlsbader Beschlüsse« bekannt wurden. Sie hatten die Ausschaltung aller oppositionellen Kräfte mit Aufsichts-, Zensur- und anderen Polizeimaßnahmen zum Ziel und lösten die sogenannten »Demagogenverfolgungen« aus, denen auch Hegel nahestehende Studenten zum Opfer fielen. Der ängstliche Hegel hat im Unterschied zu Schleiermacher und anderen in dieser Zeit in der Berliner Universität eine wenig rühmliche Rolle gespielt,[17] aber dies ist Biographie. Was die GPR betrifft, so hatten jene Ereignisse erhebliche Folgen. Obwohl Hegel am 30. 10. in einem Brief indirekt von einem druckfertigen Manuskript spricht, nutzt er die Wiederholung der Vorlesung des WS 1818/19 im WS 1819/20 für eine erneute Überarbeitung des Textes – offenbar um nicht an den preußischen Zensurbestimmungen vom Oktober 1819, die noch über die Karlsbader Beschlüsse hinausgingen, zu scheitern.[18] Der Vergleich des schließlich gedruckten Textes mit der Nachschrift von Homeyer von 1818/19

15 Vgl. Riedel I, 40.
16 Zit. nach ebd., 15.
17 Vgl. Ilting (1973), 43ff.
18 Vgl. ebd., 64ff.

zeigt, daß Hegel in mindestens zwei Themenfeldern – der Frage des Naturrechts und der Monarchie – inhaltliche Änderungen vornahm,[19] wobei sich hier der Eindruck des Opportunismus nicht ganz unterdrücken läßt. Diese Varianten rechtfertigen Zweifel daran, ob die GPR wirklich die authentische Rechtsphilosophie Hegels enthalten oder ob die nicht in manchen Partien erst aus den überlieferten Vorlesungsnachschriften zu rekonstruieren wäre.[20]

Die wichtigere Folge dieser Publikationssituation aber war Hegels Vorrede zu den GPR, die man, zusammengenommen mit einigen offensichtlich tendenziösen Anmerkungen zu einzelnen Paragraphen, nur als ein publizistisches Unglück bezeichnen kann.[21] Der Vergleich zwischen den Vorbemerkungen der Homeyer-Nachschrift von 1818/19 und der Vorrede zu den GPR zeigt, wie weit Hegel seiner Angst vor den Folgen der Karlsbader Beschlüsse nachgegeben hatte; auf jeden Fall unternahm er alles, um jeden Verdacht einer Nähe seiner Philosophie zu den verfolgten Oppositionsströmungen zu zerstreuen. So schob sich dieser Text von allem Anfang an wie ein Vorhang vor den reichen Gedankeninhalt der eigentlichen Rechtsphilosophie Hegels und verhinderte weitgehend dessen faire Rezeption. Alle gängigen Verurteilungen Hegels – »Staatsvergottung«, »preußischer Staatsphilosoph«, »Ideologe der Restauration« usf. –, die seit der Jahrhundertmitte vor allem durch Rudolf Hayms *Hegel und seine Zeit* (1857) in aller Munde waren und blieben, stützen sich ausschließlich auf die Vorrede und einige »berüchtigte« Anmerkungen. Von der Rezeptionsgeschichte der GPR, die viel komplizierter ist, als die übliche Hegelkritik glauben macht, wird später die Rede sein.[22] Bedenkt man die Sonderstellung der Vorrede als philosophiepolitisches Pamphlet, so ist man nicht länger gezwungen, sich wie fast alle Hegel-Kommentatoren zuerst durch diesen Text erklärend und entschuldigend hindurchzuarbeiten, um dann mit dem »Eigentlichen« beginnen zu können. Dieser Kommentar jedenfalls geht erst am Schluß auf Hegels Vorrede ein.

19 Vgl. ebd., 28 ff.

20 Dies ist die These von Ilting in: Ilting (1973); dagegen die Einschätzung von Siep in: Siep (1997), 5 f. samt dem Verweis auf eine frühere Arbeit von 1985 und weiterer kritischer Literatur zur »Ilting-These«.

21 Vgl. dazu auch Siep (1997), 5.

22 Vgl. Abschnitt IV. 14 dieses Kommentars.

IV. 2 Hegels Begriff des Rechts

(a) Begriff und Idee des Rechts

Der wichtigste Grundbegriff der GPR ist der des Rechts selber, wobei schon der Titel des Werkes anzeigt, daß er in einem sehr umfassenden Sinne zu verstehen ist – mindestens als gemeinsamer Gegenstand der Disziplinen ›Naturrecht‹ und ›Staatswissenschaft‹. Das Inhaltsverzeichnis zeigt dann, daß Hegel zufolge neben Recht und Staat auch Moralität, Familie, Ökonomie und selbst die Weltgeschichte unter seinen Rechtsbegriff fallen. Seiner Exposition widmet Hegel den größten Teil der »Einleitung« (§§ 1-29). Der § 1 stellt sogleich klar, daß es hier nicht um den »bloßen« Begriff geht – also nicht um den Begriff im üblichen Verständnis einer abstrakten Gedankenbestimmung –, sondern um die Idee des Rechts, die als Einheit von Begriff und Wirklichkeit des Rechts zu verstehen ist. Diese Einheit aber ist Hegel zufolge eine vom Begriff selbst gestiftete; die Wirklichkeit des Rechts ist die Verwirklichung des Begriffs des Rechts durch den Begriff selbst, und nur was Verwirklichung des Begriffs durch den Begriff selbst ist, kann als Wirklichkeit im eigentlichen Sinne gelten – im Unterschied zu dem, was Hegel »vorübergehendes *Dasein*, äußerliche Zufälligkeit, Meinung, wesenlose Erscheinung, Unwahrheit, Täuschung usf.« (§ 1, GPR; 29) nennt. So enthält diese erste Erläuterung des spekulativen Begriffs bereits eine präzisierende Paraphrase der berühmten Sentenz aus der Vorrede: »Was vernünftig ist, das ist wirklich; und was wirklich ist, das ist vernünftig.« (Vorrede, GPR; 24) Der Begriff, der seine eigene Wirklichkeit setzt, ist nichts anderes als das depersonalisierte Fichtesche ICH, das sich und das Nicht-ICH setzt, d.h. die Vernunft selbst, ohne alle psychischen Konnotationen. Umgekehrt folgt daraus das, was Hegel 1827 im § 6 der EPW zur Verteidigung jener Tendenz erneut anführte: daß nämlich nicht alles, was es gibt, wirklich ist, sondern nur das, in dem sich der Begriff oder die Vernunft verwirklicht hat. – Die Idee des Rechts ist nach Hegel die Verwirklichung des Begriffs des Rechts als Prozeß und Resultat und als solche der eine und einzige Gegenstand der »philosophischen Rechtswissenschaft«. Da Hegel demzufolge die gesamten GPR benötigt, um die Idee des Rechts darzustellen – d. h. die eigene Verwirklichung des Begriffs nachzuzeichnen –, kann die »Einleitung« nur einen Vorbegriff des Rechts exponieren; sie gibt nur im voraus an, um welchen Begriff es sich handelt, dessen Verwirklichung der Haupttext der GPR zum Thema macht.

(b) ›Naturrecht‹

Aus der Struktur des Hegelschen Rechtsbegriffs folgt unmittelbar das bereits über den Titel »Naturrecht und Staatswissenschaft« Gesagte. Bliebe die Rechtsphilosophie im Bereich des traditionellen Naturrechts stehen, ohne die Rechtswirklichkeit mit ins Auge zu fassen, erreichte sie nicht das spekulative Niveau der »Idee« des Rechts, denn sie hätte es dann mit bloßen Rechtsbegriffen ohne Wirklichkeitsgehalt zu tun. So erzwingt der Anspruch der GPR als »philosophischer [spekulativer] Rechtswissenschaft« (§ 1, GPR; 29) eine Stellungnahme zu der auch politisch stets brisanten Frage des Verhältnisses von Naturrecht und positivem Recht.

Die Tradition der Naturrechtslehren[23] geht im wesentlichen auf die Stoa und ihre Lehre von der *lex naturalis* zurück, die ihrerseits auf Heraklits Gedanken vom *lógos* als dem göttlichen Weltgesetz fußt; auch die Konzeption eines *díkaion phýsei* (von Natur aus Gerechten) bei Aristoteles[24] ist darin eingegangen. Der Grundgedanke des Naturrechts war stets, es müsse ein Recht geben, das von Natur aus – d.h. unabhängig von menschlichem Tun oder Wollen – existiert und gilt und an dem sich von Menschen gesetztes Recht müsse messen und beurteilen lassen. Das Natürliche des Naturrechts wurde dabei nicht primär naturalistisch verstanden, sondern im ursprünglichen Sinne von *phýsis* oder *natura*, d. h. als das von selbst Wachsende und durch sich selbst Bestehende. Diese primäre Bedeutung des ». . . von Natur« im Begriff des Naturrechts erklärt auch, warum das Wort ›Naturrecht‹ auch dann beibehalten wurde, nachdem bereits Hobbes das Naturrecht in ein reines Vernunftrecht transformiert hatte: Nach Hobbes ist das Naturrecht in normativer Hinsicht, also als »*LAW OF NATURE* (*Lex Naturalis*)«, nichts anderes als »a Precept, or general Rule, found out by Reason, by which a man is forbidden to do, that, which is destructive of his life, or taketh away the means of preserving the same; and

23 Vgl. Ilting (1978).
24 NE V 10, 1134b 18 ff.

to omit, that, by which he thinketh it may be best preserved.«[25] Daß sich bei Hobbes der traditionelle naturrechtliche Normenbestand in lauter subjektive Klugheitsregeln oder hypothetische Imperative im Sinne Kants auflöst, ändert freilich nichts an deren überpositivem Charakter, denn niemand vermag einfach festzusetzen, was klug und vernünftig ist zur Lebenserhaltung; die Vernunft muß es herausfinden. So erklärt sich, daß selbst noch im »rein-formellen« Vernunftrecht Fichtes, das Hegel in den WBN kritisiert, das Wort ›Naturrecht‹ als Disziplinname und Gegenstandsbezeichnung erscheint.

Die politische Brisanz der Idee des Naturrechts liegt auf der Hand, denn läßt sich mit philosophischen Mitteln ein Rechts- und Normenbestand isolieren, der unabhängig von menschlicher Setzung existiert und gilt, verfügen die Menschen über ein wirksames Instrument der Kritik der positiven Rechtsverhältnisse; sie besitzen dann ein Kriterium der Legitimität politischer Macht. In Schillers *Wilhelm Tell* heißt es demgemäß: »Nein, eine Grenze hat Tyrannenmacht; / Wenn der Gedrückte nirgends Recht kann finden, / Wenn unerträglich wird die Last – greift er / Hinauf getrosten Mutes in den Himmel / Und holt herunter seine ewgen Rechte, / Die droben hangen unveräußerlich / Und unzerbrechlich wie die Sterne selbst.«[26] Nicht erst in der Restaurationsperiode, in der Hegels GPR erschienen, wurde das Naturrechtsdenken deshalb unmittelbar für die Französische Revolution mitverantwortlich gemacht. Der engste Berater von Metternich, Friedrich von Gentz, hatte bereits 1794 Edmund Burkes *Reflections on the French Revolution* in deutscher Übersetzung herausgegeben. Diese Schrift hatte den Zusammenhang wohl zum ersten Mal explizit hergestellt, und sie kann überhaupt als eine Basisschrift des modernen Konservatismus gelten. Die Historische Rechtsschule, deren Hauptvertreter Friedrich von Savigny zu Hegels Zeit ebenfalls an der Berliner Universität lehrte, galt mit ihrer historischen Kritik der traditionellen Naturrechtslehren umgekehrt als wissenschaftliche Stütze der politischen Reaktion in der nachrevolutionären und nachnapoleonischen Ära.[27]

25 Hobbes, Lev., Chap. XIV.
26 Schiller, 935.
27 Zum »Zusammenbruch des rationalen Naturrechts in der Restaurationsperiode« vgl. Ilting (1978), 109 ff.

Hegels Stellung zum Naturrecht ist differenziert.[28] Einerseits hält er ausdrücklich am Vernunftanspruch des modernen Naturrechts fest und betont gegen Hugo (vgl. § 3 A., GPR; 34), die historische Erklärung von Rechtsverhältnissen könne nicht den Anspruch »einer an und für sich gültigen Rechtfertigung« (§ 3, GPR; 36) erheben. Auch der These Savignys, es sei in der Gegenwart nicht möglich und legitim, ein Gesetzbuch zu schaffen, sondern man müsse in dem leben, was sich historisch herausgebildet habe, tritt er scharf entgegen (vgl. § 211 A., GPR; 363). Zugleich weist er naturalistische Mißverständnisse des Naturrechts zurück: »Der Ausdruck *Naturrecht*, der für die philosophische Rechtslehre gewöhnlich gewesen, enthält die Zweideutigkeit, ob das Recht als ein in *unmittelbarer Naturweise* vorhandenes, oder ob es so gemeint sei, wie es durch die Natur der Sache, d. i. den *Begriff* sich bestimme. Jener Sinn ist der vormals gewöhnlich gemeinte, so daß zugleich ein *Naturzustand* erdichtet worden ist, in welchem das Naturrecht gelten solle, wogegen der Zustand der Gesellschaft und des Staates vielmehr eine Beschränkung der Freiheit und eine Aufopferung natürlicher Rechte fordere und mit sich bringe. In der Tat aber gründen sich das Recht und alle seine Bestimmungen allein auf die *freie Persönlichkeit*, eine *Selbstbestimmung*, welche vielmehr das Gegenteil der *Naturbestimmung* ist. Das Recht der Natur ist darum das Dasein der Stärke und das Geltendmachen der Gewalt, und ein Naturzustand ein Zustand der Gewalttätigkeit und des Unrechts, von welchem nichts Wahreres gesagt werden kann, als *daß aus ihm herauszugehen* ist. Die Gesellschaft ist dagegen vielmehr der Zustand, in welchem allein das Recht seine Wirklichkeit hat; was zu beschränken und aufzuopfern ist, ist eben die Willkür und Gewalttätigkeit des Naturzustandes.« (EPW, § 502; 10, 311/12; zum Herausgehen aus dem Naturzustand vgl. auch JPG_2, III; 197.) So geht es nach Hegel beim Naturrecht nicht um das Recht der Natur, sondern um die Natur des Rechts, und diese »Natur« ist sein Begriff, der selbst sofort die Frage nach dessen Wirklichkeit aufwirft.

Damit aber begibt sich Hegel auf ein politisch umstrittenes Gebiet, denn jetzt gilt es, Farbe zu bekennen: Was folgt aus der Identität von Vernünftigem und Wirklichem für die bestehenden Verhältnisse? Daß beides nichts miteinander zu tun habe, ist durch

28 Vgl. neben Ilting (1978) u. Riedel (1968) auch Bobbio.

die Prämissen, die schon dem Titel »Naturrecht und Staatswissenschaft« zugrunde liegen, von vornherein ausgeschlossen; also bleibt nur die Möglichkeit, das Bestehende als die ansatzweise und zu vervollkommnende oder als die abgeschlossene Verwirklichung des Rechtsbegriffs einzustufen. Die Nachschrift von Homeyer belegt, daß Hegel vor der Publikation der GPR für das Erste optiert hatte.[29] Die Vorrede zur Vorlesung WS 1818/19 läßt – wie die kurz zuvor abgeschlossene Schrift über die Württembergischen Landstände (1817) – keinen Zweifel daran, daß Hegel zufolge mit weiteren Verwirklichungsprozessen des an sich schon realisierten vernünftigen Begriffs des Rechts zu rechnen ist, die noch ausstehen. In der Heidelberger EPW von 1818 heißt es im § 529 (den Hegel 1827 und 1830 unverändert ließ): »Das *Positive* der Gesetze betrifft zunächst nur ihre Form, überhaupt als *gültige* und *gewußte* zu sein, womit die Möglichkeit zugleich gegeben ist, von *allen* auf gewöhnliche äußerliche Weise gewußt zu werden. Der Inhalt kann dabei an sich vernünftig oder auch unvernünftig und damit unrecht sein.« (10, 324). Davon ist dann in den GPR keine Rede mehr. Hatte Hegel noch zu Beginn seiner Lehrtätigkeit in Berlin 1818 die »Morgenröte eines gediegeneren Geistes« begrüßt und angerufen (vgl. EPW; 10, 403) – wobei »gediegen« bei Hegel das Gegenteil von ›abstrakt‹ und ›leer‹ meint, also auf das Geistige als Einheit von Vernunft und Wirklichkeit verweist –, so ersetzt er in der Vorrede zu den GPR dieses Bild durch das resignative der »Eule der Minerva«, die erst »in der Dämmerung ihren Flug« (Vorrede, GPR; 28) beginne. Daß hier, was die Frage des Verhältnisses von Naturrecht und positivem Staatsrecht betrifft, ein offensichtlicher Positionswechsel vorliegt, ist schon von Thaden aufgefallen, der in seinem Brief vom 8. 8. 1821 Hegel auf die Diskrepanzen zwischen seiner Stände-Schrift und den GPR in dieser Sache hinweist; auch wundert er sich, daß Hegel in den GPR seine 1817 publizierte Stände-Schrift nicht erwähnt, und selbst den Vorwurf des politischen Opportunismus läßt von Thaden anklingen.[30] Tatsächlich ist Hegel jetzt sehr bemüht, jeden Anschein einer revolutionären oder auch nur reformistischen Spannung zwischen dem Naturrecht und der »Staatswissenschaft« zu vermeiden: »Daß das Naturrecht oder das philosophische Recht vom positiven verschie-

29 Vgl. Ilting (1973), 32 ff.
30 Vgl. ebd., 32 f.

den ist, dies darein zu verkehren, daß sie einander entgegengesetzt und widerstreitend sind, wäre ein großes Mißverständnis; jenes ist zu diesem vielmehr im Verhältnis von Institutionen zu Pandekten.« (§ 3 A., GPR; 35) Dieser Vergleich spricht für sich selbst. Die »Institutionen« sind der erste Teil des römischen *Corpus Iuris Civilis* von der Form eines amtlichen Lehrbuchs, während die »Pandekten« (oder »Digesten«) eine umfangreiche Sammlung von Auszügen aus Schriften verschiedener juristischer Schriftsteller enthalten. Parallel hierzu sollen Hegel zufolge Naturrecht und positives Recht denselben Inhalt haben, und der Unterschied soll nur mehr im Systematisierungs- und Rationalisierungsgrad bestehen. Somit scheint die Rechtsphilosophie genauso wie die positiven Rechtswissenschaften auf das positiv Vorhandene vereidigt zu sein. Die realitätskritische Funktion des Naturrechts ist in solchen Formulierungen aufgegeben und hat sich zurückgezogen auf die Korrektur der falschen Vorstellungen dessen, was ist: »Was zwischen der Vernunft als selbstbewußtem Geiste und der Vernunft als vorhandener Wirklichkeit liegt, was jene Vernunft von dieser scheidet und in ihr nicht die Befriedigung finden läßt, ist die Fessel irgendeines Abstraktums, das nicht zum Begriffe befreit ist.« (Vorrede, GPR, 26; vgl. auch EPW; 10, 405 f.) So kann man sagen: Die praktische Philosophie Hegels ist dort konformistisch, wo sie die unvernünftige Form der wirklichen Vernunft nur den Subjekten und ihrer subjektiven Verkehrtheit anlastet; sie ist außerdem inkonsequent, wenn sie nicht mehr – wie in den Frühschriften und in der PhG – den verkehrten Zustand der Subjekte als Gegenstück objektiver Zerrissenheit und Entfremdung erkennt, der verursacht, daß den Subjekten ihre Welt als eine verkehrte erscheint. Gleichwohl ist die realitätskritische Funktion des Naturrechts in den GPR nicht vollständig getilgt, was erklärt, warum in den späteren Vorlesungsnachschriften und in der EPW das zitierte Motiv einer möglichen Differenz zwischen Form und Inhalt, Begriff und Realität des Rechts festgehalten wird. Die Verteidigung der Sentenz »Was vernünftig ist, das ist wirklich; und was wirklich ist, das ist vernünftig« mittels der Unterscheidung zwischen »durch den Begriff selbst gesetzte(r) Wirklichkeit« und dem, was Hegel »vorübergehendes *Dasein*, äußerliche Zufälligkeit, Meinung, wesenlose Erscheinung, Unwahrheit, Täuschung usf.« (§ 1, GPR; 29) nennt, läßt immer die Möglichkeit offen, etwas offenbar Unvernünftiges und Unrechtliches als bloßes Dasein oder Zufall zu deklarieren –

ohne genaue Grenzen. Auf dieser Basis konnte Hegel seine Einschätzung des Verhältnisses von Naturrecht und positivem Recht in den GPR antirevolutionär akzentuieren, ohne seine prinzipielle Position zu räumen.

(c) Elemente des Begriffs des Rechts

Nach der formalen Charakterisierung des Rechtsbegriffs Hegels sind nun die materialen Bestimmungen des Rechts anzugeben. Dabei kann der § 29 geradezu als »Definition« gelten, stünde dem nicht das in § 2 A. gegen Definitionen Gesagte entgegen: »Dies, daß ein Dasein überhaupt *Dasein des freien Willens* ist, ist das *Recht*. – Es ist somit überhaupt die Freiheit, als Idee.« (§ 29, GPR; 80) Diese Begriffsbestimmung ist deswegen keine bloße Definition, weil sie am Ende einer längeren Begriffsentwicklung als deren Resultat erscheint; der § 4 markiert dabei den Einsatzpunkt. Das hier Gesagte wird, wie der § 2 betont, in den GPR selbst nicht abgeleitet, sondern vorausgesetzt, d. h. aus dem vorhergehenden Systemteil der Philosophie des subjektiven Geistes aufgenommen.[31] Die wichtigsten Begriffe sind hier ›Geist‹, ›Wille‹ und ›Freiheit‹. Daß der »Boden« des Rechts das »Geistige« sei, ist eine erneute Zurückweisung eines naturalistischen Mißverständnisses des Naturrechts. So wie Hegel schon in der JPG die praktische Philosophie im materialen Sinne aus dem Zusammenhang der Schellingschen Naturphilosophie herausgelöst und als Philosophie des Geistes neu formuliert hatte,[32] so besteht Hegel auch in der Frage des Rechts von allem Anfang an auf der Differenz zwischen Natur und Geist. Mit ›Geist‹ ist aber noch nicht unmittelbar ›Recht‹ gesagt, sondern dies wird nach Hegel erst dort möglich, wo der subjektive Geist begrifflich bis zum freien Willen entwikkelt ist, und das ist erst am Schluß der Lehre vom subjektiven Geist der Fall (vgl. Hegels eigene Erläuterung in § 4 A., GPR; 46 und EPW, § 481 f.; 10, 300 f.). Die Lehre vom subjektiven Geist gelangt nur bis zum Begriff des freien Willens, während das Recht das »Reich der verwirklichten Freiheit« betrifft; als verwirklichter subjektiver Geist ist das Recht dann objektiver Geist. Wichtig ist es, diese Objektivität als Resultat der eigenen Verwirklichung des

31 Vgl. dazu Abschnitt IV. 3.
32 Vgl. Abschnitt III. 3.

subjektiven Geistes zu verstehen, der im freien Willen vollständig begrifflich entwickelt und zum »freien Geist« (EPW, § 481) geworden ist, und darum ist das »Rechtssystem ... die Welt des Geistes aus ihm selbst hervorgebracht, als eine zweite Natur ...« (§ 4, GPR; 46). Der Wechsel von ›Recht‹ zu ›Rechtssystem‹ in Hegels Formulierung ist nicht zufällig, sondern verweist darauf, daß das Recht als objektiver Geist selbst eine Welt mit Systemcharakter ausmacht – wie die Natur, aber als »zweite« Natur.

Der § 4 kann als eine der souveränsten, aber auch präzisesten Formulierungen der GPR gelten. Hier sind die wichtigsten Grundbestimmungen des neuzeitlichen Naturrechtsdenkens zusammengefaßt. Der Ausdruck »zweite Natur« findet sich schon bei Aristoteles (*deútera phýsis*), meint aber dort »die auf Gesetz (*nómos*) und Gewohnheit (*êthos*) beruhende naturwüchsige Sitte und Polissittlichkeit«;[33] er ist also in dem Sinne zu verstehen, in dem wir sagen, daß jemandem dieses oder jenes zur zweiten Natur geworden sei. Nach Hegel hingegen ist das Recht eine durch den sich verwirklichenden »freien Geist« gestiftete »zweite Natur«: Natur auch noch jenseits bloßer Naturwüchsigkeit. Die neuzeitliche, vor allem von Rousseau, Kant und Fichte herrührende Verknüpfung von Recht und Freiheit ist damit ausdrücklich aufgenommen und erneut bekräftigt. Zugleich aber ist das Junktim zwischen Freiheit und Wille wichtig; nicht Freiheit überhaupt, sondern Willensfreiheit ist die Grundlage des Rechts. Ursprünglich verstehen wir Rechte als Freiheiten, während uns die mit unseren Rechten verknüpften Pflichten als Gesetzeszwänge erscheinen, und so verstand auch Hobbes das Naturrecht: »The Right of Nature, which Writers commonly call Jus Naturale, is the Liberty each man hath, to use his own power, as he will himselfe, for the preservation of his own Nature; that is to say, of his own Life.«[34] Unter ›Liberty‹ versteht Hobbes nur die Abwesenheit von Handlungshindernissen, also die Freiheit des Menschen, so zu handeln, wie er will; Willensfreiheit existiert ihm zufolge nicht. Indem dann vor allem Kant der Freiheit allein den sich selbst bestimmenden Willen zuspricht, entsteht die spezifische Verknüpfung von Freiheit, Wille und Recht, die auch noch für Hegel verbindlich bleibt: allerdings bei ihm mit der wichtigen Abweichung, daß die Freiheit des Wil-

33 Riedel I, 110.
34 Hobbes, Lev., Chap. XIV.

lens im Recht nicht nur die Bedingungen ihrer möglichen Verwirklichung als »Vermögen« vorfindet, sondern ihre Wirklichkeit selber schafft (vgl. dazu § 22, GPR; 74 f.), denn das Recht ist ja das »Reich der verwirklichten Freiheit« (§ 4, GPR; 46). Umgekehrt ist dann jedes »Dasein«, sofern es Dasein des freien Willens ist – oder sofern es die »Freiheit, als Idee« exemplifiziert, »Recht« (§ 29, GPR; 80); so weit ist Hegels Rechtsbegriff gefaßt.

(d) Der ›freie Wille‹

Hegel widmet die §§ 5-28 der Explikation des Begriffs des freien Willens, aus der als Resultat einer »immanenten Entwickelung« das Recht als Dasein des freien Willens hervorgehen soll. Dies steht nicht im Widerspruch zum § 2, der sagt: »Der Begriff des Rechts fällt... seinem *Werden* nach außerhalb der Wissenschaft des Rechts, seine Deduktion ist hier vorausgesetzt, und er ist als *gegeben* aufzunehmen.« (GPR; 30) Dies ist deswegen nicht der Fall, weil Hegel die Einleitung nicht als Teil der Rechtsphilosophie ansieht, sondern als bloße Erläuterung dessen, was bei ihrem Beginn als »gegeben aufzunehmen« ist. Der Sache nach wiederholt Hegel in sehr freier Variation und mit zahlreichen Erläuterungen die Schlußparagraphen der Lehre vom subjektiven Geist – vor allem die §§ 468 ff. der EPW –, die mit dem Begriff des »objektiven Geistes« (§ 482; 10, 301) ihren Schlußpunkt erreicht. – Der Text zeigt ferner, daß es Hegel zufolge nicht möglich ist, die Begriffe ›Wille‹ und ›Freiheit‹ unabhängig voneinander zu explizieren, so daß man zunächst angeben könnte, was der Wille ist, um dann nachträglich die Bedingungen hinzuzufügen, unter denen er frei genannt werden kann. Die §§ 5-7 geben zwar die Grundbestimmungen des Willens an, aber damit ist auch schon seine Freiheit formal angegeben. In gesperrter Formulierung setzt der § 21 die Ausdrücke »der Wille« und »die Freiheit« nebeneinander, d. h. sie bedeuten dasselbe: Der richtig verstandene Wille ist die Freiheit, und die Freiheit existiert nur als Wille.

Der § 21 aber setzt neben diese beiden identischen Begriffe noch einen dritten – »die sich selbst bestimmende Allgemeinheit« (GPR; 71) – und von hier aus wird verständlich, was Hegel in den vorherigen Paragraphen bezweckt: Er beabsichtigt zu zeigen, daß der wahrhaft freie Wille, dessen Objektivität das Recht ist, »sich selbst bestimmende Allgemeinheit« ist. Zunächst gibt Hegel in den §§ 5-7 die formalen Bestimmungen dieser Figur an: Allgemeinheit, Besonderheit, Einzelheit als Einheit von Allgemeinheit und Besonderheit. Entscheidend ist dabei, die Besonderheit des Willens nicht als etwas zu verstehen, was von außen hinzutritt, sondern als Resultat der eigenen, immanenten Besonderung des Willens selbst, der zunächst als allgemeiner auftritt. Wenn gezeigt werden kann, wie dies möglich ist – die immanente Besonderung des zunächst allgemeinen Willens –, dann fallen die Bestimmungen ›Allgemeinheit‹ und ›Besonderheit‹ in den Begriff des Willens selbst, und er läßt sich schließlich als ›Einzelheit‹ im Sinne einer Einheit von Allgemeinheit und Besonderheit begreifen. ›Einzelheit‹ ist dann aber nur ein anderes Wort für »sich selbst bestimmende Allgemeinheit«, d. h. die Selbstbestimmung des Willens und seine immanente Besonderung fallen zusammen; dies ist Hegels Begriff der Selbstbestimmung. Zugleich liegt auf der Hand, daß der Wille dann, wenn es keine andere Bestimmung des Willens gibt als die Bestimmung des Willens durch sich selbst, mit Recht frei genannt werden kann. Dies im einzelnen zu zeigen ist die Aufgabe der §§ 8-20.

Faßt man den skizzierten Gedankengang Hegels etwas genauer ins Auge, so gilt es zunächst, die formalen Bestimmungen der §§ 5-7 zu verstehen. Die Idee der immanenten Besonderung des Allgemeinen kann als eine der Grundintuitionen der Hegelschen Philosophie gelten. Sie ergibt sich aus dem, was schon im Kommentarteil zu den WBN als deren spekulative Grundfigur bezeichnet wurde. Hegel lehrt, daß ein Allgemeines, das das Besondere sich gegenüber hat und unter sich nur subsumiert, selbst ein bloß Besonderes sei. Diese These versteht Hegel als den Nachweis, daß das richtig verstandene Allgemeine selbst die Einheit von Allgemeinheit und Besonderheit sein müsse. Es stellt sich sodann die Frage, wie das Besondere in das Allgemeine hineinkomme. Hegels Antwort lautet: Das Allgemeine enthält immer schon das Besondere, weil es ja nur als Abstraktion vom Besonderen das Allgemeine ist; diese Abstraktion gehört zu ihm, ist seine eigene Bestimmung, und zwar als Abstraktion vom Besonderen, und deswegen gehört auch das Besondere, von dem in ihm abstrahiert ist, zu seiner Bestimmung. Die Grundlage dieser Konstruktion ist die Figur der »bestimmten Negation«: Die *Negation* von A ist nicht nichts, sondern als Negation von *A* zugleich auch A. In der WL erläutert Hegel dies so: »Das Einzige, *um den wissenschaftlichen Fortgang zu gewinnen* – und um dessen ganz *einfache* Einsicht sich wesentlich zu bemühen ist –, ist die Erkenntnis des logischen Satzes, daß das Negative ebensosehr positiv ist, oder daß das sich Widersprechende sich nicht in Null, in das abstrakte Nichts auflöst, sondern wesentlich nur in die Negation seines *besonderen* Inhalts, oder daß eine solche Negation nicht alle Negation, sondern *die Negation der bestimmten Sache*, die sich auflöst, somit bestimmte Negation ist; daß also im Resultate wesentlich das enthalten ist, woraus es resultiert ...« (6, 49)

Die §§ 5-7 exemplifizieren diesen Negationsbegriff am Begriff des Willens. Der Wille ist zunächst in dem Sinne allgemein, daß er das Vermögen ist, von jedem bestimmten Inhalt des Wollens abzusehen; insofern verkörpert er die »reine Reflexion des Ich in sich« (§ 5, GPR; 49), von der die Philosophie des subjektiven Geistes gezeigt hatte, daß aus ihr der Wille hervorgeht. Hegel meint damit nicht, es sei möglich zu wollen, ohne etwas zu wollen, sondern er bezeichnet zunächst nur das Moment des Willens, das die Differenz zum Trieb ausmacht: Ich kann alles Mögliche wollen; nichts Bestimmtes muß ich wollen, und genau das bezeichnet Hegel als die Auflösung jeder »Beschränkung« des Wollens durch einen inneren oder äußeren natürlichen Zwang. Die Anmerkung zeigt, daß dieses Moment der abstrakten Allgemeinheit die Freiheit des Willens im Sinne eines reinen Vermögens, etwas zu wollen, ausmacht. Bleibt es bei dieser Bestimmung, d. h. sieht der Wille seine Freiheit nur darin, Vermögen im Sinne reiner Möglichkeit zu sein (vgl auch § 10 A., GPR; 61), ist dies die »negative« Freiheit oder die »Freiheit des Verstandes«, wie Hegel sie wegen der Abstraktheit der Allgemeinheit bezeichnet. Eine solche Freiheit ist negativ, weil jede positive Willensbestimmung die Unendlichkeit der Möglichkeiten einschränkte und dem sich so als frei verstehenden Willen als eine Beschränkung seiner Freiheit erscheinen muß. (Erläutern kann man sich das an Menschen, die sich zu nichts entschließen können, weil ihnen dies als eine Einschränkung ihrer unendlichen Möglichkeiten erscheint.) Umgekehrt kann sich die negative Freiheit nach Hegel immer nur in der Aufhebung von positiv Bestehendem selbst erfahren, weswegen Hegel sie als »Furie des Zerstörens« bezeichnet. Hegel spielt in diesem Zusammenhang auch auf das Kapitel »Die absolute Freiheit und der Schrecken« aus der PhG an (vgl. 3, 431 ff.), in dem er den jakobinischen Terror als notwendige Folge dieses bloß negativen Freiheitsverständnisses interpretiert hatte. Dort nennt er die negative Freiheit die »Furie des Verschwindens« (ebd., 436).

Der § 6 fügt dem Gesagten den phänomenologischen Befund hinzu, daß das Ich als Wille zugleich immer *etwas* wollen muß, um »in das *Dasein* überhaupt« zu treten, wirklich zu werden; dies ist »das absolute Moment der *Endlichkeit* oder *Besonderung* des Ich« (GPR; 52). Die Anmerkung führt die Figur der »bestimmten Negation« explizit am Begriff des besonderen Willens durch, wobei Hegel mit der These beginnt, die Besonderung sei ebenfalls Negation wie die abstrakte Allgemeinheit: nun aber Negation eben dieser Abstraktheit. Diese Negation ist aber keine äußere, dem abstrakt Allgemeinen des Willens von außen widerfahrende – wie Kant und Fichte Hegel zufolge lehren –, sondern nur die Manifestation der Tatsache, daß der abstrakt-allgemeine Wille ja an sich bestimmte Negation des Besonderen ist und deswegen das Besondere in sich enthält. Diese Einsicht in die »immanente *Negativität*« des Allgemeinen des Willens, der zufolge die Besonderheit des Willens das Resultat seiner immanenten Besonderung ist, ist Hegel zufolge der »weitere Schritt, den die spekulative Philosophie zu machen hatte« (§ 6, GPR; 53) – über Kant und Fichte hinaus.

Im § 7 ist die »Einzelnheit« als innere Einheit der Allgemeinheit und Besonderheit des Willens erreicht. Die immanente Besonderung des abstrakt allgemeinen Willens – seine »Selbstbestimmung« – ist kein Vorgang mehr, bei dem der Wille über sich selbst hinausgehen und sich auf ein ihm Transzendentes beziehen müsse, und in diesem Sinne ist er frei – vollständig und grenzenlos selbstbestimmt. Freiheit des Willens ist eben nicht dessen Unendlichkeit im Gegensatz zu seiner Endlichkeit, wie Fichte es auffaßte (§ 6 A., GPR; 53), sondern die Einheit von Unendlichkeit und Endlichkeit als Resultat der eigenen, immanenten Verendlichung des an sich unendlichen Willens (vgl. auch § 22, GPR; 74). Bemerkenswert ist, daß Hegel die so verstandene Freiheit als dasjenige bestimmt, was am Willen »seinen Begriff, oder Substantialität, seine Schwere so ausmacht, wie die Schwere die Substantialität des Körpers« (§ 7, GPR; 55); Freiheit kommt nicht akzidentell zum Willen hinzu, sondern betrifft sein Wesen, macht ihn aus. – In der Anmerkung führt Hegel selbst aus, in welchem Maße diese ganze Konstruktion abhängt von der WL, die die Struktur des spekulativen Begriffs des Begriffs expliziert: Die »Einzelnheit«, die Hegel am Begriff des Willens erläutert hat, »ist eigentlich nichts anderes als der Begriff selbst.« (Ebd.) Die Anwendung dieses Begriffs auf das Ich und den Willen geschieht Hegel zufolge ebenfalls nicht von außen, denn das

Ich ist ja nicht ein bloßes Beispiel, anhand dessen sich jener Begriff des Begriffs erläutern ließe, sondern es ist nichts anderes als der existierende Begriff selber (vgl. 6, 253). Der Schlußsatz der Anmerkung erläutert zudem, daß man dann, wenn man den Willen am Leitfaden dieses Begriffs denkt, ihn prozessual denken muß, nämlich »als sich in sich vermittelnde Tätigkeit und Rückkehr in sich« (§ 7, GPR; 56). Die Prozessualität des Begriffs, des Ich, des Willens ist ein Fichtesches Erbe, denn Fichte hatte das ICH als reine Tathandlung bestimmt.

Die Paragraphen 8ff. entwickeln durch genauere Analyse der »Besonderung« des Willens weitere Willensformen und die damit verbundenen Nachbarbegriffe. Der Wille ist einmal das Vermögen, sich von der Außenwelt zu distanzieren und sich subjektive Zwecke zu setzen, die dort realisiert werden sollen; aber dies ist nur *»die Seite der Erscheinung* des Willens« (§ 8, GPR; 58), weil der Wille ja in Wahrheit immer schon über die Äußerlichkeit von Innen und Außen hinaus ist (ebd.; 57f.). Daß die Willensinhalte zunächst als solche erscheinen, auf die sich der Wille äußerlich bezieht, um sie dann zu seinen Zwecken zu machen, ist darum nicht dem wahren Wesen des Willens zuzurechnen, sondern der Form der Unmittelbarkeit, in der der Wille zunächst notwendig auftritt; ihr ist auch die Vorstellung der Freiheit als bloßem Vermögen eigen (§ 10 und A., GPR; 60f.). Der § 11 schlägt dann auch die *»Triebe, Begierden, Neigungen«* (GPR; 62), von denen in der üblichen Vorstellung seit der Stoa, aber auch Kant zufolge die Freiheit des Willens ständig bedroht ist, dieser Unmittelbarkeit zu: Der »natürliche«, von der Natur bestimmte Wille ist an sich der vernünftige und somit freie Wille, aber »noch nicht in Form der Vernünftigkeit« (ebd.).

Was dies für die Trieb- oder Affektenlehre bedeutet, sagt der § 19: Da die Triebe und Neigungen an sich vernünftiger Wille sind, aber nicht in vernünftiger Form auftreten, muß man die traditionelle ethische Forderung der *»Reinigung der Triebe«* vernünftigerweise als jenen Anspruch verstehen, »daß die Triebe als das vernünftige System der Willensbestimmung seien.« (§ 19, GPR; 70) Bemerkenswert ist dabei; daß Hegel das »Aus-dem-Begriffe-Fassen« der Triebe der »Wissenschaft des Rechts« als ganzer zuweist, was man als eine theoretische Unterstützung bei der Verwirklichung jener ethischen Forderung verstehen kann – ganz nach dem Vorbild des Aristoteles, dem zufolge die ethische Untersuchung

»nicht der reinen Forschung dienen soll wie die übrigen, denn wir fragen nicht, um zu wissen, was die Tugend ist, sondern damit wir tugendhaft werden, da wir anders keinen Nutzen von ihr hätten«.[35] Die Anmerkungen zu den §§ 11 und 19 deuten an, was dabei mit den Trieben und Neigungen geschieht: Sie werden in Pflichten transformiert, denn nach Hegels Lehre vom subjektiven Geist ist die Wahrheit der »Triebe, Neigungen und Leidenschaften« nichts anderes als der Inbegriff der »rechtlichen, moralischen und sittlichen Pflichten« (vgl. 10, 296 f.), und die wiederum sind das Pendant der Rechte, von denen die GPR handelt. So operiert Hegel in der Sphäre des objektiven Geistes durchweg mit einer strikten Komplementarität von Rechten und Pflichten (vgl. §§ 155 und 261 A., GPR; 304, 409, auch EPW, § 486; 10, 304 f.). – Die »Selbstbestimmung« des Begriffs in der »Einzelnheit« dient Hegel auch als Mittel zur Erläuterung dessen, was in diesem Zusammenhang ›Beschluß‹ und ›Entschluß‹ des Willens bedeuten können (§§ 12 und 13, GPR; 63 f.). Hegel greift dabei den grundlegenden Zusammenhang zwischen Intelligenz und Willen aus der JPG wieder auf und zeigt, daß das Ich, sofern es sich als Wille zu etwas entschließt, nichts anderes als die Intelligenz oder »denkende Vernunft« ist, die sich zur Endlichkeit entschließt; somit ist der Wille die sich selbst verendlichende Intelligenz (§ 13 A., GPR; 64). – Die Auffassung des Willens nach dem Modell des Verstandesallgemeinen – als Allgemeines neben oder über dem Besonderen – ist dann auch die Basis für die Auffassung der Freiheit als Wahlfreiheit oder Willkür, die Hegel sehr genau analysiert und kritisiert (§§ 14-16, GPR; 65 ff.), wobei er überdies das berühmte Kantische, aber schon vor Kant formulierte Problem ›Freiheit oder Determinismus?‹ aus jener Verstandesauffassung des Willens ableitet. Der das 18. Jahrhundert nachhaltig beschäftigende Streit, ob der Mensch von Natur gut oder böse sei (§ 18, GPR; 69), und die Kultur des reflektierenden Umgangs mit den Trieben, der Hegel im Vorgriff auf den § 187 eine Bildungsfunktion zuspricht (§ 20, GPR; 71), wird von ihm auf den das Willkürmodell des Willens kennzeichnenden Gegensatz zwischen abstrakter Allgemeinheit und Besonderheit des Willens zurückgeführt.

Damit ist Hegels Begriff des freien Willens vollständig exponiert: er ist »*die sich selbst bestimmende Allgemeinheit*«, und die ist

35 Aristoteles, NE II 2, 1103b 26 ff.

nichts anderes als *»der Wille, die Freiheit«* (§ 21, GPR; 71f.). Die folgenden Paragraphen sind der Aufgabe gewidmet, die Lücke zu schließen zwischen dem Begriff des freien Willens und seinem »Dasein«, das das Recht ist (§ 29, GPR; 80). Da dieses Dasein objektives Dasein ist, geht es an dieser Stelle um den Übergang vom subjektiven zum objektiven Geist.

(e) Recht als objektiver Geist

Hegel beginnt mit der Unterscheidung zwischen dem »an sich« und dem »für sich freien Willen«, um dann den wahrhaft freien Willen als Einheit beider zu bestimmen. »An sich« ist der Wille frei, weil Freiheit sein Wesen ausmacht; »für sich« ist er frei, wenn er darum weiß. Der Wille ist nach Hegel allein dann wirklich frei, wenn er dies tatsächlich ist und wenn er es weiß, und deswegen ist »der Wille nur als *denkende* Intelligenz wahrhafter, freier Wille.« (§ 21 A., GPR; 72) Die Einheit von Intelligenz und Wille ist somit vom Willensbegriff her wieder erreicht: als »im Willen sich *durchsetzende(s) Denken«* (ebd.). Für den Freiheitsbegriff bedeutet dies, daß nur das selbstbewußte, Intelligenz einschließende Freisein des Willens es verdient, ›Freiheit‹ genannt zu werden; selbstbewußte Freiheit aber – und darin stimmt Hegel mit Kant und Fichte völlig überein – ist »das Prinzips des Rechts, der Moralität und aller Sittlichkeit« (ebd.).

Der Übergang von der Logik der immanenten Besonderung des Willens zur Figur des An-und-Für-sich-Seins mag auf den ersten Blick als gewaltsam erscheinen, aber es ist daran zu erinnern, daß Hegel jene Logik hier auf die Strukturen seines Ich-Begriffs bezieht. Gleichwohl gilt, daß er die logische Figur immanenter Besonderung aus der Interpretation des Selbstbewußtseins bei Fichte und dem frühen Schelling gewann. Wenn es zutrifft, daß sich das Allgemeine im Besonderen auf das Resultat seiner eigenen Besonderung bezieht, bezieht es sich im Besonderen in Wahrheit auf sich selbst; es weist dann – wie wir heute sagen – eine selbstreferentielle Struktur auf. Selbstreferenz auf der Ebene des Ich oder des Bewußtseins ist indes Selbstbewußtsein, und Freiheit in diesem Sinne ist selbstbewußte Freiheit, von der der § 21 handelt.

Das Selbstbewußtsein wird nun im deutschen Idealismus allgemein als eine subjektive Einheit von Subjekt und Objekt gedacht, also als eine Struktur vorgestellt, in der das Subjekt zugleich Subjekt und Objekt umfaß. Dies gilt aber in Abweichung vom traditionellen und alltagssprachlichen Sprachgebrauch als eine Bestimmung der Wahrheit, und so kommt Hegel zu der These, der freie Wille sei »wahr oder vielmehr die Wahrheit selbst, weil sein Bestimmen darin besteht, in seinem Dasein, d. i. als sich Gegenüberstehendes zu sein, was sein Begriff ist, ...«, d. h. »der reine Begriff« hat »die Anschauung seiner selbst zu seinem Zwecke und (seiner) Realität« (§ 23, GPR; 75). Hier gilt die Einheit von Anschauung und Begriff in entfernter Analogie zu Kants Erkenntnislehre als Einheit von Objektivität und Subjektivität.

Wichtig ist ferner, daß Hegel die Selbstreferentialität des Willens nicht nur kognitiv auffaßt – als Selbstbewußtsein des Willens –, sondern auch voluntativ, und zwar in der erstaunlichen Formulierung: »der abstrakte Begriff der Idee des Willens ist überhaupt der freie Wille, *der den freien Willen will.*« (§ 27, GPR; 79) Diese doppelte, zugleich kognitive und voluntative Selbstreferenz des Willens, durch die er – wie die §§ 22-24 in verschiedenen Variationen formulieren – in seinem Anderen zugleich bei sich selbst bleibt und dadurch frei und unendlich ist, leitet über zur Erklärung der Objektivität des freien Willens, die das Recht ist. Nach den Erläuterungen der Begriffe ›Subjektivität‹ und ›Objektivität‹ (§§ 25-26) konstatiert Hegel den »absoluten Trieb des freien Geistes (§ 21), daß ihm seine Freiheit Gegenstand sei« (§ 27, GPR; 79). Dieser »Trieb« erklärt erst jene doppelte Selbstreferentialität, in der das Sich-Wissen und Sich-Wollen des freien Willens nur analytisch getrennt werden können. Zur Begründung dieses »Triebs« könnte sich Hegel auch auf Kant und Fichte berufen, bei denen die Vernunft immer schon den Willen zur Vernunft, den vernünftigen Willen oder die praktische, gesetzgebende Vernunft einschließt.

In der Philosophie des subjektiven Geistes hatte Hegel, Fichtesche Motive variierend, argumentiert: Die vollendete Selbsterkenntnis der Intelligenz als einer freien und unendlichen ist *per se* der Übergang von der Intelligenz zum Willen; weiß das Ich sich als frei, dann will es sich auch als freies Ich, was soviel heißt wie: dann will es diese seine Bestimmung gegenständlich realisiert sehen (vgl. EPW, §§ 468 ff.; 10, 287 ff.). In der Einleitung zu den GPR wendet Hegel diese Figur auf den zunächst nur begrifflich erreichten an- und fürsichseienden, d. h. freien Willen als der höchsten Gestalt des »freien«, aber nur subjektiven Geistes an, um den immanenten Übergang von der Subjektivität in die Objektivität des Geistes zu erklären; mit »objektiv« ist dabei zweierlei gemeint: systematische Selbstentfaltung und gegenständliche Realisierung (vgl. § 27, GPR; 79). Der objektive Geist gilt demzufolge als Inbegriff der Selbstobjektivierung des freien subjektiven Geistes. Jene Selbstobjektivierung ist die Wirklichkeit des Begriffs des freien Willens, die sich dieser Begriff selbst gibt (vgl. § 1, GPR; 29), oder »das Reich der verwirklichten Freiheit, die Welt des Geistes aus ihm selbst hervorgebracht, als eine zweite Natur« (§ 4, GPR; 46). An die Formel »zweite Natur« ist an dieser Stelle deswegen noch einmal zu erinnern, weil sie nicht nur den Systemcharakter, sondern auch die Härte der Gegenständlichkeit des objektiven Geistes unterstreicht, mit der nach Hegel trotz der Tatsache zu rechnen ist, daß es sich hier um das gegenständliche System des subjektiven Geistes selbst handelt. Gerade weil wir es hier mit vergegenständlichtem Geist zu tun haben, ist seine gegenständliche Härte größer als in der Natur (vgl. § 146, GPR; 294 f.).

Die Exposition des Rechtsbegriffs schließt Hegel im § 29 nicht ab, ohne noch einmal auf den Begriff des Rechts in der Perspektive der negativen Freiheit (§ 5, GPR; 49 f.) zurückzukommen. Mit dem bloß negativen Freiheitsbegriff hängt Hegel zufolge die Vorstellung des Rechts als allseitige Beschränkung des freien Willens zusammen, die für Rousseau, Kant und Fichte leitend war (vgl. § 29, GPR; 80 f.). Auch sie macht Hegel für die terroristischen Folgen der Französischen Revolution verantwortlich.[36] – Was Hegel zuvor in der Rhetorik des Absoluten über den freien Willen gesagt hatte – daß er die »Idee«, die »Wahrheit«, das »Vernünftige« etc. sei –, faßt er nunmehr im Hinblick auf das Recht als das Dasein des freien Willens in der Bestimmung der »Heiligkeit« zusammen (§ 30, GPR; 83). Der Topos der »Staatsvergottung«, der Hegel unendlich oft vorgehalten wurde, ist freilich fast unvermeidlich, wenn man das Recht erst einmal philosophisch in die Perspektive des Absoluten gerückt hat, und dies ist selbst wieder unvermeidlich in einer Philosophie, die sich das Ziel gesetzt hat, das Absolute selbst zu erkennen, und zwar in den Gestaltungen, die es sich in der Welt gibt. Das Recht als eine solche Gestalt des Absoluten ist dann notwendig selbst absolut, »heilig«, d. h. jenseits menschlicher Willkür und Verfügung.

Im übrigen zeigt der § 30 noch einmal die ganze Spannweite des

36 Vgl. § 29 A., GPR; 80 f.; dazu auch Abschnitt IV. 2.

Hegelschen Rechtsbegriffs, indem er auf die Hierarchie der Daseinsweisen des Rechts verweist, die den Aufbau und die Einteilung der GPR bestimmen. Die hierarchische Ordnung wird dabei durch den Entwicklungsgrad festgelegt, den die Idee der Freiheit auf den verschiedenen Ebenen – abstraktes Recht, Moralität, Sittlichkeit, Staat, Weltgeschichte – aufweist. Wichtig ist ferner, daß Hegel zufolge dem jeweils höheren Entwicklungsgrad immer auch ein höheres Recht gegenüber dem niedrigeren zukommt. Die Folge ist, daß es zwischen dem untergeordneten und dem übergeordneten Recht nicht zu Rechtskollisionen kommen kann, sondern dies ist nur auf einer und derselben Ebene möglich. Zugleich muß das niedrigere Recht stets dem höheren weichen, was vor allem folgenreich ist für das Verhältnis von Politik und Moral (vgl. auch § 126 A., GPR; 236 f.). Demnach wird das Recht des Staates nicht durch Moral begrenzt, sondern allein durch das »uneingeschränkt absolute« Recht des »Weltgeistes« (§ 30, GPR; 84) in der Weltgeschichte, die das »Weltgericht« ist (vgl. § 340, GPR; 503).

IV. 3 Die Methode der GPR

Die GPR enthalten nur spärliche Erläuterungen der Methode, der sie folgen; im § 2 heißt es dazu lapidar: »Worin das wissenschaftliche Verfahren der Philosophie bestehe, ist hier aus der philosophischen Logik vorauszusetzen.« (GPR; 32; vgl. auch § 31, GPR; 84) Die Beschränkung auf einen solchen Verweis ist in Hegels Sicht deswegen legitim, weil die GPR ja als Ausarbeitung eines Systemteils, d. h. als des Abschnittes »Objektiver Geist« aus der EPW, zu verstehen ist; in dem früheren Systemteil »Wissenschaft der Logik« aber hatte Hegel ausführlich die Methode der Philosophie dargelegt. Daß Hegel sich hier in Methodenfragen so kurz faßt, mag im Hinblick auf seine Hörer, die die GPR als Kompendium vor sich liegen hatten, angemessen gewesen sein, denn die hatten in der Regel auch seine *Enzyklopädie*-Vorlesung gehört. Für die exoterische Rezeptionsgeschichte der GPR hingegen hatte dies die Konsequenz, daß deren materiale Lehren weitgehend unabhängig vom Verfahren ihrer systematischen Herleitung aufgenommen und diskutiert wurden. Man schien dieses Werk verstehen zu können, ohne die WL studiert zu haben. Verstärkt wurde eine solche Tendenz umgekehrt durch die Tatsache, daß mehrere Übergänge – vor allem der vom abstrakten Recht in die Moralität (§ 104, GPR; 198 f.) und der von der bürgerlichen Gesellschaft in den Staat (§ 256, GPR; 397 f.) – der Sache nach kaum nachvollziehbar sind und man alsbald die Erfahrung macht, daß der Verweis auf die WL dann auch nicht wirklich weiterhilft.

Was Hegel unter ›Methode‹ versteht, sagt der § 2. Zunächst wird die »Rechtswissenschaft« darauf festgelegt, *»ein Teil der Philosophie«* (GPR; 30) zu sein. Einleuchtend ist dies nur, wenn man sich vergegenwärtigt, daß nach Hegel allein die Philosophie den Begriff der Wissenschaft ganz erfüllt; also ist nur die Philosophie des Rechts Rechtswissenschaft im ganzen Wortsinne.[37] In genauer Anknüpfung an den § 1, der die Idee des Rechts im Sinne der Einheit des Begriffs des Rechts und seiner eigenen Verwirklichung als den Gegenstand der philosophischen Rechtswissenschaft bestimmt hatte, wird nun angegeben, was methodologisch daraus folgt. Die Idee des Rechts muß zunächst ebenso wie die Idee überhaupt, »als welche die Vernunft eines Gegenstandes ist [existiert]« (§ 2, GPR; 30), als die »Vernunft« des Gegenstandes ›Recht‹ verstanden werden – d.h. als die Einheit der Vernünftigkeit und Wirklichkeit des Rechts im Sinne der berühmten Sentenz in der Vorrede. Daß das Recht Idee in diesem Sinne ist, kann aber am Anfang der Wissenschaft des Rechts noch nicht gewußt werden, denn dort verfügen wir zunächst nur über den Begriff des Rechts. Die Idee des Rechts ist also nach Hegel »aus dem Begriffe zu entwickeln«, und er setzt hinzu, dies sei dasselbe wie »der eigenen immanenten Entwicklung der Sache selbst zuzusehen« (ebd.). Diese »eigene(n) immanente(n) Entwicklung der Sache selbst« ist aber nach Hegel nichts anderes als der Prozeß der Verwirklichung des Begriffs des Rechts durch diesen Begriff selbst, von dem der § 1 spricht, und die gilt es gedanklich nachzuvollziehen. Zugleich weist Hegel im § 32 A. (GPR; 85) ausdrücklich darauf hin, daß das begriffliche Nacheinander der Bestimmungen in dieser Entwicklung nicht unmittelbar als ein zeitliches Nacheinander zu verstehen ist. Wie Hegel am Beispiel der Familie erläutert, bedeutet die Tatsache, daß in den GPR der Begriff der Familie die Begriffe ›Eigentumsrecht‹, ›Vertrag‹, ›Moralität‹ usw. voraussetzt, keineswegs, daß das, was diesen logisch früheren Begriffen entspricht, zeitlich früher existiert hätte als das, was dem Begriff der Familie entspricht. Hegel vertritt sogar

37 Vgl. auch Abschnitt I. 3 (a) dieses Kommentars.

die These, daß der Staat, der in der Begriffsentwicklung erst am Ende erreicht wird, der Grund für alles sei, was ihm in den GPR vorausging, so daß es Recht, Moralität, Familie etc. nur im Staat geben kann. Hegels Begriff der Entwicklung nimmt erst dort den uns geläufigen Sinn von zeitlicher Evolution an, wo die Begriffsentwicklung auf die Zeitdimension übergreift, und dies ist erst in der Weltgeschichte und in der Philosophiegeschichte der Fall. Dort sieht Hegel die Gestaltungen des Begriffs als Idee auch in einem zeitlichen Nacheinander angeordnet.

Diese Einheit des subjektiven und objektiven Aspekts von ›Entwicklung‹, d. h. der Begriffsentwicklung als Denkvorgang und der nicht primär zeitlich zu verstehenden Entwicklung des Gegenstandes selber, ist für uns Heutige schwer nachzuvollziehen, und doch ist sie nichts anderes als das, was bei Hegel »Methode« heißt. Wir haben uns daran gewöhnt, mit ›Methode‹ etwas zu meinen, was wir mit Gegenständen veranstalten; wir scheinen hier unter Alternativen auswählen und eine Methode der anderen vorziehen zu können. Hegel hingegen versteht unter ›Methode‹ ebenso etwas zugleich Subjektives und Objektives wie unter ›Entwicklung‹, und er bezieht sich damit implizit auf den ursprünglichen Wortsinn von grch. *méthodos*, was buchstäblich ›Weg‹ bedeutet. Methode ist demzufolge der objektive, von der Sache selbst vorgezeichnete Weg der Erkenntnis, dem wir als Erkennende zu folgen haben, wollen wir uns der Wahrheit nähern. (Das Urbild dieses Methodenverständnisses enthält Platons Höhlengleichnis.[38]) Das Moment des »Zusehens«, von dem Hegel häufig spricht (vgl. z. B. § 31 A., GPR; 84 f.), markiert den objektiven Aspekt der Entwicklung, um den es in der Methode geht. Zugleich aber erfordert sie höchste subjektive Anstrengung, eben die »Arbeit des Begriffs« (PhG; 3, 65), auf der Hegel immer wieder und mit großer Hartnäkkigkeit gegenüber den romantisierenden Gefühls- und Intuitionsphilosophen insistiert (vgl. auch § 141 A., GPR; 287). Jene besteht in der Mühe, die es kostet, die »eigene Arbeit der Vernunft der Sache zum Bewußtsein zu bringen« (§ 31 A., GPR; 85). Diese subjektiv-objektive Doppelbedeutung von ›Methode‹ liegt auch den wiederholten Verweisen Hegels auf die WL zugrunde, denn dieses Werk, das die Idee als solche, d. h. die absolute Idee im Reich des reinen Gedankens, zum Gegenstand hat, stellt mit großer

38 Pol., 514a ff.

gedanklicher Anstrengung die »immanente Entwicklung« der absoluten Idee aus dem reinen Begriff des Seins dar und ist somit nichts anderes als ›Methode‹ im umfassenden Wortsinn.

Fragt man nun, worin diese Methode der zugleich subjektiven und objektiven Entwicklung genauer besteht, so müssen wir zunächst von der Begriffsentwicklung im uns geläufigen Sinn ausgehen. Zuerst gilt es, das zu entfalten, was der Begriff, mit dem wir beginnen – also der Begriff ›Recht‹ –, beinhaltet oder was er alles impliziert (in einem nichtformalen Sinne von ›Implikation‹). Hegels Darlegungen in den §§ 4-28 zeigen, daß hier schon die Begriffe ›Wille‹ und ›Freiheit‹ vorausgehen, was im einzelnen erörtert zu der »Definition« des Rechts im § 29 führt, in der diese Begriffe als Bestimmungen des Rechts ausdrücklich vorkommen. Was es alles bedeutet, daß das Recht Dasein des freien Willens ist, kann dann zur Grundlage der weiteren Entwicklung des Rechtsbegriffs werden und zeichnet somit die in § 30 A. genannte Stufenreihe des Rechtsbegriffs vor. So kann man sagen: in Hegels Konzept der ›Entwicklung‹ ist der Weg zurück zugleich der Weg vorwärts, d. h. die Entwicklung (*explicatio*) des aus dem zuvor vorhandenen Wissen aufgenommenen Begriffs ist identisch mit der Entwicklung (*evolutio*) eines reicher bestimmten, neuen Begriffs. Zusammengenommen ist sie die berühmte, aber häufig mißverstandene »Bewegung des Begriffs«, die wir nach Hegel zugleich aktiv in Gang setzen und der wir passiv »zusehen« sollen. Die Frage, wie wir die zunächst nur gedankliche »Bewegung des Begriffs« zugleich als die der Sache in einem nichtzeitlichen Sinne verstehen können, beantwortet Hegel durch seinen Verweis auf den Begriff des Begriffs, der ihm zufolge eben nicht nur unsere Denkbestimmung meint, sondern als Ausgangspunkt der zu entwickelnden Idee immer auch auf das denkend zu erfassende Wesen der Sache selbst hinweist. In der »wissenschaftlichen Entwicklung der Idee«, die als Idee immer Begriff und Sache umfaßt, entspricht somit jeder Begriffsbestimmung notwendig eine reale »Gestaltung« (§ 32, GPR; 85); da nach Hegel also der Begriff selbst eine subjektiv-objektive Einheit ist, muß die denkende Entwicklung der Begriffe, wenn sie sachgemäß ist, notwendig auch die der Sache betreffen.

Bei der Suche nach einer genaueren Charakteristik der Methode als zugleich explikativ-evolutiver und subjektiv-objektiver »Entwicklung« verweist uns die Anmerkung des § 31 an die Dialektik (vgl. GPR; 84 f.). Die oben genauer betrachteten §§ 5-7 enthalten ein Modell dafür, was Hegel hier »das bewegende Prinzip des Begriffs, als die Besonderungen des Allgemeinen nicht nur auflösend, sondern auch hervorbringend« (GPR; 84) bezeichnet. »Immanente« Begriffsentwicklung, die zugleich die ihres Gegenstandes sein soll, ist nichts anderes als die immanente »Besonderung« des zunächst abstrakt auftretenden Allgemeinen; wobei Hegel zufolge die Besonderheit als Resultat dieser immanenten »Besonderung« genau die Wirklichkeit ist, auf die sich der Begriff auf den ersten Blick äußerlich bezieht. In dessen Abstraktheit scheint die besondere Wirklichkeit des Begriffs zunächst aufgelöst zu sein, während sie nach Hegel durch dessen immanente Besonderung in Wahrheit erst hervorgebracht ist. »Dialektisch« ist eine solche Entwicklung, weil sie sich nur durch »Negativität« vollzieht, wie schon die Anmerkung zum § 6 erläuterte. Besonderheit ist dasjenige, was das Allgemeine nicht ist, und umgekehrt; faßt man nun die Besonderheit als Resultat der immanenten Besonderung des Allgemeinen auf, so führt dies in Widersprüche, denn dann muß man das Allgemeine als die Einheit seiner selbst und seines Gegenteils oder als »Identität der Identität und Nichtidentität« (WL; 5, 74) denken. Genau dies unterscheidet die Dialektik im Sinne Hegels von den anderen Dialektik-Modellen, von denen der § 31 A. spricht, während die »höhere Dialektik des Begriffes« (§ 31, GPR; 84) genau mit dem zusammenfällt, was Hegel ›Entwicklung‹ als »immanentes Fortschreiten« nennt. Dieses »immanente Fortschreiten« ist durch die bestimmte Negation initiiert.[39] In ihm sah Hegel das Kernstück seiner Dialektik: »Der Verstand bestimmt und hält die Bestimmungen fest; die Vernunft ist negativ und dialektisch, weil sie die Bestimmungen des Verstands in nichts auflöst; sie ist positiv, weil sie das Allgemeine erzeugt und das Besondere darin begreift. Wie der Verstand als etwas Getrenntes von der Vernunft überhaupt, so pflegt auch die dialektische Vernunft als etwas Getrenntes von der positiven Vernunft genommen zu werden. Aber in ihrer Wahrheit ist die Vernunft Geist, der höher als beides, verständige Vernunft oder vernünftiger Verstand ist. Er ist das Negative, dasjenige, welches die Qualität sowohl der dialektischen Vernunft als des Verstandes ausmacht; – er negiert das Einfache, so setzt er den bestimmten Unterschied des Verstandes; er löst ihn ebensosehr auf, so ist er dialektisch. Er hält sich aber

39 Vgl. Abschnitt IV. 2 (d).

nicht im Nichts dieses Resultates, sondern ist darin ebenso positiv und hat so das erste Einfache damit hergestellt, aber als Allgemeines, das in sich konkret ist; unter dieses wird nicht ein gegebenes Besonderes subsumiert, sondern in jenem Bestimmen und in der Auflösung desselben hat sich das Besondere schon mit bestimmt. Diese geistige Bewegung, die sich in ihrer Einfachheit ihre Bestimmtheit und in dieser ihre Gleichheit mit sich selbst gibt, die somit die immanente Entwicklung des Begriffes ist, ist die absolute Methode des Erkennens und zugleich die immanente Seele des Inhalts selbst. – Auf diesem sich selbst konstruierenden Wege allein, behaupte ich, ist die Philosophie fähig, objektive, demonstrierte Wissenschaft zu sein.« (WL; 5, 16f.)

Es ist also die Dialektik im Sinne der Begriffsentwicklung durch bestimmte Negation, mit der Hegel der Philosophie den Status der Wissenschaft im höchsten und reinsten Wortsinn sichern möchte. Daß Wissenschaft seit Aristoteles apodeiktisch, demonstrierbar, beweisend zu sein hat, wird von Hegel damit ausdrücklich bekräftigt, wobei er die dialektische Methode als die einzige versteht, die diesem Anspruch vollständig genügt. Ihn verschärft Hegel mit der gesamten Philosophie der Neuzeit seit Descartes dadurch, daß dem Ideal des vollständigen Beweises nur in einem System des Wissens entsprochen werden kann, in dem nichts unbewiesen draußen bleibt. Zugleich kann dies nur in einem System geschehen, denn eine wissenschaftliche Entscheidung zwischen konkurrierenden Systemen des Wissens erfordert wieder ein einheitliches Hintergrundsystem; der Alleinvertretungsanspruch aller philosophischen Systeme ergibt sich zwangsläufig aus diesem Wissenschaftsideal. Für die »philosophische Rechtswissenschaft« ist damit ebenfalls die Aufgabe einer systematischen Entwicklung des Begriffs des Rechts vorgezeichnet. Hier aber stellt sich ein Anfangsproblem. Der Begriff des Rechts, mit dem die Rechtsphilosophie einsetzt und den sie zu entwickeln hat, kann in der auf Begriffsentwicklung festgelegten Wissenschaft des Rechts selbst nicht abgeleitet oder »deduziert« werden, sondern ist von ihr »als *gegeben* aufzunehmen« (§ 2, GPR; 30). Hegel greift die aristotelische Lehre wieder auf, der zufolge es keine voraussetzungslose Erkenntnis gibt, weil sie immer mit etwas Bekanntem anheben muß.[40] Selbst die These Kants, der zufolge das Erkennen sich

40 Vgl. Aristoteles, Anal. post. I 1, 71a.

immer auf »Gegebenes« beziehen muß, kann man hier reformuliert finden, wenn man dabei nicht vergißt, daß das »Gegebene« hier ein Begriff ist – der des Rechts. Hegel gibt sich aber nicht mit dem Gegebensein dieses Begriffs zufrieden, wäre er doch wissenschaftlich irrelevant, wenn man ihn einfach nur aufgriffe. Also muß der Begriff, mit dem eine bestimmte Wissenschaft als gegebene beginnt – ihr »*Anfangspunkt*« –, das »*Resultat* und die Wahrheit von dem« sein, »was *vorhergeht* und was den sogenannten *Beweis* desselben ausmacht« (§ 2, GPR; 30). Das Anfangsproblem, das die Vereinbarkeit des beweisenden Anfangens mit einem Unbewiesenen betrifft, löst Hegel somit auf die Weise, daß er das Beweisen des »Anfangspunktes« der einzelnen Wissenschaft, das in ihr selbst unmöglich ist, in die Wissenschaft verlegt, die ihr systematisch vorhergeht. Er verweist also den »Beweis« des Rechts an die Lehre vom subjektiven Geist.[41] Verfolgt man dies weiter zurück, so muß dasselbe auch für die Wissenschaft gelten, die beweisend den Anfangspunkt der auf sie folgenden Wissenschaft bereitstellt, und dies läuft nur dann nicht in die Unendlichkeit davon, wenn sich jenes Beweisen zu einem Kreis zusammenschließt, in dem der absolute Anfang zugleich das Ende ist und umgekehrt. Hegel hat selbst diese Konsequenz gezogen und sein gesamtes System in der EPW als einen »Kreis von Kreisen« beschrieben, in dem jede philosophische Teilwissenschaft dadurch, daß sie mit den Mitteln der Begriffsentwicklung ihre Voraussetzungen ganz expliziert, an ihren jeweiligen Anfang zurückkehrt und zugleich dadurch – analog zur bestimmten Negation – in einen neuen Kreis eintritt (vgl. 8, 60).

Durch den Bedeutungswandel von ›Begründung‹, indem eine Gleichsetzung dieses Begriffs mit der ›dialektischen Entwicklung‹ vorgenommen wird, grenzt sich Hegels Rechtsphilosophie endgültig von Kants und Fichtes Idee einer »reinen«, transzendentalen Begründung des Rechts aus apriorisch subjektiven und dem Anspruch nach voraussetzungslosen Bedingungen der Möglichkeit von Recht überhaupt ab. Dies erklärt auch, warum in den GPR die Thematik der Anerkennung, die den Basisbereich der praktischen Philosophie in der JPG ausmacht, so weit in den Hintergrund tritt. Daß Hegel das Recht aus den Begriffen des Willens und der Freiheit entwickelt, stellt ihn in die Kontinuität der praktischen

41 Vgl. Abschnitt I. 4.

Philosophie seit Kant; die Art und Weise dieser Entwicklung aber läßt sie nur mehr als Reminiszenz an den ursprünglichen Sinn der Kantischen und Fichteschen Deduktionsversuche erscheinen. Von einer transzendentalen, reflexiven Selbstbegründung der Rechtsphilosophie kann keine Rede mehr sein, denn sie bezieht ihren Grundbegriff nicht aus sich selbst, sondern von einer anderen Teilphilosophie; so wird sie im Effekt schlicht eingeordnet in das Gesamtsystem, und dies gilt dann als Begründung. Nur vom Gesamtsystem Hegels kann man noch sagen, daß es als »Kreis von Kreisen« sich selbst begründet; die transzendentale Figur Kants und Fichtes ist in der Tat hinauftransformiert in die Selbstexplikation des Absoluten in einer absoluten Philosophie.

IV. 4 Die Struktur der GPR

Der § 33 gibt einen Überblick über den Aufbau der GPR und nennt dies »Einteilung«. Was so unterteilt wird, ist das Recht als der Gegenstand des ganzen Werkes, und darum erscheint das Wort ›Recht‹ in jeder einzelnen Angabe. In der Tat gibt es bei Hegel ein Recht des abstrakten Rechts ebenso wie der Moralität und der Sittlichkeit, das im höchsten Recht des »Weltgeistes« (§ 33, GPR; 88) kulminiert (vgl. auch § 30 A., GPR; 83 f.). Was das Verfahren betrifft, so kann es sich bei der Einteilung wie bei der Methode nach Hegel nicht um eine bloß subjektive Vorgehensweise handeln; wesentlich ist nämlich nicht, wie wir den Stoff einteilen, sondern wie er sich selbst gliedert, und darüber entscheidet »das immanente Unterscheiden des Begriffes selbst« (§ 33 A., GPR; 88). Was also den Inhalt der GPR betrifft, so kann diese Einteilung des Ganzen nur als Resultat der vollständig durchgeführten Entwicklung des Begriffs vom Recht gerechtfertigt werden. Im voraus ist nur eine »historische [berichtende] Vorausangabe der Teile« (ebd.) der GPR aus der Perspektive dessen möglich, dem die Rechtsphilosophie schon fertig vorliegt. Gleichwohl können wir im Zusammenhang des Hegelschen Systems zumindest das Prinzip der Einteilung des Rechts schon im voraus kennen, denn ehe wir die GPR ganz durchgelesen haben, wissen wir bereits, daß die Struktur des Werkes aus der Methode resultieren wird, die es der WL entnimmt und der es folgt: der Entwicklung des Begriffs durch immanente Negativität.

Der Gegenstand ist das Recht. Recht ist objektiver Geist oder das Dasein des »an und für sich freien Willens« als Idee (vgl. § 29, GPR; 80f.); also hat die »Einteilung« der Philosophie des objektiven Geistes dem »Stufengange der Entwicklung der Idee des an und für sich freien Willens« (§ 33, GPR; 87) zu folgen. Bevor uns somit bekannt ist, was wir auf diesen Stufen konkret antreffen werden, ist klar, daß zumindest die Bestimmungen des Ansichseins, des Fürsichseins und des Anundfürsichseins die Strukturierung des Ganzen vorzeichnen. Diesen Stufen entsprechen im Prozeß der »sich bestimmenden« Allgemeinheit die Bestimmungen ›Allgemeinheit‹, ›Besonderheit‹ und ›Einzelnheit‹, aber sie erschöpfen sich darin nicht. Zumindest das »Fürsichsein« verweist auf den bewußtseinsphilosophischen Hintergrund, vor dem Hegel jene Trias ›an sich – für sich – an und für sich‹ ja einmal entwickelt hatte: die Theorie des Selbstbewußtseins. Der Ausdruck »für sich« zeigt bei Hegel an, daß sich dasjenige, das hier »für sich« im Sinne von ›abgesondert‹, ›von Anderem unterschieden‹ oder ›vereinzelt‹ ist, in diesem Fürsichsein auf sich selbst bezieht. Man kann bezweifeln, ob wir wirklich verstehen können, was dieses »für sich« heißt, wenn es gar nichts zu tun haben soll mit »für ein Bewußtsein« oder »einem Bewußtsein bewußt«. Gleichwohl hatte schon Hegel in der WL – und nicht erst die moderne Systemtheorie (Luhmann) – versucht, das Fürsichsein von seinem bewußtseinsphilosophischen Einführungskontext abzulösen und rein strukturell zu explizieren (vgl. 5, 174 ff.); wir nennen dies heute ›Selbstreferenz‹. Ob dies gelungen ist, braucht aber hier nicht entschieden zu werden, weil es in den GPR um das Anundfürsichsein des freien Willens geht, was Bewußtsein oder Bewußtheit schon begrifflich einschließt.

Genau dies aber hat erhebliche Konsequenzen für Hegels Begriff des Rechts selber auf allen Stufen seiner Entwicklung. Überall setzt sich das Moment ›Fürsichsein‹ als das der »immanenten Besonderung« des Allgemeinen durch, und zwar stets in Gestalt des sich auf sich selbst beziehenden Bewußtseins oder Selbstbewußtseins. Das Wort ›Bewußtsein‹ ist dabei im subjektiv-objektiven Doppelsinn zu verstehen: ›Bewußtsein des Rechts‹ bedeutet einmal, daß das Recht als gewußtes oder bewußtes existiert oder daß es nicht nur Recht, sondern auch Rechtsbewußtsein gibt; zum anderen bedeutet ›Bewußtsein des Rechts‹ ›Bewußtsein vom Recht‹, so daß dasjenige, dessen sich dieses Bewußtsein bewußt ist, auch wirklich das Recht ist und nicht irgend etwas anderes. Das Fürsichsein des

Rechts im Bewußtsein des Rechts ist somit bei Hegel immer zugleich der Ort der Subjektivität im objektiven Geist selber, denn unter ›Subjektivität‹ versteht Hegel genau dies: sich wissendes Bewußtsein. Subjektivität im Recht aber ist bei ihm die des »Daseins des freien Willens« (§ 29, GPR; 80), und darum markiert die Stufe des Fürsichseins in den GPR immer die Region der subjektiven Freiheit. Ihren besonders augenfälligen Ausdruck findet diese Tatsache in der Zwischenstellung der Moralität zwischen dem abstrakten Recht und der Sittlichkeit, von der aus sich die innere Struktur der GPR insgesamt erschließt.[42] Hegel nennt die Moralität »*das Recht des subjektiven Willens* im Verhältnis zum Recht der Welt und zum *Recht* der, aber nur *an sich seienden*, Idee« (§ 33, GPR; 87), wobei er mit dem »Recht der Welt« das der Sittlichkeit im Sinne der wirklichen sittlichen Welt, d. h. des Staates und der Weltgeschichte, meint und mit dem »*Recht* der, aber nur *an sich seienden, Idee*« das abstrakte Recht. Diese immanente Besonderung des Allgemeinen der zunächst nur »ansichseienden Idee« wiederholt Hegel dann auf der Ebene der Sittlichkeit selber: Die »bürgerliche Gesellschaft« ist der Ort der »immanenten Besonderung« der von der Familie verkörperten allgemeinen »sittlichen Substanz«, und dies bedeutet hier wie da Subjektivierung. Wichtig ist, daß Hegel diese Besonderung oder Subjektivierung der Idee zugleich als deren »*Entzweiung*« (§ 33, GPR; 87) begreift. ›Entzweiung‹ aber bedeutet Differenz, Gegensatz, Konflikt, Widerspruch, und dies verweist unmittelbar auf die »Methode« der GPR: Nach Hegel erfordert der sich durch Selbstentzweiung konkretisierende Gegenstand eine Logik, die sich den damit verbundenen Widersprüchen gewachsen zeigt und sich in ihnen bewegen kann. Genau dies ist die Dialektik in seinem Verständnis.

Nimmt man die formalen und materialen Implikationen der Figur ›Anundfürsichsein des Rechts‹ zusammen, so läßt sich schon der »Einteilung« Hegels ein bemerkenswerter Tatbestand entnehmen. Formal gesehen folgt die Struktur der GPR der spekulativen Grundfigur Hegelscher Philosophie überhaupt, wobei das »Anundfürsichsein« nur eine Variante der »Identität der Identität und Nichtidentität« ist. In materialer Hinsicht hingegen sind die GPR so angelegt, daß auf allen Stufen der Entwicklung das »Fürsichsein« als das Prinzip der bewußten Subjektivität vorkommen muß;

42 Vgl. Ilting (1971) u. Hösle, 462 ff.

es ist allgegenwärtig. Das Prinzip der Subjektivität aber ist Hegel selbst zufolge das Prinzip der Neuzeit, das die Antike nicht kannte, und indem die GPR es in allen »Gestaltungen« des Rechts verankert, trägt sie die praktische Philosophie vor, die der *»modernen* Zeit« (§ 124 A., GPR; 233) allein entspricht. In diesem Sinn ist Hegels Philosophie wirklich *»ihre Zeit in Gedanken erfaßt«* (GPR; 7, 26). Es dürfte schwer zu entscheiden sein, was hier das Primäre ist – die spekulative Logik der konkreten Allgemeinheit, aus der in ethisch-politischer und geschichtsphilosophischer Anwendung das Subjektivitätsprinzip folgt, oder die Erfahrung der Neuzeit, die unter dem Subjektivitätsprinzip steht, welche dann ihrerseits Hegel jene dialektische Logik nahelegte.

IV. 5 Das abstrakte Recht

(a) Der Themenbereich

Unter diesem Titel handelt Hegel das bürgerliche Privatrecht und das Strafrecht ab; das öffentliche Recht bleibt dem Abschnitt über den Staat vorbehalten. Dabei ist es nicht die Aufgabe der philosophischen Rechtswissenschaft, Lehrbücher der positiven Rechtswissenschaft zu ersetzen; sie soll sich auf den Begriff des Rechts konzentrieren, d. h. die Grundbegriffe des Privat- und Strafrechts herausstellen, und dies dadurch, daß sie sie aus dem aus der Philosophie des subjektiven Geistes als Resultat aufgenommenen Begriff des Rechts selbst entwickelt. Die Rechtsphilosophie kann darum zunächst von den spezifischen Bedingungen absehen, von denen das positive, d. h. tatsächlich geltende Recht abhängt. Der § 3 benennt als solche Bedingungen einmal »die *Form*, in einem Staate Gültigkeit zu haben« (GPR; 34), und bezeichnet als inhaltliche Faktoren die nationalen Eigenarten, die Besonderheiten des Verfahrensrechts und die der Detailregelungen, die die Philosophie offenlassen kann. So kann sich nach Hegel die philosophische Rechtswissenschaft bei der Entwicklung des Rechtsbegriffs auf die grundlegenden privatrechtlichen Rechtsfiguren ›Eigentum‹ und ›Vertrag‹ samt den wichtigsten Unterkategorien beschränken, während es im Strafrecht genügt, die wichtigsten Arten des Vergehens ›unbefangenes Unrecht‹, ›Betrug‹ und ›Verbrechen‹ zu bestimmen und die Grundlinien einer Straftheorie anzugeben.

Fragt man nun, woran sich Hegel bei der Auswahl seiner Schwerpunkte orientiert, so ist auf das römische Recht zu verweisen. Zu Hegels Zeit war das Studium des römischen Rechts die selbstverständliche Grundlage des Jurastudiums überhaupt; so hatte schon aus pragmatischen Gründen die Rechtsphilosophie vom im *Corpus iuris civilis* überlieferten römischen Recht auszugehen. Bedenkt man, daß alle modernen Kodifikationen des Rechts vom *Allgemeinen preußischen Landrecht* (1794) über den *Code Napoléon* (1804) bis hin zum deutschen *Bürgerlichen Gesetzbuch* (1900) an den Bestand des römischen Zivilrechts anschließen, so muß man Hegel recht geben bei seinem Versuch, die Rechtswirklichkeit seiner Zeit zumindest in Grundzügen als Ergebnis der Verwirklichung der im römischen Recht enthaltenen Rechtsbegriffe zu interpretieren. – Zugleich aber ist Hegels Verhältnis zum römischen Recht höchst ambivalent.[43] Auf der einen Seite hat er seit seinen Frühschriften stets die europäische Rechtskultur überhaupt als Hinterlassenschaft und Verdienst des Römischen Reiches anerkannt (vgl. WBN; 2, 491 ff. und den Abschnitt »Der Rechtszustand« in PhG; 3, 355 ff.), weswegen man ihm zufolge ohne Kenntnis des römischen Rechts gar nicht wissen kann, was das uns geläufige Wort ›Recht‹ wirklich bedeutet. Andererseits waren es aber wohl nicht nur die sehr lückenhaften Kenntnisse Hegels, die ihm den Bestand des *Corpus iuris* als ein Sammelsurium höchst unvernünftiger, zufälliger und manchmal auch unsittlicher Normen und Vorschriften erscheinen ließen; daraus resultiert seine harte Polemik gegen Gustav Hugo, den Begründer der Historischen Rechtsschule, in der Anmerkung des § 3.[44] Hegel steht dabei in einer langen Tradition, wenn er statt von der bloßen historischen Bestandsaufnahme von der Notwendigkeit der Systematisierung und Rationalisierung des römischen Rechts ausgeht und diese Aufgabe nicht wie die »Romanisten« unter den Juristen der positiven Rechtswissenschaft allein überlassen will. Wenn es die Aufgabe der Rechtsphilosophie ist, die Vernunft des Wirklichen zu begreifen – wobei sie durchaus berechtigt ist, das bloße Dasein, die Zufälligkeiten, die wesenlosen Erscheinungen etc. von dem wahrhaft Wirklichen abzutrennen (vgl. § 1 A., GPR; 29) –, dann muß dies auch für das römische Recht als historische und immer noch

43 Vgl. Villey u. Ritter (1969).

44 Zur Revision des Bildes der Historischen Rechtsschule, das Hegels Polemik nahelegt, vgl. Siep, in: Siep (1997), 10 u. 15 ff.

aktuelle Tatsache gelten, und dieser Aufgabe widmet sich Hegel im ersten Teil der GPR.

Genau diese Zielsetzung aber bringt Hegel in die Nähe des Naturrechts als Disziplin und als vermeintlichem Rechtsbestand. Man muß sich vergegenwärtigen, daß auch die Theoretiker des mittelalterlichen und neuzeitlichen Naturrechts bis hin zu Kant in selbstverständlicher Kontinuität zum römischen Recht standen. Mit großer Unbefangenheit bedienten sie sich der römisch-rechtlichen Grundfiguren ›Person‹, ›Eigentum‹, ›Vertrag‹, ›Verletzung‹ etc., um mit ihrer Hilfe das Recht überhaupt zu begründen. Damit werden die Grenzen zwischen einer bloßen Rationalisierung und der wirklichen Neubegründung der Bestände des römischen Rechts fließend, und dann liegen zwei bekannte Einwände gegen das Naturrecht überhaupt auf der Hand: das Zirkelargument und das Projektionsargument. Das Zirkelargument besteht darauf, daß z. B. der Rechtszustand deswegen nicht das Ergebnis eines Gesellschafts- oder Herrschaftsvertrages sein könne, weil der Vertrag selbst schon eine Rechtsfigur sei. John Locke bereits versuchte sich ihm dadurch zu entziehen, daß er den Gesellschaftsvertrag nur als eine »*agreeing*« (Übereinkunft) faßte.[45] Das Projektionsargument, dessen sich schon Rousseau bei seiner Kritik alternativer Schilderungen des Naturzustandes[46] und dann Hegel in den WBN (vgl. 2, 445) bediente, verweist darauf, daß die angeblichen vorsozialen und vorstaatlichen Grundrechte der Menschen im Naturzustand, von denen vor allem die neuzeitliche Naturrechtslehre ausgeht, nichts anderes als aus der Rechtswirklichkeit vertraute Rechtsbestände sind, die in den konstruierten Naturzustand zurückverlegt wurden. Beide Argumente kann Hegel zu seinen Gunsten einsetzen, denn ihre Triftigkeit veranlaßt ihn ja nicht dazu, wie die Historische Rechtsschule das Naturrecht auf das historisch Vorhandene des Rechts zu reduzieren. Hegel hat stets die Berechtigung des Naturrechts als philosophischer Theorie der »Natur«, d. h. des Wesens und der »Vernunft« des Rechts, anerkannt.[47] So ist es nicht unsinnig zu sagen, Hegel behandle im ersten Teil der GPR nicht nur die Grundfiguren des römischen Rechts, sondern auch die des neuzeitlichen Naturrechts. Somit könnte er gegen die übliche Entgegensetzung von Naturrecht und positivem Recht (vgl.

45 Vgl. Locke, § 95.
46 Vgl. Rousseau, 79.
47 Vgl. die Abschnitte I. 2 (c) u. IV. 2 (b).

§ 3 A., GPR; 34) mit dem Hinweis darauf argumentieren, daß beide Bereiche historisch, aber auch durch ihre Grundstrukturen auf das römische Recht zurückverweisen.

(b) »Abstraktes« Recht?

Es bedarf nun der Erläuterung, in welchem Sinne das abstrakte Recht nach Hegel ›abstrakt‹ ist. Einen Hinweis darauf gibt die Formulierung »abstrakt und daher *formell*« im § 36 (GPR; 95). Wir sind geneigt, das Umgekehrte zu sagen: »formal und daher abstrakt«, d. h. wir verstehen in der Regel das Abstrakte als das Formale im Unterschied zum Materialen, und dies bedeutet im Rechtlichen: das Rechtssystem oder den objektiven Normenbestand ohne die Rechtswirklichkeit seiner Anwendung durch wirkliche Menschen vorzustellen. Auch das Bestimmungspaar ›abstrakt-positiv‹ führte an dieser Stelle nicht weiter, weil Hegel zufolge das abstrakte Recht in der bürgerlichen Gesellschaft *als* abstraktes positiv wird, d. h. reale Geltung erlangt (vgl. § 3 A., GPR; 35). Hegel versteht dagegen das Bestimmungspaar ›abstrakt-konkret‹ anders, als dies im üblichen Sprachgebrauch der Fall ist, und befindet sich doch ganz in Übereinstimmung mit dem ursprünglichen Wortsinn. Abstrakt (von lat. *abstraho,-traxi,-tractus* – abziehen, wegziehen) denkt nach Hegel, wer vom Reichtum der Bestimmungen des Gedachten absieht und nur eine oder wenige festhält. Umgekehrt denkt der konkret (lat. *concresco, -crevi,-cretus* – zusammenwachsen), der in seinem Denken möglichst viele der Bestimmungen des Gedachten zu vereinigen weiß (vgl. Hegels kleine Schrift *Wer denkt abstrakt?*, in: 2, 575 ff.). Wenden wir dies auf das Recht an, so müssen wir zunächst von der Bestimmung des Rechts, Dasein des freien Willens zu sein, ausgehen, und dies schließt aus, daß wir das abstrakte Recht als einen bloß objektiven Normenbestand im Unterschied zu seiner subjektiven Verwirklichung ansehen, denn der Begriff des Rechts umfaßt ja von vornherein beides: Subjektivität und Objektivität. Also ist das abstrakte Recht die Einheit des Subjektiven und des Objektiven, des Begriffs und der Wirklichkeit in abstrakter, d. h. noch nicht in der Konkretion seiner Bestimmungen entfalteten Form. Genau diesen Umstand drückt der erste Satz des § 34 aus: »Der an und für sich freie Wille, wie er in seinem *abstrakten* Begriffe ist, ist in der Bestimmtheit der *Unmittelbarkeit*.« (GPR; 92) Daß das Abstrakte als das

Unmittelbare das »Formelle« ist, ist gleichbedeutend damit, daß im Stadium der Unmittelbarkeit die Entwicklung des Begriffs des Rechts durch »immanente Besonderung« noch nicht begonnen hat. Insofern ist das Formelle hier nicht das Formale im Unterschied zu einem schon vorhandenen besonderen Inhalt, unter das subsumiert wird – dies wäre das Verstandesallgemeine, das im Recht ebenfalls eine wichtige Rolle spielt –, sondern es ist das Allgemeine vor der immanent-negativen oder dialektischen Entwicklung des konkreten Inhalts aus dem abstrakten »Formellen« der Anfangsbestimmung.

Das abstrakte Recht ist nach Hegel auch in seiner abstraktesten Form bereits eine Einheit von Begriff und Realität, Form und Inhalt, Subjektivität und Objektivität, woraus folgt, daß auch die Subjektivität und die Objektivität des Rechts zunächst ganz »abstrakt«, d.h. in seiner ersten, unmittelbaren und deswegen ganz »formellen« Bestimmung, aufgefaßt werden müssen. Die Subjektseite des Rechts ist das Personsein (»Persönlichkeit«[48]), und das Subjekt, sofern es diese Bestimmung realisiert, ist Person; die Objektseite ist die »Sache« (§ 42, GPR; 103). Unter der ›Person‹ als der »selbst abstrakten Grundlage des abstrakten und daher *formellen* Rechtes« (§ 36, GPR; 95) ist nichts weiter zu verstehen als der an und für sich freie Wille ohne alle weitere Bestimmung, wobei freilich hier schon die Momente des Fürsichseins und der Freiheit enthalten sind, aber eben noch ganz »abstrakt«, d.h. vor aller begrifflichen Entwicklung; der an und für sich freie Wille ist somit selbst zunächst nur *an sich* anundfürsichseiender Wille. Das noch nicht näher bestimmte Fürsichsein der Person, die der an und für sich freie Wille im Zustand des Ansichseins verkörpert, ist das Moment des reinen Selbstbezugs, wobei das, was die Person in diesem Selbstbezug weiß und handelnd realisiert, die noch ganz unbestimmte Freiheit selbst ist. ›Freiheit‹ ist dabei im Hegelschen Sinne als die sich selbst bestimmende Allgemeinheit des Willens zu verstehen, der darum in »seinem« Anderen, dem Besonderen oder im Willensinhalt, keine Schranke seiner Freiheit erfährt.[49] Daraus folgt, daß das Fürsichsein als Bestimmung der Person immer auch die Objektseite mit einschließt, denn die ist ja Bestandteil der Freiheit, die die Person als ihre Grundbestimmung weiß. Die

48 Vgl. Quante.
49 Vgl. Abschnitt IV. 2 (d).

Person ist somit von vornherein begrifflich immer schon auf etwas Gegenständliches bezogen, von dem vor aller näheren Bestimmung des Rechts durch immanente Besonderung oder dialektische Entwicklung nicht mehr gesagt werden kann, als daß es eine »unmittelbare äußerliche Sache« (§ 33, GPR; 87) ist, auf die sich die Person bezieht und die sie als Wirklichkeit ihrer Freiheit betrachtet.

Der Umstand, daß das abstrakte Recht formell ist, birgt noch einige wichtige Konsequenzen. Wegen seiner Abstraktheit ist im Recht von den Subjekten nur als Personen und nicht als moralischen Wesen, wie Menschen, Eltern, Kindern oder Staatsbürgern, die Rede; nur das Personsein als reine Rechtsfähigkeit zählt (vgl. § 36, GPR; 95). Erläutern kann man sich dies mit Hilfe des ursprünglichen Wortsinns von ›Person‹ (lat. *persona:* Maske, Rolle, Charakter): einen Menschen wie im Recht nur als Person zu betrachten heißt, ihn ausschließlich in der Rolle ins Auge zu fassen, die er in dem jeweiligen Recht spielt, und von allem übrigen abzusehen. Hegel leitet daraus die bekannte Ambivalenz des Personbegriffs her, zugleich die hohe Anerkennung eines Menschen als freiem und rechtsfähigem Subjekt und das Abfällige von »Diese Person!« abzudecken: »Das Höchste des Menschen ist, Person zu sein, aber trotzdem ist die bloße Abstraktion Person schon im Ausdruck etwas Verächtliches.« (Zusatz zu § 35, GPR; 95) Diese Ambivalenz, die sich übrigens auch in der Rede vom »Subjekt« vorfindet, macht Hegel auch für den Begriff der Sache geltend (vgl. § 42 A., GPR; 103), und beide Ambivalenzen folgen aus der Versachlichung der interpersonalen Beziehungen, die im abstrakten Recht stattfindet.[50] – Zugleich bedingt die Abstraktheit des Rechts, daß es hier weder auf die individuellen Bestimmungsgründe der Willensentscheidung (vgl. § 37, GPR; 96) noch auf die konkreten Umstände ankommt, unter denen sie gefaßt und realisiert wird. So erscheint das »Formelle« des Rechts, das sich aus seiner Abstraktheit ergibt, unmittelbar als ein Inbegriff von Möglichkeiten des Handelns oder von Erlaubnissen oder Befugnissen (vgl. § 38, GPR; 96 f.); genau in diesem Sinne sind unsere Rechte »formelle« oder abstrakte Freiheiten. – Eine dritte Konsequenz der Hegelschen Konstruktion des Rechtsbegriffs ist, daß durch sie die traditionelle Unterscheidung zwischen Personen-, Sachen- und Aktionsrecht gegenstandslos wird, weil das Personsein (die »Persönlichkeit«)

50 Vgl. Ritter (1969), 162.

nach Hegel den tätigen Bezug auf Sachen immer schon einschließt.

Schwierigkeiten macht in dieser Exposition des abstrakten Rechts der intersubjektive Bezug, den Hegel von vornherein in Anspruch nimmt – so in dem Rechtsgebot *»sei eine Person und respektiere die anderen als Personen«* (§ 36, GPR; 95), aber auch im Hinweis auf die »Rechtsverbote« der Verletzung der Persönlichkeit, was ja offenbar andere Personen voraussetzt. Es wäre nicht befriedigend, die Mehrzahl oder Vielzahl der Personen – wie z. B. Hobbes dies tat – als triviale Tatsache des Rechtszustandes einfach vorauszusetzen, denn triviale Tatsachen zählen nicht in Hegels Philosophie, und in der Philosophie des subjektiven Geistes war von mehreren Subjekten nicht die Rede. Diese offensichtliche Unterbestimmung des Moments der Intersubjektivität, die Hösle hervorhebt[51] ist wohl nur aus der Tatsache zu erklären, daß Hegel in den GPR die Figur der Anerkennung, die in der JPG für die praktische Philosophie fundamental war, zwar noch immer in Anspruch nimmt, aber systematisch völlig in den Hintergrund gedrängt hat.[52] Auch in späteren Abschnitten der GPR lassen sich unbefriedigend hergeleitete Intersubjektivitätsstrukturen nachweisen.

(c) Privatrecht als Eigentums- und Vertragsrecht

Hegel räumt den Rechtsfiguren ›Eigentum‹ und ›Vertrag‹ in den GPR einen vergleichsweise breiten Raum ein, und er trägt damit der Bedeutung Rechnung, die sie für das neuzeitliche Naturrecht besitzen. Das Besondere der Hegelschen Philosophie des Privatrechts – um das es in diesem Kommentar vor allem gehen soll – verdeutlicht ein kurzer Vergleich mit der Fassung von Eigentum und Vertrag in den neuzeitlichen Naturrechtslehren. Vereinfachend kann gesagt werden, daß hier über sich selbst und ihr Eigentum verfügende Individuen vorausgesetzt werden, die im Sinne ihres wohlverstandenen Eigeninteresses Verträge schließen, die ihrerseits die Grundlage der staatlichen Rechts- und Herrschaftsordnung abgeben.[53] Dem bekannten Zirkelargument, daß ›Eigentum‹ und ›Vertrag‹ doch selbst Rechtstitel sind, die ihrerseits

51 Vgl. Hösle (1988), 7 ff. u. 665.
52 Vgl. Siep (1982).
53 Vgl. MacPherson.

eine Rechts- und Staatsordnung bereits voraussetzen, kann diese Konstruktion nur dadurch entgehen, daß sie einen naturrechtlichen und damit vorstaatlichen Eigentumsbegriff einführt, der dann seinerseits einen naturrechtlichen und vorstaatlichen Vertragsbegriff zu fundieren geeignet scheint. Möglich war dies nur durch die Ablösung des mittelalterlichen hoheitsrechtlichen, d.h. auf das Imperium und dessen Ermächtigung verweisenden Eigentumskonzepts durch ein ausschließlich privat- und sachenrechtliches.[54] Ihm zufolge gründet sich der Rechtstitel ›Eigentum‹ auf die Aneignung und den Gebrauch von Sachen durch individuelle Personen und auf nichts anderes. Die ursprüngliche Okkupationstheorie des Eigentums von Hugo Grotius wird von John Locke weiterentwickelt zu der Lehre von der Arbeit als der Rechtsquelle des Eigentums, und die ist auch der normative Hintergrund der bekannten These von Adam Smith, Arbeit sei die Quelle allen Reichtums.[55] Politisch ausgelegt mündete diese Eigentumstheorie in den Versuch, den rechtmäßigen Zugriff des Staats auf den Verfügungsbereich des Einzelnen einzuschränken und damit für jedes Individuum ein Feld »privater«, d.h. dem Staat entzogener Rechte zu reklamieren, das der Staat als der Träger der öffentlichen Rechte zu respektieren habe; sie ist bis heute die tragende Säule des liberalen Staatsverständnisses. Die neu einsetzende Rezeption des römischen Privatrechts zu Beginn der Neuzeit gehört in diesen Zusammenhang und dient der Verteidigung und Ausgestaltung jener rechtlichen »Privatheit«.

In allen wesentlichen Punkten wahrt Hegel die Kontinuität zur neuzeitlichen Eigentumstheorie; der Zusammenhang von Eigentum und Freiheit erscheint bei ihm ebenso wieder wie der zwischen Eigentum und Besitznahme, Bearbeitung und Gebrauch (vgl. §§ 54-64, GPR; 119-139), was wiederum Voraussetzung ist für die Rechtmäßigkeit von Verträgen. Zugleich wird das Eigentum als »Privateigentum« – eine Hegelsche Wortschöpfung[56] – bestimmt, da es die Wirklichkeit des einzelnen Willens ist, und die Abschaffung des Privateigentums wäre somit ein Verstoß gegen die »Natur der Freiheit des Geistes und des Rechts« (§ 46 A., GPR; 108). Überdies lehrt Hegel die Notwendigkeit von Eigentum und Vertrag (vgl. §§ 45 und 71, GPR; 107ff. und 152 ff.), wobei dies nicht

54 Vgl. HWP, Bd. 2, Sp. 339ff.
55 Vgl. Smith I, 1.
56 Vgl. HWP, Bd. 2, Sp. 339ff.

empirisch oder pragmatisch zu verstehen ist – etwa im Sinne faktischer Unausweichlichkeit oder wohlbegründeter Klugheitsregeln –, sondern begrifflich: Ohne Eigentum und Vertrag hat der freie Wille kein Dasein seiner Freiheit, seine Freiheit bleibt unwirklich. Die älteren Naturrechtslehren waren einfach davon ausgegangen, daß von individueller Freiheit nicht die Rede sein kann, wenn es nichts gibt, worüber das Individuum und nur es frei verfügen kann. Daß darin auch die Veräußerung des Eigentums an andere eingeschlossen sein muß, und zwar zu Bedingungen, die dem Individuum als die für es vorteilhaften erscheinen, gilt dort ebenso als selbstverständlich, und genau dies begründet die Idee der Vertragsfreiheit. Die Menschen sind Personen, sofern sie imstande und befugt sind, über Eigentum zu verfügen und untereinander Verträge abzuschließen, und insofern sind Personsein und Freisein dasselbe. Die Eigentums- und Vertragsfreiheit impliziert schließlich, daß das Recht frei läßt, was und wieviel ich besitze (vgl. § 49, GPR; 112) und worüber ich Verträge abschließe, wenn es nur in rechtlicher Form geschieht. Dieser »Abstraktheit« entspricht auf der Subjektseite die Gleichheit der Personen im Hinblick auf das Recht oder vor dem Gesetz, was näherhin bedeutet, daß die Fragen der sozialen Gleichheit oder Gerechtigkeit hier nicht einschlägig sind (vgl. § 49 A., GPR; 113); sie sind mit rechtlichen Mitteln allein nicht lösbar. Hegel verwandelt im Anschluß an Kant und Fichte solche Plausibilitäten in Prinzipien, deren Wahrheit und Gültigkeit rein begrifflich entwickelt werden können, und zwar aus dem Begriff des freien Willens selber. So kann man sagen, daß Hegel die Fundamente der neuzeitlichen Eigentums- und Vertragstheorien tiefer legt.

Bemerkenswert ist hierbei, wie Hegel dies mit einer Kritik am erkenntnistheoretischen Realismus verbindet. Der Ursprung des Eigentums aus der Inbesitznahme von Sachen liegt ihm zufolge in einem »absoluten *Zueignungsrecht* des Menschen auf alle Sachen« (§ 44, GPR; 106), und dieses Recht ist »absolut«, weil die »*Materie* der Sache« kein Recht in sich hat (§ 52, GPR; 115). Diese Asymmetrie ist keine andere als die zwischen dem Geist und der Natur; da das Recht Dasein des freien Willens und der Wille Geist ist, kann die Natur selbst kein Recht haben. Hegel versteht diese Rechtlosigkeit der Natur zugleich als deren Machtlosigkeit im Widerstand gegen ihre Besitznahme und nimmt dies unmittelbar als Einwand gegen die Kantische These von der Unerkennbarkeit der Dinge an sich (vgl. §§ 44 und 52 und A., GPR; 106 f. und 115 ff.). Dabei sind freilich zwei Voraussetzungen im Spiel, von denen die Triftigkeit einer solchen Argumentation abhängt. Zum einen kann Rechtlosigkeit nur dann als reale Machtlosigkeit interpretiert werden, wenn man das Recht nicht als bloßen Rechtsanspruch, sondern als Rechtswirklichkeit versteht; dann ist das, was rechtlos ist – also die Natur –, in rechtlicher Hinsicht, d. h. »in Beziehung auf den Willen und Eigentum« (§ 52 A., GPR; 115), auch machtlos. Zum anderen nimmt Hegel an, daß die praktische Übermächtigung der Natur in der Besitzergreifung zugleich ihr Inneres kognitiv aufschließt; dies soll vor allem durch die tätige Aneignung der Sachen in Arbeit und Bildung der Fall sein (vgl. § 56, GPR; 121 f.). Aber auch die Tiere dienen Hegel zum Argument gegen Kant: »Schon das Tier hat nicht mehr diese realistische Philosophie, denn es zehrt die Dinge auf und beweist dadurch, daß sie nicht absolut selbständig sind.« (Zusatz zu § 44, GPR; 107) Selbst wenn man unterstellt, Kant habe mit den Dingen an sich wirklich nichts anderes als »das leere Abstraktum einer Materie ohne Eigenschaften« (§ 52, GPR; 116 f.) gemeint, was Hegel in seinem Werk ständig behauptet, so ist doch fraglich, ob das »Verhalten des freien Willens gegen diese Dinge« (§ 44 A., GPR; 106) – nämlich ihre restlose Übermächtigung und Aneignung – zugleich ihre vollständige Erkenntnis beinhaltet. Wenn der Idealismus des freien Willens (ebd.) den Schein der Selbständigkeit der Außendinge praktisch aufgehoben hat, muß das nicht bedeuten, daß das Unselbständige damit auch theoretisch durchdrungen ist. Eher das Gegenteil wäre zu erwarten: Das praktisch Beherrschte pflegt sich dem Herrschenden gegenüber zu verschließen; Herrschaft entfremdet. Hegel hingegen parallelisiert nicht nur die höhere Macht mit dem höheren Recht, sondern auch mit der höheren Wahrheit; darum ist die praktische Wahrheit der unselbständigen Dinge zugleich auch die Wahrheit unseres theoretischen Verhaltens ihnen gegenüber auf der Stufe des abstrakten, weil sinnlichen Geistes (vgl. § 52 A., GPR; 115 ff.).

Hegel nimmt also die Eigentums- und Vertragstheorien der neuzeitlichen Naturrechtslehren vollständig auf und transformiert sie nach Maßgabe seiner philosophischen Systematik; dadurch aber wird zugleich deren Reichweite eingeschränkt. Zwar teilt Hegel deren Freiheitspathos, wenn er in der rechtlichen Durchsetzung der Eigentumsfreiheit das späte Pendant zur christlichen Freiheit der Person feiert (vgl. § 62 A., GPR; 133), aber er läßt auch keinen Zweifel daran, daß nicht alles »Dasein der Freiheit« in Eigentums-

und Vertragsformen darstellbar ist; die Grenzen dieser Darstellbarkeit sind für Hegel zugleich die der älteren Naturrechtstheorien insgesamt. So verweist er immer wieder auf praktische Wirklichkeiten, die sich ihm zufolge nur um den Preis grober Verzeichnungen und Verformungen den Rechtsfiguren ›Eigentum‹ und ›Vertrag‹ fügen. – Was das Eigentum betrifft, so finden Besitznahme und Entäußerung ihre Grenzen im Sache-Sein dessen, was allein in Besitz genommen und veräußert werden kann. Für die Person bedeutet dies, daß sie niemals selbst Eigentum sein kann; sowohl die römische Rechtsauffassung von den Kindern als Eigentum des *pater familias* (§ 43 A., GPR; 105) wie die Sklaverei (§ 57 A., GPR; 123) sind von hier aus prinzipiell als unrechtlich zu qualifizieren. Dies schließt nach Hegel freilich nicht aus, daß der Mensch sich durch Bildung und das Sich-selbst-Erfassen selbst in Besitz nimmt und »das Eigentum seiner selbst« (§ 57, GPR; 122) wird, aber der Kontext zeigt, daß dies in einer metaphorischen Weise zu verstehen ist; niemand wird in demselben Sinne »Eigentum seiner selbst«, wie es das eigene Haus oder ein Buch Eigentum sind. Verdeutlicht wird dies durch Hegels These, daß nur das am Menschen veräußerbar ist, was er als Äußeres von sich abtrennen kann: also nicht Fähigkeiten, sondern nur deren Anwendungen und Resultate sind veräußerliches Eigentum (vgl. §§ 43 und 57 und Anmerkungen, sowie die §§ 67-69, GPR; 104 f., 122 f. und 144-150). Niemand kann sich rechtlich seiner Persönlichkeit entäußern, d. h. sich selbst in die Sklaverei verkaufen oder sich seiner intellektuellen, moralischen oder religiösen Selbstbestimmung begeben, denn hier wird etwas veräußert, was die Person nicht als etwas Äußeres besitzt (vgl. § 66 A., GPR; 141 f.). Hegel dehnt die Reichweite des Arguments schließlich auch auf das Leben aus, dessen Veräußerung oder Entäußerung die Selbstaufhebung der Persönlichkeit wäre und damit Unrecht einschlösse (vgl. § 70, GPR; 151). Was damit ausgeschlossen sein soll, ist die Rechtmäßigkeit der Selbsttötung, aber auch die Veräußerung des eigenen Lebens als Mittel zu einem sachlichen Zweck, was effektiv auf dasselbe hinausläuft. In beiden Fällen liefe die Betätigung der Freiheit der Person in der Entäußerung des Lebens auf die Zerstörung ebendieser Freiheit hinaus. Zugleich deutet Hegel an, daß das Recht, das Leben einzusetzen oder zu fordern, ein höheres Recht sein muß als das abstrakte Privatrecht; die »sittliche Idee«, auf die Hegel dabei Bezug nimmt, wird in den GPR dann als der Staat expliziert.

In der Vertragstheorie,[57] zu der Hegel im § 71 übergeht, bleibt das äußere Verhältnis von Person und Sache erhalten, was bedeutet, daß Personen nur über veräußerliche Sachen Verträge abschließen können; alle anderen Verträge wären demzufolge unrechtlich. (Anzumerken ist, daß sich Hegel mit dieser These in unserer Rechtstradition nicht durchgesetzt hat; unser Vertragsrecht ist nicht nur Sachenrecht.) An Hegels Vertragstheorie sind vor allem zwei Aspekte bemerkenswert: einmal ihre Ableitung aus der Eigentumstheorie, und dann die Konsequenzen, die aus ihrer sachenrechtlichen Einschränkung folgen. – Zunächst leitet Hegel im § 71 aus der Bestimmung »Dasein« als »Sein für anderes« (GPR; 152), die er unmittelbar der WL entnimmt (vgl. 5, 115 ff. und EPW; 8, 193 ff.), die These ab, Eigentum als Dasein des freien Willens einer Person sei deswegen immer Dasein dieses freien Willens für eine andere Person – eine ohne Zweifel wenig überzeugende Argumentation, die er im Moralitäts-Kapitel gleichwohl erneut in Anspruch nimmt (§ 112, GPR; 209 f.). Das Eigentum aber als Dasein meines freien Willens in der Perspektive des freien Willens einer anderen Person und *vice versa*, woraus sich die Übereinstimmung beider Willen in bezug auf ein und dieselbe Sache ergibt, sei der Vertrag – oder man kann sagen: das Eigentum in vertraglich verfaßter und gesicherter Form. Hegel vertritt also nicht die traditionelle Lehre, der zufolge jemand erst Eigentum hat und dann darüber Verträge schließen kann oder nicht; auch die liberale Vorstellung, der Gesellschafts- und Herrschaftsvertrag sei eine sekundäre Absicherung des schon vorhandenen Eigentums, ist demzufolge irrig, sondern nach Hegel impliziert der Begriff des Eigentums den des Vertrags. Es gibt überhaupt kein Eigentum unabhängig von Vertragsverhältnissen; der Vertrag ist ebenso notwendig wie das Eigentum, und dies zu zeigen heißt, den »Übergang vom Eigentum zum Vertrage« gedanklich zu vollziehen. Die Brücke bildet dabei der Satz: »Diese Beziehung von Willen auf Willen ist der eigentümliche und wahrhafte Boden, in welchem die Freiheit Dasein hat.« (§ 71, GPR; 152) Diese »Beziehung« ist aber nichts anderes als die für die JPG grundlegende Figur der Anerkennung (vgl. § 71 A., GPR; 153). Nur durch sie und nicht durch die logische Bestimmung ›Dasein‹ allein vermag Hegel jenen Übergang zum Vertrag plausibel zu machen. Wenn man im übrigen diesen Übergang als die Entfaltung

57 Vgl. Schnädelbach (1987), 185 ff.

einer intersubjektiven Implikation der Idee des individuellen Privateigentums versteht, wird man an dieser Stelle Hegel nicht mit dem Argument kritisieren, er habe die Intersubjektivität vernachlässigt (Hösle[58]): In dieser Perspektive ist der Vertrag in gleicher Weise existierender Widerspruch (vgl. §§ 72-74, GPR; 155-157) wie die Anerkennung unter Personen.[59]

Die Konsequenzen aus der sachenrechtlichen Einschränkung des Vertragsrechts betreffen die Ausgrenzung der familien- und staatsrechtlichen Bestände aus dem Anwendungsbereich der Vertragsfigur. Die »Schändlichkeit« (§ 75 A., GPR; 157) der berühmten Ehedefinition Kants, in der jener die Ehe als »Verbindung zweier Personen verschiedenen Geschlechts zum lebenslänglichen wechselseitigen Besitz ihrer Geschlechtseigenschaften« bestimmt,[60] über die sich Hegel seit den WBN immer wieder erregt, ist ihm zufolge das Resultat der Reduktion einer sittlichen Institution auf ein privatrechtliches Vertragsverhältnis; in dem selben Sinne wäre auch ein Unterhalts- und Erziehungsvertrag zwischen Eltern und Kindern unsittlich. Hegel erkennt, daß der Preis der ausschließlich sachenrechtlichen Interpretation von Intersubjektivität die totale Versachlichung oder Verdinglichung aller menschlichen Beziehungen wäre. Er macht sich keine Illusionen darüber, daß dies in der Sphäre der sozialen Wirklichkeit des abstrakten Rechts, d. h. in der bürgerlichen Gesellschaft, tatsächlich geschieht,[61] versucht aber gleichwohl, ihr Übergreifen auf den menschlichen Nahbereich zumindest mit begrifflichen Mitteln auszugrenzen.

Folgenreicher aber ist Hegels Kritik an den neuzeitlichen Staatsvertragstheorien, die sich quasi-analytisch aus seinem Vertragsbegriff ergibt. Der bezieht sich ja nur auf Sachen qua Privateigentum, so daß diesen Theorien zufolge nur von einem Staat von Privateigentümern die Rede sein könnte. Wenn Hegel die »Einmischung« des Vertrags »sowie der Verhältnisse des Privateigentums überhaupt (,) in das Staatsverhältnis« (§ 75 A., GPR; 157) verurteilt, so eröffnet er zwei Fronten gleichzeitig: einmal gegen das mittelalterliche Staats- und Rechtsdenken, das »Staatsrechte und Staatspflichten« als Privateigentum weniger herausgehobener Personen

58 Siehe Anm. 51.
59 Vgl. Abschnitt III. 6.
60 Kant, MdS I, § 24.
61 Vgl. Ritter (1969).

ansah, zum anderen gegen das liberale Komplement der Vertragstheoretiker, das den Staat aus der Addition individueller Willensentscheidungen hervorgehen sieht. Die liberale Staatskonstruktion führt nur zu dem, was der § 183 als den *»äußeren Staat – Not-* und *Verstandesstaat«* (GPR; 340) bezeichnet. Im § 258 A. bringt er dieses Denken in einen ursächlichen Zusammenhang mit dem Terror der Französischen Revolution (vgl. GPR; 399 ff.). Die Formulierung *»äußerer Staat – Not-* und *Verstandesstaat«* zeigt, worum es Hegel in seiner Kritik des politischen Liberalismus geht: nicht um »Staatsvergötzung«, sondern um die Einlösung der Intuition, der Staat müsse die Einheit des Allgemeinen und Besonderen des freien Willens sein – die wahrhafte *volonté générale* –, und nicht bloß die abstrakte Gemeinsamkeit aller besonderen Willen, die sie als »äußerer Staat« nur unter sich subsumiert. Hegels Begriff der Vernunft zeichnet einen Staat vor, der mehr ist als der kleinste gemeinsame Nenner, auf den sich Individuen einigen können, denn »die Vernünftigkeit besteht, abstrakt betrachtet, überhaupt in der sich durchdringenden Einheit der Allgemeinheit und der Einzelnheit und hier konkret dem Inhalte nach in der Einheit der objektiven Freiheit, d. i. des allgemeinen substantiellen Willens und der subjektiven Freiheit als des individuellen Wissens und seines besondere Zwecke suchenden Willens« (§ 258 A., GPR; 399). Diese konkrete Einheit des allgemeinen Willens ist für Hegel die wahre Freiheit, und so kann man sagen, daß Hegels Kritik des politischen Liberalismus im Zeichen der Freiheit steht – was ihm seine liberalen Kritiker von Rudolf Haym bis Karl R. Popper und Ernst Topitsch nicht abnehmen wollten.[62] Ihnen ist zu entgegnen, daß Hegels Staat liberal in dem Sinne ist, daß in ihm das moderne Privatrecht gilt und daß in ihm die subjektive Freiheit als Grundprinzip anerkannt ist; was Hegel bestreitet, ist nur die These, dieser Staat des modernen Privatrechts und der subjektiven Freiheit könne selber ausschließlich auf privatrechtlichen Grundlagen und individuellen Freiheitsverzichten aufgebaut werden.

62 Vgl. dazu Abschnitt IV. 9.

(d) Das Unrecht

Es mag zunächst erstaunen, daß eine Philosophie des Rechts auch das Unrecht behandelt. Genügt es nicht, das darzustellen, was Recht und rechtens ist? Muß man explizit auf das Unrecht zu sprechen kommen? Ein pragmatischer Grund dafür, es dennoch zu tun, ist, daß die Rechtsphilosophie auch das Strafrecht im Hinblick auf seine Rechtsgründe darstellen muß, wobei die Legitimität der Strafe das Kernproblem bildet; aber in dieser Sicht der Dinge wäre das Unrecht nur der Inbegriff der Phänomene, auf die das Strafrecht als Recht reagiert. Hegel hingegen mutet uns zu, auch das Unrecht als Recht zu begreifen und sogar seine Notwendigkeit einzusehen. Um diesen Schritt zu erklären, könnte er unmittelbar an unseren Sprachgebrauch anknüpfen. Wir sprechen von Recht, das unrecht ist, wenn wir auf die Nürnberger Rassegesetze oder die Apartheid-Gesetze zu sprechen kommen, und damit haben wir vorausgesetzt, daß Recht (ge)recht oder un(ge)-recht sein kann.[63] So meinen wir mit ›Recht‹ nicht immer schon (ge)rechtes Recht, sondern häufig einen zunächst wertfreien Inbegriff von sozialen Regelungen, der dann sekundär daraufhin untersucht werden kann, ob er in einem normativen Sinne Recht oder gerecht ist. In diesem Sinne, den er am Begriff des Moralischen expliziert, sagt Hegel selbst: daß »das Recht nicht unmittelbar das dem Unrecht Entgegengesetzte« (§ 108 A., GPR; 207) sei. Auch von der Sache her leuchtet dies ein, wenn man sich daran erinnert, daß nach Hegel das Recht das Dasein des freien Willens ist. Aber auch das Unrecht ist Dasein des freien Willens – sogar seine logisch höhere Daseinsform, wie die §§ 40 und 81 ausführen; gleichwohl ist dieses höhere Dasein des freien Willens ein in sich nichtiges Dasein, durch dessen Negation die Rechtlichkeit des Rechts bestätigt wird. Die Negation des Unrechts als Selbstaufhebung dieser Daseinsform des freien Willens darzustellen bildet die Grundintuition der Hegelschen Straftheorie;[64] die Selbstaffirmation des Rechts durch Negation seiner Negation im Unrecht soll dann das abstrakte Recht in die Moralität transformieren.

Hegel behandelt somit auch das Unrecht, weil das Recht, richtig

63 Das ist auch der Grund, warum es nicht angemessen ist zu behaupten, daß die DDR, weil sie kein Rechtsstaat im Sinne unseres Grundgesetzes war, deswegen ein »Unrechtsstaat« gewesen sei.

64 Vgl. dazu auch Mohr.

verstanden, die Einheit von Recht und Unrecht ist (vgl. dazu § 108 A., GPR; 207). Damit ist nicht irgendeine Mischung beider gemeint oder die These, das Unrecht sei in gewisser Hinsicht rechtens, sondern zunächst nur, daß das abstrakte Recht als Ermöglichung persönlicher Freiheit diesen Charakter sofort einbüßt, wenn es von vornherein jeden Rechtsverstoß ausschließen will. Es ist abstrakt, d. h. es definiert nur ganz formale Rechtsfiguren wie Eigentum, Tausch, Vertrag usf.; damit zeichnet es bloß in leerer Allgemeinheit vor, wozu Personen befugt sind, und überläßt ihnen die materiale Ausfüllung. Damit ist aber die Möglichkeit von Rechtskollisionen, die Hegel »unbefangenes Unrecht« (vgl. §§ 84-86, GPR; 174-176) nennt, und von expliziten Rechtsverstößen wie Betrug (§§ 87-89, GPR; 176-178) und Verbrechen (§§ 90, GPR; 178) notwendig eröffnet. So gesehen stellt die Möglichkeit des Unrechts den Preis für die Abstraktheit des Rechts dar, welche ihrerseits den Grund unserer Freiheit im abstrakten Recht ausmacht. – Doch Hegel geht noch einen Schritt weiter und behauptet die Notwendigkeit des Unrechts, wobei unter ›Notwendigkeit‹ wieder keine natürliche oder soziale, sondern die begriffliche Notwendigkeit zu verstehen ist. Folgt man dem im § 40 c) Gesagten (GPR; 98), so versteht Hegel das Unrecht als die Stufe der immanenten Selbstunterscheidung des Willens in den an und für sich seienden und den besonderen Willen – man kann auch sagen: als die Stufe der »immanenten Besonderung«, die ein Kernmoment der Hegelschen Methode ist.[65] Der § 81 führt aus, daß im Vertrag die Übereinstimmung der beiden besonderen Willen mit dem im Vertragsrecht verkörperten »an sich allgemeinen Willen« und damit untereinander nur eine willkürliche und zufällige sei. Die Willkürlichkeit und Zufälligkeit der besonderen Willen sei im Vertrag nur in einem Fall, aber nicht generell aufgegeben und bestehe deshalb fort (vgl. § 81 A., GPR; 170). Genau dies aber müsse nach »logisch höherer Notwendigkeit« auch zutage treten; es sei darum erforderlich, daß das »Recht an sich« als allgemeiner Wille und das »Recht in seiner Existenz, welche eben die Besonderheit des Willens ist, als für sich verschieden gesetzt seien« (ebd.). So ist das Unrecht eine unentbehrliche Durchgangsstufe in der Entwicklung des Begriffs des Rechts selber und in diesem Sinne »logisch« notwendig.

Indem Hegel das Unrecht traktiert, ist aber nicht das letzte Wort

65 Siehe Abschnitt IV. 3.

über das Recht gesprochen. Der § 82 faßt antizipierend zusammen, was mit ihm im Recht geschieht. Ist im Vertrag wegen der verbleibenden Nichtübereinstimmung von allgemeinem und besonderem Willen die bloße Erscheinung des Rechts, so geht diese Erscheinung im Unrecht in Schein über – in den Schein des Rechts –, wobei Hegel zwischen dem unwillkürlich und dem absichtlich herbeigeführten Anschein des Rechts in bürgerlicher Rechtskollision und im Betrug unterscheidet. (Hegel verfährt hier keineswegs gemäß der begrifflichen Ordnung der WL, in der der Schein der Erscheinung systematisch vorausgeht (vgl. 6, 7 ff.); offenbar fügen sich die Sachverhalte hier nicht völlig der »logischen« Systematisierung.) Im Verbrechen hingegen ist die Differenz zwischen dem allgemeinen und dem besonderen Willen so weit fortgetrieben, daß auch noch der Anschein des Rechts verschwindet und somit »das Recht als Recht verletzt« (§ 95, GPR; 181) wird. Auch dieses Extrem der Besonderung als absichtliche und explizite Entgegensetzung des Besonderen gegen das Allgemeine versteht Hegel als eine Daseinsform des freien Willens, d.h. als ein begrifflich-notwendiges Durchgangsstadium der dialektischen Entwicklung seines Begriffs. So kann man bei Hegel von einer Theodizee des Rechts als der Einheit von Recht und Unrecht sprechen: Alle Gestalten seiner Negativität – seien es Unrecht, das Böse (§ 139, GPR; 260 ff.), das »physische und sittliche Verderben« der bürgerlichen Gesellschaft (§ 185; GPR; 341) oder der Krieg zwischen den Staaten (vgl. §§ 338 ff., GPR; 502 f.) – haben durchweg die Funktion, das Recht als Dasein des freien Willens zu konkretisieren und ihm letztlich in seiner höchsten Gestalt als dem Recht des Weltgeistes (vgl. §§ 33 und 340) zur Macht zu verhelfen. Im einzelnen geschieht dies Hegel zufolge immer nach dem Modell, das der § 82 skizziert: »Die Wahrheit dieses Scheins [des Rechts, d. h. des Unrechts] aber ist, daß er nichtig ist und daß das Recht durch das Negieren dieser seiner Negation sich wiederherstellt, durch welchen Prozeß seiner Vermittelung, aus seiner Negation zu sich zurückzukehren, es sich als *Wirkliches* und *Geltendes* bestimmt, da es zuerst nur *an sich* und etwas *Unmittelbares* war.« (GPR; 172) Das Unrecht als die Negation des Rechts und die Negation dieser Negation in der Rechtspflege sind somit unentbehrliche Momente der eigenen Fortbestimmung und Verwirklichung des Begriffs des Rechts selber.

»Negation der Negation des Rechts« – diese Figur ist als Grundlage der Hegelschen Straftheorie eines der ältesten und beständigsten Motive seiner praktischen Philosophie überhaupt.[66] Die Rechtskollision ist die Erscheinung des Rechts; der Betrug ist zwar Unrecht, aber unter dem Anschein des Rechts; die wirkliche Negation des Rechts ist erst der Zwang (vgl. §§ 90-92, GPR; 178 f.). Wichtig ist dabei, daß Hegel zufolge nicht der Wille selbst gezwungen werden kann, sondern der Zwang richtet sich immer nur gegen das Äußere, in das der Wille sich als »in eine *äußerliche* Sache legt« (§ 90, GPR; 178), d. h. der Zwang geht immer auf das, was man will, und nicht gegen das Wollen selbst. Die These »Es kann nur der zu etwas gezwungen werden, der sich *zwingen* lassen *will*« (§ 91, GPR; 179) ist nicht im Sinne der existentialistischen Freiheit unter der Folter zu verstehen, sondern so, daß nur der, der *etwas* will, zwingbar ist, und zwar nur in Bezug auf das, *was* er will; man kann niemanden zwingen zu wollen und niemanden daran hindern, das nicht mehr zu wollen, wogegen sich der Zwang richtet. Entscheidend für alles weitere ist der Gedanke, daß der Zwang, der sich wie alles Unrecht aus Freiheit gegen das Dasein der Freiheit richtet, selbstwidersprüchlich, d. h. in sich unrechtlich und selbstzerstörerisch ist (vgl. §§ 92, GPR; 179 ff.). Das abstrakte Recht als Zwangsrecht ist nichts weiter als die reale Manifestation der Selbstzerstörung des Zwangs, die vom Verbrecher als Zwang erlebt wird (§ 93, GPR; 179 f.). Das Zwangsrecht ist freiheitsichernde Gewalt gegen die Gewalt der Rechts- und Freiheitsverletzung. Auf diesem Wege entwickelt Hegel seine objektive Straftheorie, der zufolge die Strafe nicht eine dem Verbrecher von außen angetane Gewalt darstellt, sondern sie ist die Manifestation der »Nichtigkeit« dessen, was er tat – die »Vernichtung« der Rechtsverletzung nach der »Notwendigkeit« der Selbstvermittlung des Rechts (vgl. § 97, GPR; 185). Die Strafe ist Recht und nicht bloß Rache (vgl. § 102, GPR; 196 f.), weil in ihr dem Rechtsverletzer sein Recht im buchstäblichen Sinne geschieht, denn das Dasein seines freien Willens wird als unrechtlich, selbstwidersprüchlich erwiesen und dadurch aufgehoben: »Daß die Strafe darin [in der Handlung des Verbrechers] als *sein* eigenes *Recht* enthaltend angesehen wird, darin wird der Verbrecher als Vernünftiges *geehrt*.« (§ 100 A., GPR; 191) Hegel hält dies für die einzige philosophisch haltbare Begründung der Strafe einschließlich der Todesstrafe, im Unterschied zu den alternativen Straftheorien, die auch noch in unseren

66 Vgl. Abschnitt I. 3 (h).

Tagen miteinander konkurrieren. Dabei geht es ihm, wie vor allem die Anmerkungstexte zeigen, nicht um Einzelheiten, sondern um das Prinzip: Wie ist das Strafen mit dem Respekt vor dem freien Willen des Delinquenten vereinbar? Offensichtlich ist dies nicht der Fall in den Theorien des Maßnahmestrafrechts, die den »Begriff und den Maßstab seiner Strafe« nicht seiner Tat selbst entnehmen, sondern seiner Betrachtung als ein »schädliches Tier ..., das unschädlich zu machen sei, oder ... den Zwecken der Abschreckung und Besserung« (§ 100 A., GPR; 191; vgl. auch die Polemik gegen Anselm von Feuerbach, der das erste bayrische Strafgesetzbuch verfaßte: § 99, GPR; 190; vgl. ferner die Formulierung im § 132 A., GPR; 247). Nur wenn wir die Strafe als das eigene Recht des Bestraften ansehen, gelangen wir nach Hegel zu einer »vom subjektiven Interesse und Gestalt sowie von der Zufälligkeit der Macht befreiten, so *nicht rächenden*, sondern *strafenden Gerechtigkeit*« (§ 103, GPR; 197). – Hegel erörtert nicht, daß auch privatrechtliche Entscheidungen, die strafrechtlich irrelevant sind, mit Zwangsmitteln durchgesetzt werden (z. B. Zwangsvollstreckungen, Zwangsräumungen usf.). Dies ließe sich aber ohne Schwierigkeiten in seine Theorie vom Zwangsrecht einfügen.

Die vollständige Entwicklung der Begriffe ›Zwang‹, ›Verbrechen‹ und ›Strafe‹ soll Hegel zufolge zugleich der Vollzug des Übergangs vom abstrakten Recht in die Moralität sein (vgl. §§ 103 f., GPR; 197 ff.). Hegel behauptet, der in der »*strafenden Gerechtigkeit*« geforderte Wille, »der als besonderer *subjektiver* Wille das Allgemeine als solches wolle«, sei mit dem »Begriff der *Moralität*« (§ 103, GPR; 198) identisch, und der sei schon »in dieser Bewegung selbst hervorgegangen«. Es scheint so, als daß der die strafende Gerechtigkeit exekutierende Richter die Verkörperung der Moralität sei, aber so ist es nicht gemeint, sondern das, was durch die strafende Gerechtigkeit aus dem freien Willen wurde, ist die Moralität. Der § 104 bestimmt den Übergang als einen Reflexionsprozeß: Durch das Auseinandertreten des »*allgemeinen an sich* (seienden) und des *einzelnen*, *für sich* gegen jenen seienden«, d. h. sich in sich abschließenden und sich bewußt vom Allgemeinen unterscheidenden Willens – realisiert im Zwang und Verbrechen – sowie durch die Aufhebung dieses Gegensatzes vermittelst der Rückkehr des Allgemeinen in den einzelnen Willen im Vollzug der Strafe sei der an sich seiende Wille selbst »*für sich* und *wirklich* geworden« (GPR; 198). Im Unterschied zum einzelnen für sich seienden Willen, dem das Unrecht zuzurechnen ist, verharrt Hegel zufolge der einzelne für sich seiende Wille nunmehr nicht mehr im Gegensatz zum allgemeinen, an sich seienden Willen, sondern ist zugleich das Fürsichsein des allgemeinen, an sich seienden Willens selber. In der Terminologie der WL muß man dies als »Reflexion-in-sich« (vgl. 6, 27) des Allgemeinen im Besonderen oder Einzelnen bestimmen. Durch sie wird nach Hegel ein neues Entwicklungsniveau des Rechts mit eigenem Recht erreicht – die Moralität.

Wieder liegt es nahe, den gemachten Entwicklungsschritt genetisch in einem empirischen und zeitlichen Sinne zu verstehen. Die Formulierung: »So *ist* und *gilt* das Recht, gegen den *bloß für sich seienden* einzelnen Willen bewährt, als durch seine Notwendigkeit *wirklich*« (§ 104, GPR; 198) legt moderne Assoziationen von der Art nahe, Hegel habe bereits wie Nietzsche und Freud die Genealogie der Moral aus dem Unrecht, dem Verbrechen und der Internalisierung der Strafe gelehrt. Der Text erinnert uns daran, daß es sich um Begriffsentwicklung handelt, die freilich auch die Wirklichkeit des Begriffs umfaßt, aber als Verwirklichung des Begriffs durch den Begriff selber, und nicht in einem dem Begriff als Empirie fremd gegenüberstehenden Sinne. Wahrscheinlich hätte Hegel die genealogischen Hinweise Nietzsches und Freuds als empirische Bestätigung der von ihm entwickelten Begriffszusammenhänge aufgenommen, die der § 104 und die A. rekapitulieren, aber diese sicher niemals als deren Geltungsgrundlage akzeptiert. Gleichwohl läßt uns der benannte Übergang nachdenklich zurück, denn er bedeutet immerhin, daß wir Hegel zufolge die Moralität nicht verstehen, ohne auf die Begriffe ›Unrecht‹, ›Zwang‹, ›Verbrechen‹ und ›Strafe‹ zurückzugreifen, denn sie gehören nach dem Grundsatz der bestimmten Negation als durch den Begriff der Moralität bestimmt-negierte Begriffe mit zu dessen Bedeutung. So liegt es nahe, für diesen Zusammenhang auch empirische Belege aufzusuchen. – Im übrigen muß die Ableitung der Moralität aus dem abstrakten Recht auch als der Versuch Hegels verstanden werden, zwischen Recht und Moral, die in Kants Rechts- und Tugendlehre sowie in Fichtes Naturrechts- und Sittenlehre letztlich nebeneinander stehenbleiben, einen durchsichtigen systematischen Zusammenhang herzustellen.

IV. 6 Die Moralität

Die Lehre von der Moralität gehört zu den umstrittensten Theoriestücken der GPR. Bis zur JPG_2 hatte Hegel die Moralität ausschließlich kritisch behandelt, wobei die Distanzierung von Kant im Vordergrund stand. Erst in der PhG gewinnt sie einen eigenen systematischen Ort, und zwar als Vorstufe der Religion (vgl. 3, 441 ff.). Die Zwischenstellung der Moralität zwischen dem abstrakten Recht und der Sittlichkeit ist eine Neuerung der GPR. Die Urteile über Hegels Moralitätstheorie decken ein breites Spektrum ab; es reicht vom Lobpreis einer glücklichen Vereinigung von Aristotelismus und Kantianismus in der Ethik[67] bis zur Verurteilung als »moralischer Perversion«[68], was auf eine Verschärfung des alten Einwandes von Rudolf Haym gegen die GPR hinausläuft, der besagt, sie enthalte in Wahrheit überhaupt keine von der Rechts- und Staatslehre unabhängige Ethik.[69] Eine abgewogene Beurteilung hängt jedoch von der Klärung der Frage ab, was Hegel im Abschnitt »Die Moralität« behandelt hat und was nicht. Zunächst ist an die Analogie zum Begriff des Rechts zu erinnern, die Hegel im § 108 herstellt: »Das Moralische ist zunächst nicht schon als das dem Unmoralischen Entgegengesetzte bestimmt, wie das Recht nicht unmittelbar das dem Unrecht Entgegengesetzte, sondern es ist der allgemeine Standpunkt des Moralischen sowohl als des Unmoralischen, der auf der Subjektivität des Willens beruht.« (GPR; 207) Wir müssen demnach von einem wertfreien Begriff des Moralischen ausgehen, d. h. von einem bloßen Bereichsbegriff, durch dessen Anwendung überhaupt erst Phänomene identifizierbar werden, die dann im Hinblick auf Merkmale wie ›moralisch/unmoralisch‹ beurteilt werden können; niemand wird hingegen einen Naturvorgang als moralisch preisen oder als unmoralisch verdammen. In diesem Sinne sagt Hegel in der EPW: »Das *Moralische* muß in dem weiteren Sinne genommen werden, in welchem es nicht bloß das moralisch Gute bedeutet. ›*Le Moral*‹ in der französischen Sprache ist dem ›*Physique*‹ entgegengesetzt und bedeutet das Geistige, Intellektuelle überhaupt.« (EPW, § 503 A.; 10, 313) Das obige Zitat enthält auch einen Hinweis darauf, um welchen Bereich es sich beim Moralischen handelt: den der »*Sub-*

67 Vgl. Ritter (1966).
68 Vgl. Tugendhat, 349.
69 Vgl. Haym, 380.

jektivität des Willens« (§ 106, GPR; 204). Das abstrakte Recht als erstes Dasein des freien Willens kannte keine Subjekte, sondern bloß Personen, d.h. mögliche Akteure gemäß den Formen und Normen, die das abstrakte Recht bereitstellt – Eigentum, Vertrag, Unrecht usf. –, und dies geschieht ohne Berücksichtigung ihrer Interessen und Motive. Ähnlich neutral ist hier auch die Objektseite bestimmt, denn immer handelt es sich um »Sachen« in nicht näher qualifizierter Form, die Eigentum sein oder veräußert werden können, über die man Verträge schließt oder die das *corpus delicti* von Straftatbeständen bilden. Auch die Moralität ist »Dasein des freien Willens (§ 106 f., GPR; 204/5), umfaßt also Subjekt- und Objektseite des Willens, nur ist hier an die Stelle der abstraktrechtlichen Einheitsfigur ›Person/Sache‹ der konkretere Komplex ›Subjekt-Handlung‹ getreten. Das »Recht« der Moralität ist somit das »*Recht des subjektiven Willens*« (GPR; 205) und nicht mehr nur des »an sich seienden Willens« wie das »Recht« des abstrakten Rechts. Die Aufgabe des Kapitels »Die Moralität« besteht also zunächst in nichts anderem als in der Explikation des »Subjekt-Objekts« des freien Willens auf jener Ebene, die nach dem Abschluß der Darstellung des abstrakten Rechts erreicht ist, und die muß nach Hegel ebenso wertfrei erfolgen wie die des »Subjekt-Objekts« des freien Willens auf der Ebene des abstrakten Rechts. Sofern die Überschrift »Die Moralität« die Erwartung nährt, jetzt folge die Ethik Hegels, muß sie enttäuscht werden, sofern man unter ›Ethik‹ eine normative Ethik im Sinne Kants versteht. Tatsächlich wird dem Leser nur eine Theorie angeboten, welche die Strukturen des Verhältnisses zwischen dem Subjekt und seiner Handlung betrifft und die wir heute abgekürzt als ›Handlungstheorie‹ bezeichnen. Es wird zu zeigen sein, daß dies auch für den dritten Unterabschnitt »Das Gute und das Gewissen« gilt, den manche Interpreten als »ethisch« im engeren Sinne verstehen.

Die abfälligen Urteile über das Moralitäts-Kapitel hängen somit meist mit für die GPR unerfüllbaren Erwartungen zusammen; ein direkter Vergleich des Kantischen und Hegelschen Gebrauchs des Ausdrucks ›Moralität‹ mag dies verdeutlichen. Auch Kant war zunächst auf der Suche nach einem Bereich, der sich nicht darin erschöpft, »physisch« zu sein, d.h. der Naturnotwendigkeit zu unterstehen. Ihn zu isolieren und gegen skeptische Einwürfe abzusichern ist die Aufgabe der »Metaphysik der Sitten« im Unterschied zur »Metaphysik der Natur«, wobei das mit »Sitten« (lat.

mores) Gemeinte mit dem zusammenfällt, was Hegel »das Moralische« nennt: das Reich des freien Willens im Unterschied zum bloß Natürlichen. Den Grund dieser Bereichsabgrenzung findet Kant im »obersten Grundsatz der Sittenlehre«,[70] dem Kategorischen Imperativ. Bezeichnet man ihn wie allgemein üblich als »Moralprinzip«, so ist bei dieser Ausdrucksweise der weitere Sinn von ›Moral‹ im Sinne von ›Sitten‹ zu unterstellen, denn bei Kant ist der Kategorische Imperativ die Grundlage des Rechts und der Moral im engeren, vom Recht auch unterschiedenen Wortsinn, wie die Einteilung der MdS in die Rechts- und Tugendlehre zeigt. Des weiteren ist bei Kant vom »Moralprinzip« und der Moral als dem Gegenstand der Tugendlehre die Moralität zu unterscheiden – als ein Spezialfall dessen, was unter dem Moralprinzip steht und deswegen Pflicht ist, und zwar einer solchen, in der »die Idee der Pflicht aus dem Gesetze zugleich die Triebfeder der Handlung ist«. Im Falle der Übereinstimmung mit dem Gesetz – unabhängig von den »Triebfedern« – handelt es sich um bloße Legalität.[71] Nach Kant ist es somit möglich, daß jemand moralische Pflichten nur »legal« erfüllt, d. h. nur pflichtgemäß, aber eben nicht »aus Pflicht«.[72] So fällt bei Kant die Moralität nicht einfach mit dem Anwendungsbereich des Moralprinzips zusammen, während Hegel die Ausdrücke ›Moralität‹, ›der moralische Standpunkt‹ und ›das Moralische‹ synonym verwendet. Von Kant her gesehen ist es zunächst unverständlich, warum Hegel nicht auch das Recht unter »das Moralische« im weitesten Sinne subsumiert, wo er doch mit dem Königsberger Philosophen darin übereinstimmt, daß es ebenso wie das Moralische im engeren Sinne nicht unter das »Physische« fällt. Warum also stellt Hegel der Moralität das abstrakte Recht voran und leitet es nicht aus einem Moralprinzip im Kantischen Sinne ab? Der Grund dafür ist, daß Kant als einzige Gewähr dafür, daß es überhaupt eine von der Metaphysik der Natur unterschiedene Metaphysik der Sitten und damit eine Begründung von Recht und Moral im engeren Sinne einer Tugendlehre gibt, das unbezweifelbare Bewußtsein von Pflicht im Sinne des Kategorischen Imperativs anführen kann. Nur dort haben wir Grund, uns als frei, d. h. der Naturnotwendigkeit enthoben anzusehen: »Wir kennen unsere eigene Freiheit (von der alle moralischen Gesetze,

70 MdS, A 26.
71 Vgl. MdS, A 15.
72 GMS, A 9.

also auch alle Rechte sowohl als Pflichten ausgehen) nur durch den moralischen Imperativ, welcher ein pflichtgebietender Satz ist, aus welchem nachher das Vermögen, andere zu verpflichten, d. i. der Begriff des Rechts, entwickelt werden kann.«[73] Die Freiheit aber, die wir nach Kant durch das Bewußtsein der Pflicht kennen, ist immer nur eine Möglichkeit, die nicht prinzipiell bestritten werden kann. Unbestreitbare Realität aber ist sie nur in dem Fall der Pflichtbefolgung, den Kant den der »Moralität« nennt, d. h. des Tuns der Pflicht nicht bloß nach dem »Buchstaben«, sondern nach dem »Geist« des Gesetzes,[74] ohne alle weiteren »Triebfedern«, die sämtlich bloß naturnotwendig sein könnten. So muß Kant in der *Kritik der praktischen Vernunft* die allein freiheitsverbürgende »Moralität« der Pflichtbefolgung als prinzipiell möglich erweisen, um darauf eine ›Metaphysik der Sitten‹ aufbauen zu können, die dann eine Rechts- und eine Moral-/Tugendlehre enthält.

Hegel hingegen macht sich durch den völlig anderen Begründungszusammenhang des objektiven Geistes im Rahmen seines Systems vom Kantischen Rekurs auf das Bewußtsein des moralischen Sollens unabhängig. (Sofern er »das Moralische« buchstäblich als ›*Le Moral*‹ im Unterschied zu ›*Physique*‹ versteht, würde auch der subjektive und der absolute Geist darunter fallen. Insofern handelt es sich bei der oben zitierten Erklärung nur um eine Analogie.) Das Recht insgesamt als objektiver Geist ergibt sich Hegel zufolge aus der Dialektik des subjektiven Geistes, und damit ist die Möglichkeit eröffnet, das Moralische, das nach Kant allein das Recht als Wirklichkeit von Freiheit zu begreifen erlaubt, nunmehr als eine bloße Sondergestalt des Rechts überhaupt darzustellen, die höher und konkreter ist als das abstrakte Recht. Dies hat umgekehrt zur Folge, daß die Moralität selbst bei Hegel nicht mehr mit den Implikationen der Kantischen »Moralität« eines Handelns »aus Pflicht« belastet ist; sie wird zu einem theoretisch beschreibbaren Phänomen des objektiven Geistes wie alle anderen, wenn auch mit eigenem »Recht«.

So bietet das Kapitel »Die Moralität« nicht mehr als eine Phänomenologie des »moralischen Standpunkt(s)« im Sinne Hegels (§ 105, GPR; 203).[75] Die Ebene der Moralität ist betreten, wenn die

73 MdS, A 48.

74 Vgl. KpV, A 270.

75 Zur Frage, ob und in welchem Sinne die GPR überhaupt eine normative Theorie des Sittlichen enthalten, vgl. Abschn. IV, 14 (c).

Person zum Subjekt und die Sache zur Handlung weiterbestimmt sind. Begrifflich geschieht dies durch die »Reflexion des Willens in sich« (ebd.), die Hegel im Unrecht sowie in Verbrechen und Strafe darstellt. Von Hegel wird sie wie folgt zusammengefaßt: »Die im Verbrechen aufgehobene Unmittelbarkeit [des freien Willens] führt so durch die Strafe, das heißt durch die Nichtigkeit dieser Nichtigkeit zur Affirmation – zur *Moralität.*« (§ 104, GPR; 202) Dadurch ist nach Hegels Verständnis der Wille nicht mehr »bloß *an sich*, sondern *für sich unendlich*« (§ 105, GPR; 203), d. h. auf der Stufe der Moralität wisse der freie Wille um seine Unendlichkeit, oder er wisse sich als unendlichen, in seiner Gegenständlichkeit auf keine objektive Schranke stoßenden Willen, der deswegen das Gegenständliche als das »*Seinige*« (§ 107, GPR; 205), d. h. als seine Handlung, verstehe. Im Fortgang des Textes wird diese Objektseite erst nach mehreren Paragraphen erreicht, was man als eine Reminiszenz an die transzendentalphilosophische Beweisart Kants verstehen kann, welche darin besteht, die Gegenstände des freien Willens aus dessen Begriff zu »deduzieren«, d. h. die Handlungen und Handlungsfolgen als die Sachverhalte, die allein rechtlich und moralisch relevant sind, aus dem Moralprinzip abzuleiten. Sofern bei Hegel von einem Moralprinzip die Rede sein kann, besteht es in nichts anderem als im Begriff des in sich reflektierten, »für sich unendlichen« (§ 105, GPR; 203) freien Willens selber. Aber wieder liegt auf der Hand, daß dies allein noch kein normatives Prinzip im Sinne allgemeiner Verbindlichkeit sein kann wie bei Kant und Fichte, denn im Fürsichsein ist die konkrete Allgemeinheit, auf die Hegels Begriff des an und für sich seienden Willens verweist, nicht enthalten; Allgemeines am Orte der Moralität ist nach Hegel immer nur ein subjektiv Allgemeines und deswegen gerade nicht allgemein verbindlich.[76]

Im folgenden soll nun die Moralitäts-Lehre Hegels als wert- und normenfreie Handlungstheorie interpretiert werden.[77] – Hösle liest im Gegensatz dazu dieses Kapitel als eine Mischung von Strafrechtstheorie, Handlungstheorie und Ethik und kommt deswegen zu einem bloß negativen Urteil darüber.[78] Gleichzeitig stellt er Hegels »Theoretizismus« fest, ohne freilich daraus die Konsequenz zu ziehen, daß eben deswegen im Moralitätskapitel nicht

76 Vgl. dazu Wood.

77 Vgl. dazu Derbolav u. Menegoni.

78 Vgl. Hösle (1988), 510.

mehr als eine Handlungstheorie erwartet werden darf. »Wert- und normenfrei« bedeutet nun aber nicht, daß Hegel hier auf Werte und Normen wie das »Wohl« oder das »Gute« als Inhalte eines »Sollens« verzichtete; er behandelt sie aber nur »theoretizistisch«, d. h. als Gegenstand einer Untersuchung in der Perspektive des Beobachters, und nicht deontologisch (grch. *tò déon* – das Erforderliche, das Nötige, das Gesollte, die Pflicht) im Sinne einer Antwort auf die Kantische Frage »Was soll ich tun?« in der Perspektive des Betroffenen. Solche Betroffenheit liegt ihm gänzlich fern, und Hegel fertigt sie in der Vorrede zu den GPR als Heuchelei und Beweis der Unsittlichkeit ab (vgl. Vorrede; GPR; 14).[79] Die Moralität wird in den GPR nur als ein »geistiges«, d. h. kulturelles und soziales Phänomen gefaßt und wird nicht – wie bei Kant – als dasjenige angesehen, wozu wir als die Fragenden selbst unbedingt verpflichtet sind. Hegel bereitet damit die wertfreie Moralpsychologie und Moralsoziologie des 19. und 20. Jahrhunderts vor. Die hier ins Auge gefaßte phänomenologische Deutung des Moralitäts-Kapitels stützt sich zunächst auf die schon zitierte Anmerkung zum § 108 (GPR; 207), der »das Moralische« als bloßen Bereichs- oder Ebenenbegriff präzisiert, und sie folgt im übrigen der These, daß das methodische Vorbild des Kapitels »Die Moralität« weniger bei Kant als in den handlungstheoretischen Partien der *Nikomachischen Ethik* des Aristoteles zu suchen ist. Dort werden in ähnlicher Weise und in rein theoretischer Einstellung die Struktur und die objektiven Orientierungen des menschlichen Handelns dargestellt. Sucht man also bei Hegel eine Ethik, so wird man sie hier nur in dem Sinne finden können, wie Aristoteles die Ethik bestimmt: als theoretische Wissenschaft von der Praxis. Auch die aristotelische Unterordnung der Ethik – als praktische Elementardisziplin – unter die Politik kann man in Hegels systematischer Einordnung der Moralität vor die Sittlichkeit als deren Moment wiedererkennen, wobei das Kapitel »Die Sittlichkeit« sogar die Einteilung der *Politik* des Aristoteles in Ökonomie und Politik wiederholt. Dabei ist nicht zu bestreiten, daß Hegel im Unterabschnitt »Das Gute und das Gewissen« auf die Moral im Kantischen Sinne zu sprechen kommt. Hegel hat stets anerkannt, daß durch Kant in der praktischen Philosophie ein neues und nunmehr ununterschreitbares Niveau definiert wurde, das auch und gerade die Theorie der

79 Vgl. auch Abschnitt IV. 13.

Moralität zu respektieren hat. Insofern gibt es kein einfaches Zurück zu Aristoteles, und die Kantischen formalen Grundbestimmungen der Handlung, die vor allem die Subjektivität betreffen, sind somit in die Ethik aufzunehmen. Alle wichtigen Unterschiede zwischen der Aristotelischen und Hegelschen Ethik qua Handlungstheorie lassen sich darauf zurückführen. Gleichwohl ist der Bezug Hegels auf Kant im Moralitäts-Kapitel ausschließlich destruktiv, wobei ihm der seit den WBN unverändert erhobene Formalismusvorwurf[80] gegen die Kantische Ethik als Entlastung von der Aufgabe dient, auf der Ebene der Moralität eine Pflichten- oder Tugendlehre zu entwerfen; Hegel glaubt durch seine Kantkritik gezeigt zu haben, daß dies prinzipiell nicht möglich sei. Dies erklärt auch, warum Hegel am Orte seiner Moralitätslehre als Handlungstheorie nicht wie Aristoteles zu einer inhaltlichen Lehre von den Zielen und Tüchtigkeiten menschlicher Praxis übergeht, sondern statt dessen auf die Sittlichkeit verweist. So kann man sagen: Hegels GPR enthält durchaus eine Ethik, wenn man darunter über die Handlungstheorie hinaus eine Güter-, Wert- und Pflichtenlehre versteht: Nur ist sie nicht im Kapitel »Die Moralität« aufzufinden.[81]

(a) Das Subjekt und die Handlung

Die Moralität ist die Ebene des für sich freien Willens, der hier genauso wie der an sich freie Wille im abstrakten Recht Subjekt- und Objektseite umfaßt. Nun weiß sich die Person als Person und ist darum mehr als dies, denn im abstrakten Recht kommt dieses Sichwissen nicht in Betracht; die Person ist zum Subjekt fortbestimmt. In dem angezeigten Sinne ist der Wille nun subjektiver Wille, und die Moralität ist das Recht des subjektiven Willens. Die Objektseite des subjektiven Willens, die durch den Übergang vom abstrakten Recht zur Moralität zur Handlung weiterbestimmte Sache, wird – wie oben angedeutet – im Text erst durch eine Folge von Einzelbestimmungen der Subjektivität erreicht. Dabei ist es wichtig, die Analogie im Auge zu behalten, die an dieser Stelle zur Einführung des Personbegriffs besteht: Hegel spricht nicht primär von der Einzelperson, sondern von der »Persönlichkeit«, d. h. dem

80 Vgl. dazu Abschnitt I. 4.
81 Sondern vor allem in den §§ 142-157 des Abschnitts »Die Sittlichkeit« (GPR; 292 ff.); vgl. dazu Peperzak (1982b).

Personsein als allgemeiner abstrakter Bestimmung der Subjektseite des Willens im abstrakten Recht,[82] und genauso sind die §§ 106-109 zu lesen, nämlich als Explikation der Subjektivität oder des Subjektseins der Subjekte.

Die erste Bestimmung des als subjektiv bestimmten Willens ist die, »das *Dasein* des Begriffs« – man ergänze: »des freien Willens« – auszumachen, im Unterschied zum bloß »an sich seienden Willen« (§ 106, GPR; 204). Damit ist im nachhinein die Interpretation des Personseins bestätigt, die es als eine bloße Möglichkeit der Freiheit im Sinn einer vom abstrakten Recht vorgezeichneten Rolle (*persona*) versteht. Personen sind in diesem Sinne nicht wirklich, denn sie haben keine Motive, da sie nicht handeln. Umgekehrt ist der freie Wille nur dort real, wo Subjekte handeln: »Nur im Willen, als subjektivem, kann die Freiheit oder der *an sich* seiende Wille wirklich sein.« (Ebd.) Die Stufe der Realität aber ist bei Hegel immer zugleich die der Besonderung – real ist der Wille nur im Willen von Einzelnen –, und so tritt, wie der § 106 A. ausführt, hier notwendig die Differenz zwischen dem subjektiven und dem konkret-allgemeinen, d. h. das Subjektive und das Objektive umfassenden Willen ein, deren Integration das begriffliche Entwicklungsziel des Moralitäts-Kapitels insgesamt ist.

Das zweite Moment der Subjektivität des Willens repräsentiert die »*Selbstbestimmung*« (§ 107, GPR; 205), worunter genau zu verstehen ist, daß es hier keine Bestimmung des Willens gibt, die nicht eine durch ihn selbst gesetzte wäre; nach dem »*Recht des subjektiven Willens ... anerkennt* und *ist* der Wille nur etwas, insofern es das *Seinige*, er darin sich als Subjektives ist« (ebd.). Diese »*Selbstbestimmung*« bezieht sich also zugleich auf das, was der Wille selbst ist, wie auf das Objektive, das er als das durch ihn Bestimmte als das »*Seinige*« anerkennt; sie ist insofern »unendlich« (vgl. § 108, GPR; 206). Analog zum § 106 A. bestimmt der § 107 A. erneut das Objektivwerden dieser Subjektivität als das Ziel des Moralitäts-Kapitels. – Verwirrend bleibt, daß der § 108 den subjektiven Willen erneut als »abstrakt, beschränkt und formell« (GPR; 206) kennzeichnet, und man fragt sich, was ihn dann vom an sich seienden Willen des abstrakten Rechts unterscheidet. Da aber zunächst nichts weiter über den subjektiven Willen gesagt ist als dies, Selbstbestimmung zu sein, kann Hegel formulieren: »Die

82 Vgl. dazu Quante.

Subjektivität ist aber nicht nur formell, sondern macht als das unendliche Selbstbestimmen des Willens das *Formelle* desselben aus.« (Ebd.) Dies ist mehr, als vom freien Willen auf der Stufe des abstrakten Rechts gesagt werden könnte.

Drittens ist der subjektive als der sich selbst bestimmende einzelne Wille verschieden sowohl von seinem Begriff, d. h. dem an und für sich seienden Willen, als auch von der Objektivität, die noch nicht als die Objektseite seiner Selbstbestimmung gesetzt ist. Diese Differenzen zwischen dem, was der Wille an sich (eigentlich, in Wahrheit) ist und dem, was er für sich ist, machen den »moralischen Standpunkt« zugleich zum »Standpunkt des *Verhältnisses* und des *Sollens* oder der *Forderung*« wie zum »Standpunkt der Differenz, *Endlichkeit* und *Erscheinung* des Willens« (§ 108, GPR; 206 f.). Hegel hat damit, gemäß seinem eigenen Anspruch, den Ausgangspunkt der Kantischen Moralität erreicht: das Bewußtsein des Sollens im Sinne einer unbedingten Forderung an einen endlichen, nicht rein vernünftigen Willen. Was Kant für ein unableitbares »Faktum der reinen Vernunft«[83] gehalten hatte, scheint nunmehr seine Ableitung in der Philosophie des objektiven Geistes gefunden zu haben.

Die Bestimmungen »Verhältnis«, »Differenz« und »Erscheinung« verwendet Hegel dabei als Erläuterungen, weil er bei seinen Zuhörern Grundkenntnisse der WL voraussetzen kann. Sie gehören sämtlich der Wesenslogik an, die deswegen einschlägig ist, weil es sich hier um Reflexionsverhältnisse des Willens handelt. Zur Erläuterung können sie dienen, wenn man sie noch einmal auf das bezieht, was bisher vom subjektiven Willen gesagt wurde: Er ist »für sich«, und was er ist und worauf er sich bezieht, ist durch ihn selbst bestimmt. Da aber noch nichts weiter als dies über ihn gesagt ist, steht er hier zu dem, was er sonst noch an sich ist – nämlich an sich seiender, objektiver, allgemeiner Wille zu sein –, im Verhältnis der Nichtidentität oder der Differenz und ist deshalb bloß die endliche Erscheinung des Willens, der an sich an und für sich ist. Die Bestimmungen ›Verhältnis‹, ›Differenz‹, ›Erscheinung‹ als Bestimmungen des Willens werden bei Hegel unmittelbar als Bestimmungen des ›Sollens‹ und der ›Forderung‹ präsentiert. Verständlich und überzeugend ist dies nur, wenn man mit Hegel das Auseinandergetretensein des Ansichseins und des Fürsichseins des Wil-

83 KpV, A 56.

lens in der Moralität als einen Zustand darstellen kann, der notwendig ist und zugleich nicht sein soll, d.h. überwunden werden muß. Das Sollen und die »Forderung« ergeben sich nur dann quasianalytisch aus dem Begriff des für sich seienden, sich seiner selbst bewußten und sich selbst bestimmenden Willens, wenn man diesen Willen als eine Entwicklungsstufe des unendlichen, an und für sich seienden freien Willens präsentieren kann. Nur dann erzeugt die Differenz zwischen dem, was der freie Wille an sich und für sich ist, die teleologische Spannung zwischen dem, was der Wille in der Moralität ist und wozu er als moralischer Wille bestimmt ist, die die Entwicklungsdynamik des freien Willens bereitstellt. Hegel versteht sie zugleich als das Äquivalent zum Kantischen Sollen. Nach dieser von Fichte inspirierten Umdeutung des Kantischen deontologischen Sollens als einer unbedingten moralischen Verpflichtung in ein teleologisches Sollen oder »Vorbestimmtsein-zu ...« erscheint das Sollen nur mehr als bloßer Reflex der Endlichkeit des in der Moralität bloß für sich seienden Willens selber; in der Sittlichkeit hingegen ist nach Hegel der »Standpunkt des bloßen ... Sollens verlassen«.[84]

Nach diesen Präzisierungen der Subjektseite der Moralität geben die §§ 109-112 Bestimmungen an, die der § 113 dann als Bestimmungen der Handlung zusammenfaßt – ein etwas unübersichtliches und bei Hegel ungewöhnliches Verfahren. Zunächst erscheint in ziemlich unübersichtlichen Formulierungen die Trias »*Inhalt-Tätigkeit-Zweck*« (§ 109, GPR; 207 f.). Der erste Satz faßt den subjektiven Willen als den existierenden Widerspruch, »*Dasein* und *Bestimmtheit*« (ebd.) des Begriffs des freien Willens zu sein, wobei »Dasein« für die einzelne, subjektive Existenz und »Bestimmtheit« für die allgemeine, objektive Bestimmung des freien Willens steht. Dieser Widerspruch ist nach Hegel zugleich der Motor der sich auf »die Entgegensetzung der Subjektivität und Objektivität ... beziehende(n) Tätigkeit« (ebd.), und die ist keine andere als die der Selbstbestimmung des Willens selber. Verständlich werden solche Figuren, wenn man sich klarmacht, daß Hegel vor dem Hintergrund der WL jede ›Bestimmung als ...‹ immer zugleich als eine ›Bestimmung zu ...‹, d.h. teleologisch auffaßt. Nach dem Prinzip ›*omnis determinatio est negatio*‹ (vgl. Spinoza, Ethik, 5, 205) bedeutet nach Hegel jede Bestimmung Verendli-

84 EPW, § 512; 10, 317; vgl. auch Marquard (1973), 37ff.

chung. Verendlichung aber heißt »Enden-müssen«, Über-sich-hinaus-Gehen, aber nicht ins Nichts, sondern gemäß der Figur der bestimmten Negation ins höhere, konkrete Allgemeine, in der das Endliche aufbewahrt sein soll. Diese Gleichsetzung von ›Bestimmung als …‹ mit ›Bestimmung zu …‹ gilt *a fortiori* für die Selbstbestimmung, und darum kann Hegel die Selbstbestimmung des freien Willens in der Moralität *als* des für sich seienden Willens zugleich als Selbstbestimmung des Willens *zu* seiner wahren Freiheit im Anundfürsichsein und damit als Quelle der Dynamik seiner immanenten Weiterbestimmung bestimmen; beides ist mit dem Begriff des »sich selbst bestimmenden Willen[s]« (§ 109, GPR; 207) gemeint.

Die Handlung ist dann nichts anderes als die »Äußerung« (§ 113, GPR; 211) des sich als etwas und zu etwas bestimmenden Willens. Sie ist somit nicht einfach Objektivierung eines bloß Subjektiven, sondern selbst »Äußerung« des zugleich Subjektiven und Objektiven, eines »Subjekt-Objekts« – denn dies ist ja der freie Wille auf all seinen Konkretionsstufen. Die Bestimmungen »*Inhalt*«, »*Tätigkeit*« und »*Zweck*« (§ 109, GPR; 207) geben die Einzelmomente der »Bestimmtheit« des »sich selbst bestimmenden«, d. h. subjektiven Willens an. Diese »Bestimmtheit« als Resultat seiner eigenen Selbstbestimmung – oder als »durch ihn selbst *in ihm* gesetzt« (ebd.) – ist zunächst dasjenige, *was* der subjektive Wille will: ein bestimmter, endlicher Willensinhalt als von ihm selbst gewollter zu sein. Nach Hegel steht dieses bestimmte Wollen als bloß subjektives Wollen von etwas Bestimmtem im Widerspruch zu dem, als was der Wille sich hier schon erfaßt hat – als in Wahrheit unendlicher, Subjekt- und Objektseite umfassender freier Wille. Anschließend führt Hegel aus: »Als die *unendliche Reflexion* in sich ist diese Grenze *für ihn selbst*« (ebd.) und versteht diese Grenzerfahrung unmittelbar als Quelle des »Wollens« und der »*Tätigkeit*«, das Subjektive des Gewollten durch objektive Verwirklichung aufzuheben. Als »*Zweck*« faßt Hegel dann das Gewollte, sofern es in der Differenz zwischen Subjektivität und Objektivität als identisch durchgehalten wird; daß wir uns Zwecke setzen können, versteht Hegel als die Kraft des Willens, die Spannung zwischen Wollen und Vollbringen zu überbrücken und auszuhalten.

Durch die Einführung des Zweckbegriffs bestimmt sich Hegels Handlungstheorie wie die des Aristoteles als eine teleologische, aber nicht im üblichen Sinne des Wortes. Ihr zufolge sind Handlungen Äußerungen des Willens im Sinne seiner Selbstbestimmung, wobei diese Selbstbestimmung die Spannung zwischen einem ›Sichbestimmen als ...‹ und einem ›Sichbestimmen zu ...‹ in sich enthält, die ihrerseits die Dynamik und die Richtung der Selbstbestimmung als Selbstverwirklichung vorzeichnet. Der Zweck selbst ist nichts, was bloß am Anfang oder erst am Ende der Selbstbestimmung stünde; er steht am Anfang *und* am Ende, denn er ist zugleich das, worin sich der Wille als etwas Bestimmtes Wollender bestimmt, und das, wozu sich der Wille bestimmt. So ist der Zweckbegriff bei Hegel selbst ein dialektischer, was bei der weiteren Interpretation des Moralitäts-Kapitels nicht vergessen werden sollte. – Daß die Willensbestimmung ein Sich-selbst-Bestimmen des Willens ist, enthält – nebenbei gesagt – Hegels Antwort auf das Problem der Willensfreiheit.

Die §§ 110-112 präzisieren den Zweck – »diese Identität des Inhalts« des subjektiven Willens – zunächst als den selber subjektiven: Nicht nur als »*innerer*«, sondern auch als objektiv realisierter Zweck muß er als mein Zweck erkennbar sein (vgl. § 110, GPR; 208). Darum gilt generell für die Handlung, sie müsse »von mir in ihrer Äußerlichkeit als die meinige gewußt werden« (§ 113, GPR; 211) können. – Das zweite Element des Zwecks besteht nach Hegel in einer Spannung zwischen dem bestimmten, endlich Bezweckten und der Allgemeinheit der Bestimmung selbst, die Hegel zwar etwas formalistisch aus dem Begriff des Willens ableitet (vgl. § 111, GPR; 209), die man sich aber auch intuitiv klarmachen kann. Hegel könnte anführen, daß wir etwas immer als etwas bezwecken: Wenn wir etwas tun, um jemanden zu beschenken, dann müssen wir dies so tun, daß der Beschenkte dies auch als Geschenk auffassen kann. Aus dieser Differenz zwischen dem bloß Subjektiven und dem Objektiven als dem Allgemeinen der Zwecke versucht Hegel die für unsere Handlungen »wesentliche Beziehung« unserer Zwecke auf »den Begriff als ein Sollen« (§ 113, GPR; 211) abzuleiten. – Der § 112 führt als dritte Bestimmung des Zwecks die intersubjektive, »*positive* Beziehung« des Wollenden »auf den Willen anderer« (GPR; 210) ein. Eine wirkliche Begründung dafür enthält der Text nicht; die Verweise auf frühere Paragraphen vermögen sie nicht zu ersetzen. Die Selbsterhaltung der Subjektivität des Willens in der Ausführung des Zwecks als eines sich in der Handlung als identisch durchhaltenden soll zugleich die Aufhebung dieser Subjektivität als einer unmittelbaren in der Objektivierung der Zwecke sein. In Analogie zum § 73 präsentiert Hegel dann den seiner Unmittelbarkeit entäußerten, zu einem anderen gewordenen subjektiven Willen als den Willen anderer. Es ist schwer zu entscheiden, ob dies wirklich mehr ist als ein intelligentes Wortspiel; mehr als Plausibilität vermag es nicht bereitzustellen. In Wahrheit haben wir es hier wohl wieder mit den impliziten, intersubjektiven Prämissen zu tun, die Hegel an vielen Stellen der GPR in Anspruch nimmt, ohne sie wirklich zu entfalten. – Im § 113 bezieht Hegel das in der Explikation des Zweckbegriffs Entwikkelte unmittelbar auf die Handlung als die »Äußerung des Willens als *subjektiven* oder *moralischen*« (GPR; 211), so daß der Handlungsbegriff selbst als deren Resultat erscheint. Die Anmerkung vollzieht eine außerordentlich strikte Festlegung dieses Begriffs auf den Bereich der Moralität; im Bereich des abstrakten Rechts wie der Rechtspflege wird in diesem Sinne nicht gehandelt. Damit ist freilich auch die Frage gestellt, ob und in welchem Sinne Institutionen handeln können oder ob dies nur Subjekte in ihnen vermögen.

In den §§ 114 ff. legt Hegel »das Recht des moralischen Willens« nach »drei Seiten« (§ 114, GPR; 213) auseinander. Genauer betrachtet handelt es sich bei den drei folgenden Begriffspaaren jeweils um die Einheit und Beziehung der Subjekt- und Objektseite auf den drei Stufen des »Daseins des freien Willens« im Bereich der Moralität, d. h. um Grundfiguren des »Recht(s) des moralischen Willens« in und an seiner »Äußerung«, der Handlung. Immer ist zu beachten, daß dem § 113 zufolge die Bestimmungen der Subjekt-, Sollens- und Intersubjektivitätsbezogenheit jeweils gesondert zu betrachten sind.

(b) Der Vorsatz und die Schuld (§§ 115-118)

Dieser Text bietet den Abriß einer Theorie der Verantwortung, was aber nicht nur juristisch gemeint ist, obwohl Hegel bevorzugt mit juridischen Beispielen arbeitet. In diesem allgemeinen Sinne von ›Verantwortung‹ ist das Wort »Schuld« hier zu verstehen; es geht um die Frage, was dem Handelnden an seiner Handlung zugerechnet werden kann, d. h. wofür er verantwortlich ist und wofür nicht. Wichtig ist dabei die Differenz zwischen der Handlung und der »*Tat*« (§ 115, GPR; 215). Die Handlung erschöpft sich nicht in der Tat, die nur die tatsächliche, ursächliche Veränderung der

Realität durch den Handelnden abdeckt, wobei die Frage entsteht, ob der Handelnde für alle tatsächlichen Wirkungen und Nebenwirkungen dessen einstehen muß, was er tut. In der Vorlesung sagte Hegel dazu: »Zugerechnet kann mir das werden, was in meinem Vorsatz gelegen hat, und beim Verbrechen kommt es vornehmlich darauf an. Aber in der Schuld liegt nur noch die ganz äußerliche Beurteilung, ob ich etwas getan habe oder nicht; und daß ich schuld an etwas bin, macht noch nicht, daß mir die Sache imputiert werden könne.« (§ 115, GPR; 216) Bei der Schuld kommt es zunächst darauf an, »ob ich etwas getan habe oder nicht«, es interessiert nur die tatsächliche kausale Verursachung, aber die kann nicht ohne weiteres »imputiert«, d. h. zugerechnet werden. Nach Hegel wird die Verantwortung des Handelnden für das, was er tat, durch das begrenzt, was in seinem Vorsatz lag, als er tat, was er tat, und Hegel nennt es das »*Recht des Wissens*« (§ 117, GPR; 217). Dies ist wörtlich zu nehmen im Sinne des Hegelschen Rechtsbegriffs: die Freiheit des Handelnden hat ihr Dasein in dem, was er von dem Inhalt der Handlung, d. h. vom konkreten Zusammenhang des Handlungszwecks (§§ 110-112) wissen kann. Alles übrige gehört zu dem Natürlichen und Zufälligen, »was die Natur der Handlung selbst nichts angeht« (§ 118 A., GPR; 218). Hegel zufolge kennt das archaische »*heroische* Selbstbewußtsein« (§ 118, GPR; 219) diese Einschränkung nicht, denn es befindet sich noch nicht auf der Stufe der Subjektivität des Willens. In den Vorlesungsnachschriften finden wir zudem Hegels Hinweis auf die »alten Gesetzgebungen«, in denen »man auf das Subjektive, auf die Zurechnung nicht soviel Wert gelegt [hat] als heute« (§ 117, GPR; 217). In der Tat gehört es zu den humanen Aspekten der Strafrechtspflege, den Angeklagten nicht nur nach seiner Tat, sondern auch nach seinem »*Vorsatze*« zur Tat, die Moment der ganzen Handlung ist, zu beurteilen.

Die Beschränkung der »*Schuld*« der Handlung auf den »Vorsatz« hat aber nach Hegel zugleich die Konsequenz, daß immer zwischen der Vorstellung, die der Handelnde von den Umständen hat, und den Umständen selbst zu unterscheiden ist (§ 117, GPR; 217). Damit steht das »*Recht des Wissens*« (ebd.) als Dasein der Freiheit im Widerspruch zur Macht der nichtgewußten Umstände der Handlung, die als Notwendigkeit und Zufälligkeit erfahren wird (§ 118 und A., GPR; 218 f.). Dieser Widerspruch ist selbst als notwendig einzusehen, und wenn sich die »*Schuld*« auch auf den »*Vorsatz*« zurückziehen kann, der Handlung selbst sind als ganzer solche Ausflüchte nicht gestattet. Die eine wäre die Verachtung der Handlungskonsequenzen, die Max Weber später als Kennzeichen der »Gesinnungsethik« brandmarkte;[85] das Umgekehrte wäre der Rückschluß von den Handlungsfolgen auf die Handlungsqualität, und dies liefe auf die Mißachtung des »subjektiven Faktors« der Handlung hinaus. Die Trennung von Handlung und Handlungsfolgen ist für Hegel in beiden Fällen »gleich abstrakter Verstand« (§ 118 A., GPR; 218), während »konkret« denken in beiden Fällen heißt, die unausweichliche Zusammengehörigkeit beider zu begreifen, ungeachtet des Widerspruchs, dessen »*Gesetz*« man sich als Handelnder stets »*preisgibt*« (ebd.).

(c) Die Absicht und das Wohl (§§ 119-128)

Es ist fraglich, ob der Gang des Moralitätskapitels überhaupt eine Abschnittsgrenze an dieser Stelle rechtfertigt,[86] denn beim Vorsatz und der Schuld war zwar von der Subjektbeziehung der Handlung die Rede, nicht aber von ihrer Beziehung aufs Allgemeine, die Hegel als Äquivalent des moralischen Sollens versteht (vgl. § 113, GPR; 211), und vom Bezug auf andere Subjekte. So findet zwischen beiden Unterabschnitten auch kein »Übergang« statt, sondern Hegel setzt die begonnenen Betrachtungen einfach damit fort, daß er den Vorsatz und die Schuld, die ja zunächst nur als Aspekte einer individuellen Handlung betrachtet werden, in den Horizont des Allgemeinen rückt, von dem er behauptet, er sei der Horizont der Wahrheit des Einzelnen; sie seien dadurch als die Absicht und als das Wohl bestimmt. Bemerkenswert ist, daß hier von der immanenten Besonderung des Allgemeinen nicht die Rede ist. Eine dialektische Entwicklung der Absicht aus dem Vorsatz findet nicht statt.

Die Absicht ist im doppelten Sinne das Allgemeine der einzelnen Handlung. Zum einen betrifft sie das, was man beabsichtigte, als man den Vorsatz faßte, etwas Bestimmtes zu tun. So kann man nicht sagen, man habe zwar einen Brandsatz in den Hauseingang geschleudert, wo Türken wohnen, aber nicht den Brand des Hauses beabsichtigt, oder man habe zwar dem Nachbarn ein Messer in die Brust gestoßen, aber nicht in der Absicht, ihn zu töten; das

85 Vgl. Max Weber, 57 ff.
86 Vgl. dazu Jermann, 103 ff.

Gericht wird auf Brandstiftung und Mord entscheiden (vgl. § 119). Sehr klärend ist Hegels Rekurs auf die Etymologie des ›Absehens von ...‹, die den Doppelsinn von »*Absicht*« (§ 119, GPR; 223) als allgemeinem Handlungzweck – im Sinn der »allgemeinen Prädikate« ›Brandstiftung‹ und ›Mord‹ – und als abstraktem Handlungsaspekt offenlegt, auf den man sich bei Rechtfertigungsversuchen gern zu berufen pflegt: »Seht, auch dieses Schlimme geschah doch in bester Absicht!« Daß in dieser logischen Beziehung des einzelnen Vorsatzes auf eine allgemeine Absicht auch ein Element des »Sollens« oder der Forderung liege, wird von Hegel im Text selbst nicht verdeutlicht. Man kann es aber indirekt erschließen aus den Anforderungen, die sich aus unserer Zurechnungsfähigkeit (vgl. § 120 A., GPR; 226) ergeben, denn die ist stets mit der Anforderung an uns verbunden, das, was wir tun, auch im Lichte des Allgemeinen zu betrachten. So sind wir nur zurechnungsfähig, wenn wir nicht nur zu unseren Vorsätzen, sondern auch zu unseren Absichten stehen und sie verantworten. Zugleich muß dieses Allgemeine als das Unsrige gesehen und verantwortet werden (vgl. § 120), und in diesem unverzichtbaren Bezug auf die Subjektivität des Handelnden besteht nach Hegel das »*Recht der Absicht*« (§ 120, GPR; 225). Es macht das Recht der »*subjektiven Freiheit* in ihrer konkreteren Bestimmung« (§ 121, GPR; 229) aus.

Die Objektseite des Handlungszwecks in allgemeiner Bestimmung ist das »*Wohl*« (§ 123, GPR; 230); von ihr war zuvor nur gesagt worden, sie sei dasjenige, woran der Handelnde gemäß seines Vorsatzes »schuld« ist, und es ist in der Tat die Frage, ob man ohne die Einführung allgemeiner inhaltlicher Bestimmungen mehr darüber sagen könnte. Das »*Wohl*« wird wie alle anderen Bestimmungen der Moralität ganz wertfrei eingeführt; es ist nichts anderes als das Besondere, in dem das Handlungssubjekt als Besonderes in der Handlung seine Befriedigung sucht, nun aber wird es selbst auf einen allgemeinen Begriff gebracht. So gibt der § 123 eine »Deduktion« des Eudämonismus als einer Ethik der Glückseligkeit. Das Wohl oder die Glückseligkeit ist die Reflexionsstufe des unmittelbaren »natürlichen« Willens, die dadurch erreicht wird, daß dieser »natürliche« Wille (§ 123, GPR; 230) seine mannigfaltigen Neigungen und Bedürfnisse zu einem Allgemeinen zusammenfaßt, das *sein* Allgemeines ist, das es in allem Besonderen anstrebt. Auf diese Weise stellt Hegel einen inneren Zusammenhang her zwischen dem Eudämonismus und der Reflexionskultur des Verstandes, die er zwar schon »zu *Krösus'* und *Solons* Zeit« (ebd.) ausgebildet sieht, in Wahrheit aber in der Ethik der Neuzeit vor Kant als dominierende Position vorfindet.[87] Bemerkenswert ist, daß Hegel im § 124 zur Kritik des Eudämonismus übergeht, aber nicht mit moralphilosophischen Argumenten wie bei Kant. Weder führt er gegen die Neigung die Pflicht ins Feld, noch spielt er gegen das Wohl das moralisch Gute aus. Was Hegel am Eudämonismus bemängelt, ist seine Abstraktheit, und es ist sein Ziel zu zeigen, daß die wahrhaft-konkrete Bestimmung des »Wohls« nicht nur keinen Gegensatz zum moralisch Guten bildet, sondern sogar darin als in seine Wahrheit übergeht. In einem ersten Schritt (§ 124) kritisiert Hegel die Entgegensetzung des Wohls als des subjektiv Allgemeinen der Handlung gegen die objektive Allgemeinheit *»an und für sich geltender* Zwecke« (GPR; 232), wobei er aber nicht viel mehr aufzubieten hat als das Plausibilitätsargument, daß in der Ausführung solcher Zwecke durchaus auch die subjektive Befriedigung enthalten sein könne. Der konsequente Eudämonist wird dies freilich zugeben, aber die objektiven, mit einem *»an und für sich seienden Zweck«* verbundenen Aufgaben nur im Hinblick auf sein Wohl hin betrachten und einschätzen. Hegel bringt dagegen vor, diese Haltung werde »... zu etwas Schlechtem, wenn sie darein übergeht, die subjektive Befriedigung ... als die *wesentliche Absicht* des Handelnden und den objektiven Zweck als ein solches zu behaupten, das ihm nur ein *Mittel* zu jener gewesen sei« (§ 124, GPR; 232 f.), aber dies wird den Eudämonisten wenig überzeugen. Er wird das ihm von Hegel ausdrücklich konzedierte »Recht der *Besonderheit* des Subjekts, sich befriedigt zu finden« (§ 124 A., GPR; 233), unbegrenzt in Anspruch nehmen.

Daß das Subjekt und seine Handlungen eine Einheit bilden, mag wahr sein, aber Hegels Einführung der Differenz zwischen »wertlosen« Produktionen und solchen »substantieller Natur« (vgl. ebd.) ist an dieser Stelle ein theoretisch nicht gerechtfertigter Vorgriff auf die Sittlichkeit, durch die dieser Paragraph einen moralisierenden Tonfall erhält. Der Eudämonist selbst kann auf dieser Stufe nicht erkennen und anerkennen, daß sein besonderes Wohl ebenso »ein Moment des Gegensatzes und zunächst wenigstens *ebensowohl* identisch mit dem Allgemeinen als unterschieden von ihm« (ebd.) sei. Zwar ist nicht zu bestreiten, daß ein

87 Vgl. Bartuschat.

Rigorismus reiner Pflichtethik (siehe das Schiller-Zitat, das aber Kants Lehre verzeichnet) und der Eudämonismus, auf dem dann auch die »Kammerdiener«-Perspektive (§ 124, GPR; 234) beruht, die zwei entgegengesetzten Seiten derselben Abstraktion sind, denn das rein objektiv Allgemeine wird hier dem bloß subjektiv Allgemeinen nur entgegengesetzt, aber der alleinige Nachweis der Abstraktheit kann den Eudämonismus nicht wirklich widerlegen. (Aus demselben Grunde ist auch Hegels Kritik an der Kantischen Ethik unbefriedigend: »Abstraktheit« ist nicht *per se* ein Argument gegen eine Ethik, die aus guten Gründen formal ist.) Es käme darauf an, dem Eudämonismus und seinem Prinzip der bloß subjektiven Allgemeinheit in immanenter Kritik den notwendigen Bezug auf ein objektiv Allgemeines nachzuweisen, und den könnte Hegel dann als Äquivalent des moralischen Sollens präsentieren.

Das zweite kritische Argument gegen die Abstraktheit des Eudämonismus bezieht sich auf die intersubjektiven Bedingungen des subjektiven Wohls. Wieder behauptet Hegel nur, daß das Subjektive »zugleich in Beziehung auf das Allgemeine, den an sich seienden Willen« (§ 125, GPR; 236) stehe. Der Eudämonist wird die Tatsache, daß er sein Wohl nicht ohne und völlig gegen die anderen Subjekte verwirklichen kann, ohne weiteres zugeben, aber das bleibt bei ihm doch stets dem subjektiv Allgemeinen seines Willens untergeordnet. Einen Bezug auf einen »an sich seienden Willen« kann man darin noch nicht erblicken. Zwar verweist Hegel hier auf das abstrakte Recht, das ja systematisch den Explikationen des Moralitäts-Kapitels vorangeht, und man wird nicht bezweifeln müssen, daß der Eudämonist auch das Allgemeine des Rechts für sein Wohl instrumentalisieren wird, denn er wäre schlecht beraten, die im Recht bereitgestellten Freiheiten nicht für sich zu nutzen. Was Hegel nicht liefert, ist der Nachweis der Inkonsistenz einer eudämonistischen Interpretation des Rechts selber, die für den neuzeitlichen Utilitarismus kennzeichnend ist. Sicher gehören auch für den Utilitaristen Recht und Wohl zusammen, und deswegen wird auch er Hegel zustimmen, daß man nicht moralische Absichten ohne weiteres zur Rechtfertigung unrechtlicher Handlungen ins Feld führen kann (vgl. § 126 und A., GPR; 236f.). Das eudämonistisch interpretierte Recht ist aber für den Utilitaristen gerade nicht die »substantielle Grundlage« (ebd.) des Wohls, sondern der unter subjektiven Klugheitsgesichtspunkten ermittelte

Inbegriff der intersubjektiven Bedingungen, unter denen er sein Wohl verwirklichen kann.

So vermag die Integration des Wohls und des Rechts (vgl. auch § 130, GPR; 243 f.), die Hegel im Text nur durch Selbstzitate plausibel zu machen vermag, auch nicht wirklich den Übergang vom Wohl zum Guten zu eröffnen. Man möchte hinzufügen, daß der interessante § 127 über das Notrecht sogar entbehrlich wäre, wenn es bloß darum ginge, »sowohl die Endlichkeit und damit die Zufälligkeit des Rechts als (auch) des Wohls« zu »offenbaren« (§ 128, GPR; 241); Eudämonismus und Utilitarismus vertreten nichts anderes, und sie bestreiten die Möglichkeit einer Ethik, die »das *Gute*, als das *erfüllte*, an und für sich bestimmte Allgemeine« (ebd.) als ihre Grundlage in Anspruch nimmt. Statt einer immanenten Widerlegung verweist Hegel diese Positionen bloß an die WL. Nur ihr könne man entnehmen, wie durch das Gesetztsein der »Einseitigkeit und Idealität« von Recht und Wohl gemäß ihrem Begriff »die beiden Momente ... zu ihrer Wahrheit, ihrer Identität [im Guten], integriert« (ebd.) werden.

(d) Das Gute und das Gewissen

Aus Symmetriegründen müßte dieser Abschnitt eigentlich mit »Das Gewissen und das Gute« überschrieben sein. Daß Hegel mit dem Guten beginnt, und wie er beginnt, läßt erstaunen: Im § 129 gewinnt man den Eindruck, als wolle Hegel die Schwäche des Übergangs vom Wohl in das Gute durch besonders imposante Formulierungen überspielen. So verschwindet zunächst aus dem Blick, was systematisch aus dem Kontext folgt und was die umgekehrte Titelformulierung deutlich gemacht hätte: daß nämlich das Gute, das Hegel als die »Einheit des *Begriffs* des Willens und des *besonderen* Willens« (GPR; 243) bestimmt, hier nur in der Perspektive des subjektiven Willens behandelt werden kann. Da Hegel die Besonderung des Willens zugleich als Realisierung des Begriffs des Willens versteht (vgl. § 106, GPR; 204 f.), kann er das Gute als »*Idee*« bezeichnen, aber sie ist eben nur die Idee des subjektiven Willens. Für das Gute als »die *realisierte Freiheit, der absolute Endzweck der Welt*« (§ 129, GPR; 243) ist hier einfach nicht der Ort.[88] Zur Erläuterung sei hier an den Beginn der *Niko-*

88 Vgl. auch Hösle, 520.

machischen Ethik von Aristoteles erinnert, wo das Streben nach einem Guten als das alles Tätigsein des Menschen Orientierende und in dieser Perspektive dann die Glückseligkeit als das höchste, um seiner selbst willen erstrebte Gute eingeführt wird.[89] Es ist die Pointe der Platonkritik des Aristoteles, daß dieses Gute gerade nicht die objektive Idee des Guten sein könne, auf die Hegels Formulierung »der absolute Endzweck der Welt« anspielt, denn im Handeln gehe es immer nur um das Gute für und durch den Menschen. Sofern das Moralitäts-Kapitel als Handlungstheorie zu lesen ist, ist darum das Gute »als absoluter Endzweck der Welt« schlicht deplaziert.

Man kann Hegel freilich mit dem Hinweis verteidigen, daß auch Kant in seiner Moralphilosophie das »höchste Gut« als letzte und oberste Orientierung des moralischen Handelns einführt, und zwar über das moralisch-notwendige Postulat der Existenz Gottes.[90] Aber damit, daß das »höchste Gut« als Postulat »bloße« Idee und damit etwas nur Subjektives sei, kann sich Hegel nicht abfinden: Das Gute muß dem Anspruch seiner Philosophie zufolge, die Identität des Vernünftigen und Wirklichen zu demonstrieren, das wirkliche und lebendige Gute sein (vgl. § 142, GPR; 292). Das aber läßt sich am Orte der Moralität nicht zeigen, und schon gar nicht beim Übergang vom Wohl zum Guten in der Perspektive des handelnden Subjekts. Daß der § 129 in Wahrheit das Kapitel »Die Sittlichkeit« antizipiert, zeigt auch der Fortgang des Textes, in dem Hegel ausdrücklich das Gute nur als das subjektiv Gute behandelt, wobei er diese Subjektivität mit der Abstraktheit der Idee des Guten gleichsetzt (vgl. § 131, GPR; 244). Um Mißverständnisse zu vermeiden: Die Subjektivität des Guten bedeutet nicht die individuelle Besonderheit im Gegensatz zur intersubjektiven Allgemeinheit, sondern die Subjektivität des Willens umfaßt ja immer Allgemeines und Besonderes, aber eben nur in subjektiver Perspektive. Das Wohl ist subjektiv Allgemeines; das Gute, zu dem Hegel vor allem mit dem Argument übergeht, daß das Wohl nicht ohne das Recht bleiben könne wie umgekehrt (vgl. § 130, GPR; 243 f.), repräsentiert somit eine Stufe höherer, nicht bloß an der eigenen Individualität orientierter Allgemeinheit, ohne doch den Umkreis der Subjektivität zu verlassen. Man könnte sagen: die

89 Aristoteles, NE I 1, 1094a 1 ff.
90 KpV, A 198 ff.

Objektivität des Guten, die es vom Wohl abhebt, ist die durch das Recht ermöglichte Intersubjektivität des Wohls; Intersubjektivität aber ist auch Subjektivität.

Das Gute als die Einheit von Recht und Wohl, mit höherem Recht gegenüber beidem, expliziert Hegel im folgenden als die Pflicht (vgl. §§ 132 und 133). Das Gute tritt dem subjektiven Willen deswegen als das Gesollte, als Pflicht entgegen, weil es das Allgemeine des freien Willens ist: »Das Gute hat zu dem besonderen Subjekte das Verhältnis, das *Wesentliche* seines Willens zu sein, der hiermit darin schlechthin seine *Verpflichtung* hat.« (§ 133, GPR; 250) Erneut bestätigt sich, daß Hegel das Sollen nur als Symptom der Differenz zwischen dem Ansich- und dem Fürsichsein oder zwischen dem Begriff und der Realität versteht. Da zudem das Allgemeine des freien Willens nur durch den besonderen Willen real werden kann (vgl. § 131, GPR; 244), bedarf es des Tuns des Guten am Orte des besonderen Willens aus freier Einsicht: Das »Recht des Wissens« bei der Handlung ist so zum »Recht der Einsicht in das *Gute*« weiterzubestimmen (§ 132 und A., GPR; 246). Das Medium dieser Einsicht aber ist nach Hegel selbst ein Allgemeines – das Denken. Zur Erkenntnis des Guten als des »Wille[ns] in seiner Wahrheit« (§ 132, GPR; 245) bedarf es ebenso wie bei der Erkenntnis der Wahrheit überhaupt des Denkens. Erneut polemisiert Hegel hier gegen die Unerkennbarkeit des Dinges an sich (vgl. § 52, GPR; 115 f.), die er unmittelbar mit der skeptischen These von der Unerkennbarkeit des Guten parallelisiert. Im ganzen gesehen wird hier sichtbar, was man als die Grundfigur der Hegelschen Ethik ansehen könnte: Auf der einen Seite wird das unendliche Recht der Subjektivität in der Moralität betont und als weltgeschichtliche Errungenschaft gefeiert. Fragt man aber, worauf sich dieses Recht des subjektiven Willens inhaltlich bezieht, dann wird andererseits auf die objektive Substantialität des Guten verwiesen, wie es in den Objektivationen des allgemeinen Willens im Recht und in den sittlichen Institutionen vorhanden sei. Daß – von Randbereichen in der bürgerlichen Gesellschaft abgesehen (vgl. § 242 und A., GPR; 388 f.) – der subjektive Wille als individueller einen konstitutiven Anteil am Guten hätte, sieht Hegel nicht vor. Die Individuen sind bloß dessen Agenten.[91] So gelangt Hegel am Schluß des Moralitäts-Kapitels

91 Vgl. Haym, 380.

schließlich zu dem berühmten Satz: »Das *Sittliche* ist subjektive Gesinnung, aber des an sich seienden Rechts« (§ 141 A., GPR; 287), wobei der repressive Unterton des »aber« nicht zu überhören ist.

Diese Reduktion des Subjekts auf die Rolle des individuellen Agenten des allgemeinen Guten wird einmal mit dem Argument verteidigt, daß der subjektive Wille nur als sich verallgemeinernder, d. h. als denkender und damit das wahre Allgemeine wollender Wille sittlich sein könne, und es ist nicht zu bestreiten, daß es sich hier um eine Variation des Kategorischen Imperativs handelt: »Das Wesentliche des Willens ist mir Pflicht ... Die Pflicht soll ich um ihrer selbst willen tun, und es ist meine eigene Objektivität im wahrhaften Sinne, die ich in der Pflicht vollbringe; indem ich sie tue, bin ich bei mir selbst und frei. Es ist das Verdienst und der hohe Standpunkt der *Kantischen* Philosophie im Praktischen gewesen, diese Bedeutung der Pflicht hervorgehoben zu haben.« (§ 133, GPR; 250f.) Die Abstraktheit des »die Pflicht um der Pflicht willen«, über die sich Hegel in seinen Frühschriften nur mokiert hatte, wird hier als für die Moralität unentbehrliches Moment akzeptiert.

Das andere Argument für jene Reduktion bezieht Hegel aus dem schon aus den WBN bekannten Formalismus-Einwand gegen eine Ethik des Kantischen Typus. Sie führe notwendig zu der Frage: »*Was ist Pflicht?*«, ohne die gestellte Frage selbst beantworten zu können (vgl. § 134, GPR; 251). Im Gange des Moralitätskapitels ergibt sich da nur als Antwort: »*Recht* zu tun und für das *Wohl*, sein eigenes Wohl und das Wohl in allgemeiner Bestimmung, das Wohl anderer, zu sorgen« (ebd.); mehr Inhalt steht nicht zur Verfügung. Dann leitet Hegel im § 135 zur expliziten Wiederholung seiner Formalismus-Kritik aus den WBN über, über deren Berechtigung hier nichts über das im Kommentarteil zu den WBN Angeführte hinaus zu sagen ist.[92] Es bleibt zu fragen, wie Hegel zugleich das Gute als die Einheit des Rechts und des Wohls bestimmen und dann behaupten kann: »Diese Bestimmungen sind aber in der Bestimmung der Pflicht selbst nicht enthalten.« (§ 135, GPR; 252) Ist denn das Prinzip der bestimmten Negation hier außer Kraft gesetzt? Man kann zugeben, daß ›Recht‹ und ›Wohl‹ selbst formale Bestimmungen sind, aus deren Integration in das ›Gute‹ allein noch keine Pflichtenlehre folgt. Aber Hegel besteht auch sonst immer darauf,

92 Vgl. Abschnitt I. 4.

daß formale Bestimmungen einen Inhalt haben – z. B. in seiner Kritik der Kantischen Analytik des Verstandes (vgl. WL; 5, 59 ff.; auch: EPW, § 41; 8, 113 ff.) – und deswegen ist es ein Unterschied, ob man bloß sagt: »Die Pflicht ist Pflicht«, worauf angeblich Kants Ethik hinausläuft (vgl. § 135 A., GPR; 252 f.), oder: »Pflicht ist die Einheit des Rechts und des Wohls«, denn damit ist ja vom Inhalt her nicht nichts gesagt – wie im Fall der Tautologie.

Das subjektive Pendant zum formalen und leeren Begriff der Pflicht ist nach Hegel das Gewissen (§§ 136-138); es ist das besondere, individuelle Gegenstück zum bloß abstrakten Guten, wie es vorerst in der Moralität erreicht ist (vgl. § 136, GPR; 254). Hegel wiederholt fast wörtlich die Kritik an der Pflicht als Kritik des Gewissens, wobei sich dieselbe Ambivalenz herstellt: Auf der einen Seite ist das das Recht des subjektiven Willens verkörpernde Gewissen ein »Heiligtum, welches anzutasten *Frevel* wäre« (§ 137 A., GPR; 255). Auf der anderen Seite wird ihm als moralischem Gewissen jeder objektive Inhalt abgesprochen, und es wird behauptet, diesen Inhalt könne es nur beziehen aus dem »an und für sich Vernünftige(n) der Willensbestimmungen«, die »in der Form von *Gesetzen* und *Grundsätzen*« (ebd.) vorlägen, wobei Hegel im Vorgriff auf die Sittlichkeit auf den Staat verweist. Es wäre gleichwohl zu einfach, Hegel an dieser Stelle wieder eine Ideologie der »Staatsvergötzung« vorzuwerfen, für die das Gewissen keine Gegeninstanz mehr darstellt, denn er kann sich auf das Problem des irrenden Gewissens berufen: Auch wenn Verbrechen mit »gutem Gewissen« geschehen, bleiben es Verbrechen. Hegels These ist freilich, daß diese Frage auf der Ebene der Moralität gar nicht entschieden werden kann, denn die lasse nur die Erörterung des »formellen Gewissens« (§ 137, GPR; 256) zu. Erst im Kapitel »Die Sittlichkeit« sei eine materiale Pflichten-, Tugend- und Gewissenslehre möglich.

So kann man Hegel ebenfalls nicht vorwerfen, seine Theorie des Gewissens lasse keinen Raum für Widerstand aus Gewissensgründen. Dieselbe Instanz, in der sich angeblich »alle *Bestimmtheit* des Rechts, der Pflicht und des Daseins in sich« *»verflüchtigt«*, erkennt Hegel zugleich an als die *»urteilende* Macht ..., für einen Inhalt nur aus sich zu bestimmen, was gut ist« (§ 138, GPR; 259). Für den Normalfall gelebter Sittlichkeit nimmt Hegel an, daß diese »urteilende Macht« wegen ihres formalen Charakters zu keinem wesentlich anderen Urteil kommen wird als zur Anerkennung dessen, was objektiv gilt und gelebt wird. Gleichwohl rechnet Hegel mit dem Ausnahmefall, von dem der § 138 A. spricht: mit Verhältnissen, die »den besseren Willen nicht befriedigen« (GPR; 259) können, weswegen er sich nach innen wendet – mit Sokrates und den Stoikern als Beispiel. Es liegt auf der Hand, daß diese Wendung nach innen als »innere Emigration« selbst ein Akt der Verweigerung oder des passiven Widerstandes gegen das Mächtige und Geltende ist. In diesem Sinne verstand Hegel auch das Schicksal des Sokrates, der nicht einfach zu Unrecht bestraft worden sei. Hegel findet aber kein Wort des Verständnisses für den aktiven Widerstand aus Gewissensgründen gegen ein offensichtlich unsittliches Staatswesen. Moral und Staat liegen Hegel zufolge auf verschiedenen Ebenen, und der Staat ist a priori dem Gewissen übergeordnet (vgl. § 137 A., GPR; 255 f.). Im übrigen richtet über den Staat nicht das Gewissen, sondern die Weltgeschichte nach dem höchsten Recht, dem des Weltgeistes (vgl. § 33, GPR; 88).

Die Basis des Formalismus-Vorwurfs gegen Kant, die Hegel in den GPR anhand der Begriffe ›Pflicht‹ und ›Gewissen‹ nicht überzeugend zu begründen vermag, ist seine Philosophie des subjektiven Geistes, der zufolge der freie Wille selbst »denkend«, d. h. allgemein sei. Damit ist auch der subjektive Wille an sich allgemein und als besonderer nur Agent des allgemeinen Willens. Vorgebildet ist diese Gedankenfigur beim späten Kant, dem zufolge der freie Wille nichts anderes ist als die praktische Vernunft selber.[93] Damit stellte sich aber das Problem, wie es möglich sei, daß der freie Wille Maximen folgen könne, die der Verallgemeinerung als der Vernünftigkeit des Willens zuwiderlaufen, d. h., daß er böse ist. Genau dies – die Aufnahme unsittlicher Maximen in den Willen aus Freiheit, und nicht nur aus Schwäche – versteht Kant als ein Mysterium, das er das »Radikal-Böse« nennt.[94] Hegel beansprucht, dieses Geheimnis gelüftet zu haben: Das Böse sei nicht bloß die Schwäche des Natürlichen, der Triebe und Neigungen (vgl. § 139 A., GPR; 261 f.), sondern die mit der reinen Innerlichkeit des subjektiven Willens gesetzte Möglichkeit, aus Freiheit »die *eigene Besonderheit* über das Allgemeine zum Prinzipe zu machen und sie durch Handeln zu realisieren« (§ 139, GPR; 261). Was Hegel erläuternd mit dem »Spekulativen der Freiheit« meint, aus dem jene »Inner-

93 Vgl. MdS, A 5.
94 Vgl. Kant, *Religion*, B 34 ff.

lichkeit« notwendig hervorgehe, wird klar, wenn man sich daran erinnert, daß er auch den freien Willen gemäß der spekulativen Grundfigur der Identität von Identität und Nichtidentität denkt. Das Böse als das Moment der Nichtidentität kann nicht gemäß dem Muster der Frage erklärt werden: »Wie kommt die Nichtidentität in die Identität hinein?«, sondern Hegel fordert vom konkreten Denken die Einsicht, daß die Identität immer schon in die Nichtidentität übergegangen ist, weil sie selbst nichts anderes ist als die bestimmte Negation der Nichtidentität. Im übrigen kann man Hegels Lehre vom Bösen genau mit der des Unrechts parallelisieren: Auch das Böse, d. h. das sich vom Allgemeinen Abspaltende und ihm Entgegenstehende des subjektiven Willens, ist notwendig, damit sich das wirkliche, lebendige Gute durch Aufhebung dieses Notwendigen, das zugleich »notwendig *nicht sein soll*« (§ 139, GPR; 262), manifestiere und konkretisiere. So kann man auch hier von einer Theodizee sprechen:[95] diesmal von einer Theodizee der Moralität als Einheit von Gutem und Bösem. Zu bemerken bleibt freilich, daß Hegel wie im Unrecht die Schuld des Bösen dem Einzelnen zuweist (vgl. § 139 A., GPR; 262); die objektiven Umstände, unter denen Recht und Moralität stehen, trifft keine Schuld.

Der § 140 präludiert eine Phänomenologie des Bösen, die die umfangreiche Anmerkung zu diesem Paragraphen ausfüllt; sie sprengt den systematischen Rahmen der GPR und sollte darum als eine Philippika gegen den Zeitgeist gelesen werden, vergleichbar der Vorrede. Alles läuft auf eine Abrechnung mit der Romantik hinaus, die nach Hegel in der Ironie die Verselbständigung der Subjektivität, die das Böse ist, in einer »letzte(en) abstruseste(n) Form des Bösen, wodurch das Böse in Gutes und das Gute in Böses verkehrt wird« (§ 140 A., GPR; 265), auf die Spitze treibt. Am Schluß verweist Hegel auf seine PhG, auch zur Erleichterung des Übergangs in die Sittlichkeit, ohne freilich daran zu erinnern, daß in der PhG die Moralität nicht in die Sittlichkeit, sondern in die Religion übergeht (vgl. 3, 495 ff.).

95 Vgl. Abschnitt I. 4; zur Philosophie als Theodizee vgl. 12, 28 u. 20, 455.

(e) Übergang von der Moralität in Sittlichkeit

Dieser Übergang ist immer wieder als einer der schwächsten und unplausibelsten der ganzen GPR kritisiert worden.[96] In diesem Urteil mag man sich bestätigt fühlen durch den ziemlich barschen und autoritären Ton, in dem Hegel auf die WL verweist – so als seien diejenigen, die Zweifel an der Beweiskraft seiner Argumentation an dieser Stelle haben, Gegner von Argumentation überhaupt (vgl. § 141, GPR; 287). – Hegel behauptet: das moralisch Gute und das Gewissen seien – jedes für sich genommen und »jedes so für sich zur Totalität gesteigert« – abstrakt und leer, damit also zum »Bestimmungslosen, das bestimmt sein *soll*« (§ 141, GPR; 286), ausgedünnt. Darin aber seien beide identisch; also sei damit die Identität des Guten mit dem subjektiven Willen erreicht als die Wahrheit beider – die Sittlichkeit, wenn auch erst in abstrakter Form. Die Anmerkung erläutert, daß das in der Moralität zum Guten fortbestimmte abstrakte Recht in dem »Dritten«, also der Einheit des Guten und der Subjektivität, enthalten sei; deswegen sei dieses Dritte »ebensosehr die Wahrheit dieser [der Subjektivität] und des Rechts« (§ 141, GPR; 287). Daraus folgt nach Hegel: Die Sittlichkeit ist die Einheit von abstraktem Recht und Moralität, d. h. der beiden Einheiten ›Person-Sache‹ und ›Subjekt-Handlung‹ samt ihren sämtlichen Konkretionsstufen, und daraus folgt die schon zitierte Formulierung: »Das *Sittliche* ist subjektive Gesinnung, aber des an sich seienden Rechts.« (Ebd.) Daß nach Hegel »das Recht und das moralische Selbstbewußtsein an ihnen selbst sich zeigen«, in die Sittlichkeit »als in ihr *Resultat* zurückzugehen« (ebd.) haben, ist gemäß der WL so zu verstehen, daß sie in ihr Resultat als in ihren Grund zurückgehen. Somit sei die Sittlichkeit als der wahre Grund von abstraktem Recht und Moralität erwiesen, auch wenn dies bloß als Resultat zu erweisen sei; dabei variiert Hegel die aristotelische Unterscheidung zwischen dem *próteron phýsei* (dem Ersten der Natur nach) und dem *próteron prós hemâs* (dem Ersten für uns).[97]

Hegels Übergang von der Moralität in die Sittlichkeit, der eine ähnlich schwierige Vorform in dem Übergang vom Wohl zum Guten besitzt, ist deswegen so umstritten, weil von ihm die syste-

96 Vgl. z. B. Bartuschat; dagegen Siep (1992), 217ff.
97 Vgl. Anal. post. I 2; 71b 33.

matische, nach Hegel häufig und auch heute noch vertretene These abhängt, Recht und Moral ließen sich philosophisch immer nur vor dem Hintergrund einer sie ermöglichenden und tragenden Sittlichkeit her verstehen.[98] Hegel hat dies seit der JPG nicht mehr bloß thetisch wie in den WBN vertreten, sondern zu begründen versucht, und die GPR beanspruchen, diese Begründung mit den Mitteln der immanenten dialektischen Entwicklung der Begriffe ›Recht‹ und ›Moralität‹ geleistet zu haben, wobei ›Begründung‹ dasselbe bedeutet wie ›Rückführung in den Grund‹. Auf die Frage, wie dies zu beurteilen ist, wird zurückzukommen sein.

IV. 7 Die Sittlichkeit I: Begriff und Struktur

Mit dem § 142 erreichen die GPR den Begriff, der seit den WBN als Grundbegriff der Hegelschen praktischen Philosophie anzusehen ist: ›Sittlichkeit‹. Stets war sich Hegel der Besonderheit dieser Begriffsfassung bewußt, und er hat sie wiederholt gegen den etymologischen Anschein der Gleichbedeutung mit ›Moralität‹ verteidigt (vgl. § 33 A., GPR; 88). Vergleicht man die §§ 142-156 mit den §§ 1, 4 und 29, so wird deutlich, wie sorgfältig Hegel sich bemüht, die Pauschalthese des § 33, Sittlichkeit sei die Einheit von abstraktem Recht und Moralität, bis in die einzelnen Formulierungen hinein auszuweisen. Die Idee des Rechts als Einheit von Begriff und Wirklichkeit des Rechts (§ 1) war schon im § 4 als Idee, d. h. Einheit von Begriff und Wirklichkeit der Freiheit, behauptet worden. Dadurch aber, daß Hegel nunmehr nach dem Durchgang durch die Moralität dieser Idee Bestimmungen der Subjektivität hinzufügen kann – das »lebendige Gute, das in dem Selbstbewußtsein sein Wissen, Wollen, und durch dessen Handeln seine Wirklichkeit ... hat« (§ 142, GPR; 292) –, soll das abstrakte *»Dasein des freien Willens«* (§ 29, GPR; 80) seinen bloß objektiven Charakter als »zweite Natur« verlieren; »Dasein der Freiheit« aber als Einheit von Objektivität und Subjektivität der Freiheit ist nichts anderes als die Sittlichkeit.

Damit ist auch die wesentliche Differenz zur Bestimmung der Sittlichkeit in den WBN bezeichnet, die noch völlig von der *pólis*-Begeisterung des frühen Hegel und seiner Generation bestimmt ist. Dort erscheint die Sittlichkeit als die »absolute sittliche Totalität«,

98 Vgl. Schnädelbach (1986).

die »nichts anderes als ein Volk ist« (2, 481), und die historisch und systematisch unvermeidliche Subjektivierung dieser Totalität, die Hegel ausdrücklich zugesteht, vermag er hier nur als Verlust oder als »Tragödie« der Sittlichkeit zu bestimmen, die die Vorgeschichte der Gegenwart ausmacht. Wahre Sittlichkeit manifestiert sich den WBN zufolge immer nur in der potentiellen oder wirklichen Vernichtung der Subjektivität, wofür der Stand der Tapferkeit als der einzige freie Stand das Modell abgibt. Eine institutionelle Perspektive von Sittlichkeit unter Bedingungen ihrer Subjektivierung ist in den WBN noch nicht eröffnet. Das geschieht erst schrittweise seit dem SdS in einer Theorie des modernen Staates. Die GPR fügen dem die Dimension der Moralität hinzu samt der folgenreichen Differenzierung zwischen dem Personsein und der Subjektivität des Menschen, die in der Sittlichkeit zugleich aufgehoben und respektiert sein soll. So ist den GPR nicht mehr das Volk die »absolute sittliche Totalität«, sondern sein »Geist« macht wie der der Familie nur mehr die »sittliche Substanz« aus, die zwar die Subjektivität immer schon in sich enthält, aber aus der sie die praktische Philosophie erst zu entwickeln hat. – Wichtig ist zudem, daß die GPR das systematische Verhältnis von Moralität und Sittlichkeit, wie es die PhG präsentiert, umkehren; während hier die Sittlichkeit im Sinne jener enthusiastischen *pólis*-Projektion in der »Welt des sich entfremdeten Geistes« notwendig verschwindet, die ihrerseits als sublimste Gestalt die Moralität hervorbringt, geht den GPR zufolge die Sittlichkeit aus der Moralität hervor, wobei Hegel in der Kontinuität der PhG diese Bewußtseinsformation als den zugleich steilsten wie sittlich gefährlichsten Gipfel der Subjektivität bestimmt. So kann man sagen, daß Hegel in den GPR seiner frühen rückschauenden Sittlichkeits-Euphorie nur noch sehr bedingt nachgibt. Mit Kant könnte auch er sagen, Rousseau habe ihn zurechtgebracht:[99] Der sittliche Mensch Hegels ist nicht mehr *pólis*-Bürger, sondern Person, Subjekt, *bourgeois* und *citoyen*, und wenn dies alles auch letztlich mit Rousseaus *Contrat social* im *citoyen*-Sein des sittlichen Menschen gründen soll – das Prinzip der Subjektivität ist nicht wegzudenken. (Daß Hegel den »*citoyen*« etymologisch auf die »Sitt-lichkeit« zurückgeführt habe, ist eine gut erfundene Anekdote.[100])

99 Vgl. Kant, AA 20, 44.
100 Vgl. Henscheid, 118.

Die Sittlichkeit als Einheit von Substanz und Subjektivität des Rechts und der Freiheit ist nach Hegel nur dann Idee, wenn Substanz und Subjektivität des Sittlichen beide als Einheit von Substantialität und Subjektivität erwiesen werden können. Gleichzeitig muß aber auch eine Differenz zwischen beiden Einheiten bestehen, denn ihre Beziehung ist Wissen oder Gewußtwerden durch ein Subjekt (vgl. § 143, GPR; 293), was nicht möglich wäre ohne Differenz. Bemerkenswert ist, daß Hegel an dieser Stelle ein »erkenntnistheoretisches« Argument verwendet, um die Applikation der spekulativen Grundfigur »Identität von Identität und Nichtidentität« auf die Sittlichkeit zu rechtfertigen. Das »objektive Sittliche« (§ 144, GPR; 293) ist nach Hegel zugleich objektiv und subjektiv, weil die *»an und für sich seienden Gesetze und Einrichtungen«* (§ 144, GPR; 294), die über das »subjektive Meinen und Belieben« erhaben sind und ein vernünftiges System ausmachen (vgl. § 145, GPR; 294), nur durch die Subjekte und ihr Handeln den Charakter des abstrakten Rechts und des abstrakten Guten verlieren. Die Institutionen, zu denen auch die des abstrakten Rechts gehören, und die *»sittlichen Mächte«* (ebd.) werden nach Hegel allein durch die Subjektivität konkret und lebendig. Umgekehrt soll die sittliche Subjektivität nur in den Institutionen und durch sie eine inhaltliche Erfüllung und Orientierung gewinnen, denn aus Hegels Kantkritik folgt, daß die Subjektivität zwar die *»unendliche Form«* sei, durch die allein die sittliche Substanz »konkret« werde (vgl. § 144, GPR; 293), aber sie sei eben nicht mehr als Form, denn aus dem Subjektivitätsprinzip lasse sich nichts Inhaltliches ableiten.

Daraus ergibt sich Hegels eigentliche Ethik, die man nicht im Kapitel »Die Moralität« suchen sollte. Ihre Grundlinien sind in den §§ 146-155 enthalten.[101] Deren Grundthese lautet: Versteht man Ethik als Pflichtenlehre, dann ist eine solche nur als Institutionenlehre möglich. Da die Subjektivität nur *»unendliche Form«* ist und nichts weiter, ist das selber inhaltslose Subjekt nur wirklich frei, sofern es den objektiv vorgegebenen Institutionen gemäß lebt. Die Imperative dieser Institutionen sind für es »bindende Pflicht«; sie beschränken das Subjekt aber nur in seiner »abstrakten« Freiheit als natürliches und bloß besonderes Wesen. In Wahrheit sei die »bindende Pflicht« die wahre Befreiung – die von der bloß ab-

101 Vgl. Peperzak (1982b).

strakten zur »substantiellen Freiheit« (§ 149, GPR; 298). Der Kantische Gedanke, daß die moralische Pflicht Index und Bürge unserer Freiheit sei,[102] erscheint hier in institutionentheoretischer Verwandlung wieder; d. h. nunmehr soll die Freiheit nicht mehr durch den bloßen Gedanken oder die Intuition unbedingter Verpflichtung garantiert sein, sondern durch den Inbegriff der Verpflichtungen, die von den wirklichen Institutionen an die Subjekte ergehen (vgl. § 150 A., GPR; 298 f.). Nach Hegel existieren andere sittlich relevante Verpflichtungen nicht, denn die Differenz zwischen Substantialität und Subjektivität des Sittlichen sei ein bloßer Formunterschied (vgl. § 152, GPR; 302 f.), der bloß subjektive, institutionenunabhängige Pflichten nicht zu begründen vermag. So kann man Hegel nicht vorwerfen, er habe den formalistischen Mangel der Kantischen Ethik nicht behoben,[103] denn daran konnte er gar kein Interesse haben; vielmehr nutzt er ihn als Argument zugunsten seiner eigenen Institutionenethik. Daß Hegel die Institutionen, auf die er sich dabei bezieht, letztlich mit denen des Staates identifiziert (vgl. § 148 A., GPR; 297), scheint seine Ethik auf eine politische oder Staatsethik zu reduzieren, was erneut Wasser auf die Mühlen des Staatsvergötzungs-Vorwurfs wäre. Um dies mit Gründen zu beurteilen, bedarf es freilich einer fairen Betrachtung des Hegelschen Staatsbegriffs.[104]

Hegel Institutionenethik gründet sich aber nicht nur auf das negative Ergebnis seiner Kantkritik, sondern macht Gebrauch von einer »Fundamentalethik«, die seine gesamte Philosophie des Geistes durchzieht und die zuerst in der Philosophie des subjektiven Geistes formuliert wird,[105] auf die er aber auch in den §§ 17 ff. der GPR als Rekapitulation der §§ 472 ff. der EPW wieder zu sprechen kommt. Sie besteht in der These, daß die Triebe und Neigungen des Menschen, der im »Denken« seine wahre Identität habe (vgl. EPW, § 2 A.; 8, 42), an sich vernünftig und ebenfalls Denken seien. Das Vernünftige der allgemeinen sittlichen Forderung nach der *»Reinigung der Triebe«* besteht darum nach Hegel darin, »daß die Triebe als das vernünftige System der Willensbestimmungen seien [existierten]; sie so aus dem Begriffe zu fassen, ist der Inhalt der Wissenschaft des Rechts« (§ 19, GPR; 70). Genau

102 Vgl. KpV, A 5, Fußn.
103 So Jermann im Anschluß an Rudolf Haym; vgl. a. a. O., 120 u. 126.
104 Vgl. Abschnitt IV. 10.
105 Vgl. dazu Peperzak (1982 b), insbes. 130 f.

dadurch aber werde »eine andere Form desselben Inhalts, der hier in Gestalt von Trieben erscheint, nämlich die von *Pflichten*, eintreten« (ebd.). In den EPW hatte es dementsprechend geheißen: »Die Abhandlung der Triebe, Neigungen und Leidenschaften nach ihrem wahrhaften Gehalte ist daher wesentlich die *Lehre* von den rechtlichen, moralischen und sittlichen *Pflichten*.« (EPW, § 474 A.; 10, 297) Das Sollen der Hegelschen Fundamentalethik bezieht sich also auf die Transformation der Triebe und Neigungen in das, was sie an sich oder in Wahrheit sind – Geist, Dasein der Freiheit. Unübersehbar ist, daß Hegel hier die Integration des Kantischen Gegensatzes von Pflicht und Neigung, Glückswürdigkeit und Glückseligkeit ins Auge faßt, und soll die nicht wieder nur Gegenstand eines Triebes oder einer Pflicht sein, muß sich der Ort der Wirklichkeit jener Integration angeben lassen. Der aber ist kein anderer als der Inbegriff sittlicher Institutionen, die die Übereinstimmung von Sollen und Können, Pflicht und Handlung, Aufgabe und Erfolg ermöglichen. Im Lichte seines Freiheitsbegriffs sind diese Institutionen zugleich der Ort der Freiheit der Individuen – sowohl vom Zwang der Naturtriebe wie von der »Gedrücktheit« des permanenten moralischen Sollens (vgl. § 149, GPR; 298).

Daraus folgt umgekehrt: In einer solchen Institutionenlehre kann man die Bemerkung, daß die dargestellten Institutionen für die betroffenen Menschen Pflichten repräsentieren, genausogut weglassen, ohne daß damit etwas Wesentliches wegfiele (vgl. § 148 A., GPR; 297). Uns mag dies wie eine Erschleichung erscheinen oder als normativer Positivismus empören, denn wie viele Institutionen existieren in der Welt, ohne daß man ihnen moralische Qualitäten beimessen könnte? Die Kantische Frage nach einem Kriterium für die Unterscheidung zwischen faktischer und legitimer Verpflichtung scheint Hegel vergessen zu haben. Und selbst die Tatsache, daß reale Institutionen Subjekten als »sittliche Substanz« (§ 146, GPR; 295) mit unendlich höherer Autorität als Naturtatsachen erscheinen mögen (vgl. § 146 und A., GPR; 294 f.), vermag deren Sittlichkeit allein nicht zu begründen, denn es könnte sich um bloße, von den Betroffenen verinnerlichte Machtverhältnisse handeln. Hegels Rechtsphilosophie hält solchen Einwänden die Symmetrie von Pflichten und Rechten entgegen (vgl. § 155, GPR; 304 f.). Pflichten im Unterschied zu bloßem Zwang gibt es nur dort, wo es Rechte gibt, und Rechte gibt es nur dort, wo das Recht als »*Dasein des freien Willens*« verstanden werden kann. Außerdem werden Rechte zu Pflichten nur dadurch, daß das abstrakte Recht durch die »*unendliche Form*« der Subjektivität konkret geworden ist, und dies ist Hegel zufolge in den Institutionen der Sittlichkeit wirklich der Fall. Aus demselben Grunde ist auch stets von der genauen Entsprechung von institutionell definierten Pflichten und den subjektiven Tugenden auszugehen, die sich letztlich auf die der Rechtschaffenheit reduzieren lassen (vgl. § 150 und A., GPR; 298 ff.).

Was Hegel also vom Rechts- oder Institutionenpositivismus trennt, dem zufolge immer das gilt, was faktisch existiert, ist die Prämisse, daß es sich bei den faktischen Institutionen, deren Anforderungen die wahre Pflichtenlehre begründen, um sittliche Institutionen handelt, d. h. um das konkrete Dasein der Freiheit. Dem möglichen Gedanken, bei wirklich gelebten Institutionen könnte es sich um durch und durch unsittliche Institutionen handeln, scheint sich Hegel völlig zu verschließen, und zwar durch Definitionen von der Art: Was »*Sitte*« ist und als »*zweite Natur*« gelebt wird, muß darum, weil es nicht bloße, erste Natur ist, »*Geist*« und »Dasein der Freiheit« sein (vgl. § 151, GPR; 301). Der Übergang von der bloß faktischen Sitte zur normativ relevanten Sittlichkeit ist bei Hegel offensichtlich fließend. Zwar faßt er im § 150 A. auch Verhältnisse ins Auge, in denen es zu »wahrhaften« (GPR; 299) Kollisionen zwischen Pflichten und Tugenden kommt, aber der Verdacht, die könnten bloß subjektive Gründe haben, ist wesentlich stärker als die Motivation, auch einmal den Extremfall völlig unsittlicher »Sittlichkeit« ins Auge zu fassen, der ja nicht erst in unserem Jahrhundert Wirklichkeit wurde.[106] Nach Hegel wäre es freilich fruchtlos, den Nachweis der Sittlichkeit oder Unsittlichkeit faktischer Verhältnisse nach Kantischem oder Fichteschem Vorbild aus der Perspektive reiner Subjektivität führen zu wollen, denn die ist angeblich bloß formal. So verweist Hegel den Skeptiker, sofern er ihn nicht bloß der subjektiven Verkehrtheit und Unsittlichkeit zeiht, letztlich an das Weltgericht als das höchste Recht der Weltgeschichte (vgl. §§ 33 und 340); hier werde endgültig über die Sittlichkeit des Sittlichen entschieden. Aber auch dies ist keine Lösung des skeptischen Problems, wenn man nicht zuvor schon der Weltgeschichte eine normative Kraft zugesprochen hat: Warum ist eigentlich das, was sich letztlich durchsetzt, auch im Recht? Wie

106 Vgl. dazu Hösle, 477 u. 480.

schon bei den WBN angedeutet, ist Hegels Leitmotiv das der Theodizee des Sittlichen, die er dem »Atheismus der sittlichen Welt« entgegensetzen möchte: Trotz aller Negativität soll die sittliche Welt die Macht der Idee bezeugen. Begrifflich bedeutet dies die Strategie, auch die *Negationen* des Sittlichen, vor denen Hegel keineswegs die Augen verschließt, als Negationen des *Sittlichen*, als sittliche Negativität zu begreifen und somit im Bereich der Sittlichkeit selbst anzusiedeln; damit ist der Begriff der Sittlichkeit so gefaßt, daß er durch Hinweise auf reale Unsittlichkeit nicht zu erschüttern ist.

Die Sittlichkeit als die Einheit von Substantialität und Subjektivität des Daseins der Freiheit, in der der Inhalt der Substanz und die Form dem Subjekt zugeordnet ist (vgl. §§ 152-154), wiederholt bei Hegel in ihrer begrifflichen Entwicklung die Stadien des Rechts in den GPR insgesamt. Auf die abstrakte Substantialität des Sittlichen in der Familie folgt die entzweiende Subjektivierung in der bürgerlichen Gesellschaft, aus deren Dialektik immanent der Staat als die sittliche Grundlage beider Bereiche resultieren soll.

IV. 8 Die Sittlichkeit II: Die Familie

Obwohl der Abschnitt über die Familie zu den zugänglichsten und überzeugendsten der GPR gehört,[107] ist er in der Literatur vergleichsweise wenig beachtet worden. Immer stand hier die Gesellschafts- und Staatstheorie im Vordergrund. Er verdient das Interesse allerdings nicht nur wegen der Angriffsflächen, die er FeministInnen bietet (vgl. vor allem den § 166, GPR; 319 und den Zusatztext, 319 f.), sondern vor allem wegen der besonnenen Sicherheit, mit der Hegel unbefriedigende Extrempositionen vermeidet, die nicht nur wirklich vertreten worden sind, sondern auch sachlich naheliegen. Dies soll im folgenden im Hinblick auf drei Fragenkomplexe gezeigt werden; dann ist die Frage zu stellen, was Hegel unter dem Stichwort ›Familie‹ wirklich beschreibt – »die« Familie überhaupt oder nur eine bestimmte historische Gestalt der Familie.

107 Vgl. Jermann, 147.

(a) Zwischen Natur und Geist

Einerseits ist die Familie als sittliche Institution »*Geist*«, »Dasein des freien Willens«, »*zweite Natur*« – in moderner Terminologie: Kultur. Zugleich ist sie der Ort der physischen Reproduktion der Menschen, weswegen Hegel im § 161 auf die Ausführungen der EPW über die Geschlechtsdifferenz und den Gattungsprozeß verweist, die der »ersten« Natur angehören; also gehören zur Familie auch Elemente, die sich nicht im »Geistigen« oder Kulturellen erschöpfen. So entsteht die Gefahr eines doppelten Reduktionismus: Die Eliminierung der Naturmomente aus dem Familienkonzept liefe auf einen extremen Kulturalismus hinaus, der sich gegen das Natürliche notwendig repressiv verhält (vgl. § 163 A., GPR; 313 f.), und ihre Reduktion auf ein bloßes Naturverhältnis bedeutete einen problematischen Naturalismus, der nicht mehr zu erklären vermag, in welchem Sinne die Familie überhaupt als rechtlich und sittlich relevante Institution anzusehen ist (vgl. § 168 A., GPR; 322).

Hegels Antwort auf solche Fragen hat zwei Aspekte: einen begrifflichen und einen funktionalen. – Der begriffliche Lösungsweg ist vorgezeichnet in der unscheinbaren Formulierung, die Familie sei der »unmittelbare oder *natürliche* sittliche Geist« (§ 157, GPR; 306). Hegel setzt also die Unmittelbarkeit, in der die Sittlichkeit in der Familie am Beginn der begrifflichen Entwicklung notwendig erscheint, mit deren Natürlichkeit gleich. Damit aber scheint die Frage nur verschoben zu sein, denn wieder möchte man wissen: Ist der »*natürliche* sittliche Geist« nun erste oder zweite Natur? Hegels Antwort läuft auf die These hinaus, daß die Frage selbst falsch gestellt sei, und auf die funktionalistische Auskunft, daß die Familie die Institution der Versittlichung des natürlichen Geschlechts- und Gattungsverhältnisses sei. Dabei bedeutet »Versittlichung« keineswegs Repression oder Ausgrenzung des Naturhaften, was er als »mönchisch« (§ 163 A., GPR; 314) zurückweist, sondern dessen Umwandlung in einer Weise, die es gestattet, es als »Dasein des freien Willens« zu begreifen.[108] In der Sprache Arnold Gehlens könnte man sagen: Die Familie ist bei Hegel keine Naturtatsache, sondern eine »institutionelle Antwort« auf Naturtatsachen.

Hegels Schlüsselbegriff ist dabei der der »Liebe«; er bezeichnet

108 Dies kritisch zu Blasche, 328.

das Prinzip der Vergesellschaftung auf der Ebene der Familie als das der *»unmittelbaren Substantialität* des Geistes« (§ 158, GPR; 307). Liebe ist die »sich empfindende Einheit des Geistes«, und da ›Empfindung‹ ein Begriff aus der Lehre vom subjektiven Geist ist (vgl. EPW, § 399; 10, 95 ff.), ist Liebe mehr als Geschlechtstrieb oder körperliches Bedürfnis; sie ist »Empfindung, das heißt die Sittlichkeit in Form des Natürlichen« (§ 158, GPR; 307), aber eben nichts bloß Natürliches. In diesem Sinne ist Hegel zufolge die Ehe vom Konkubinat zu unterscheiden, in dem es angeblich nur auf die »Befriedigung des Naturtriebes« ankomme (§ 163, GPR; 314). Die ist nach Hegel in der Ehe nicht ausgeschlossen, denn das *»Sittliche* der Ehe besteht ... in der Liebe, dem Zutrauen und der Gemeinsamkeit der ganzen individuellen Existenz« (§ 163, GPR; 313), die auch das Körperliche einschließt. Entscheidend aber ist die Versittlichung des »natürlichen Triebes« (ebd.) durch dessen Herabsetzung zu einem Naturmoment – eben dem der *»natürlichen* Lebendigkeit« (§ 161, GPR; 309) – im Zusammenhang der sittlichen Lebensform ›Ehe‹, die auf Liebe gründet. Diese Vermittlung zwischen Natur und Geist leistet die Liebe nach Hegel nur deswegen, weil sie nicht bloß Empfindung, sondern »sich empfindende Einheit« des Geistes in der Differenz zwischen Individuen und insofern eine unmittelbare Gestalt von Sittlichkeit ist: »Liebe heißt überhaupt das Bewußtsein meiner Einheit mit einem anderen, so daß ich für mich nicht isoliert bin, sondern mein Selbstbewußtsein nur als Aufgebung meines Fürsichseins gewinne und durch das Mich-Wissen, als der Einheit meiner mit dem anderen und des anderen mit mir ... Das erste Moment in der Liebe ist, daß ich keine selbständige Person für mich sein will und daß, wenn ich dies wäre, ich mich mangelhaft und unvollständig fühle. Das zweite Moment ist, daß ich mich in einer anderen Person gewinne, daß ich in ihr gelte, was sie wiederum in mir erreicht. Die Liebe ist daher der ungeheuerste Widerspruch, den der Verstand nicht lösen kann, indem es nichts Härteres gibt als diese Punktualität des Selbstbewußtseins, die negiert wird und die ich doch als affirmativ haben soll. Die Liebe ist das Hervorbringen und die Auflösung des Widerspruchs zugleich: als die Auflösung ist sie die sittliche Einigkeit.« (§ 158, GPR; 307 f.) Historisch gesehen ist Hegels dialektisch-spekulativer Begriff des Geistes aus den Grundbegriffen ›Liebe‹ und ›Leben‹ der Hölderlinschen Vereinigungsphilosophie hervorgegangen, die schon seine theologischen Frühschriften bestimmen.[109] Dann erhob er ›Geist‹ zum Grundbegriff und bestimmte ›Liebe‹ und ›Leben‹ als dessen Gestalten der Unmittelbarkeit, ohne die spekulative Grundstruktur dieser Begriffe zu verändern. Die Identität von Identität und Nichtidentität zwischen Individuen, die nach Hegel in der Liebe empfindend erlebt wird, umfaßt als ein unmittelbar sittliches Verhältnis auch deren physische Nichtidentität und vermittelt auf diese Weise zugleich zwischen Geist und Natur.

Gleichwohl läßt die systematische Gleichsetzung von Unmittelbarkeit und Natürlichkeit des Geistes bei Hegel Fragen offen. Vor allem scheint die Versittlichung des Natürlichen in Liebe und Ehe doch einen hohen Preis zu fordern, denn da nach Hegel in der Ehe »der natürliche Trieb zur Modalität eines Naturmoments, das eben in seiner Befriedigung zu erlöschen bestimmt ist, herabgesetzt wird« (§ 163, GPR; 313), entsteht vor unseren Augen das Bild einer Lebensgemeinschaft, in der das Physische der Liebe als bloße Durchgangsphase ihrer Entwicklung erscheint. – Ein weiteres Problem betrifft die Frage, mit welchem Recht Hegel auf der einen Seite mit der vollständigen sittlichen Transformation des Natürlichen in Ehe und Familie rechnet und andererseits von unveränderlichen, quasi-natürlichen oder anthropologischen Geschlechtseigenschaften ausgeht, die die Frauen, was Bildung, Kunst, Wissenschaft und Politik betrifft, eindeutig disqualifizieren (vgl. § 166, GPR; 319f.). Wenn Hegel sagt: »Die *natürliche* Bestimmtheit der beiden Geschlechter erhält durch ihre Vernünftigkeit *intellektuelle* und *sittliche* Bedeutung« (§ 165, GPR; 318), so meint er mit »*natürlicher* Bestimmtheit« mehr als die physische Organisation: »Der Unterschied zwischen Mann und Frau ist der des Tieres und der Pflanze: das Tier entspricht mehr dem Charakter des Mannes, die Pflanze mehr dem der Frau, denn sie ist mehr ruhiges Entfalten, das die unbestimmtere Einigkeit der Empfindung zu seinem Prinzip erhält.« (§ 166, GPR; 319f.) Hegel stimmt hier in den Chor der erniedrigenden Frauenverehrung seit Rousseau, Schiller und der Romantik ein, ohne argumentative Rechtfertigung, denn wenn Ehe und Familie imstande sind, das natürliche Geschlechts- und Gattungsverhältnis im Sinne des Daseins des freien Willens zu verändern und aufzuheben – warum sollte dies nicht auch der Fall sein können angesichts der charakterlichen Eigenschaften von Mann

109 Vgl. Henrich (1971), 9ff.; auch Kondylis u. Baum.

und Frau, die doch alles andere sind als bloß »natürlich«? Hegels Kulturalismus der Ehe im Hinblick auf den Geschlechtstrieb ist mit seiner Naturalisierung von kulturell bedingten Geschlechtseigenschaften nicht vereinbar. So gibt es für seine These, »daß das Mädchen in der sinnlichen Hingebung ihre Ehre aufgibt, was bei dem Manne, der noch ein anderes Feld seiner sittlichen Tätigkeit als die Familie hat, nicht so der Fall ist« (§ 164, GPR; 317), schlechthin kein philosophisches Argument.

(b) Die Ehe als Institution

So wie man sagen kann, daß Hegel in der Theorie der Familie zwischen Geist und Natur vermittelt, ohne bloß Kompromisse zwischen den Extremen zu schließen, so gilt dies auch für seine Lehre vom institutionellen Charakter der Ehe. Daß sie kein bloßes Naturverhältnis ist und nicht auf bloß Natürlichem gründet, ist schon in der Bestimmung der Ehe als objektiver Geist und als Sittlichkeit impliziert. Damit sind nicht nur moderne naturalistische Interpretationen ausgeschlossen, sondern auch die Lehre des Aristoteles, der zufolge sich »das Weibliche und das Männliche der Fortpflanzung wegen (und dies nicht aus freier Entscheidung, sondern weil es wie anderswo, bei den Tieren und Pflanzen, ein naturgemäßes Streben ist, ein anderes Wesen zu hinterlassen, das einem selbst gleich ist)«[110] verbinden. Als Alternative hierzu bleibt nur, die Ehe auf den freien Willen der Beteiligten zu gründen, und das impliziert auch und vor allem die freie Einwilligung der Frau. Hegel läßt keinen Zweifel daran, daß allein dies und nicht die von den Eltern verfügte Verehelichung der Töchter dem neuzeitlichen Prinzip der Subjektivität entspricht (vgl. § 162 A., GPR; 311).

Hierbei liegt es freilich nahe, die Eheschließung nach dem Modell des Privatrechts als Vertrag zu konstruieren, was Hegel bei Kant realisiert findet. Sieht man einmal von der moralischen Entrüstung ab, die dies bei Hegel immer wieder hervorruft, so lautet sein Gegenargument: während im Vertrag sich zwei Personen nur im Hinblick auf eine Sache einigen, verbinden sich in der Ehe zwei Personen aus Freiheit zu einer Person, und zwar mit der spekulativen Implikation, daß diese Selbstaufgabe der Person in der Ehe zugleich ihr wahrer Gewinn und die Selbstbeschränkung der Per-

110 Pol. I 2, 1252a 27ff.

son in der Ehe ihre wirkliche Befreiung sei (vgl. § 162 und § 163 A., GPR; 310 und 311 f.). So ist nach Hegel die Ehe die institutionelle Realisierung der Liebe, die selbst schon jene spekulative Struktur aufweist. Gemäß seiner Einheit von Institutionen- und Pflichtenlehre präsentiert Hegel die Eheschließung zugleich als »sittliche Pflicht« (§ 163, GPR; 311).

Diese zweite Abgrenzung des sittlichen Ehemodells erfordert nach Hegel aber noch eine dritte, nämlich die von der romantischen, vor allem in Friedrich Schlegels *Lucinde* propagierten Eheauffassung, die mit Hegel das Vertragsmodell ablehnt. Sie stellt zwar die Einheit der Personen in der Liebe in den Mittelpunkt, dann glaubt sie jedoch der institutionellen Gestaltung und Absicherung entbehren zu können, ja sie stellt sie sogar für die wahre Liebe als abträglich hin (vgl. § 164 A., GPR; 315 f. und Zusatz, 317 f.). Hegel besteht dagegen auf dem institutionellen Charakter der Ehe, der eine öffentliche Zeremonie und bestimmte Sprechhandlungen bei der Eheschließung erfordert, nicht bloß aus Furcht vor der Überlastung der romantischen Innerlichkeit, sondern weil ohne ihn die eheliche Versittlichung des Natürlichen unmöglich sei. Erforderlich sei die »Vollbringung des *Substantiellen*« (§ 164, GPR; 315), das die institutionellen Regelungen vorzeichnen soll und das an die Stelle des bloß subjektiven Beliebens tritt. Diese Regelungen glaubt Hegel gegen die »Frechheit« und »den sie unterstützende(n) Verstand, welcher die spekulative Natur des substantiellen Verhältnisses nicht zu fassen vermag« (§ 164 A., GPR; 316 f.), verteidigen zu müssen, ohne freilich deutlich zu machen, daß es hier um zwei verschiedene Fragen geht: Die eine betrifft die spekulative Struktur von Liebe und Ehe und die andere die sittliche Substantialisierung des bloß Subjektiven, die Hegel nur als staatliche Institutionalisierung denken kann, die selbst aber nichts Spekulatives an sich hat. Hinzuweisen ist im übrigen auf die Tatsache, daß Hegel dem Recht der Subjektivität in der Ehe immerhin so viel zugesteht, daß er die Ehescheidung unter bestimmten, vom Staat zu erschwerenden Bedingungen für möglich und sittlich hält, und zwar nur durch den Staat (vgl. § 163, GPR; 314 f.; auch § 176, GPR; 329 f.). Das Verhältnis der Ehe zur Kirche läßt Hegel im Haupttext ausdrücklich offen (vgl. § 164, GPR; 315), fordert aber in den Zusatztexten, daß auch die »religiöse Autorität« im Falle »totaler Entfremdung z. B. durch Ehebruch« die Ehescheidung erlauben müsse (vgl. § 176, GPR; 330).

Die spekulative Fassung der Einheit zweier Personen in Liebe und Ehe erfordert schließlich die Monogamie (§ 167, GPR; 320) und den Ausschluß des Inzests (vgl. § 168, GPR; 321 f.). Die Polygamie ließe die Differenz der Geschlechter nicht zur Einheit gelangen, während der Inzest eine Einheit ohne Differenz repräsentierte. Seine Kritik an den angedeuteten alternativen Theorien der Ehe faßt der § 168 A. (GPR; 322) sehr klar zusammen; sie beruhen nach Hegel entweder auf einem unhaltbaren Naturalismus oder auf unzureichenden Begriffen der »Vernünftigkeit und Freiheit«, die er dem die »Frechheit« unterstützenden abstrakten Verstand anlastet, und wieder einmal beschwört Hegel die Übereinstimmung der spekulativen Philosophie mit dem »sittlich unverdorbenen Gemüt«, die er unmittelbar auf die »Gesetzgebungen christlicher Völker« überträgt (§ 164 A., GPR; 316f.).

(c) Das Recht der Familie

Ein dritter Bereich von Gegensätzen, zwischen denen Hegels Familientheorie vermittelt, betrifft das Problem des Verhältnisses von Familie und Recht. Daß die Familie nicht nach Mustern des abstrakten Rechts konstruiert werden kann, drückt sich zunächst darin aus, daß die Individuen in der Ehe eine Person ausmachen, somit als Familienmitglieder keine privatrechtlichen Ansprüche aneinander haben können. Wichtig ist dabei, daß nach Hegel schon die Ehe die Definition der Familie erfüllt, also von Familie nicht erst dann die Rede sein kann, wenn Kinder da sind. Der Familie als Person billigt Hegel Rechte zu, wie sie allen Personen zukommen, d. h. ein Eigentumsrecht qua Vermögensrecht (§ 170, GPR; 323), wobei unter ›Vermögen‹ nicht unbedingt Reichtum oder umfänglicher Familienbesitz zu verstehen ist, sondern auch die Grundlage des Familieneinkommens – z. B. bestimmte berufliche Fertigkeiten –, wobei er zur näheren Bestimmung auf die bürgerliche Gesellschaft verweist (vgl. §§ 199 f., GPR; 353 f.). Der Personcharakter der Familie bedeutet ferner, daß sie sich zu anderen Familien – und zwar auch zu denen, aus denen die Eheleute stammen – wie eine Person zu anderen Personen verhält; die internen Bindungen der neu gegründeten Familie müssen stärker sein als die Stammes- und Sippenbindungen (vgl. § 172, GPR; 324). Dieses Eine-Person-Sein der Familie aber bedeutet nicht die Rechtlosigkeit der Familienmitglieder, wie die Möglichkeit von Eheverträgen zeigt, aber die betreffen nur den Eventualfall der Eheauflösung, nicht das aktuelle Eheleben (vgl. § 172 A., GPR; 324 f.). Die Verrechtlichung der Beziehungen zwischen den Mitgliedern der Familie tritt nach Hegel generell erst im Zuge ihrer Auflösung ein (vgl. § 159, GPR; 308), wobei zwischen der sittlichen (§ 177) und der natürlichen Auflösung (§ 178) zu unterscheiden ist. Die erstere begründet ein Recht der Kinder auf Erziehung und die zweite das Erbrecht. So entwirft Hegel ein überzeugendes Modell der Familie, das sie als Institution der Verrechtlichung im Sinne privatrechtlicher Figuren entzieht, ohne sie und ihre Mitglieder rechtlos zu machen. Das Recht auf Ernährung und Erziehung der Kinder aus dem »Vermögen« betrachtet Hegel als einklagbaren Rechtsanspruch (vgl. § 174, GPR; 326) ebenso wie das Recht, zu vererben und zu erben (§§ 178 ff., GPR; 330 ff.), und er vermag dies ohne Selbstwiderspruch, weil er beide Rechte – wie auch das Recht der Eheverträge – wesentlich mit der Auflösung der Familie in Zusammenhang bringt. Was Hegel nicht ins Auge faßt, ist der strafrechtliche Schutz der Familienmitglieder voreinander, sei es im Falle der Vergewaltigung in der Ehe oder der Kindesmißhandlung.

So muß man in der Frage des Familienrechts bei Hegel mindestens drei Ebenen unterscheiden: das Recht der Familie (Vermögens- und übriges Personenrecht der Familie als ganzer), das Recht in der Familie als Index ihrer potentiellen Auflösung (Ehevertrags-, Erziehungs- und Erbrecht) und das staatliche Familienrecht, was die Eheschließung, Ehescheidung, die Fragen des Familienstandes etc. betrifft.

(d) Die Auflösung der Familie

Wie schon angedeutet, ist Hegels These: Die Auflösung der Familie ist notwendig, und zwar nicht bloß aus physischen Gründen der Sterblichkeit ihrer Mitglieder, sondern weil sie die sittliche Bestimmung der Familie ist. Der »Institutionalist« Hegel faßt damit eine Institution ins Auge, die ihre Existenzberechtigung in ihrer sittlichen, d. h. durch sie selbst aus Freiheit herbeizuführenden Auflösung findet. Dabei ist freilich zu beachten, daß dies sich nur auf die Familie mit Kindern bezieht; ihre sittliche Pflicht liegt in der Erziehung der Kinder »zur freien Persönlichkeit« (§ 177, GPR; 330), was sie zur Gründung neuer Familien befähigt. So konstruiert Hegel die Familie auch in dem Sinne spekulativ, daß er die Selbstaufhebung der Familie in der Erfüllung ihrer sittlichen Bestimmung als Bedingung ihrer Stabilität als Institution auffaßt; nicht zu Personen erzogene Kinder können auch keine Familie gründen. Hegel äußert sich nicht zu der Frage, ob die zurückbleibenden Eltern noch eine Familie ausmachen. Offenbar hielt er dies nicht für so wichtig wie die Ausgrenzung der archaischen Stammes- und Sippenmodelle aus der modernen Familientheorie, und auch auf die Abwehr der traditionalistischen, vor allem aristokratischen Familienvorstellungen kam es ihm an, denen zufolge Familien ihre Identität über Jahrhunderte zu bewahren und somit Dynastien zu bilden vermögen. Das dynastische Prinzip reserviert Hegel für den Monarchen (vgl. § 281, GPR; 451 f.). Es ist offenbar unvereinbar mit dem neuzeitlichen Subjektivitätsprinzip (vgl. § 124 A., GPR; 233), das jedem Individuum das Recht der Familiengründung einräumt.

Daß nach Hegel die Familie eine stabile Institution »auf Abruf« ist, zeigt sich vor allem in der dialektischen Charakterisierung der Kinder. Daß in den Kindern die Einheit der Eheleute gegenständlich werde (§ 173, GPR; 325 f.), ist eines der ältesten und beständigsten Motive der Hegelschen praktischen Philosophie, und es ist unübersehbar, daß dies nicht nur in einem übertragenen Sinne, sondern auch buchstäblich physisch gemeint ist. Zugleich aber sind sie nicht Eigentum oder Sklaven der Eltern; dies zu meinen war nach Hegel die sittliche Schande der römischen Welt (vgl. § 175 und A., GPR; 327 f.). So sind die Kinder als die gegenständlich gewordene Einheit der Eltern zugleich das Andere der Eltern: »*an sich* Freie« (§ 175, GPR; 327), mit einem Recht auf Erziehung, das gerade auf die Auflösung der Einheit mit den Eltern hinausläuft. So scheint es, als sei mit der Gründung der Familie notwendig schon ihr Untergang besiegelt – gemäß dem apokryphen Hegelwort: »Die Geburt der Kinder ist der Tod der Eltern.«

Daß das Recht auf Erziehung nicht bloß ein objektives Anrecht der Kinder ist, sondern ihr eigenes subjektives Streben betrifft, ist Hegels Prämisse seiner nachhaltigen Kritik an der romantischen, auf Rousseau sich berufenden »spielenden« Pädagogik (vgl. § 175 A., GPR; 327 f.). Nach Hegel muß die Erziehung den eigenen Willen der Kinder zugrunde legen, groß und erwachsen zu werden, und darf sie nicht im Kindsein fixieren. Gegen die Gefahr der emotionalen Überforderung durch Erziehung kann man mit Hegel ins Feld führen: »Als Kind muß der Mensch im Kreise der Liebe und des Zutrauens bei den Eltern gewesen sein, und das Vernünftige muß als seine eigenste Subjektivität in ihm erscheinen. Vorzüglich ist in der ersten Zeit die Erziehung der Mutter wichtig, denn die Sittlichkeit muß als Empfindung in das Kind gepflanzt worden sein.« (§ 175, GPR; 329) Schwer zu vereinbaren mit dieser Pädagogik sind freilich folgende Formulierungen aus Vorlesungsmitschriften: »Ein Hauptmoment der Erziehung ist die Zucht, welche den Sinn hat, den Eigenwillen des Kindes zu brechen, damit das bloß Sinnliche und Natürliche ausgereutet werde. Hier muß man nicht meinen, bloß mit Güte auszukommen; denn gerade der unmittelbare Wille handelt nach unmittelbaren Einfällen und Gelüsten, nicht nach Gründen und Vorstellungen. Legt man den Kindern Gründe vor, so überläßt man es denselben, ob sie diese wollen gelten lassen, und stellt daher alles in ihr Belieben. Daran, daß die Eltern das Allgemeine und Wesentliche ausmachen, schließt sich das Bedürfnis des Gehorsams der Kinder an. Wenn das Gefühl der Unterordnung bei den Kindern, das die Sehnsucht, groß zu werden, hervorbringt, nicht genährt wird, so entsteht vorlautes Wesen und Naseweisheit.« (§ 174, GPR; 327) Mag dieser Text auch aus trüben Quellen stammen – was darin im Stile eines preußischen Schulmeisters dahergesagt wird, ist mit Hegels seriöser Theorie nicht vereinbar. Die »Brechung« des Eigenwillens, das »Ausreuten« des bloß Sinnlichen und Natürlichen hatte Hegel einmal mit Schiller und anderen der Kantischen Ethik als Rigorismus vorgeworfen, und man fragt sich, wie daraus andere als gebrochene und ihrer Sinnlichkeit und Natürlichkeit entfremdete Persönlichkeiten hervorgehen sollen, die Hegel stets der Kantischen und Fichteschen Moralität als abschreckendes Beispiel vorgehalten hatte. Es ist auch nicht zu sehen, was die Forderung wort- und argumentationsloser Unterordnung der Kinder mit Liebe zu tun hat, deren sie doch bedürfen, und inwiefern sie dies dazu ermuntern könnte, selbständig und vernünftig zu werden. Hegel sagt auch nichts darüber, ab welchem Alter man mit Kindern argumentieren sollte, damit sie dies lernen, und er erweckt den Anschein, Kindern Gründe zu nennen bedeute, ihnen die Entscheidung zu überlassen, was zu tun sei, auch wenn sie dafür nicht die Verantwortung zu tragen vermögen. In seiner Opposition gegen die Romantik verirrt sich Hegel im Felde der Pädagogik zu der jeder – nicht nur der dialektischen – Logik widersprechenden Vorstellung, man könne ein freiheitliches Ziel mit repressiven Mitteln erreichen.

(e) Die bürgerliche Familie

Hegel stellt in den GPR nicht die Familie überhaupt, sondern die bürgerliche Familie dar.[111] Was dabei unter ›bürgerlich‹ genau zu verstehen sei, läßt sich erst anhand Hegels Theorie der bürgerlichen Gesellschaft präzisieren. Die Differenzen zum archaischen Stammes- und Sippenverband, zum römischen Patriarchat und zur aristokratischen Dynastie sollten jedoch deutlich geworden sein. ›Bürgerlich‹ ist Hegels Familie zunächst in dem trivialen Sinn des Kontextes, in dem sie erscheint: Sie ist die Stätte der physischen und sozialen Reproduktion der bürgerlichen Gesellschaft, die der Idee nach aus familien- und privatrechtlich voneinander unabhängigen Individuen besteht; die Familie entläßt im Zuge ihrer Auflösung solche Menschen aus sich und setzt sie bei ihrer jeweiligen Neukonstitution ständig voraus. Daß in der bürgerlichen Gesellschaft auch Familien einander wie Personen gegenübertreten können, wobei der Mann und Vater das Ganze der Familie vertritt (vgl. § 171, GPR; 324), ist in Wahrheit nur ein transitorischer Zustand. So bedeutet ›bürgerlich‹ hier in erster Annäherung: die Familie des bürgerlichen Individuums oder die Familie unter dem Primat bürgerlicher Individualität; die Familie ist »Gattenfamilie«.[112]

Bürgerlich ist Hegels Familie aber auch in dem Sinne, daß sie wegen des in ihr dominierenden Vergesellschaftungsprinzips »Liebe« als ein Ort der Intimität und menschlichen Nähe im Unterschied zur Öffentlichkeit und zum »Element der durchdringenden Frostigkeit« (§ 162, GPR; 311) in der bürgerlichen Gesellschaft erscheint. Genau dieser Anspruch einer Kontrastinstitution gehörte immer zur klassischen bürgerlichen Familienkonzeption und wird auch heute noch von unseren Familienpolitikern erhoben. Daß es sich dabei um einen Übergangstypus handelt, hat uns die Zwischenzeit gelehrt. Was die bürgerliche Intimfamilie von der traditionellen Großfamilie – sei es im Sinne des *oíkos* des Aristoteles oder des ländlich-aristokratischen »ganzen Hauses«[113] – unterscheidet, ist die Trennung von Haushalt und Ökonomie, d. h. die Produktion ist aus der Familie herausverlagert und als ein gesellschaftlicher Vorgang vorausgesetzt. Bestimmend für die bürger-

111 Vgl. Blasche.
112 Blasche, 318.
113 Vgl. Blasche, 332.

liche Familie ist nicht mehr die Privatökonomie wesentlich autarker Wirtschaftseinheiten, sondern die »politische« Ökonomie durch Arbeitsteilung und Austausch vergesellschafteter Einzelproduzenten und -konsumenten. Im klassischen Modell der bürgerlichen Familie fällt diese gesellschaftlich-ökonomische Rolle dem Mann und Vater zu (vgl. § 171, GPR; 324), und die übrigen Familienmitglieder – vor allem die Frau – werden in der Intimität des Privaten belassen, woran dann die schon genannten romantischen Naturalisierungen der Geschlechterrollen anknüpfen. In Schillers »Die Glocke«, in Stifters *Nachsommer* und in Thomas Manns *Buddenbrooks* ist dieser Familientypus in klassischer Weise beschrieben worden.

Was bei Hegel außerhalb des Blickfeldes bleibt, sind die Rückwirkungen der bürgerlichen Gesellschaft auf die Familie als ihr vermeintliches immanentes Gegenstück. Hegel beschreibt ja die bürgerliche Gesellschaft als die Sphäre des Verlusts der Sittlichkeit, ja der Entsittlichung (vgl. §§ 183 ff., GPR; 340 ff.), die den »*Pöbel*« (§ 244, GPR; 389) aus sich hervorbringt. Mit diesem uns vielleicht empörenden Ausdruck meint Hegel die tatsächliche Proletarisierung vor allem der ländlichen, aber auch der ärmeren Stadtbevölkerung durch die bürgerliche Marktökonomie, aber die Auswirkungen dieser Vorgänge auf die klassische bürgerliche Familie faßt er nicht ins Auge – weder den Übergang zur modernen kleinbürgerlichen wie zur davon zu unterscheidenden Arbeiterfamilie, wie Blasche zeigt. Damit stellen sich weitergehende Fragen. Hegel wollte nicht einen bestimmten Familientyp beschreiben, sondern den Typus der bürgerlichen Familie als den in der Neuzeit allein vernünftigen und sittlichen auszeichnen: Wären hier nicht Alternativen denkbar, wenn Hegel sich von naturalistischen und historisch kontingenten Prämissen unabhängig machen könnte – z. B. andere Rollenverteilungen zwischen Mann und Frau, ja sogar »sittliche« Verbindungen zwischen homoerotischen Partnern akzeptierte? Ließe sich nicht ein sittlicher Zustand denken, in dem es nur noch »*zweite* Familien« (§ 252, GPR; 394), d. h. korporationsähnliche Sozialstrukturen gibt – »Kommunen«, wie sie die utopischen Sozialisten bis in unsere Tage ins Auge faßten? Schließlich findet sich bei Hegel auch kein Argument dafür, daß nur der Staat die »Gattenfamilie« institutionalisieren dürfe, weswegen eine staatliche Anerkennung eheähnlicher Lebensgemeinschaften für ihn nicht in Frage käme; daß die Liebe nur durch den Staat sittlich werden könne, ist eine Konsequenz der durchgehenden Staatsorientierung der Sittlichkeit bei Hegel – seines sittlichen »Etatismus«.

IV. 9 Die Sittlichkeit III: Die bürgerliche Gesellschaft

Der Abschnitt über die bürgerliche Gesellschaft[114] gilt mit Recht als der Glanz- und Höhepunkt der GPR. Bestätigt wird dieses Urteil durch die Breite und Intensität der produktiven Anknüpfung durch die Hegelianer aller Richtungen bis zu Marx und Engels, aber auch durch Lorenz von Stein,[115] und selbst Gegner von Hegels Staatsphilosophie haben die Leistung jenes Abschnitts anerkannt.[116] Bei Hegel wird die Gesellschaft als von Familie und Staat unterschiedener Sozialbereich zum ersten Mal Thema der praktischen Philosophie, d. h. seine Theorie trägt als erste begrifflich und systematisch der neuzeitlichen Autonomisierung des Gesellschaftlichen gegenüber dem Privaten und dem Politischen Rechnung. So kann man sagen, daß Hegel zu den Begründern einer von der traditionellen Rechts- und Staatsphilosophie zu unterscheidenden Sozialphilosophie zu zählen ist, obwohl der Terminus ›Sozialphilosophie‹ jünger ist.[117] In demselben Sinne gehört Hegel auch in die Geschichte der Soziologie, deren Disziplinname dann durch Auguste Comte allgemein gebräuchlich wurde.[118]

Hegel als Gesellschaftstheoretiker ist wesentlich Theoretiker der modernen Gesellschaft, und das dabei leitende Bewußtsein des Traditionsbruchs, der sie von der alteuropäisch-traditionalen Gesellschaft unterscheidet, wirkt nicht nur in seiner Theorie des Staates fort, sondern auch in der Philosophie der Kunst, Religion und Philosophie selber; in diesem Sinne ist seine Analyse der bürgerlichen Gesellschaft Teil einer umfassenden Theorie der Moderne.[119] Zugleich aber ist Hegel auch und vor allem Kritiker der modernen Gesellschaft und Kultur, und was ihn dabei von seinen romantischen und restaurativen Zeitgenossen unterscheidet, ist das

114 Vgl. Horstmann (1997).
115 Vgl. Stein.
116 Vgl. Riedel (1969), in Riedel II, 247 f.
117 Vgl. HWP, Bd. 9, Sp. 1217 f.
118 Vgl. ebd., Sp. 1270.
119 Vgl. Habermas (1984), 34 ff.

Bewußtsein der welthistorischen Unumkehrbarkeit des Modernisierungsprozesses, dessen Resultat die bürgerliche Gesellschaft darstellt. Daß sich diese Kritik in unserer heutigen Terminologie primär als Kritik des politischen und ökonomischen Liberalismus vorträgt, deren Radikalität, was die Schärfe der Argumente betrifft, kaum zu übertreffen ist, erklärt die fast ungebrochene Kontinuität, mit der der Sozialismus durch Marx und Engels hier an Hegel anknüpfen konnte. Deren Hegelkritik bezieht sich gar nicht primär auf die Theorie der bürgerlichen Gesellschaft, sondern auf Hegels Darstellung des Verhältnisses von Gesellschaft und Staat und die Konsequenzen, die daraus zu ziehen sind. Auf der anderen Seite mußte Hegels Kritik des Liberalismus bis in unsere Tage dazu herhalten, seine Philosophie selbst als illiberal und freiheitsfeindlich, ja als totalitär zu diffamieren, wobei es erstaunen läßt, wie wenig dabei auf Hegels Argumente – vor allem gegen den ökonomischen Liberalismus – sachlich eingegangen wurde. Dem angeblichen Dogmatiker Hegel wurde der Liberalismus meist auch bloß als Dogma entgegengehalten.[120] Dabei ist freilich nicht zu verschweigen, daß die neuhegelianische Rechtsphilosophie der 20er und 30er Jahre (Julius Binder, Karl Larenz u. a.) durchaus dem Präfaschismus zuzurechnen ist. Aber möglich ist dies nur deswegen, weil diese Tradition jene liberalen Elemente, die Hegels Rechtsphilosophie trotz ihrer Liberalismuskritik gleichwohl verteidigt, systematisch unterbewertete.[121]

(a) Begriff und Struktur

Das Ausmaß der begrifflichen Innovation, die Hegels Terminus ›bürgerliche Gesellschaft‹ repräsentiert,[122] bleibt so lange unterbestimmt, wie man das Prädikat ›bürgerlich‹ wesentlich vom Begriff des Bürgertums (*bourgeois*, *bourgeoisie*) her versteht. Der Hintergrund ist der klassische Begriff der *koinonía politiké* (grch. »politische«, d. h. in der *pólis* realisierte Gemeinschaft) des Aristoteles, den Cicero mit *societas civilis* wiedergibt und der seitdem bis zu Christian Wolff, Rousseau und Kant als quasi-selbstverständliche Definition des Staates tradiert wurde: *civitas sive societas civilis*. Hegel nimmt somit eine terminologische Veränderung in dem

120 Vgl. Popper u. Topitsch.
121 Vgl. Rottleuthner.
122 Vgl. dazu Riedel (1969) sowie Riedel (1975).

Sinne vor, daß er die deutsche Übersetzung eines der ältesten Begriffe der politischen Philosophie auf einen neuen sozialen Tatbestand bezieht – eben die gegenüber der klassischen *oíkos*-Familie und dem Staat autonomisierte Gesellschaft –, und genau dies war auch der Grund der ursprünglichen Opposition gegen dieses begriffliche Vorgehen.

Daß sich die terminologische Neuprägung Hegels erst in den GPR findet, darf freilich nicht darüber hinwegtäuschen, daß sie sich der Sache nach seit den WBN ankündigt.[123] Zunächst erscheint die bürgerliche Welt, d. h. die soziale Welt der auch gegen den Staat ihr Eigeninteresse verfolgenden Individuen, (mit Platon) nur als die Angelegenheit eines Standes (vgl. 2, 489 f.), von dem sich der allgemeine Stand als der eigentlich freie und sittliche abhebt. Die Interpretation der Merkmale des »Bürgerlichen« als ständische Merkmale – und das sind auch in den WBN unübersehbar die des »Dritten Standes« des 18. Jahrhunderts, des Standes des städtischen Gewerbes und Handels, des Bürgertums im neuzeitlichen Sinne – hat Hegel schließlich in der JPG_2 aufgegeben.[124] Vorbereitet wurde dies durch die schon in den WBN ausgeführte und in den GPR wiederholte geschichtsphilosophische These, der zufolge das Römische Reich die klassische Entgegensetzung der Freien und Unfreien aufgehoben und eine Welt heraufgeführt hat, in der das »sittliche Leben ... in die Extreme *persönlichen* privaten Selbstbewußtseins und *abstrakter Allgemeinheit*« (§ 357, GPR; 511) zerrissen ist. Genau diese Zerrissenheit, die die PhG als die »Welt des sich entfremdeten Geistes« und als den »Rechtszustand« (vgl. 3, 355 ff. und 362 ff.) beschreibt, ist keine Angelegenheit eines bestimmten Standes mehr, sondern der sozialen Welt als ganzer. Nimmt man hinzu, daß das, was Hegel im § 357 über die römische Welt sagt, eine fast wörtliche Entsprechung in seiner allgemeinsten Charakterisierung der bürgerlichen Gesellschaft besitzt (vgl. §§ 182-184, GPR; 339 f.), so kann man das hier Gesagte nicht mehr auf die »Lebenswelt« eines bestimmten Standes einschränken, sondern man muß den Ausdruck ›bürgerlich‹ in ›bürgerliche Gesellschaft‹ als Kennzeichnung des Gesamtzustandes der sozialen Welt in der Neuzeit verstehen.

Es ist dabei von untergeordneter Bedeutung, daß Hegels Ablei-

123 Vgl. Horstmann (1974), 278.
124 Vgl. Riedel (1969), 87 ff.

tung der modernen bürgerlichen Welt anachronistisch ist und viel stärker statt auf das Römische Reich auf den neuzeitlichen Absolutismus rekurrieren müßte;[125] wichtiger sind die systematischen Konsequenzen einer Universalisierung des »Bürgerlichen«: Auch wenn sich in den GPR die Familie von der bürgerlichen Gesellschaft unterscheidet, ist sie doch die bürgerliche Familie. Der Staat soll sich in der bürgerlichen Gesellschaft nicht erschöpfen und ist doch der bürgerliche Staat, denn zum einen soll er immanent aus der bürgerlichen Gesellschaft hervorgehen – als Lösung ihrer Probleme – und sich zum anderen als deren Grund erweisen, was bedeutet, daß Hegels Staat die bürgerliche Gesellschaft ständig »begründet« oder strukturell aus sich hervorgehen läßt. – Unterstützen läßt sich diese Interpretation auch durch den Hinweis, daß in den GPR die klassischen vorbürgerlichen Stände – der »*substantielle*« Stand des freien Bauerntums und der landbesitzenden Aristokratie wie der »*allgemeine*« Stand, dem Hegel einmal die eigentliche Sittlichkeit zugesprochen hatte – nunmehr als Stände der bürgerlichen Gesellschaft selber erscheinen (vgl. §§ 203 und 205, GPR; 355 und 357f.). Auffällig ist hier auch Hegels Bemerkung zur unvermeidlichen Modernisierung des »*substantiellen*« Standes wie aller Stände (vgl. § 203 A., GPR; 356). Einen besonderen Hinweis verdient ferner Hegels Universalisierung der Tugend der »*Rechtschaffenheit*« (§ 207, GPR; 359), die die früheren Schriften nur dem Dritten Stand, d. h. dem Bürgertum zusprachen. Daß Hegel sie als den eigentlichen Gehalt der Moralität für alle Stände reklamiert, zeigt deutlich, in welchem Maße er mit der »Verbürgerlichung« der vormodernen Ständegesellschaft rechnet. Wenn Marx schon in seiner *Kritik der Hegelschen Staatsphilosophie* (1841/42) das Hegelsche Verhältnis von bürgerlicher Gesellschaft und Staat umkehrt und die Gesellschaft als den historischen und systematischen Grund des Staats und damit den Staat als bloßen Überbau bestimmt,[126] so zieht er damit nur Konsequenzen aus Motiven, die sich bei Hegel selbst finden. Wenn man mit Marx die von Hegel selbst eröffnete sozialphilosophische oder sozialtheoretische Perspektive einnimmt und wenn man zudem die »Verbürgerlichung« mit Hegel als einen welthistorischen Trend auffaßt, liegt es nahe, die Geschichte und Struktur der bürgerlichen Gesell-

125 Vgl. ebd., 117.
126 Vgl. Marx, 85 ff.

schaft als den wahren Erklärungshintergrund für die Moderne anzusehen und nicht mehr die Geschichte und Struktur des modernen Staates. So kann man sagen, daß Hegels GPR den historischen Materialismus wenn auch nicht vorbereiten, so doch nahelegen.

Zusammengefaßt kann man sagen: Hegels bürgerliche Gesellschaft ist nicht bloß die Gesellschaft der *bourgeoisie* im Unterschied zum Adel, zu den Bauern oder dem von Hegel ›Pöbel‹ genannten Proletariat, sondern sie ist die Gesellschaft als *bourgeoisie*, die alle Stände umfaßt; sie ist das sittliche Ganze in der Hinsicht betrachtet, in der jedes ihrer Mitglieder und alle ihre Institutionen bürgerlich (*bourgeois*) sind. Konkret bedeutet Bürgerlich-Sein, das zu leben, was das neuzeitliche Prinzip der Subjektivität impliziert: das Recht der »Besonderheit des Subjekts«, der »subjektiven Freiheit«, und dieses Recht ist nach Hegel ein unverzichtbares Moment der welthistorischen Entfaltung der sittlichen Idee selber: »Die Schöpfung der bürgerlichen Gesellschaft gehört ... der modernen Welt an, welche allen Bestimmungen der Idee erst ihr Recht widerfahren läßt.« (§ 182, GPR; 339) Wenn man dies dramatisch formulieren möchte, bedeutet es: Bürgerlich zu sein ist das historische und systematische Schicksal der modernen Welt. So wie nach Hegel der Schein der Sittlichkeit notwendig zur Sittlichkeit hinzugehört, so die Bürgerlichkeit zur modernen Sittlichkeit – und damit auch zur modernen Familie und zum modernen Staat.

Was nun die Struktur der bürgerlichen Gesellschaft betrifft, so läßt sie Hegel von der spekulativen Grundfigur bestimmt sein, die seine praktische Philosophie seit den Anfängen in den *Theologischen Jugendschriften* leitet: dem Gedanken des Gegeneinander von abstrakter Allgemeinheit und individueller Besonderheit als Resultat einer systematisch und historisch notwendigen Selbstentfremdung einer ursprünglichen Totalität, die sich in dieser Entfremdung erhält und durch sie reproduziert und konkretisiert. Von hier aus wird verständlich, warum die ›bürgerliche Gesellschaft‹ beides ist: ein Totalitätsbegriff und doch nicht das letzte Wort von Hegels praktischer Philosophie. Neu ist in den GPR lediglich, daß diese notwendige Entfremdungsgestalt des Sittlichen nunmehr ›bürgerliche Gesellschaft‹ genannt wird; sonst kehren alle aus den früheren Schriften bekannten Motive wieder. Die bürgerliche Gesellschaft verkörpert die »Stufe der *Differenz*« des Sittlichen, ohne die sie keine Realität hätte (§ 181, GPR; 338). In der Terminologie der WBN treten hier also Idealität und Realität des Sittlichen auseinander, und dies ist gleichbedeutend mit dem Gegeneinander von abstrakter Allgemeinheit und sich gegen das Allgemeine verschließender Individualität des Sittlichen, die in Wahrheit auf den paradoxen »Verlust der Sittlichkeit« in der Sphäre der Sittlichkeit hinausläuft (ebd.).

Man könnte fragen, warum Hegel nach der Auflösung der Familie überhaupt noch von Sittlichkeit spricht. Ist sie nicht unwiderruflich verloren in der bürgerlichen Gesellschaft? Hegel beantwortet diese Frage nicht mehr mit dem Hinweis auf die »Tragödie des Sittlichen« (WBN; 2, 495), sondern im Rekurs auf die »Wesenslogik« seiner WL. Ihr entnimmt er in den GPR die begrifflichen Mittel seiner Theodizee des Sittlichen, die seit den Anfängen seiner praktischen Philosophie stets auf den Nachweis hinausläuft, daß die *Negation* des Sittlichen die Negation des *Sittlichen*, seiner *eigenen* Negativität sei und deswegen nicht aus der sittlichen Totalität herausführe, sondern im Ergebnis auf die Identität von Negation und Affirmation hinauslaufe. Dies zu zeigen ist auch das Beweisziel des Kapitels »Die bürgerliche Gesellschaft«, was freilich voraussetzt, daß ihr Gegenstand einen angemessenen Anwendungsfall für die logischen Figuren der Wesenslogik (»Wesen, Schein, Erscheinung etc.«) abgibt. Um dies über den Hinweis auf die bloße Strukturanalogie zum Aufbau der WL hinaus im vorhinein plausibel zu machen – die Wesenslogik und das Kapitel »Die bürgerliche Gesellschaft« sind jeweils »mittlere« Kapitel –, bedient sich Hegel der Begriffe »Schein« und »Erscheinung« in geradezu artistischer Weise. Hegel nennt die bürgerliche Gesellschaft die »Erscheinungswelt des Sittlichen«, meint damit aber nicht, daß in ihr die Sittlichkeit selbst erscheint (im Sinne von Parusie, grch. *parousía* – Gegenwart, Anwesenheit) denn sie zeigt ja gerade deren Verlust (vgl. § 185, GPR; 341 f.). Vielmehr nimmt er Bezug auf die Differenz zwischen Wesen und Erscheinung, wodurch sich die Erscheinung der Sittlichkeit als das Gegenteil ihres Wesens zeigt: als bloßer Anschein (grch. *dóxa*) oder bloße Täuschung (grch. *pseûdos*) des Sittlichen. Gleichwohl besteht Hegel darauf, daß der *Schein* (*dóxa*) des Sittlichen der Schein des *Sittlichen* sei, d. h. zugleich der Ort seiner Parusie; damit soll sich der »Verlust der Sittlichkeit« im Medium ihres Scheins oder Erscheinens selbst als Schein erweisen. Sein Argument ist seit den WBN immer dasselbe, nur transformiert ins Wesenslogische – das der bestimmten Negation: Das Besondere sei als *Negation* des Allgemeinen Negation des

Allgemeinen, und deswegen bleibe es dessen »aber nur noch *innerliche* ... Grundlage« und existiere »deswegen auf eine formelle, in das Besondere nur *scheinende* Weise« (§ 181, GPR; 338). Was dieses In-das-Besondere-Scheinen des Allgemeinen konkret heißt, führt das Kapitel im einzelnen aus. Der Zusatztext zum § 181 faßt es im voraus so zusammen: »Die Allgemeinheit hat hier [in der bürgerlichen Gesellschaft] zum Ausgangspunkt die Selbständigkeit der Besonderheit, und die Sittlichkeit scheint somit auf diesem Standpunkte verloren, denn für das Bewußtsein ist eigentlich die Identität der Familie das Erste, Göttliche und Pflichtgebietende. Jetzt aber tritt das Verhältnis ein, daß das Besondere das Erste für mich Bestimmende sein soll, und somit ist die sittliche Bestimmung aufgehoben. Aber ich bin eigentlich darüber nur im Irrtum, denn indem ich das Besondere festzuhalten glaube, bleibt doch das Allgemeine und die Notwendigkeit des Zusammenhangs das Erste und Wesentliche: ich bin also überhaupt auf der Stufe des Scheins, und indem meine Besonderheit mir das Bestimmende bleibt, das heißt der Zweck, diene ich damit der Allgemeinheit, welche eigentlich die letzte Macht über mich behält.« (§ 181,GPR; 338 f.)

So unternimmt es Hegels Gesellschaftstheorie, die Wahrheit einer spekulativen, logisch-metaphysischen These über das wahre Verhältnis des Allgemeinen und Besonderen, über Wesen und Erscheinung im Medium der modernen Welt und ihrer ökonomischen, rechtlichen und institutionellen Grundstrukturen unter Beweis zu stellen. Die Ausgangslage ist in den Einleitungsparagraphen 182-185 (GPR; 339 ff.) angegeben. Auf der einen Seite steht die auf ihre Besonderheit als obersten Zweck fixierte Person; auf der anderen befindet sich der Inbegriff der allgemeinen, für jede Person gleichen Bedingungen, unter denen die Personen ihre besonderen Zwecke allein realisieren können, die sie aber bloß als Mittel für ihre besonderen Zwecke ansehen. Das Allgemeine aber als Mittel für besondere Zwecke bedeutet nichts anderes als den Verlust der Sittlichkeit, die einmal in ihrer klassischen Gestalt das Gegenteil meinte. Die soziale Wirklichkeit dieses unsittlichen Zustandes der Sittlichkeit beschreibt der § 185 (vgl. GPR; 341 f.) in schwer zu überbietender Radikalität. Und doch setzt Hegel von allem Anfang an auf die Macht des von den Personen ausgegrenzten oder bloß zum Mittel herabgesetzten Allgemeinen über sie. Mag es ihnen auch nur Mittel sein, müssen sie sich seiner doch bedienen, um ihre Zwecke erreichen zu können, und genau darin erblickt

Hegel den Mechanismus ihrer Versittlichung, der sich ohne ihr Wollen und Zutun gleichsam hinter ihrem Rücken abspielt.

Die Realisierung des »selbstsüchtigen« Rechts und Wohls des Einzelnen ist in Wahrheit mit dem »Recht und Wohl aller« verflochten und bildet so ein »System allseitiger Abhängigkeit«, von dem Hegel sagt, man könne es zunächst als *»äußeren Staat, – Not-* und *Verstandesstaat* ansehen« (§ 183, GPR; 340). Erstaunlich ist, daß Hegel hier unmittelbar zum Begriff des Staates übergeht, denn bis jetzt war ja nur von Mitteln und Zwecken handelnder Personen die Rede, so daß man bestenfalls eine Bemerkung zu einem daraus resultierenden sozialen System erwarten würde. Was Hegel hier in Anspruch nimmt, sind die Begriffe ›Recht‹ und ›Wohl‹ in ihrem durch die Kapitel »Das abstrakte Recht« und »Die Moralität« festgelegten Sinn. Das »Wohl« ist ganz wertfrei zu verstehen als das Allgemeine der subjektiven Interessen der Person, deren Realisierungsbedingungen der Abschnitt »Das System der Bedürfnisse« aufzeigt. Das »Recht« ist in der angeführten Formulierung der Inbegriff der Bedingungen des »rechtlichen Daseins« (§ 183, GPR; 340) der Einzelperson, d.h. der Absicherung ihrer subjektiven Freiheit in der bürgerlichen Gesellschaft. Damit ist zugleich umgekehrt impliziert, daß nach Hegel das zuvor explizierte abstrakte Recht und die Moralität ihren sozialen Ort in der bürgerlichen Gesellschaft haben und in diesem Sinne aus ihr zu rekonstruieren sind. Es ist nun herauszustellen, daß Hegel nicht behauptet, dieses ökonomisch-rechtliche »System allseitiger Abhängigkeit« sei der Staat oder ein Staat, sondern er sagt nur, daß man es als den *»äußeren Staat, – Not-* und *Verstandesstaat«* ansehen könne, denn ein bloß *»äußerer Staat«*, ein *»Notstaat«* (ebd.) als ein Staat der Notwendigkeit, ein Verstandesstaat, widerspricht den Grundbestimmungen des wahren Staates, konkret sowie Wirklichkeit der Freiheit und der Vernunft zu sein.

Hegels Argument aber reicht weiter; ihm zufolge liegt hier eine Verwechslung vor – eben die der bürgerlichen Gesellschaft mit dem Staat selber –, und Hegel sagt: »Viele der neueren Staatsrechtslehrer haben es zu keiner anderen Ansicht vom Staate bringen können.« (§ 182, GPR; 339) Es fragt sich, ob dieser Vorwurf historisch korrekt ist, denn die liberale Vorstellung vom »Nachtwächter«- oder »Minimalstaat« ist ja wohl zu unterscheiden vom System einer Marktwirtschaft, das den Gegenstand des ökonomischen Liberalismus bildet. Gleichwohl unterscheidet Hegel in seiner berühmten Bemerkung über den *»äußeren Staat, – Not- und Verstandesstaat«* nicht zwischen den ökonomischen und rechtlichen Aspekten des damit gemeinten »Systems allseitiger Abhängigkeit«, denn die Reduktion der Staatsfunktionen auf die rechtliche Eigentumssicherung ist für ihn nur das Gegenstück und die Konsequenz der Fixierung des ökonomischen »Systems der Bedürfnisse« auf das individuelle Wohl. So wie Recht und Wohl zusammengehören, kann man Hegel zufolge bei der Bestimmung dessen, was die Liberalen rein rechtlich unter »Staat« verstehen, das Ökonomische nicht weglassen, denn sie bestimmen ihn ja selbst implizit als dessen Funktion, d.h. sie weisen ihm die Aufgabe der ökonomisch notwendigen, rechtlichen Eigentumssicherung zu. Ökonomie und Recht zusammengenommen konstituieren das Systemische der bürgerlichen Gesellschaft, und wenn jene »Staatsrechtslehrer« vom Staat sprechen, meinen sie Hegel zufolge ebendies.

(b) Das System der Bedürfnisse

Dieser Abschnitt behandelt das, was schon die WBN das »System der sogenannten politischen Ökonomie« (2, 482) genannt hatten und was Hegel in § 189 A. als Gegenstand der *»Staatsökonomie«* (GPR; 346) präsentiert. Im Unterschied zum Thema der klassischen aristotelischen *oikonomía* (grch. Lehre von den Gesetzen oder Regeln der privaten Haushaltsführung) ist hier die Ökonomie »politisch«, d.h. sie umfaßt das gesamte Gemeinwesen, und wird deswegen – und nicht wegen politischer oder staatlicher Lenkung – auch Staats- oder Nationalökonomie genannt, wofür sich heute der Ausdruck ›Volkswirtschaft‹ eingebürgert hat. Im folgenden soll gezeigt werden, daß diese für die Moderne charakteristische Ökonomie – in der die »Vermittlung des *Bedürfnisses* und die Befriedigung des *Einzelnen* durch seine Arbeit und durch die Arbeit und Befriedigung der Bedürfnisse *aller Übrigen*« (§ 188, GPR; 346) geschieht – schon von Hegel als die ökonomische Grundlage für die Autonomisierung der Gesellschaft gegenüber der Familie und dem Staat und die durchgreifende »Verbürgerlichung« aller Lebensbereiche präsentiert wird. Die strikte historisch-materialistische Rückführung des Primats der bürgerlichen Gesellschaft gegenüber dem Staat auf den Primat der Ökonomie als »Basis« von Politik und Kultur, die den »Überbau« verkörpern, durch Marx und Engels ist hier bereits vorgebildet. Sie ergibt sich aber erst durch eine Umdeutung der Hegelschen Methode.

Das Kapitel über das »System der Bedürfnisse« enthält keine ökonomische Theorie im engeren Sinne, wenn man darunter eine primär quantitativ orientierte Wert-, Preis-, Kapital-, Produktions- oder Markttheorie etc. versteht. Man sollte daher eher von einer »Sozialtheorie« der bürgerlichen Ökonomie sprechen, d. h. von einer Explikation ihrer für die Theorie der bürgerlichen Gesellschaft relevanten Grundbegriffe: ›Bedürfnis‹, ›Arbeit‹, ›Arbeitsteilung‹, ›Bildung‹, ›Vermögen‹ – bis hin zu den »Ständen«, wobei sich dort die Frage der Vereinbarkeit bürgerlicher Ökonomie mit einer ständischen Gesellschaft stellt. – Die »Basis«-funktion des »Systems der Bedürfnisse« wird von Hegel zunächst durch den Einführungskontext verdeutlicht. Es ist der erste Punkt, worauf dieses Kapitel zu sprechen kommt, und die Stände, die Rechtspflege sowie Polizei und Korporationen werden aus diesem abgeleitet.

Was Hegel wie alle Ökonomen seit den Physiokraten fasziniert, ist der Systemcharakter der »politischen Ökonomie«: trotz des allseitigen Egoismus selbstsüchtiger Bedürfnisse, Zwecke und Befriedigungsstrategien und durch ihn hindurch stellt sich ein Allgemeines her, dessen »allgemeine Prinzipien« Gegenstand der »Staatsökonomie« als Wissenschaft sein können: In den Nachschriften heißt es hierzu: »... dieses Wimmeln von Willkür erzeugt aus sich allgemeine Bestimmungen, und dieses anscheinend Zerstreute und Gedankenlose wird von einer Notwendigkeit gehalten, die von selbst eintritt. Dieses Notwendige hier aufzufinden, ist Gegenstand der Staatsökonomie, einer Wissenschaft, die dem Gedanken Ehre macht, weil sie zu einer Masse von Zufälligkeiten die Gesetze findet ... Dies Ineinandergehen, an das man zunächst nicht glaubt, weil alles der Willkür des Einzelnen anheimgestellt scheint, ist vor allem bemerkenswert und hat eine Ähnlichkeit mit dem Planetensystem, das immer dem Auge nur unregelmäßige Bewegungen zeigt, aber dessen Gesetze doch erkannt werden können.« (§ 189, GPR; 347) Marx als gründlicher Hegel-Leser wiederholt diesen Topos, wenn er von seinem *Kapital* sagt: »... es ist der letzte Endzweck dieses Werks, das ökonomische Bewegungsgesetz der modernen Gesellschaft zu enthüllen«,[127] das er von den »Natur-

127 Vgl. Marx, *Kapital* I, 7.

gesetzen der kapitalistischen Produktion«[128] bestimmt sieht. Engels nimmt im *Anti-Dühring* auch den astronomischen Vergleich wieder auf und behauptet, es sei »eine wissenschaftliche Analyse der Konkurrenz nur möglich, sobald die innere Natur des Kapitals begriffen ist, ganz wie die scheinbare Bewegung der Himmelskörper nur dem verständlich ist, der ihre wirkliche, aber sinnlich nicht wahrnehmbare Bewegung kennt«.[129] Historisch gesehen ist es in der Tat die Entdeckung der Wirtschaft als eines sich selbst regulierenden Systems gewesen, die die Ökonomie seit den Physiokraten als eine theoretische Wissenschaft ermöglichte, während sie von Aristoteles bis zu Christian Wolff zur praktischen Philosophie gehört hatte. Zugleich damit mußte die Wirtschaft auch objektiv diesen die Grenzen des alten *oíkos* sprengenden und die ganze Gesellschaft umfassenden systemischen Charakter angenommen haben, damit man sie in der Theorie als sich selbst regulierendes System zum Thema machen konnte.

Der Bezug auf die Astronomie zeigt, daß Hegel der »*Staatsökonomie*« (§ 189 A., GPR; 346) nicht nur die Beschreibung allgemeiner ökonomischer Phänomene zuschreibt, sondern auch die Fähigkeit, diese Phänomenwelt aus einfachen Prinzipien zu erklären oder »den in ihr wirksamen und sie regierenden Verstand« herauszufinden (§ 189, GPR; 347). Gleichwohl bleibt sie Verstandeswissenschaft, denn das Allgemeine, das sie ermittelt, ist bloß ein Verstandes-Allgemeines, das die Vielfalt des Besonderen sich gegenüber hat. Sie vermag es nicht als innere Bestimmtheit des konkreten Allgemeinen zu begreifen. Das aber hindert Hegel nicht daran, dieser Wissenschaft eine »versöhnende« Funktion zuzusprechen (vgl. § 189 und A., GPR; 346 f.), wobei man sogleich an die »Tragödie des Sittlichen« aus den WBN erinnert ist: Selbst dem abstrakten Gedanken des Verstandes bietet sich die »in ihre Extreme verlorene Sittlichkeit« (§ 184, GPR; 340) als eine von allgemeinen und gedanklich nachvollziehbaren Prinzipien und Gesetzen bestimmte Wirklichkeit dar. Auch in ihr vermag sich der Gedanke wiederzufinden und mit der Wirklichkeit zu »versöhnen«. Zugleich ist dieses Allgemeine aber nur das »Scheinen der Vernünftigkeit« mit allen Implikationen dessen, was Hegel im § 181 über »Schein« und »Erscheinung« sagte. Dieser Scheincha-

128 Ebd., I, 6.
129 MEW, Bd. 20, 198.

rakter der Vernünftigkeit im »System der Bedürfnisse« setzt der Versöhnung mit ihr Grenzen, was sich nach Hegel auch objektiv an der »Unzufriedenheit und moralische(n) Verdrießlichkeit« des »Verstand(es) der subjektiven Zwecke und moralischen Meinungen« (§ 189, GPR; 347) festmachen läßt.

Dieses »Scheinen der Vernünftigkeit« demonstriert Hegel zunächst auf dem Felde der Bedürfnisse und ihrer Befriedigung, wobei die Pointe ist: Nicht nur trotz, sondern wegen der Partikularisierung und Individualisierung der Bedürfnisse und der Mittel ihrer Befriedigung (vgl. §§ 190 und 191) stellt sich hier gesellschaftliche Allgemeinheit her (vgl. §§ 192 und 193). – Der § 190 und die A. liefern zunächst einen erstaunlichen Beitrag zur Anthropologie. Einmal erscheint hier Nietzsches »noch nicht festgestellte(s) Tier«,[130] was sich auf die Bedürfnisse und ihre Befriedigungsmittel bezieht. Ihr Nichtfixiertsein macht den Unterschied zwischen tierischen und menschlichen Bedürfnissen aus, wobei Hegel das Hinausgehen über die Grenzen des Tierischen unmittelbar als Erweis der »Allgemeinheit« des Menschen versteht (§ 190, GPR; 348). Dann ist bemerkenswert, daß Hegel »den« Menschen – »das Konkretum *der Vorstellung*, das man *Mensch* nennt« (§ 190 A., GPR; 348) – dem »System der Bedürfnisse« ebenso zuordnet wie die Person dem Recht, das Subjekt der Moralität, das Familienmitglied der Familie und den Bürger (*bourgeois*) der bürgerlichen Gesellschaft. Man kann daraus das ideologiekritische Argument ableiten, überall dort, wo von »dem« Menschen die Rede ist und davon, daß »der« Mensch im »Mittelpunkt« stehe, handle es sich um *bourgeois*-Ideologie, wobei sich das damit angesprochene »Konkretum *der Vorstellung*« (§ 190, GPR; 348) nicht einmal auf die bürgerliche Gesellschaft als ganze, sondern bloß auf das »System der Bedürfnisse« beziehe. Marx hat sich bei seiner radikalen Kritik der bürgerlichen Menschenrechtsvorstellungen in seiner Schrift *Zur Judenfrage* (1843) genau dieses Arguments bedient[131] und sie auf ihre Wurzeln in der bürgerlichen Ökonomie zurückgeführt. Michel Foucaults These vom Erscheinen des Menschen am Ende der Klassik und seines wahrscheinlichen Verschwindens in der Gegenwart[132] könnte man als epistemologisches Gegenstück zu Hegels höchst konkreter Verortung »des« Menschen in einer

130 Nietzsche II, 623.
131 Vgl. Marx, FS, 171.
132 Vgl. Foucault u. Schnädelbach (1992), 277 ff.

genau identifizierbaren sozialen Welt ansehen. Nach Hegel ist die Rede vom »Menschen« schlechthin abstrakt und verdächtig. Sofern sie nicht nur das dem »System der Bedürfnisse« angehörende »Konkretum *der Vorstellung*« meint, »das man *Mensch* nennt« (§ 190, GPR; 348), gehört sie in die Anthropologie als Teil der Philosophie vom subjektiven Geist. In der Lehre vom objektiven Geist, d. h. in seiner praktischen Philosophie, hat Hegel für »den« Menschen keine andere als eine kritische Verwendung.

Hegels These ist es ferner, daß die Denaturierung der Bedürfnisse und der Mittel ihrer Befriedigung und ihre Verwandlung in Gesellschaftliches als ein zugleich Allgemeines ein und derselbe Vorgang seien. Durch ihre »Partikularisierung« würden sie zugleich immer »abstrakter« (vgl. ebd.) im buchstäblichen Wortsinne, d. h. als partikularisierte immer mehr vom konkreten Dasein der Individuen ablösbar: »In der Vervielfältigung der Bedürfnisse liegt gerade eine Hemmung der Begierde, denn wenn die Menschen vieles gebrauchen, ist der Drang nach einem, dessen sie bedürftig wären, nicht so stark, und es ist ein Zeichen, daß die Not überhaupt nicht so gewaltig ist.« (Ebd.) Hinzu kommt, daß sich durch denselben Vorgang der »Abstraktion« auch immer mehr die Reflexion, der Geschmack und Nützlichkeitserwägungen der Bedürfnisse bemächtigen, und so »ist es zuletzt nicht mehr der Bedarf, sondern die Meinung, die befriedigt werden muß« (ebd.). So wird das Bedürfnis zum Inbegriff von ausdifferenzierten, abstrakten Einzelbestimmungen dessen, was man »braucht«, die aber zugleich als solche im Prinzip von allen zu Bestimmungen ihres persönlichen »Bedarfs« gemacht werden können. Ein weiteres Argument für den zugleich abstrakten und gesellschaftlichen Charakter der Bedürfnisse wird im § 192 angedeutet und dann in den §§ 196ff. ausgeführt; man kann es so paraphrasieren: Da die Bedürfnisse und die Mittel ihrer Befriedigung nicht mehr wie bei den Tieren von der Natur begrenzt und bereitgestellt sind, werden sie nur noch von den anderen »Menschen« und ihren Bedürfnissen begrenzt und ihre Befriedigung durch sie bereitgestellt, wobei das Hegelsche Leitmotiv der Anerkennung wiedererscheint (vgl. § 192, GPR; 349). Der intersubjektive Zusammenhang der »Menschen« ist an die Stelle der Natur getreten, was einerseits das Moment der »*Befreiung*« (§ 194, GPR; 350) vom Naturzwang hervortreten läßt, durch das sich die Bedürfnisse und die Mittel ihrer Befriedigung als menschliche Bedürfnisse und Mittel konstituieren, andererseits erzeugt es aber auch die Ambivalenzen dieses Systems gesellschaftlicher Bedürfnisse. Dabei handelt es sich einmal um das Wechselspiel des Bedürfnisses nach Gleichheit und Unterscheidung zwischen den »Menschen«, aber auch um die Tatsache, daß für den »Menschen« das natürliche vom unnatürlichen Bedürfnis nicht ununterscheidbar ist, da ein Mensch sich immer zugleich zu dem verhält, was seiner Meinung nach sein Bedürfnis ist (vgl. § 194, GPR; 350). Die bei allen Kulturkritikern von Rousseau bis Herbert Marcuse beliebte Differenz zwischen den wahren und den falschen Bedürfnissen des Menschen hat Hegel zufolge kein theoretisches Fundament. Der »formelle« Charakter des gesellschaftlichen Allgemeinen auf dem Felde der Bedürfnisse und der Mittel ihrer Befriedigung schließlich ist für Hegel dann auch der Grund für den Trend zum Luxus bei gleichzeitig unendlich anwachsender Abhängigkeit und Not (vgl. § 195, GPR; 350f.). Hegel deutet hier eine nicht im engeren Sinne ökonomische Version der Akkumulations- und Verelendungstheorie an, die im Frühsozialismus und dann bei Marx und Engels stets als Basis radikaler Kritik an der bürgerlichen Gesellschaft diente; im Abschnitt über die Polizei ist darauf zurückzukommen.

Die tatsächliche Vermittlung zwischen den gesellschaftlichen, d.h. zugleich partikularisierten und abstrakten Bedürfnissen und Mitteln ihrer Befriedigung ist nach Hegel die Arbeit; nur sie gibt diesen Mitteln »Wert« und »Zweckmäßigkeit« (§ 196, GPR; 351), und zwar durch das »Spezifizieren« des Naturmaterials für die menschlichen Zwecke: »Das unmittelbare Material, das nicht verarbeitet zu werden braucht, ist nur gering: selbst die Luft hat man sich zu erwerben, indem man sie warm zu machen hat [gemeint ist wohl die Heizung im Winter]; nur etwa das Wasser kann man so trinken, wie man es vorfindet. Menschenschweiß und Menschenarbeit erwirbt dem Menschen die Mittel des Bedürfnisses.« (Ebd.) Hegel variiert hier nicht nur das biblische Motiv des »Im Schweiße Deines Angesichts sollst Du Dein Brot essen!«, sondern er teilt ausdrücklich die Position der klassischen Nationalökonomen seit Adam Smith, die gegen die Physiokraten die menschliche Arbeit für die einzige Quelle des gesellschaftlichen Reichtums halten.[133] Auch die These, der zufolge die Arbeitsmenge der Wertmesser des Arbeitsprodukts sei, kann Hegels Zustimmung sicher sein, wenn er

133 Vgl. Smith.

sie auch nicht ausdrücklich erwähnt. Im übrigen garantiert die Tatsache, daß der Mensch mit durch menschliche Arbeit bereitgestellten Mitteln seine Bedürfnisse befriedigt, auch den Systemzusammenhang von Produktion und Konsumtion, der zu den Grundvoraussetzungen der klassischen ökonomischen Theorie gehört.

Eine weitere Konsequenz des gesellschaftlichen Charakters der Arbeit ist, daß sie bildet, und dies in theoretischer wie praktischer Hinsicht (§ 197, GPR; 352). Daß Arbeit bildet und umgekehrt Bildung Arbeit ist, mag ein Gemeinplatz sein; Hegel lehrt dies freilich in einem viel spezifischeren Sinne. Der Zusammenhang zwischen Partikularisierung und Abstraktion im »System der Bedürfnisse« befördert im Theoretischen die allgemeine Verstandeskultur, in die Hegel auch die der Sprache einbezieht. Damit ist ein, wenn man will, materialistischer Zusammenhang hergestellt zwischen der Kultur des abstrakten Verstandes, die Hegel seit seinen Frühschriften als die Neuzeit bestimmt und der er auch die von ihm bekämpfte »Reflexionsphilosophie« zuordnet, und der modernen Marktökonomie. Die Funktion der praktischen Bildung durch die Arbeit, die ebenfalls nicht ohne Spezialisierung auf »allgemeingültige Geschicklichkeiten« zu denken ist, verweist auf die Arbeitsteilung (vgl. § 198, GPR; 352 f.) als Grundvoraussetzung gesellschaftlicher Produktion durch Einzelindividuen, und Hegel nennt hier stichwortartig die ökonomischen und sozialen Konsequenzen der Arbeitsteilung, die schon bei Adam Smith[134] ausgeführt und seitdem Gemeingut der klassischen ökonomischen Theorie sind: Sie vereinfacht und steigert zugleich die Produktivität der individuellen Produktion; sie vergesellschaftet die individuellen Produzenten; sie ist drittens die Grundlage für die Mechanisierung und Automatisierung der Arbeit.

Bemerkenswert ist auch, daß im § 198 bereits der Terminus »abstrakte Arbeit« erscheint, der bei Marx eine wichtige theoretische Rolle spielen wird als Bezeichnung eines nicht nur gedanklichen, sondern realen Abstraktionsprozesses, in dem durch die industrielle Entqualifizierung der traditionellen Arbeiten »die Abstraktion der Kategorie Arbeit«, »Arbeit überhaupt, Arbeit *sans phrase*, der Ausgangspunkt der modernen Ökonomie, erst praktisch wahr« wurde.[135] Hegels These vom Zusammenhang zwischen

134 Ebd., 4 ff.
135 Marx, KdpÖ, 261.

moderner Marktökonomie und bürgerlicher Verstandeskultur erhält so zusätzliche Evidenz, wenn man sie von dem potentiell Maschinenmäßigen der arbeitsteiligen Produktion her betrachtet; und so lag es durchaus nahe, mit Marx diese Verstandeskultur als ganze bis in ihre begrifflichen, theoretischen und ästhetischen Hervorbringungen hinein als Überbau der neuzeitlichen kapitalistischen Produktionsweise zu interpretieren, wie es in den Werken von Georg Lukács, Franz Borkenau, Alfred Sohn-Rethel und in der *Dialektik der Aufklärung* von Horkheimer/Adorno geschah.

Den ersten Satz des § 199 (GPR; 353) kann man als eine Zusammenfassung des bisher über das »System der Bedürfnisse« Gesagten lesen. Wenn Hegel die ökonomische »Vermittlung des Besonderen durch das Allgemeine als dialektische Bewegung« bestimmt, »so daß, indem jeder für sich produziert und erwirbt, produziert und genießt, er eben damit für den Genuß der Übrigen produziert und genießt« (§ 199, GPR; 353), so formuliert er in philosophischen Termini das Credo der klassischen und neo-klassischen Ökonomie: Die Volkswirtschaft sei auch in dem Sinne ein sich selbst regulierendes System, als es genau dann am besten funktioniere, wenn man (d. h. der Staat) nicht eingreift. Der allgemeine Egoismus der Produzenten und Konsumenten sei die beste Garantie für die Harmonie des Ganzen; das Symbol dieses Glaubens ist die berühmte »*invisible hand*« des Adam Smith, die das angeblich bewirke.[136] Gleichwohl bleibt dies nicht Hegels letztes Wort über das »System der Bedürfnisse« (vgl. vor allem §§ 243 ff., GPR; 389 ff.). – Was Hegel dann im weiteren (§§ 199 und 200) über das »*Vermögen*« (§ 199, GPR; 353) darlegt, bezieht sich einerseits zurück auf das Vermögen der Familie (vgl. §§ 170 ff.), so daß hier auch vom Familienbesitz und -einkommen die Rede ist. Freilich wird dieses Vermögen hier in den Zusammenhang des »Systems der Bedürfnisse« gerückt, und deswegen unterscheidet Hegel zwischen dem allgemeinen und dem besonderen Vermögen – in unseren Worten: zwischen dem volkswirtschaftlichen Gesamtprodukt und dem individuellen Anteil daran. Zum anderen nutzt Hegel die Doppeldeutigkeit des deutschen Wortes ›Vermögen‹ aus, das nicht nur Besitz meint, sondern auch Können, Fähigkeit, berufliche Qualifikation, wobei das, was jemand hat und »ver-

136 Smith I, 400.

mag«, hier nur in seiner ökonomischen Relevanz betrachtet wird: entweder als Kapital oder als Mittel der Selbsterhaltung und des Besitzerwerbs durch Arbeit (vgl. § 200, GPR; 353 f.).

Die kritischen Ausführungen Hegels über die Idee der ökonomischen Gleichheit (§ 200 A., GPR; 354), die sich vor allem gegen die sozialistischen Tendenzen in der französischen Aufklärungsphilosophie richten, leiten über zur ökonomischen Ständelehre Hegels der §§ 201-208, die bereits zu seinen Lebzeiten historisch überholt war. Sie ist auch mit dem über die »abstrakte Arbeit« Gesagten unverträglich und bedarf darum wohl keiner detaillierten Kommentierung. Daß sie mit ihren Reminiszenzen an Platon und Aristoteles einen nostalgischen Zug trägt, ist unverkennbar, aber nicht nur deswegen hat Hegel seit seinen Anfängen so beharrlich an dieser Lehre festgehalten, sondern primär aus einem innerphilosophischen Grund. Die sittliche Totalität muß seiner Philosophie zufolge wie die Idee, in deren Zeichen sie steht, als ein organisches, gegliedertes, konkretes, aber sich selbst organisierendes, gliederndes, konkretisierendes Ganzes begreifbar sein; das Gegenüber von abstrakter Allgemeinheit und bloß subsumierter Besonderheit darf nicht das letzte Wort haben. In der EPW heißt es dazu: »Wo bürgerliche Gesellschaft und damit Staat vorhanden ist, treten die Stände in ihre Unterschiede ein; denn die allgemeine Substanz als lebendig *existiert* nur, insofern sie sich organisch *besondert*.« (§ 527; 10, 323) So präsentiert Hegel seine ökonomische Ständelehre als das »Vernünftige« (vgl. den letzten Satz des § 200 A., GPR; 354), also als Pendant zu den bloß »verständigen« Gesetzen der Nationalökonomie.

Diese Idee der vernünftigen Selbstorganisation des »Systems der Bedürfnisse« in Ständen ist freilich schwer vereinbar mit dem Zugeständnis, daß hier mit einem »Rest des Naturzustandes« (ebd.) zu rechnen sei, und der legt ja gerade den bloß »verständigen«, *»äußeren Staat, – Not-* und *Verstandesstaat«* als Notwendigkeit nahe. Dann aber ist schwer zu verstehen, warum es bloß drei Stände geben soll; wäre es doch viel plausibler, wenn Hegel mit einer nicht antizipierbaren Anzahl von berufsständischen Organisationen, wie Interessenverbänden und Gewerkschaften, rechnete. Wenn Hegel mit dem »substantiellen« (§ 203, GPR; 355) Bauernstand, dem »Stand des Gewerbes« als dem Stand der »Reflexion« (vgl. § 204, GPR; 357) und dem »allgemeinen« Beamtenstand (§ 205, GPR; 357) rechnet, der eigentlich schon die konkrete Vernünftigkeit des wahren Staates repräsentiere, dann führt hier nicht die Gesellschaftstheorie die Feder, sondern die spekulative Logik mit ihrer Trias »Ansichsein, Fürsichsein, Anundfürsichsein«. – Eine weitere Frage ist, ob Hegels Insistieren auf der Modernität dieser Stände, die sich daran zeigt, daß die Zugehörigkeit zu ihnen letztlich eine Frage der »*subjektiven Meinung* und *der besonderen Willkür*« (§ 206, GPR; 358) ist, mit der Konzeption des Standes überhaupt vereinbar ist. Es handelt sich dabei ja um eine spezifische Forderung des Dritten Standes gegenüber dem Klerus und der Aristokratie, und als sich im revolutionären Frankreich der Dritte Stand selbst als die Nation proklamierte,[137] war dies zugleich gegen das Standesprinzip überhaupt gerichtet. – Einen Hinweis verdient auch Hegels These vom Verzichts- und Entsagungscharakter jeder Berufs- oder Standeswahl, der sich aber nur dem Festhalten am abstrakt Allgemeinen verdankt; daß die Wirklichkeit konkret ist und solche Abschiede erfordert, ist ein Leitmotiv des späten Goethe – etwa in *Wilhelm Meisters Wanderjahren* und im zweiten Teil des *Faust*.

Im § 207 kommt Hegel erneut auf die Moralität zu sprechen, was wieder zu soziologischen und ideologietheoretischen Analysen bürgerlicher Moral Anlaß geben könnte. Ohne Frage haben die marxistischen Moraltheoretiker bis hin zu Max Horkheimer[138] hier angeknüpft. Wenn Hegel die »sittliche Gesinnung« der »*Rechtschaffenheit*« und der »*Standesehre*« (§ 207, GPR; 359) mit der Moralität dadurch in Zusammenhang bringt, daß er beidem denselben sozialen Ort zuweist, so sieht er in der wahren Moralität das subjektive Gegenstück zur konkreten Pflichtenlehre, auf die er schon im Kapitel »Die Moralität« verwiesen hatte (vgl. §§ 150). Seine These ist nun: Die »sittliche Gesinnung« hat als ständische Tugend ihre Wirklichkeit und ihren Grund im »System der Bedürfnisse«, aber dies gilt auch für die Moralität, die der § 207 als ein reflektierendes Besorgtsein um das eigene Tun und den Zweck der »besonderen Bedürfnisse und des Wohls« (GPR; 359) bestimmt; beide gehören zusammen. Fraglich ist, ob diese Charakterisierung der Moralität mit der kritischen der Kantischen Moralität als einer bloß formalen vereinbar ist: Wie kann eine formalistische Ethik eine »zufällige und einzelne Hilfe zur Pflicht« (ebd.) machen?

137 Vgl. Sieyès.
138 Vgl. Horkheimer.

Aus Hegels These, daß die abstrakten Notwendigkeiten und Zufälligkeiten der bürgerlichen Gesellschaft der Moralität viel zu tun geben, haben Kritiker der bürgerlichen Gesellschaft immer wieder geschlossen, daß eine wirklich gerechte und menschliche Gesellschaft Moral überhaupt überflüssig machen werde. So kann man sagen, die Moralität, die nach Hegel in der bürgerlichen Gesellschaft »positiv« wird, ist gar nicht die abstrakte Reflexionsmoralität, die sich angeblich bei Kant, Fichte und den Romantikern formuliert findet.[139] Eine hegelimmanente Lösung der Frage, von welcher Moralität hier die Rede ist, kann nur darin bestehen, daß man die Bemerkung des § 207 auf den Abschnitt »Die Absicht und das Wohl« zurückbezieht. Die Moralität dieser Stufe wird in der bürgerlichen Gesellschaft sozial wirklich und keine andere. Der Formalismusvorwurf richtete sich dann nur gegen die Position »Das Gute und das Gewissen«, und das zugehörige Kapitel enthielte dann nichts anderes als die Destruktion dieser Verstandesgestalt von subjektiver Sittlichkeit als unsittlich – wie schon in den WBN. Dafür hat Hegel im folgenden keine Verwendung mehr. In dieser Deutung wäre das Reflexionsallgemeine des Wohls keineswegs bloß formal und leer wie das Gute des Kantischen unbedingtguten Willens oder des Kategorischen Imperativs. Damit wäre auch die These widerlegt, Hegels praktische Philosophie enthalte gar keine Ethik. Sie enthält zumindest eine Ethik der »*Rechtschaffenheit* und *Standesehre*« (§ 207, GPR; 359) – mit Kohlberg kann man sagen: eine bürgerliche konventionelle Bereichsethik. Die wird ergänzt durch eine reflektierende okkasionelle oder Gelegenheitsethik des »*Gemüts* und der *Liebe*« (§ 242, GPR; 388), die gerade heute als Gefühls- und Mitleidsethik wieder sehr populär ist. Eine universalistische, wirklich post-konventionelle Ethik findet bei Hegel keinen Platz; sie müßte ihm wieder nur als abstrakt und formalistisch erscheinen. Der Preis der Konkretheit ist bei Hegel der konventionelle Letztbezug der Moral auf die Sittlichkeit des Staates, die ihrerseits in der Weltgeschichte aufgehoben sein soll.

139 Dies gegen Siep (1992), 224 ff.

(c) Die Rechtspflege

Schon im § 3 A. der GPR hatte Hegel auf die nun folgenden Paragraphen verwiesen: »Es wird späterhin, § 211-214, die Stelle aufgezeigt werden, wo das Recht positiv werden muß« (GPR; 35), und der § 208 bestätigt, daß es sich dabei um das Positivwerden des im ersten Teil der GPR dargestellten abstrakten Rechts handelt: um das Personen- und Eigentumsrecht, einschließlich des personen- und eigentumsbezogenen Strafrechts, das Hegel daraus entwikkelte. Bei der Bestimmung dessen, was ›positiv‹ bedeutet, bedient sich Hegel der wohl nur im Deutschen vorhandenen Wortverwandtschaft zwischen ›gesetzt‹ und ›Gesetz‹, so daß das positive Recht als das »in seinem objektiven Dasein *gesetzte*« Recht oder das Gesetz zu bestimmen ist (vgl. § 211, GPR; 361).

Vergleicht man, was der § 3 zur Positivität des Rechts sagt, mit dem Abschnitt über die Rechtspflege, so fällt auf, daß Hegel dort das Moment der faktischen Gültigkeit in einem Staat oder der »gesetzlichen Autorität« (GPR; 34) in den Vordergrund rückt. Nimmt man hinzu, was die GPR später über die »*gesetzgebende Gewalt*« ausführen (vgl. §§ 298 ff.), so stammt diese Autorität des gesetzten Rechts aus der Autorität, mit der die staatliche Gewalt Recht setzt, und man ist erinnert an Hobbes' berühmtes Diktum »*Auctoritas non veritas facit legem*« (Die Autorität und nicht die Wahrheit macht das Gesetz)«,[140] das in unserem Jahrhundert zum Motto des Dezisionismus in der Rechtsphilosophie wurde.[141] Im Abschnitt »Die Rechtspflege« hingegen tritt bei der Bestimmung der Positivität das Moment der faktischen, autoritativen Gültigkeit ganz in den Hintergrund, und es scheint, als verdankte es sich ausschließlich der Bildung und dem Denken, d. h. den verständigen Verallgemeinerungstendenzen, die sich im »System der Bedürfnisse« abzeichnen und durchsetzen. Zwar bestimmt der § 210 die »objektive Wirklichkeit des Rechts« (GPR; 361) als das Zugleich von subjektivem Gewußtwerden und objektivem, wirklichem Gelten, aber der § 209 behauptet, »Gelten und objektive Wirklichkeit« habe das positive Recht nur »vermittelt durch dies Gewußt- und Gewolltsein« (GPR; 360), das sich als allgemeines

140 Lev., nur in der lat. Fassung, 133 der Erstausgabe, Amsterdam 1668; vgl. dazu Euchner.

141 Vgl. Schmitt (1928), 140ff.

aus dem »System der Bedürfnisse« ergebe. So entsteht der Anschein, das vernünftige Wollen der Menschen reiche hin, um ihnen ein vernünftiges Gesetz zu geben.

Um Hegels Position richtig einschätzen zu können, muß man sich an das erinnern, was er generell zum Verhältnis von Naturrecht und positivem Recht sagt:[142] Auf die Alternative zwischen »reinem« Vernunftrecht und vernunftlosem, d. h. auf bloß faktischer Geltung oder Entscheidung beruhendem positiven Recht, will er sich nicht festlegen lassen, sondern auch hier muß sich die These von der Vernünftigkeit des Wirklichen und der Wirklichkeit des Vernünftigen bewähren. So ist er davon überzeugt, daß das Recht, das die staatliche gesetzgebende Gewalt in wirkliche Geltung setzt, im großen und ganzen und von kontingenten Nebenbestimmungen abgesehen dem Maß von Vernünftigkeit entspricht, zu dem die soziale Wirklichkeit der bürgerlichen Gesellschaft das Denken und Wollen der Menschen nötigt. Umgekehrt ist Hegel sicher, daß die aus der bürgerlichen Gesellschaft selbst resultierenden Bildungsmächte stark genug sind, einem im wesentlichen vernünftigen Recht zur Geltung zu verhelfen. In keinem Fall aber ließe sich freilich mit Hegel das »verständige« Vernunftrecht der bürgerlichen Gesellschaft auf so etwas wie ein modernes Gewohnheitsrecht reduzieren; immer bedarf es der zusätzlichen gedanklichen Durchdringung und Ordnung des Gewohnten (vgl. § 211 A., GPR; 361 ff.) und des gesetzgebenden Aktes.

Daß Hegel im Abschnitt »Die Rechtspflege« die ideelle Komponente so stark betont, resultiert vor allem aus seiner Opposition gegen den Rechtspositivismus der Historischen Rechtsschule, die in ihrem Hauptvertreter Friedrich Carl von Savigny der Gegenwart die Kompetenz abgesprochen hatte, ein Gesetzbuch zu schaffen, und sie im übrigen an das Bestehende als das historisch Gewordene verwies. Ohne Autorennamen und Titel zu nennen, bezieht sich Hegel hier polemisch auf Savignys Schrift *Vom Berufe unserer Zeit für Gesetzgebung und Rechtswissenschaft* (Heidelberg 1814) (vgl. § 211, GPR; 363). Indem Hegel somit gegen die antinapoleonische Fraktion der Traditionalisten die Kodifizierung eines modernen Rechts befürwortet, gibt er aber keineswegs einem Dezisionismus eines bloßen »So soll es sein!« in der Gesetzgebung recht, denn Rechtspositivismus und Dezisionismus wären für ihn

142 Vgl. Abschnitt IV. 2 (b).

nur zwei Aspekte ein und derselben »abstrakten« Denkweise. Die Entscheidungen der »gesetzgebenden Gewalt« müssen nach Hegel vielmehr vom vernünftigen Begreifen der Gegenwart geleitet sein, und so sieht er in der gesellschaftlich notwendigen Bildung die Hauptgewähr für die Vernunft in der Gesetzgebung und in der Rechtspflege; Bildung ist für ihn die wahre Vermittlung zwischen Vernunftrecht und positivem Recht. Freilich kann man dies alles auch als eine Antizipation einer historisch-materialistischen Rechtstheorie lesen, die das, was Gesetz wird, als »Überbau« eines bestimmten Standes der Produktivkräfte zu den Produktionsverhältnissen zählt, aber dem könnte man entgegenhalten, Hegel liefere in Wahrheit nur eine Variation von Montesquieus *Geist der Gesetze*, d. h. seiner Zuordnung bestimmter Gesetzesformen zu faktischen Lebensformen (vgl. § 3 A., GPR; 34 f.), die Hegel freilich anders als Montesquieu als primär vom »System der Bedürfnisse« determinierte erkennt. Auf jeden Fall gehört Hegels Theorie der Rechtspflege in die Vorgeschichte der modernen Rechtssoziologie.

Im ganzen gesehen akzentuiert der Abschnitt »Die Rechtspflege« die Differenz zwischen Naturrecht und positivem Recht stärker als die kurze Bemerkung im § 3 A. Der § 212 rechnet mit erheblichen Abweichungen zwischen dem, was »Gesetz«, und dem, was »an sich Recht« (§ 212, GPR; 364) ist. Die Vernunft will sich die an die positive Rechtswissenschaft zu richtende »*Querfrage*« (§ 212, GPR; 365) nicht verbieten lassen, ob das, was sie als faktisch geltend ermittelt, auch vernünftig ist (vgl. § 212 A., ebd.). Da in der Rechtspflege nur das abstrakte Recht positiv wird, können »moralische Gebote« (§ 213, GPR; 365) nicht Gegenstand der Gesetzgebung sein. Hegel teilt damit eine Position, welche die Grenze zwischen Recht und Moral mit der zwischen dem gesetzlich Erzwingbaren und Nichterzwingbaren identifiziert.[143]

Schließlich ist noch auf Hegels Kritik am Perfektionismus des Rechts hinzuweisen, der sich vor allem gegen Fichte richtet (§ 214, GPR; 366 f.; vgl. auch die Vorrede, GPR; 25). Hegel erkennt nämlich, daß wegen der Abstraktheit des Rechts prinzipiell immer eine Lücke bleibt zwischen der allgemeinen Bestimmung und dem Einzelfall, die nur durch nicht wieder in allgemeine Regeln ein-

143 Vgl. Kant, MdS, § D: »Das Recht ist mit der Befugnis zu zwingen verbunden.« (A 35).

schließbare Anwendungen geschlossen werden kann; die Einzelentscheidung des Richters bleibt daher unentbehrlich: »Es ist wesentlich eine Seite an den Gesetzen und der Rechtspflege, die eine Zufälligkeit enthält und die darin liegt, daß das Gesetz eine allgemeine Bestimmung ist, die auf den einzelnen Fall angewandt werden soll. Wollte man sich gegen diese Zufälligkeit erklären, so würde man eine Abstraktion aussprechen.« (§ 214, GPR; 367) Hegel könnte sich an dieser Stelle des Kantischen Arguments bedienen – was er erstaunlicherweise nicht tut –, daß solche Anwendungen Urteilskraft erfordern, die man deswegen nicht auf Regeln bringen kann, weil die Anwendung dieser Regeln wieder Urteilskraft erforderte und so fort ins Unendliche.[144] (Weitere Ausführungen zum Problem der Gesetzesanwendung enthalten die §§ 223-228, GPR; 375 ff.)

Die Kritik am Rechtsperfektionismus führt Hegel auch zur Verteidigung des historischen Charakters und der Perfektibilität der Gesetzbücher (vgl. § 216 und A., GPR; 368 f.), wobei die Formulierung bemerkenswert ist, in der er von »ursprünglichen, ein Unrecht enthaltenden, somit bloß historischen Institutionen« (§ 216, GPR; 369) spricht. Man kann dies als eine Beschwörung der Vernunft in der Rechtsgeschichte ansehen. – Gleiches gilt für die Verknüpfung des öffentlichen »*Daseins der Gesetze*« (§ 215, GPR; 368) mit ihrer sozialen Funktion und für die Forderung, die Rechtstitel und die rechtlichen Handlungen der Personen durch »*Förmlichkeiten*« (§ 217, GPR; 370) mit allgemeiner Anerkennung zu versehen. – Der § 218 bezieht das zum Strafrecht bereits Gesagte auf das Allgemeine der bürgerlichen Gesellschaft und zieht daraus ergänzende Folgerungen (vgl. GPR; 371 f.).

Der Abschnitt »Das Gericht« verdient aus mehreren Gründen Aufmerksamkeit. Zunächst bestimmt er das Gericht als die soziale Institutionalisierung der in den öffentlichen Gesetzen nur ideell verkörperten rechtlichen Allgemeinheit – als deren reale Agentur gleichsam (vgl. § 219 und 220, GPR; 373 f.). So ist es für Hegel eine weitere Bestätigung der Vernünftigkeit des Wirklichen und umgekehrt – gegen den Rechtspositivismus und die Anarchisten (vgl. § 219 A., GPR; 374). Als soziale Wirklichkeit des Rechts begründet das Gericht Rechte und Pflichten der Bürger wie u. a.: das Recht aller, das Gericht anzurufen, und die Pflicht, ihr individuelles Recht

144 Vgl. Kant, KrV, B 171 f.

nur vor dem Gericht zu suchen (vgl. § 221, GPR; 373 f.); ferner die Pflicht, zunächst den Vergleich zu suchen (vgl. § 223, GPR; 375), und schließlich als hohes Rechtsgut die Öffentlichkeit der Rechtspflege – als Recht und Pflicht aller Beteiligten (vgl. § 224, GPR; 376). Was uns Heutigen als trivial erscheinen mag, war zu Hegels Zeit keineswegs allgemein verwirklicht, denn in vielen europäischen Ländern existierten immer noch Sondergesetze und eine ständische Gerichtsbarkeit für Klerus und Adel. Die ›Gleichheit aller Bürger vor dem Gesetz in einer öffentlichen Rechtspflege‹ war aber zumindest in Preußen ein anerkannter rechtlicher Grundsatz.

Indem Hegel so deutlich wie wenige Rechtsphilosophen zwischen Gesetzgebung und Rechtspflege unterscheidet, zu der die Rechtsanwendung hinzugehört, erkennt er die Notwendigkeit, daß sich auch die Gesetzgebung ihrer annimmt – als Verfahrens- oder Prozeßrecht (§ 222, GPR; 375). Zwar muß, wie entschieden wird, letztlich dem Richter überlassen bleiben – freilich im Rahmen dessen, was das Gesetz zuläßt (vgl. § 214 A. und § 218 A.) –, aber nicht, wie zu verfahren sei, denn dies läßt sich rechtlich regeln, und es muß gesetzlich geregelt sein. (Wie ein Rechtsverfahren ohne Verfahrensrecht aussähe, zeigt uns Kleist im *Zerbrochnen Krug* eindringlich durch das, was der Dorfrichter Adam versucht (vgl. 11. Auftritt)).

Erstaunlich ist, daß im Kapitel »Die Rechtspflege« fast überhaupt nicht vom Staat die Rede ist – außer gelegentlich in der Formulierung »die öffentliche Macht« (z. B. § 219 A., GPR; 374), die aber im § 219 auf das Gericht selbst bezogen wird. Im Rückblick aus dem Abschnitt »Der Staat« erweist sich diese »öffentliche Macht« dann als die gesetzgebende (§ 298, GPR; 465) und als die »*Regierungsgewalt*«, »worunter ebenso die *richterlichen* und *polizeilichen* Gewalten begriffen sind« (§ 287, GPR; 457). So nimmt der Abschnitt »Die Rechtspflege« wie der spätere über die »Polizei« (vgl. §§ 230ff., GPR; 382ff.) zwar den Staat schon in Anspruch, obwohl er erst am Ende des Kapitels über die bürgerliche Gesellschaft aus ihr als deren wahrer Grund hervorgehen soll. Gleichwohl läßt Hegels Theorie der Rechtspflege auch eine Interpretation zu, die ohne den Staat auskommt: Sie könnte eine basisdemokratische Rechtssetzung im Bereich des Eigentums- und Strafrechts durch Mehrheitsentscheidung unter ökonomisch und sozial »gebildeten« Mitgliedern der bürgerlichen Gesellschaft, wie sie z. B. unter Kolonisten oder im rechtlichen Vakuum des »Wilden Westens« vorgekommen sein mag, nicht als »unsittlich« ausschließen. Das in den USA verbreitete System der Richter- und Schöffenwahl installiert zwar das Gericht als »öffentliche Macht«, ohne den Staat als »öffentliche Macht« dabei in Anspruch zu nehmen – vom Verfahrensrecht abgesehen, über das man sich aber ebenfalls mehrheitlich einigen könnte. Die Institution des Wahl-Sheriffs machte auch noch die »Polizei« vom Staat unabhängig. Es ist schwer zu entscheiden, warum Hegel hier den Staat als »öffentliche Macht« so weit zurücknimmt. Die Rechtspflege versteht Hegel als die immanente Rückkehr der sittlichen Idee am Orte der bürgerlichen Gesellschaft, wo sie an ihre Extreme verloren schien (vgl. § 229, GPR; 381). Diese Rückkehr soll begrifflich den Staat erst konstituieren, und deswegen kann die Theorie ihn hier noch nicht explizit in Anspruch nehmen. Die »öffentliche Macht«, die sich nach Hegel in der Dialektik der bürgerlichen Gesellschaft selbst herstellt, versteht Hegel aber im späteren Verlauf der GPR wie selbstverständlich als Träger von Staatsfunktionen, was aber, wie angedeutet, nicht zwingend ist. So ist es wohl wieder Hegels selbstverständlicher »Etatismus« des Sittlichen, der auch hier Regie führt. Er kann wohl in der Theorie der bürgerlichen Gesellschaft den Staat so weit ausblenden, weil er sicher ist, daß sich die *»sittlichen Mächte«* (§ 145, GPR; 294) letztlich als Momente des Staates erweisen werden.

(d) Die Polizei

Die Rückführung des in der bürgerlichen Gesellschaft auseinandergetretenen »an sich seienden Allgemeinen« mit der »subjektiven Besonderheit« (§ 229, GPR; 381) durch die Rechtspflege ist unvollkommen, weil in ihr das Allgemeine nur als abstraktes Recht und das Besondere nur als Einzelfall darin vorkommen. Die Aufgaben von Polizei und Korporationen bestimmt Hegel als die einer näheren und konkreteren Bestimmung jener durch die Rechtspflege herbeigeführten Einheit (vgl. ebd.). Zunächst empfiehlt es sich, Polizei und Korporationen getrennt zu behandeln, um dann die Frage zu stellen, welche Gründe für ihre funktionale Parallelisierung sprechen.

Hegels Begriff der Polizei ist viel weiter als der uns vertraute, weil er der Polizei außerordentlich weitreichende Aufgaben stellt:

»Verwirklichung dieser Einheit [des Allgemeinen und Besonderen] in der Ausdehnung auf den ganzen Umfang der Besonderheit, zunächst als relativer Vereinigung« (§ 229, GPR; 381). Damit ist nichts anderes gesagt, als daß im Prinzip jede Angelegenheit in der bürgerlichen Gesellschaft Polizeisache sein kann. Seine Konzeption der Polizei, die vor dem Hintergrund des Polizeibegriffs des 18. Jahrhunderts zu sehen ist, stand im wesentlichen schon in der JPG fest: »Die Polizei kommt hier hinzu, von Politia [dt. Umschrift von *politeía*], das öffentliche Leben und Regieren, Handeln des Ganzen selbst – itzt herabgesetzt zum Handeln des Ganzen auf die öffentliche Sicherheit jeder Art.« (JPG_2, III; 248) Die Polizei umfaßt also die gesamte öffentliche Verwaltung, bezogen auf das Leben und Treiben der bürgerlichen Gesellschaft, und in diesem Sinne sind auch die »Polizeiwissenschaften« um 18. Jahrhundert als Vorformen unserer Verwaltungswissenschaften zu verstehen.[145] So sind die Aufgaben der Polizei als der »sichernden Macht des Allgemeinen« (§ 231, GPR; 382) nach Hegel vielfältig. Er nennt zunächst die Ordnungssicherung durch vorsorgliche Anordnungen und Verbote, um möglichen, unbeabsichtigten Schaden zu verhüten. Die sich darauf gründende »polizeiliche Strafgerechtigkeit« (§ 233, GPR; 383) würden wir heute als das Recht der Ordnungswidrigkeiten bezeichnen. Im § 234 warnt Hegel vor polizeilichem Perfektionismus, den er schon in der DS bei Fichte erschreckend am Werke sieht (vgl. 2, 84 f.). Ein Rechtsstaat kann kein Polizeistaat sein. – Was die §§ 235 und 236 (GPR; 384 f.) in ziemlich unübersichtlichen Formulierungen ansprechen, können wir wohl am besten unter allgemeiner Daseinsvorsorge, Gewerbe- und Marktaufsicht zusammenfassen. Zunächst ist von den allgemeinen Bedingungen die Rede, auf deren Erfülltsein sich jedes Individuum im Verfolgen seiner ökonomischen und rechtlichen Interessen verläßt; wir nennen das heute ›Infrastruktur‹. Hegel schließt nicht aus, daß »diese *allgemeinen Geschäfte* und *gemeinnützigen Veranstaltungen*« auch von Privathand wahrgenommen werden, aber er verlangt für sie »Aufsicht und Vorsorge der öffentlichen Macht« (§ 235, GPR; 384). In den Nachschriften wird Hegel konkreter: »Die polizeiliche Aufsicht und Vorsorge hat den Zweck, das Individuum mit der allgemeinen Möglichkeit zu vermitteln, die zur Erreichung der individuellen Zwecke vorhanden ist. Sie hat für

145 Vgl. Riedel (1969), in: Riedel II, 275.

Straßenbeleuchtung, Brückenbau, Taxation der täglichen Bedürfnisse sowie für die Gesundheit Sorge zu tragen.« (§ 236, GPR; 385) So ist die Polizei öffentliche Ordnungsmacht, die auch die Gewerbe- und Handelsfreiheit einschränken darf, aber – wie der § 236 A. ausführt – nur im Sinne ihrer Erhaltung durch »höhere Regulierung« (GPR; 385).

Die Polizei ist nach Hegel aber nicht nur die Agentur des allgemeinen Interesses, sondern sie dient auch dem Individuum, das nach der Auflösung der Familie als »*Sohn der bürgerlichen Gesellschaft*« Ansprüche ihr gegenüber geltend machen kann (§ 238, GPR; 386): »Die bürgerliche Gesellschaft ist ... die ungeheure Macht, die den Menschen an sich reißt, von ihm fordert, daß er für sie arbeite und daß er alles durch sie sei und vermittels ihrer tue. Soll der Mensch so ein Glied der bürgerlichen Gesellschaft sein, so hat er ebenso Rechte und Ansprüche an sie, wie er sie in der Familie hatte. Die bürgerliche Gesellschaft muß ihr Mitglied schützen, seine Rechte verteidigen, so wie der Einzelne den Rechten der bürgerlichen Gesellschaft verpflichtet ist.« (Ebd.) Die bürgerliche Gesellschaft hat ihre »Söhne« nicht nur im Hinblick auf ihr Recht zu schützen, sondern auch auf ihr »*Wohl*« hin, und Hegel betont, daß dieses »*besondere Wohl* als *Recht behandelt* und *verwirklicht* sei« (§ 230, GPR; 382). Es liegt nahe, daraus sozialstaatliche Konsequenzen abzuleiten, wie es Lorenz von Stein dann auch wirklich tat.[146] So versteht Hegel die Polizei als die dem Recht unterstehende öffentliche Macht, die das Recht und die Freiheit des Einzelnen auch noch in den Bereichen sichert, die die Rechtspflege nicht erreicht. »Polizeilich« sind nach Hegel auch die Durchsetzung und Beaufsichtigung öffentlicher Erziehung (§ 239, GPR; 386 f.), die Vormundschaft (§ 240, GPR; 387) sowie die Armenfürsorge (§ 241, GPR; 387 f.). Gerade sie nimmt Hegel zum erneuten Exempel seiner Moralitätskritik: Moral als Angelegenheit des »*Gemüts* und der *Liebe*« (§ 242, GPR; 388) ist ihm zufolge Anzeichen eines sittlichen Defizits, das möglichst durch öffentliche »Veranstaltung« zu schließen sei. Ein wahrhaft sittliches Ganzes, wie es freilich in der bürgerlichen Gesellschaft niemals ganz zu realisieren sein dürfte, machte solche Moralität entbehrlich (vgl. § 242 A., GPR; 388 f.).

Die berühmten §§ 243-249, von denen man sagen kann, sie haben Geschichte gemacht, eröffnen erst die ganze Breite der

146 Vgl. Böckenförde, 131 ff.

Aufgaben, die Hegel der Polizei zuweist, und man muß gleich hinzusetzen: als unlösbare (vgl. §§ 245 f., GPR; 390 f.). Schon im § 195 war davon die Rede gewesen, daß die Ausbildung des »*Luxus*« eine »ebenso unendliche Vermehrung der Abhängigkeit und Not« (GPR; 351) bedeutet. Die These vom notwendigen Zusammenhang von Luxus und Elend ist ein altes sozialkritisches Motiv, das Hegel z. B. bei Rousseau aufgenommen haben könnte: »Der Luxus, dem zuvorzukommen bei Menschen unmöglich ist, die auf eigene Bequemlichkeit oder die Achtung der andern begierig sind, vollendet bald das Übel, das die Gesellschaft begonnen hat. Unter dem Vorwand, man solle den Armen zu leben geben, welche Armen man nicht erst hätte schaffen sollen, läßt der Luxus alle übrigen verelenden und entvölkert früher oder später den Staat.«[147] So argumentiert Hegel mit Rousseau gegen das naive liberale Zutrauen in die Harmonie des allgemeinen Egoismus. Hegel erweist sich als ein scharfer Kritiker des ökonomischen Liberalismus, sofern jene Verfechter der Liberalität glauben, ohne ordnungspolitischen Rahmen und ohne Interventionen der »öffentlichen Macht« auskommen zu können. Trotz des tiefen Eindrucks, den die Rezeption der Nationalökonomie in seinem Denken hinterlassen hatte, war Hegel niemals davon zu überzeugen gewesen, die Kräfte des Marktes würden schon aus sich selbst das Allgemeine und Sittliche hervorbringen, und so ist die These, die wahre Sittlichkeit müsse sich letztlich negativ zum ökonomischen System verhalten, ein Leitmotiv seiner praktischen Philosophie seit den WBN. Diese Kritik am ökonomischen Liberalismus kann aber nicht als traditionalistisch oder gar reaktionär abgetan werden, denn Hegel nahm wahr, daß nach Adam Smith, der den Harmonismus noch ganz ungebrochen sah, bei den späteren liberalen Ökonomen selbst sich ein Bewußtsein des Krisenpotentials ausbildete, das die reine Marktökonomie in sich birgt – vor allem bei Ricardo, den Hegel im § 189 zitiert (vgl. GPR; 347). Auch Marx hat anerkannt, daß der »antagonistische Charakter der kapitalistischen Akkumulation«, der auf eine »der Akkumulation von Kapital entsprechende Akkumulation von Elend« hinausläuft, »in verschiedenen Formen von politischen Ökonomen ausgesprochen« wurde, wobei wieder vor allem Ricardo gemeint ist.[148]

147 Rousseau, 121.
148 Vgl. Marx, *Kapital* I, 680 f.; über Ricardo auch in *Mehrwert* II, 553 ff.

Was Hegel als eifriger Zeitungsleser vor allem an England beobachtete, brauchte er freilich nicht erst in Büchern zu lernen: das Ausmaß und die Dramatik dessen, was das 19. Jahrhundert die »soziale Frage« nannte – die Pauperisierung und Proletarisierung breiter Bevölkerungsteile im Zuge der Industrialisierung. Was seit Rousseau viele Zeitgenossen kritisch beschrieben, versuchte Hegel zu erklären, und so kann man in der GPR von dem Versuch einer Akkumulations- und Verelendungstheorie sprechen, die erst Marx ganz ausformulierte – zuerst in den *Pariser Manuskripten*;[149] dabei kann als sicher gelten, daß Marx erst durch die GPR mit der Gleichung »Akkumulation von Reichtum = Verelendung« vertraut gemacht wurde. Hegel demonstriert zwar, daß sein Zutrauen in das »Versöhnende« der klassischen Ökonomie (vgl. § 189, GPR; 346 f.) Grenzen hat; eine systematische Erklärung des Phänomens »Akkumulation = Verelendung« vermochte er aber nicht zu geben. Der § 243 führt die »*Anhäufung der Reichtümer*« im Zuge der bevölkerungsmäßig und industriell expandierenden bürgerlichen Gesellschaft auf eine »gedoppelte Allgemeinheit« zurück: auf die »*Verallgemeinerung* des Zusammenhangs der Menschen durch ihre Bedürfnisse« und auf die Verallgemeinerung »der Weisen, die Mittel für diese zu bereiten und herbeizubringen« (GPR; 389). Man könnte von Expansion und Homogenisierung der ökonomischen Abhängigkeit der Menschen voneinander sowie der Produktionsweisen im Zuge der Industrialisierung sprechen. Was Hegel nicht erklärt, ist, warum aus dieser »gedoppelten Allgemeinheit« der »größte Gewinn« gezogen wird, denn man könnte ja auch annehmen, daß die Industrialisierung die Anzahl der »modernen« Produzenten mindestens proportional zum allgemeinen Wachstum ansteigen läßt, so daß immer mehr Menschen an jenem »größten Gewinn« teilhaben. Die Pauperisierung hingegen führt Hegel zurück auf die »*Vereinzelung* und *Beschränktheit* der besonderen Arbeit«, die durch die Arbeitsteilung (vgl. § 198, GPR; 352f.) bedingt sei und die »die *Abhängigkeit* und *Not* der an diese Arbeit gebundenen Klasse« (§ 243, GPR; 389) zur Folge habe. So bringt Hegel die ökonomische Situation der Arbeiter unmittelbar mit der Art ihrer Arbeit in Zusammenhang, die Marx später »entfremdete Arbeit« nennen sollte. Dieser Zusammenhang wäre freilich ökonomisch erst in einer Theorie verständlich, die zeigt, daß

149 Vgl. Marx, L, 257ff.

die sich entfaltende kapitalistisch-industrielle Produktionsweise die Reallöhne notwendig sinken läßt, und die Marx schließlich geliefert zu haben glaubte. Auch der junge Marx argumentiert an dieser Stelle noch mit der »Entfremdung« und damit eher philosophisch als ökonomisch. Eine im engeren Sinne ökonomische Akkumulations- und Verelendungstheorie findet sich bei Marx erst im Umkreis des *Kapital*.[150]

Das sozialtheoretisch wichtigste Resultat dieser Passagen der GPR ist Hegels Begriff des »*Pöbels*« (§ 244, GPR; 389). Der »*Pöbel*« – wortgeschichtlich eine neuhochdeutsche, schon bei Luther gebräuchliche Ableitung von lat. *populus* (vgl. frz. *peuple*, engl. *people*) –, das sind nicht einfach die Armen, sondern die Armen, gekennzeichnet durch die »Unfähigkeit der Empfindung und des Genusses der weiteren Freiheiten und besonders der geistigen Vorteile der bürgerlichen Gesellschaft« (§ 243, GPR; 389). »Die Armut an sich macht keinen zum Pöbel: dieser wird erst bestimmt durch die mit der Armut sich verknüpfende Gesinnung, durch die innere Empörung gegen die Reichen, gegen die Gesellschaft, die Regierung usw. Ferner ist damit verbunden, daß der Mensch, der auf die Zufälligkeit angewiesen ist, leichtsinnig und arbeitsscheu wird, wie z. B. die Lazzaronis in Neapel. Somit entsteht im Pöbel das Böse, daß er die Ehre nicht hat, seine Subsistenz durch seine Arbeit zu finden, und doch seine Subsistenz zu finden als sein Recht anspricht. Gegen die Natur kann kein Mensch ein Recht behaupten, aber im Zustande der Gesellschaft gewinnt der Mangel sogleich die Form eines Unrechts, was dieser oder jener Klasse angetan wird. Die wichtige Frage, wie der Armut abzuhelfen sei, ist eine vorzüglich die modernen Gesellschaften bewegende und quälende.« (§ 244, GPR; 389 f.) Die »soziale Frage« besteht also nicht einfach in der Armut, sondern in der spezifischen, durch das bürgerliche »System der Bedürfnisse« ständig und anwachsend produzierten Armut, die als nicht natürliche, sondern systembedingte diesem System angelastet werden kann und deswegen die sozialpsychologischen Folgen zeitigt, die die Armen früherer Zeiten vom modernen »*Pöbel*« unterscheidet. Der »*Pöbel*« ist bei Hegel der existierende Widerspruch, zur bürgerlichen Gesellschaft zu gehören und zugleich von ihr ausgestoßen zu sein – ihren Anforderungen zu unterstehen und zugleich durch sie selbst jeder Chance beraubt zu sein, ihnen zu

150 Vgl. Marx, *Kapital* I, Kap. 23 f., 645 ff.

genügen. Es fällt schwer, hier nicht an die moderne Massenarbeitslosigkeit zu denken. Der »*Pöbel*« sprengt im übrigen das ständische Modell der GPR; denn er ist in Wahrheit der Stand der Standlosen, der aus den Ständen Herausgefallenen und nicht mehr in sie Integrierbaren; so erscheint er als Bedrohung nicht nur der »modernen Gesellschaften«, sondern auch des Gesamtkonzepts der Hegelschen praktischen Philosophie mit ihrem Versuch, die moderne Welt trotz aller Widersprüche als vernünftige und sittliche zu erkennen. So ist »*Pöbel*« in Hegels Begriffsprägung nichts anderes als das Proletariat; schon für den frühen, vorökonomischen Marx ist »Proletariat« der Begriff »einer Klasse mit radikalen Ketten, einer Klasse der bürgerlichen Gesellschaft, welche keine Klasse der bürgerlichen Gesellschaft ist, eines Standes, welcher die Auflösung aller Stände ist ... die Auflösung der Gesellschaft als ein besonderer Stand.«[151] Der einzige Unterschied zwischen Hegel und Marx ist hier nur, daß Hegel trotz der Existenz des »*Pöbels*« an seinem Ständekonzept glaubt festhalten zu können, während für Marx das Proletariat die existierende Widerlegung dieses Konzepts verkörpert; es ist für ihn sozialgeschichtlich überholt.

Über die Lösung des Problems des »*Pöbels*« macht sich Hegel keine Illusionen, ja er beweist ihre Unmöglichkeit: »Es kommt hierin zum Vorschein, daß bei dem *Übermaße des Reichtums* die bürgerliche Gesellschaft *nicht reich genug* ist, d. h. an dem ihr eigentümlichen Vermögen nicht genug besitzt, dem Übermaße der Armut und der Erzeugung des Pöbels zu steuern.« (§ 245, GPR; 390) Die Eigentümlichkeit ihres Vermögens läßt es auf der einen Seite nicht zu, die Armen ohne Arbeit zu unterhalten, denn sie müßten als Konsumenten produktiv sein; zugleich aber würden sie, ließe man sie ungehindert produzieren, den Trend zu ihrer eigenen Abschaffung als konsumierende Produzenten nur verstärken. England bietet nach Hegel das Anschauungsmaterial. Einen anderen Ausweg als den »öffentlichen Bettel« (§ 245 A., GPR; 391) und die Auswanderung in Kolonien (vgl. §§ 246-248), von der man eine Restabilisierung der Stände mit positiven Rückwirkungen auf das Mutterland erwarten kann, hat auch Hegel nicht anzubieten. Wenn Hegel die »Vorsorge für die Interessen«, »die über diese Gesellschaft hinausführen« (§ 249, GPR; 393), der Polizei zuweist, meint er zunächst die polizeiliche Lösung des Problems des »*Pö-*

151 Marx, L, 222 f.

bels«, zu der Hegel nicht viel mehr zu sagen hat, als daß sie wohl in der Organisation einer geregelten Auswanderung der ökonomisch überzähligen Bevölkerung in Kolonien (vgl. § 248, GPR; 392) besteht. Wenn es in den Nachschriften heißt: »Die bürgerliche Gesellschaft wird dazu getrieben, Kolonien anzulegen« (ebd.), so mag man dies als eine Vorform der Leninschen Imperialismustheorie ansehen; Hegel hat aber primär die altgriechischen Kolonien im Auge, und in dieser Perspektive beurteilt er die neuzeitlichen englischen und spanischen Kolonien (vgl. § 248, GPR; 392 f.). Hellsichtig ist der Satz: »Die Befreiung der Kolonien erweist sich selbst als der größte Vorteil für den Mutterstaat, so wie die Freilassung der Sklaven als der größte Vorteil für den Herrn« (§ 248; GPR; 393). Die amerikanischen Unionisten im Bürgerkrieg der 60er Jahre waren aber keine Hegelianer.

Gleichwohl ist nicht zu übersehen, daß Hegels Satz »Durch diese ihre Dialektik wird die bürgerliche Gesellschaft über sich hinausgetrieben« (§ 246, GPR; 391) mehr meint als bloß quantitative Expansion in angeblich leere geographische Räume; der Nachsatz »zunächst *diese bestimmte* Gesellschaft ...« (ebd.) legt die Deutung nahe, daß Hegel auch eine qualitative Veränderung der bürgerlichen Gesellschaft im Sinne eines dialektischen Sprungs ins Auge faßt. Man muß dies nicht, wie manche marxistischen Exegeten, als Vorahnung einer nicht mehr bürgerlichen, sondern menschlichen, durch das Proletariat heraufzuführenden Gesellschaft nach Marxschem Muster verstehen,[152] sondern auch als Konzept einer durch die Polizei zu leistenden Verstaatlichung der bürgerlichen Gesellschaft, wobei deren qualitative Veränderung durch ständige staatliche und dann auch gesetzlich auf Dauer gestellte Interventionen in das »System der Bedürfnisse« herbeigeführt wäre. Wie schon angedeutet, liegt der moderne Sozialstaat in der Verlängerung dieser Überlegung. Hegels Staat ist freilich noch kein Sozialstaat und erst recht kein Wohlfahrtsstaat,[153] und vom ökonomischen, d. h. als »öffentliche Hand« in das Marktgeschehen intervenierenden Staat ist ebenfalls noch keine Rede, aber das alles könnte durchaus mit dem gemeint sein, wohin die bürgerliche Gesellschaft nach Hegel »durch diese ihre Dialektik ... über sich hinausgetrieben« (§ 246, GPR; 391) wird.

152 Vgl. Marx, L, 223 f.
153 Vgl. dazu Hösle (1988), 553.

(e) Die Korporation

Der § 229 bestimmt die Verwirklichung der Einheit von Allgemeinem und Besonderem »in beschränkter, aber konkreter Totalität« (GPR; 381) als die Aufgabe der Korporation, und Hegel ordnet sie vor allem dem Stand des Gewerbes zu, wo sich diese Aufgabe besonders dringlich stellt, weil dieser Stand »auf das *Besondere* wesentlich gerichtet« (§ 250, GPR; 393) ist. Die Korporation gründet sich auf das jeweils Gemeinsame der in der bürgerlichen Gesellschaft gewerblich Tätigen, und man kann sie im Anschluß an § 251 als Berufszweige-Genossenschaft oder als Berufsverband verstehen. Die Korporation vermag nach Hegel »unter der Aufsicht der öffentlichen Macht« (§ 252, GPR; 394) sich selbst zu verwalten und ihre eigenen Regeln und Satzungen zu entwickeln, was die Qualifikation zur Mitgliedschaft betrifft – hier kann man z. B. an Innungen denken –, und Hegel weist ihr überdies die Aufgabe zu, für ihre einzelnen Mitglieder im Notfall als »*zweite* Familie« (ebd.) einzutreten, wobei berufsständische Hilfsdienste, Berufskrankenkassen etc. denkbar sind. Wichtig ist Hegel auch die Restitution der »Standesehre« (§ 253, GPR; 395), die durch die Korporation geleistet wird, und zwar genau auf dem Feld, das auf den ersten Blick vollständig vom Prinzip der individuellen Selbstsucht bestimmt zu sein scheint (vgl. § 253 A., GPR; 395 f.). Damit ist zugleich deutlich, daß Hegel mit der Korporation nicht die alten Zünfte im Sinn hat, obwohl er sie auch ›Korporation‹ nennt (vgl. § 245 A., GPR; 390 f. und § 255, GPR; 396), denn die sind aufgehoben. Die Korporation ist dagegen »zweite Zunft« – in Analogie zur »zweiten Natur«: Hegel hält sie für eine Gestalt der immanenten Wiederkehr konkreter Sittlichkeit auf dem Felde ihres notwendigen Verlustes, d. h. im Bereich der bürgerlichen Gesellschaft selber. So faßt er die Korporation als die »zweite, ... in der bürgerlichen Gesellschaft gegründete *sittliche* Wurzel des Staats« (§ 255, GPR; 396) auf; in ihr soll die Entzweiung der »*in sich reflektierten* Besonderheit des Bedürfnisses und Genusses« und der »*abstrakten* rechtlichen Allgemeinheit« (ebd.) überwunden sein. Im Unterschied zur Familie machen Recht und Wohl nicht mehr nur eine substantielle, sondern in sich reflektierte, d. h. aus der Entzweiung der bürgerlichen Gesellschaft sich regenerierende Einheit aus. Wenn es heißt: »Heiligkeit der Ehe und die Ehre in der Korporation sind die zwei Momente, um welche sich die Desorganisation der bürgerlichen Gesellschaft dreht« (§ 255 A., GPR; 396), so meint er damit nicht das, worum es in dieser »Desorganisation« geht, sondern den Dreh- und Angelpunkt, um den sie sich zum Besseren, d. h. zur Reorganisation wendet.

Der Text einer Nachschrift zeigt in Umrissen, was Hegel konkret meint, wenn er die Korporation als die »zweite ... *sittliche* Wurzel des Staats« (ebd.) bezeichnet: »In unseren modernen Staaten haben die Bürger nur beschränkten Anteil an den allgemeinen Geschäften des Staates; es ist daher notwendig, dem sittlichen Menschen außer seinem Privatzwecke eine allgemeine Tätigkeit zu gewähren. Dieses Allgemeine, das ihm der moderne Staat nicht immer reicht, findet er in der Korporation. Wir sahen früher, daß das Individuum, für sich in der bürgerlichen Gesellschaft sorgend, auch für andere handelt. Aber diese bewußtlose Notwendigkeit ist nicht genug: zu einer gewußten und denkenden Sittlichkeit wird sie erst in der Korporation. Freilich muß über dieser die höhere Aufsicht des Staates sein, weil sie sonst verknöchern, sich in sich verhausen und zu einem elenden Zunftwesen herabsinken würde. Aber an und für sich ist die Korporation keine geschlossene Zunft: sie ist vielmehr die Versittlichung des einzelnstehenden Gewerbes und sein Hinaufnehmen in einen Kreis, in dem es Stärke und Ehre gewinnt.« (§ 255, GPR; 396 f.) Bemerkenswert ist hier, daß Hegel das Korporationswesen als funktionalen Ersatz für die politische Partizipation des Bürgertums – d. h. des Handels- und Gewerbestandes – an den Staatsgeschäften auffaßt; wenn es für diese Klasse schon keine politische Sittlichkeit gibt, dann muß es eben die korporative Sittlichkeit als zweitbeste tun. Zugleich aber sieht Hegel eine indirekte Mitwirkung der Korporationen am Staat durch das »*ständische* Element« (§ 300, GPR; 468) in der gesetzgebenden Gewalt vor (vgl. §§ 301 ff.). Nimmt man beides zusammen, so kann man sagen: Die Korporation ist Hegels Lösung des Problems der Vermittlung zwischen dem *citoyen* und dem *bourgeois*. In ihr soll immanent die *citoyen*-Sittlichkeit am Orte des *bourgeois* aufscheinen und umgekehrt durch sie der *bourgeois* seinen Platz im *citoyen*-Staat finden. In unserem Staat wird dies durch die repräsentative Parteiendemokratie geleistet – der Idee nach unabhängig und quer zu allen berufsständischen Organisationen. Sieht man einmal von der Frage ab, in welchem Maße diese Organisationen der Hegelschen Korporation gleichen, so muß man sagen, daß die Verfassungsgeschichte über die Figur der berufsständischen Repräsentation des Mittelstandes in der Politik hinweggegangen ist, auch wenn der »Ständestaat« gerade in Deutschland und im Anschluß an Hegel immer wieder Befürworter fand.[154]

Blickt man in der Perspektive der Korporation noch einmal auf die Polizei zurück, so fällt es schwer zu verstehen, warum Hegel beides in einem Kapitel abhandelt. Funktional gesehen ist die Polizei *»eine äußere Ordnung und Veranstaltung«* (§ 249, GPR; 393), d. h. neben der Rechtspflege die vollkommenste institutionelle Gestalt des *»äußeren Staat[s], – Not-* und *Verstandesstaat[s]«* (§ 183, GPR; 340) oder des Staats der rechtsstaatlich geregelten polizeilichen Funktionen, der deswegen kein »Polizeistaat« ist. Diesen Staat – bei Hegel ergänzt um eine Reihe von öffentlichen Verwaltungs- und Vorsorgeaufgaben – bevorzugen die Liberalen als »Nachtwächter-« oder »Minimalstaat«,[155] und wie schon erwähnt, wären fast alle diese Polizeifunktionen auch als nichtstaatliche denkbar. Die Rückkehr des Sittlichen »als ein Immanentes in die bürgerliche Gesellschaft« (§ 249, GPR; 393) weist Hegel ausschließlich der Korporation zu, wodurch sie neben der Familie als »zweite ... *sittliche* Wurzel des Staates« (§ 255, GPR; 396) erscheint. Daraus ergibt sich, daß die Korporation in Hegels Konstruktion die Beweislast eines immanenten Übergangs oder Rückgangs der bürgerlichen Gesellschaft in den Staat allein zu tragen hat, und das bedeutet, daß das Ganze dieses Übergangs auf ziemlich schwachen Füßen steht, denn man muß doch fragen, wie groß die »versittlichende« Kraft berufsständischer Organisationen wirklich ist.[156] Auch die nach Hegel andere »sittliche Wurzel« des Staates, die Familie, eignet sich nach seinen eigenen Prämissen nur sehr wenig als Fundament einer aus der bürgerlichen Gesellschaft sich immanent regenerierenden Sittlichkeit, denn es ist doch gerade deren Auflösung, durch die sich die bürgerliche Gesellschaft ständig reproduziert, und wenn auch Familien immer neu gegründet werden – wie realistisch ist es anzunehmen, sie entstehe immer wieder neu in natürlich-sittlicher Unschuld? Da also mit entsittlichenden Rückwirkungen der bürgerlichen Gesellschaft auf die Familie zu rechnen ist, so bedarf sie des staatlichen Schutzes, wie alle Familienpolitiker seit über hundert Jahren beteuern, und

154 Zum Korporatismus vgl. HWP, Bd. 4, Sp. 1136ff.
155 Vgl. Nozick.
156 Vgl. dazu Jermann, 177.

deswegen ist sie selbst wenig dazu geeignet, ihrerseits die staatliche Sittlichkeit zu begründen und zu sichern.

(f) Übergang

»Was Hegel mit der ›bürgerlichen‹ Gesellschaft in das Bewußtsein erhob, war nichts Geringeres als das Resultat der modernen Revolution: die Entstehung einer entpolitisierten Gesellschaft durch die Zentralisierung der Politik im fürstlichen bzw. revolutionären Staat und die Verlagerung ihres Schwerpunktes auf die Ökonomie, die eben zur selben Zeit diese Gesellschaft mit der industriellen Revolution, in der ›Staats‹- bzw. ›National-Ökonomie‹ erfuhr.«[157] Es ist Hegels philosophisches Programm, dieses soziale Ergebnis der neuesten Geschichte in »Gedanken zu fassen« (vgl. Vorrede, GPR; 26) oder auf den Begriff zu bringen, und dies bedeutet, es mit seinem philosophischen Begriff der Sittlichkeit als vereinbar zu erweisen. Für Hegel sind ökonomisch erzwungene Bildung, Verrechtlichung der Eigentumsbeziehungen, Entstehung von sozialem Regelungsbedarf und dessen Erfüllung, Bündelung von Interessen in der Korporation samt allen dies begleitenden Bewußtseinsveränderungen Anzeichen einer sich wirklich ereignenden Versittlichung der auf den ersten Blick entsittlichten sozialen Welt, wobei er unter ›Versittlichung‹ die Durchsetzung der konkreten Einheit von Allgemeinem und Besonderem versteht. Man darf nicht übersehen, wie funktional, ja wertfrei hier der Begriff des Sittlichen zu nehmen ist; die Wert-, Güter- und Nutzenethiker müßten ihn ebenso unter einen Formalismusvorwurf stellen, wie Hegel dies mit Kants Konzept tat. Zudem denkt Hegel die Versittlichung zugleich als »Verstaatlichung«, d. h. als Durchsetzung von allgemeinen Staatsfunktionen auf der Ebene des bürgerlichen Individualismus: Bildung, Rechtspflege, polizeiliche Intervention, Akzeptanz der sozialen als politische Stände usf. Es fragt sich dann, wie sich gesellschaftliche Versittlichung und Verstaatlichung wirklich zueinander verhalten. Um es zu wiederholen: daß Hegel Staatsfunktionen als gesellschaftlich notwendig aus der bürgerlichen Gesellschaft ableitet, bringt ihn in die Nähe zu Marx und zur historisch-materialistischen Staatstheorie. Der Hegelsche Primat des Staates als des Grundes, des »Ersten« (§ 256, GPR; 398),

157 Riedel (1969), in: Riedel II, 263.

und des Substrats von Familie und bürgerlicher Gesellschaft hat wenig mehr für sich als die Logik seiner Dialektik (vgl. § 256 A., GPR; 397 f.). Wenn Marx recht hat, d. h., wenn der Staat Hegels der bürgerliche Staat oder der Staat der bürgerlichen Gesellschaft ist – und nicht umgekehrt die bürgerliche Gesellschaft bloß die soziale Erscheinungsweise des wahren, vernünftigen Staats[158] –, dann wird er wenig geeignet sein zur Bändigung der sozialen Sprengkräfte der bürgerlichen Gesellschaft selber, in deren kritischer Einschätzung Hegel und Marx fast völlig übereinstimmen. Die Geschichte hat den revolutionären Hoffnungen, die Marx mit seiner Staatstheorie verband, nicht recht gegeben. Umgekehrt muß man aber auch zugeben, daß es nicht der Hegelsche monarchische Ständestaat war, der die bürgerliche Marktökonomie sozial zähmte, sondern dies war nur im Verbund staatlicher und gesellschaftlicher Anstrengungen möglich.

IV. 10 Sittlichkeit IV: Der Staat

Der mit 103 Paragraphen umfangreichste Abschnitt der GPR wurde von Hegel als Höhepunkt des Gesamtwerks verstanden und dementsprechend inszeniert. Hier laufen alle Fäden zusammen. Familie und bürgerliche Gesellschaft, substantielle und subjektive Sittlichkeit sollen im Staat ihre konkrete Einheit gefunden haben, die sich dadurch zugleich als deren Grund und damit als die wahre Grundlage von Recht, Moralität und Sittlichkeit erwiesen haben. Darum sind Sittlichkeit und Staatlichkeit im Ergebnis identisch, und das höchste Ethos ist die *»politische Tugend«* (§ 257 A., GPR; 398). Ferner versteht sich diese Staatslehre als die Erfüllung dessen, was Platon und Aristoteles, aber auch Rousseau, Kant und Fichte mit ihrer politischen Philosophie ins Auge gefaßt hatten. Hegel indes beansprucht nicht weniger als die volle Einlösung der Idee der Sittlichkeit unter den Bedingungen der Neuzeit. Zugleich ist dieser Abschnitt aber auch der gefährdetste, weil er sich unmittelbar zu den Institutionen der politischen Macht in Beziehung setzt, und so ist es auch nicht erstaunlich, daß vor allem er es war, der die Kontroversen auf sich zog.[159] Schließlich ist dieser Ab-

158 Vgl. Marx, L, 20ff.
159 Vgl. dazu Abschnitt I. 4.

schnitt auch der zeitnächste, und er enthält deswegen sehr vieles, worüber die Zeit, die Hegel »in Gedanken« zu »erfassen« unternommen hatte, am schnellsten hinwegging. Darum ist es sinnvoll, die Kommentierung auf einige »Grundlinien« dieser Staatslehre zu beschränken. Ihr Zweck ist erreicht, wenn Hegels Staatsidee als eine Variante moderner Staatskonzeptionen deutlich hervortritt.

(a) Der Begriff des Staates

Hegel behandelt nicht einen bestimmten Staat, sondern die Idee des Staates. In Variation des § 1 der GPR kann man Hegels Intention so formulieren: »Die philosophische Staatswissenschaft hat die Idee des Staates, den Begriff des Staates und dessen Verwirklichung zum Gegenstande.« »Idee des Staates« – dies ist somit weder im Platonischen Sinne eines bloß gedachten noch im Kantischen Sinne eines moralisch gesollten Staates zu verstehen, sondern im Sinne der »Wirklichkeit der sittlichen Idee« (§ 257, GPR; 398), und dies bedeutet im Einklang mit der ›Vorrede‹: Der bloß gedachte oder gesollte vernünftige Staat ist wirklich, und der wirkliche Staat ist die Wirklichkeit des vernünftig gedachten und gesollten Staates. So hält sich Hegels Staatslehre im prekären Zwischenreich auf zwischen »dem« Staat und den Staaten, d.h. zwischen einer notwendig abstrakten Erörterung der Prinzipien, die »den« Staat ausmachen, und der Beschreibung »real existierender« Staaten – etwa im Sinn der umfangreichen aristotelischen Sammlung von Verfassungen. Auf der einen Seite also soll eine Staatsstruktur hervortreten, die wenigstens in Umrissen in den modernen Staaten verwirklicht ist und darum keine »bloße« Idee ist, andererseits muß die Staatsphilosophie mehr sein als eine historische Staatskunde. Wie diese Abgrenzungen zu ziehen sind, erläutert ein Zusatztext zum § 259: »Der Staat als wirklich ist wesentlich individueller Staat und weiter hinaus noch besonderer Staat. Die Individualität ist von der Besonderheit zu unterscheiden: sie ist Moment der Idee des Staates selbst, während die Besonderheit der Geschichte angehört.« (§ 259, GPR; 405) Hegel begnügt sich hier mit der Individualität als »Moment der Idee des Staates selbst«, von der nicht mehr zu sagen ist, als daß sie die innere Struktur des Staates als eines sich von anderen zugleich unterscheidenden, »sich auf sich beziehenden Organismus« (§ 259, GPR; 404) betrifft. Die Besonderheit hingegen betrifft die historischen Zufälligkeiten und Randbedingungen der Existenz dieses

Organismus. So kann Hegel ohne Selbstwiderspruch die konkrete Individualität samt ihren jeweiligen, die Theorie aber nicht interessierenden Besonderheiten als allgemeine Bestimmung »des« Staates festhalten. Im übrigen läßt Hegel keinen Zweifel daran, daß es sich dabei um den modernen Staat handelt.[160]

In diesem Sinne ist auch die Rhetorik des Absoluten zu verstehen und zu beurteilen, die die §§ 257-259 bestimmt. Der gängige Vorwurf der »Staatsvergötzung« hat sich freilich an dem erst nach Hegels Tod in der 2. Auflage der GPR veröffentlichten Zusatz zum § 258 entzündet, der seitdem unablässig zitiert wurde; der eigentliche Haupttext hätte jenem Vorwurf kaum Anlaß geboten. Der Zusatztext lautet: »Der Staat an und für sich ist das sittliche Ganze, die Verwirklichung der Freiheit, und es ist absoluter Zweck der Vernunft, daß die Freiheit wirklich sei. Der Staat ist der Geist, der in der Welt steht und sich in derselben mit *Bewußtsein* realisiert, während er sich in der Natur nur als das Andere seiner, als schlafender Geist verwirklicht. Nur als im Bewußtsein vorhanden, sich selbst als existierender Gegenstand wissend, ist er der Staat. Bei der Freiheit muß man nicht von der Einzelheit, vom einzelnen Selbstbewußtsein ausgehen, sondern nur vom Wesen des Selbstbewußtseins, denn der Mensch mag es wissen oder nicht, dies Wesen realisiert sich als selbständige Gewalt, in der die einzelnen Individuen nur Momente sind: es ist der Gang Gottes in der Welt, daß der Staat ist, sein Grund ist die Gewalt der sich als Wille verwirklichenden Vernunft. Bei der Idee des Staats muß man nicht besondere Staaten vor Augen haben, nicht besondere Institutionen, man muß vielmehr die Idee, diesen wirklichen Gott, für sich betrachten. Jeder Staat, man mag ihn auch nach den Grundsätzen, die man hat, für schlecht erklären, man mag diese oder jene Mangelhaftigkeit daran erkennen, hat immer, wenn er namentlich zu den ausgebildeten unserer Zeit gehört, die wesentlichen Momente seiner Existenz in sich. Weil es aber leichter ist, Mängel aufzufinden, als das Affirmative zu begreifen, verfällt man leicht in den Fehler, über einzelne Seiten den inwendigen Organismus des Staates selbst zu vergessen. Der Staat ist kein Kunstwerk, er steht in der Welt, somit in der Sphäre der Willkür, des Zufalls und des Irrtums; übles Benehmen kann ihn nach vielen Seiten defigurieren. Aber der häßlichste Mensch, der Verbrecher, ein Kranker und Krüppel ist

160 Vgl. Abschnitt IV. 10 (e).

immer noch ein lebender Mensch; das Affirmative, das Leben, besteht trotz des Mangels, und um dieses Affirmative ist es hier zu tun.« (§ 258 Z.; GPR; 403 f.) Während der erste Satz noch ganz in Übereinstimmung mit Kant und Fichte bleibt, bestehen die beiden folgenden Sätze darauf, daß es sich bei der Verwirklichung der Freiheit im Staat nicht um eine »bloße« Idee oder um ein Sollen handelt, sondern um Wirklichkeit. Einsichtig ist dies Hegel zufolge freilich nur, wenn man nicht beim subjektiven Freiheitsbegriff stehenbleibt, sondern vom »Wesen« der Freiheit ausgeht, d. h. in der Terminologie der GPR: von der Objektivität, der Substantialität und Subjektivität der Freiheit umfassenden Einheit des Geistes. Von dieser überindividuellen, »selbständige(n) Gewalt, in der die einzelnen Individuen nur Momente sind«, sagt Hegel: »... es ist der Gang Gottes in der Welt, daß der Staat ist.« Also nicht der Staat ist der »Gang Gottes in der Welt«, sondern »die Gewalt der sich als Wille verwirklichenden Vernunft«, die sich im Staat verwirklicht, ist »der Gang Gottes in der Welt«.

Daß man in der Geschichte, die Hegel wesentlich als Staatengeschichte begreift, das Wirken Gottes zu erkennen vermöchte, ist ein frommer Gemeinplatz, der sich noch in den Katechismen unseres Jahrhunderts findet und den Hegel in seiner Philosophie ausdrücklich als solchen zu rechtfertigen unternimmt (vgl. VDW 12, 28 und 540). Wenn dann der Staat als »wirklicher Gott« bezeichnet wird, so ist dies – wie oben ausgeführt – auf die »Idee des Staats« zu beziehen, bei der man eben »nicht besondere Staaten vor Augen haben« darf, »nicht besondere Institutionen«. Der Rest des Textes bezeichnet dann näher diese Idee als das »Affirmative« eines jeden besonderen Staates, unabhängig von allen Mängeln, die er haben mag. Auf diese Weise bestätigt auch diese Stelle, daß Hegel eine Differenz durchzuhalten vermag zwischen der in sich konkreten, d. h. in sich und gegen andere individualisierten Idee des Staates und den besonderen historischen Staaten, von deren »Vergötzung« bei Hegel wirklich keine Rede sein kann. Die Formulierungen »wirklicher Gott« und »Der Staat ist kein Kunstwerk« sind als Abgrenzungen zu Hobbes zu lesen, der den Staat als »*Mortall God* (sterblichen Gott)«[161] und als »*Artificiall Man* (künstlichen Menschen)«[162] bezeichnet hatte. Obwohl nach Hegel die Staaten

161 Lev., Chap. XVII, 227.
162 Introd., 81.

durchaus sterblich sind, sind sie doch nicht »künstlich«, d. h. keine Artefakte, und genau deswegen sind alle historischen Staaten unvollkommen.

(b) Die begriffliche Struktur des Staates

Bei der Lektüre der §§ 257-259 empfiehlt es sich, auf die §§ 29 und 30 sowie auf die Übersichten in den §§ 33 und 157 zurückzugreifen. Insgesamt gesehen steht Hegels Staatsbegriff im Fadenkreuz zweier Oppositionen, deren Einheit er zu sein beansprucht: Substantialität und Subjektivität sowie Vernünftigkeit und Wirklichkeit des Sittlichen. Das erste Begriffspaar hat seinen systematischen Ort in der Lehre vom Begriff der WL. Diese »Begriffslogik« zeichnet somit die Binnengliederung des Staates vor, die Hegel in seiner eigentlichen Verfassungslehre darlegt, und ist so das Kriterium der Vernünftigkeit des Staates. – Die konkrete Einheit von Substantialität und Subjektivität des Sittlichen ist nun nichts anderes als die Idee des Sittlichen. Von hier aus gesehen könnte die Formulierung, der Staat sei »die Wirklichkeit der sittlichen Idee« (§ 257, GPR; 398), wie ein Pleonasmus erscheinen, denn »Idee« meint doch schon die Einheit von Begriff und Wirklichkeit. In Wahrheit jedoch hatte das Kapitel »Die Sittlichkeit« den bloßen Begriff dieser Idee zum Ausgangspunkt, deren Wirklichkeit nun erreicht sein soll. Die Substantialität der Sittlichkeit findet sich so zunächst in der Familie, die durch ihre Auflösung die Subjektivität aus sich entläßt. Dadurch aber verschwindet dieses Moment aber nicht aus dem Sittlichen, sondern stellt sich auf dem Felde der Subjektivität und durch deren freies Spiel in der bürgerlichen Gesellschaft hindurch als Merkmal der staatlichen Institutionen wieder her (vgl. § 262, GPR; 410). So wie die Korporationen »*zweite* Familie« (§ 252, GPR; 394) sind, repräsentieren diese Institutionen die sittliche Substanz in neuer und höherer Gestalt. Die Subjektivität des Sittlichen hingegen umfaßt das abstrakte Recht und das Wohl der Individuen, aber auch deren sittliche Gesinnung, die Hegel zufolge wegen des Formalismus der Moralität letztlich nur als politische Tugend im Sinne einer staatszentrierten Institutionenethik einen konkreten Inhalt gewinnen kann. Wichtig ist dabei, daß Hegel die subjektive Sittlichkeit immer im Gleichgewicht zwischen Rechten und Pflichten zu halten versucht, denn dieses Gleichgewicht ist ihm zufolge ja nichts anderes als die subjektive Einheit der substantiellen und subjektiven Freiheit, hinter der das »Privatrechtliche« und das »Moralische« notwendig zurückbleiben (vgl. § 261 und A., GPR; 408). Es gibt also keine höheren als die politischen Rechte und Pflichten.

Hegel zufolge ist der Staat als »Wirklichkeit der sittlichen Idee« (§ 257, GPR; 398) ein Resultat. Hatte der § 1 ganz allgemein die Wirklichkeit des Rechts als das Ergebnis der eigenen Verwirklichung des Begriffs des Rechts bestimmt, so muß man nun den Staat als die sich selbst verwirklichende Idee des Sittlichen mit dem höchsten »Recht« fassen. So ist Hegels Staat Einheit von Rechts- und Machtstaat, denn in ihm weiß der »sittliche Geist« nicht nur, was er als Wirklichkeit des freien Willens will – sein eigenes Dasein im Recht –, sondern er »vollführt« es auch (vgl. ebd.). Wie dies geschieht, glaubt Hegel in der Ableitung des Staates aus Familie und bürgerlicher Gesellschaft gezeigt zu haben. Es liegt auf der Hand, daß dieses »Vollführen« sich dann auch notwendig auf das Verhältnis zu anderen Staaten bezieht. In der üblichen Interpretation des Hegelschen Staatsbegriffs wird meist übersehen, daß das *»äußere Staatsrecht«* und die *»Weltgeschichte«* (§ 259, GPR; 405) zur Idee des Staates hinzugehören (vgl. ebd. u. Inhaltsverzeichnis). Der systematische Grund dafür ist, daß Hegels frühesten staatsphilosophischen Intuitionen zufolge der Staat Individuum ist; Individuum aber ist man nur unter anderen Individuen. Darum gehören nach Hegel die politischen Außenverhältnisse des Staates wie die damit verknüpften Schicksale zu seiner Individualität ebenso hinzu wie sein Charakter als souveränes Machtzentrum; genau darum ist Hegels Staatslehre auch keine geschichtsfremde Verfassungstheorie. Dabei ist darauf zu bestehen,[163] daß in Hegels Staat die Macht unter dem Recht steht; sie ist die Macht des Rechts, und darum kann hier vom unbegrenzten Recht der Macht wie in manchen Machtstaatsideologien des späten 19. Jahrhunderts noch keine Rede sein.

In diesem Sinne ist auch Hegels These zu verstehen, der Staat sei »absoluter unbewegter Selbstzweck« (§ 258, GPR; 399), die auf den ersten Blick als simpler Widerspruch zur Lehre von der Individualität und Historizität der Staaten erscheint: Was am Staat »Selbstzweck« ist, ist seine Idee, das »an und für sich *Vernünftige*« (ebd.), das jeder Staat unter kontingenten Umständen mehr oder weniger vollkommen verkörpert (vgl. den oben zitierten Zusatz-

163 Gegen die gewichtige Kritik von Hermann Heller; vgl. Heller.

text). Es handelt sich hier um die Idee des Rechts, die freilich auch mit Macht ausgestattet sein muß, um wirklich zu sein, aber eben nicht um die Idee der Macht als solche.

Daß Hegels Staatsbegriff die Bestimmungen der Substantialität und Subjektivität wie die der Vernünftigkeit und Wirklichkeit des Sittlichen umfaßt, macht auch den Zweifrontenkrieg verständlich, den Hegels reife politische Philosophie ständig zu führen genötigt ist; die berühmte Anm. zum § 258 belegt dies eindrücklich (vgl. GPR; 399 ff.). Faßt man das Vernünftige des Staates im Ernst als die »sich durchdringende Einheit der Allgemeinheit und der Einzelheit« (§ 258, GPR; 399) sowie als die der objektiven und subjektiven Freiheit des Willens, ergibt sich notwendig die Opposition gegen den Liberalismus und dessen Reduktion des wahrhaft freien Willens auf den individuellen Einzelwillen, die ihn dazu nötigt, den Staat nach dem Muster des abstrakten Privatrechts zu konstruieren. Erstaunlich ist dabei, daß Hegel in seiner Kritik an Rousseau dessen Differenz zwischen der *volonté générale* und der *volonté de tous* völlig ignoriert. – Mit der These von der Einheit des Vernünftigen und Wirklichen hingegen ist der Kampf gegen den Historismus eröffnet, den Hegel in seiner Fußnote zu Haller außerordentlich polemisch führt. Reduziert der Liberalismus das zugleich vernünftig und wirklich Sittliche auf den abstrakten, unwirklichen Verstand, so verfährt Haller entgegengesetzt und kennt nur noch die vernunftlose, gedankenlose Faktizität des Historischen als Gegenstand seiner ›Restauration der Staatswissenschaft‹. Aus Hegels Haller-Referaten geht unmittelbar hervor, was er als »Restauration« vor sich hatte und zum Gegenstand einer vernichtenden Kritik machte – den reaktionären Versuch der Rückkehr zu prämodernen, vorrevolutionären Zuständen. Es scheint, als hätten die Kritiker Hegels, die ihn später immer erneut als Restaurationsphilosophen beschimpften, diese Fußnote nie gelesen.

(c) Die institutionelle Struktur des Staates

(c1) Sie ist Gegenstand der Hegelschen Lehre von der Verfassung. Dabei ist ein weiterer und ein engerer Verfassungsbegriff zu unterscheiden.[164] Zum einen ist die Verfassung die Gestalt und die innere Gliederung des Staates als des sittlichen Ganzen, das Ganze seiner

164 Vgl. dazu auch Siep (1992), 287 ff. u. 298.

Institutionen. Da sich nach Hegel der Staat als der wahre Grund von Familie und bürgerlicher Gesellschaft erwiesen hat, aus denen er im Gang der Darstellung hervorging, sind auch die familiären und gesellschaftlichen Institutionen solche des Staates, ohne deswegen staatliche Institutionen im engeren Sinne zu sein. In diesem Sinne unterscheidet er die »*Verfassung*, d. i. die entwickelte und verwirklichte Vernünftigkeit, *im Besonderen*« (§ 265, GPR; 412) von der politischen Verfassung, d. h. dem »eigentlich *politischen* Staat und *seiner Verfassung*« (§ 267, GPR; 413). Die politische Verfassung wird auch als die objektive »Idealität« der institutionellen Erscheinungsvielfalt im Staat gekennzeichnet, deren subjektives Gegenstück die »politische *Gesinnung*« (§ 267, GPR; 412) oder der Patriotismus sei (§§ 267 und 268).[165]

Die Auffassung des eigentlich Politischen als der sittlichen Idealität des Lebens ist ein Leitmotiv Hegels seit den WBN. So kann man sagen, daß der weitere und der engere Verfassungsbegriff bei Hegel sich wie Realität und Idealität der staatlichen Wirklichkeit zueinander verhalten. Was dabei »Idealität« konkret bedeutet, kann man sich anhand der Tatsache verdeutlichen, daß Hegel die Rechtspflege und die polizeilichen Aufgaben in die bürgerliche Gesellschaft verlegt, obwohl es sich dabei offensichtlich um Staatsfunktionen handelt, die der § 287 auch explizit der »*Regierungsgewalt*« (GPR; 457) zuordnet. Der Grund dafür ist: das Kapitel »Der Staat« stellt nicht primär die Funktionen des Staates dar – die JPG hatte dies »Regierung« (vgl. JPG_2, III; 247) genannt –, sondern seine Struktur, die »Konstitution« (vgl. JPG_2, III; 231 f.), das Verfassungsrecht. Aber auch das Verhältnis zwischen Verfassungsfunktion und Verfassungsstruktur kann man mit dem Begriffspaar »Realität-Idealität« erläuternd in Zusammenhang bringen. So also kann gesagt werden: Nach Hegel nimmt der Staat in der bürgerlichen Gesellschaft die Aufgabe des »*äußeren Staat[s]*, – *Not*- und *Verstandesstaat[s]*« (§ 157, GPR; 340) wahr, ohne dies selbst zu sein. Wie schon in den früheren Schriften ausgeführt, erweist sich damit der Staat in der entzweiten Realität der Gesellschaft funktional als die »ideale«, die vereinheitlichende, versittlichende Macht. So ist also auch der Staat Hegels der Staat der bürgerlichen Gesellschaft und insofern liberaler Staat, aber er ist nicht der Staat des Liberalismus, d. h. er erschöpft sich nicht in seinen gesellschaft-

165 Zum Verhältnis von Verfassung und Gesinnung vgl. Siep (1992), 270 ff.

lichen Funktionen. Zwar gehören diese Funktionen auch zu ihm, weil sie sich nach Hegel aus der Selbstentzweiung des Staates in Familie und in sich entzweiter bürgerlicher Gesellschaft als notwendig ergeben; so werden aber auch bei Hegel das Recht und das Wohl der Individuen zu Staatszwecken. Was Hegels Staatslehre freilich vom Liberalismus unterscheidet, ist die These, daß der Zweck des Staates sich in solchen externen Staatszwecken nicht erschöpfe, denn der Staat sei schließlich »absoluter, unbewegter Selbstzweck« und »Endzweck« (§ 258, GPR; 399).

Legt man den weiteren Verfassungsbegriff zugrunde, dann wäre nach Hegel der Ausdruck »Verfassungsstaat« ein Pleonasmus. Er behauptet sogar, es habe noch nie einen Staat ohne Verfassung, ja sogar noch nie ein Volk ohne Verfassung gegeben. Staaten und Völker sind nach Hegel immer schon irgendwie verfaßt, so daß jede Verfassungsneuschöpfung in Wahrheit immer nur eine Verfassungsänderung gewesen sei (vgl. § 273 A., GPR; 435 ff.). Davon wäre freilich das Verfassungsrecht zu unterscheiden, wenn man darunter das positivierte Dasein dieses Rechts als Gesetz versteht. In diesem Sinne hatte Preußen zu Hegels Lebenszeit durchaus eine Verfassung, aber kein Verfassungsgesetz, und dies war mit der von König Friedrich Wilhelm III. seit 1813 versprochenen, aber zum Zeitpunkt des Erscheinens der GPR immer noch nicht realisierten »Verfassung« gemeint. Zur Frage der geschriebenen, d. h. als Verfassungsgesetz positivierten Verfassung hat sich Hegel nicht explizit geäußert, kommt aber in manchen Formulierungen (z. B. § 270, GPR; 415) einer positiven Antwort recht nahe. Ein Verfassungsgesetz für überflüssig zu halten stünde in offensichtlichem Mißverhältnis zu seiner These vom notwendigen Positivwerden des Rechts (vgl. § 211, GPR; 361), von der nicht einzusehen ist, warum sie sich nur auf das abstrakte Recht erstrecken soll. Gerade in seinem ambivalenten Verhältnis zur politischen Realität Englands dürfte Hegel die dortige allgemeine Skepsis gegen geschriebene Verfassungen kaum geteilt haben. Schließlich müßte Hegel auch im Sinne seiner Polemik gegen Savignys Bedenken gegenüber Gesetzeskodifikationen auf einem Verfassungsgesetz bestehen. So darf man für Hegels systematische Unklarheit in dieser Angelegenheit durchaus politische Opportunitätsrücksichten als Gründe vermuten. Auf das Problem, ob ein Verfassungsgericht mit Hegels Staatskonstruktion vereinbar wäre, wird bei der Frage nach der Souveränität zurückzukommen sein.

Eine weitere systematische Unklarheit findet sich bei Hegel, wenn man seine Äußerungen zum Verhältnis von Verfassung und Geschichte miteinander vergleicht. Für ihn ist die politische Verfassung »Organismus«, und »sie geht ewig aus dem Staate hervor, wie er sich durch sie erhält« (§ 269, GPR; 415). Damit ist freilich eine allmähliche Veränderung auf »verfassungsmäßigem Weg(e)« (§ 273 A., GPR; 439) nicht unvereinbar, und in diesem Sinne kann Hegel vom historischen Charakter der politischen Verfassung und ihrer Abhängigkeit vom Bildungsstand eines Volkes sprechen (vgl. § 274, GPR; 440). Dazu heißt es dann explizit: »Die Verfassung muß an und für sich der feste geltende Boden sein, auf dem die gesetzgebende Gewalt steht, und sie muß deswegen nicht erst gemacht werden. Die Verfassung *ist* also, aber ebenso wesentlich *wird* sie, das heißt, sie schreitet in der Bildung fort. Dieses Fortschreiten ist eine Veränderung, die unscheinbar ist und nicht die Form der Veränderung hat.« (§ 298, GPR; 465) Das »Fortschreiten« in der »Form der Veränderung« – das wäre die Revolution, und als ginge es darum, eine solche Gefahr verbal abzuwehren, sagt Hegel: »Überhaupt aber ist es schlechthin wesentlich, daß die Verfassung, obgleich in der Zeit hervorgegangen, *nicht als ein Gemachtes* angesehen werde; denn sie ist vielmehr das schlechthin an und für sich Seiende, das darum als das Göttliche und Beharrende und als über der Sphäre dessen, was gemacht wird, zu betrachten ist.« (§ 273 A., GPR; 439) Dies vermag wenig zu überzeugen, denn wenn es auch zutrifft, daß es keine voraussetzungslosen Verfassungsschöpfungen gibt, weil in ihnen in der Regel von der tatsächlichen politischen Verfassung eines Volkes ausgegangen wird, zeigen alle historischen Beispiele, die auch Hegel teilweise schon bekannt waren, unübersehbar Elemente des »*Gemachten*« (ebd.), und sie sind die wesentlichen Veränderungen gegenüber dem Vorhandenen. So ist es wohl kaum möglich, das Historische der Verfassungen vom »Machen« der Verfassung ganz abzutrennen. Hegel begibt sich überdies an solchen Stellen in eine fragwürdige Nähe zu der von ihm bekämpften Historischen Schule und ihren Versuchen, Recht und Verfassung ganz der Verfügung der Menschen zu entziehen und »der« Geschichte zu überantworten.

Problematisch ist auch seine Unterscheidung zwischen der Perspektive der politischen Gesinnung, für die es wesentlich sei, die Verfassung als ewig und unveränderlich anzusehen, und der philosophischen Perspektive, die den historischen Charakter der Verfassung kenne. Es hat den Anschein, als wolle Hegel damit ideenpolitisch die Verfassung dem subjektiven, bürgerlichen Räsonnement entziehen – so wie er es auch mit der Majestät des Fürsten versucht: »Deswegen *darf* auch *nur* die Philosophie diese Majestät denkend betrachten, denn jede andere Weise der Untersuchung als die spekulative der unendlichen, in sich selbst begründeten Idee hebt an und für sich die Natur der Majestät auf.« (§ 281 A., GPR; 452) Abgesehen von der Tatsache, daß die Machbarkeit von Verfassungen mit ihrer Ansicht als das »Göttliche und Beharrende« (§ 273 A., GPR; 439) unvereinbar wäre und somit der gesamten Hegelschen Staatslehre und ihren philosophischen Beweiszwängen zuwiderliefe, kann man Hegel an solchen Stellen den Vorwurf nicht ersparen, daß er sich den Kopf der Staatsmacht zerbricht und zwischen dem unterscheidet, was die Bürger meinen sollen, und dem, was die Philosophen denken dürfen. Hier spricht Hegel wirklich als der Ideologe des Bestehenden, für den ihn seine linken und liberalen Kritiker bis heute halten.

(c2) Die staatsrechtliche Verfassungsform des Hegelschen Staates ist die konstitutionelle Monarchie. Hegel versteht sie als konkrete Einheit der klassischen drei Verfassungsformen ›Monarchie‹, ›Aristokratie‹ und ›Demokratie‹; das Monarchische sieht er in der fürstlichen Gewalt, das Aristokratische in der Regierungsgewalt und das Demokratische in den beiden Kammern der gesetzgebenden Körperschaft verwirklicht. Hegel schließt sich damit der alten politischen Weisheit an, daß wir nur in gemischten Verfassungen frei und menschlich leben können (Aristoteles, Polybios, Cicero). Zugleich aber geht er darüber hinaus durch die Feststellung, daß die konstitutionelle Monarchie eine späte Errungenschaft der Geschichte und die eigentlich moderne Staatsform sei (vgl. § 273 A., GPR; 435 f.). Dies ist deswegen bemerkenswert, weil wir konstitutionelle Monarchien eher für Relikte vorrevolutionärer Phasen der Verfassungsgeschichte zu halten gewohnt sind und in der Regel nur die Republik als modern ansehen. Hegel erblickt in der konstitutionellen Monarchie die fortgeschrittenste Staatsform, weil sie die konkreteste, d. h. innerlich am reichsten gegliederte sei. Vor dem Hintergrund seines Freiheitsbegriffs bedeutet solche Konkretheit notwendig das Maximum an Freiheit.

(c3) Das Stichwort »konkret« verweist dann auch auf das, was Hegel zur Gewaltenteilung sagt. Wenn man dieses Prinzip vernünftig faßt, betrifft es nach Hegel die Vernünftigkeit der Verfassung selbst, d. h. die innere Gliederung des Staates *»nach der Natur des Begriffs«* (§ 272, GPR; 432). Für das traditionelle Modell, wie es sich im nordamerikanischen Verfassungsprinzip der *»checks and balances«* manifestiert, hat Hegel nur Polemik übrig, denn für ihn »charakterisiert« es »dem Gedanken nach den *negativen Verstand* und der Gesinnung nach die Ansicht des Pöbels« (§ 272 A., GPR; 434). Bloß negativ-verständig ist dieses Denken, weil es das Ganze des Staates nur als ein Aggregat von unabhängigen Instanzen und Kräften zu denken vermag, während es darauf ankäme, ihn als *»Organismus«* zu begreifen (§ 269, GPR; 414), in dem alle Teile aufeinander bezogen sind und an ihrem Ort das Ganze in einer konkreten Bestimmung verkörpern: »Die Gewalten des Staates müssen so allerdings unterschieden sein, aber jede muß an sich selbst ein Ganzes bilden und die anderen Momente in sich enthalten.« (§ 272, GPR; 434) Damit stellt Hegel auch in der Verfassungslehre dem Prinzip der negativen Freiheit sein Konzept der positiven oder konkreten Freiheit i. S. des Beisichseins im Anderssein gegenüber. Negative Freiheit als Unabhängigkeit von ... ist das Grundprinzip des Liberalismus, dessen Staatsverständnis Hegel in die Nähe der Staatszerstörung rückt: »Die Vorstellung von der sogenannten Unabhängigkeit der Gewalten hat den Grundirrtum in sich, daß die unabhängigen Gewalten dennoch einander beschränken sollen. Aber durch diese Unabhängigkeit wird die Einheit des Staates aufgehoben, die vor allem zu verlangen ist.« (§ 300, GPR; 468; vgl. auch § 272 A., GPR; 433 f.) Hegel erläutert dies in den Zusatztexten anhand der Geschichte der Französischen Revolution (vgl. § 272, GPR; 434), und er erweist sich auch hier als ein getreuer Schüler von Hobbes, der der herkömmlichen Lehre von der Gewaltenteilung eine direkte Schuld am Bürgerkrieg seiner Zeit gibt.[166] Das Pöbelhafte des liberalen Verständnisses der Gewaltenteilung hingegen soll darin bestehen, daß hier das Prinzip des *»Zutrauens«* als Grundlage der »politischen *Gesinnung«* des *»Patriotismus«* (§ 268, GPR; 413) ersetzt wird durch ein systematisches Mißtrauen in die politische Macht. Dies ist für Hegel ein Anzeichen dafür, daß die Vertreter dieser Ansicht nicht nur ungebildet sind (vgl. § 268, GPR; 414), sondern auch die Perspektive der sozial Deklassierten einnehmen, d. h. der »unter das Maß einer

166 Vgl. Lev., Chap. XVIII, 236 ff.

gewissen Subsistenzweise« Herabgesunkenen, gezeichnet vom »Verluste des Gefühls des Rechts, der Rechtlichkeit und der Ehre, durch eigene Tätigkeit und Arbeit zu bestehen« (§ 244, GPR; 389). In diesem Sinne gehört es nach Hegel zur »Ansicht des Pöbels, dem Standpunkte des Negativen überhaupt ..., bei der Regierung einen bösen oder weniger guten Willen vorauszusetzen« (§ 301 A., GPR; 470). An solchen Stellen wird deutlich, in welchem Maße Hegel die spätere liberale Polemik gegen ihn selbst provozierte.

Der Staat als Organismus – dies erscheint uns heute im Rückblick als eine problematische Lehre, da sie ein naturalistisches, ja biologistisches Staatsverständnis anzuzeigen scheint, das unmittelbar in die deutsche Ideologie des Nazismus einmündet. Sofern Hegel dies nicht metaphorisch versteht, befindet er sich in einem unmittelbaren Widerspruch zu seiner eigenen Systematik, der zufolge der Organismus in der Naturphilosophie abzuhandeln ist; der Staat hingegen ist »*zweite Natur*« (vgl. § 4 und § 151, GPR; 46 und 301), Dasein der Freiheit. Da aber ›Organismus‹ auch als Terminus der Begriffslogik (vgl. 6, 476) erscheint – und zwar auf der Ebene der Idee als »Leben« (6, 469 ff.) –, ist offensichtlich, daß in der Lehre vom Staat, die Hegel zufolge »nach der Natur des Begriffs« zu verfahren hat, nicht der Naturbegriff, sondern der logische Begriff des Organismus anzusetzen ist, den man somit genauer als eine logische Metapher zu verstehen hat.[167] In diesem Sinne heißt es: »Der Staat ist Organismus, das heißt Entwicklung der Idee zu ihren Unterschieden. Diese unterschiedenen Seiten sind so die verschiedenen Gewalten und deren Geschäfte und Wirksamkeiten, wodurch das Allgemeine sich fortwährend auf notwendige Weise hervorbringt.« Für die »verschiedenen Gewalten« gilt: »Es paßt auf sie die Fabel vom Magen und den übrigen Gliedern. Es ist die Natur des Organismus, daß, wenn nicht alle Teile zur Identität übergehen, wenn sich einer als selbständig setzt, alle zugrunde gehen müssen.« (§ 269, GPR; 415) Mit der »Fabel« ist das Gleichnis gemeint, mit dem Menenius Agrippa in der alten römischen Republik die Plebejer nach ihrem Auszug auf den heiligen Berg Aventin zur Rückkehr in das Leben der Stadt und des Staates bewegen konnte.[168] Zur Erläuterung ist hier auch an Kants Organismus-Konzept aus der

167 Vgl. dazu Siep (1992), 240 ff.
168 Vgl. Livius, II, 32.

Kritik der Urteilskraft zu erinnern, das in der Perspektive der reflektierenden Urteilskraft die Lebewesen so beurteilt, als seien in ihnen Mittel und Zwecke stets reziprok aufeinander verwiesen.[169] Hier ist Hegels Logik der Teleologie und des Lebens, die sein Verständnis des Staates als »Endzweck« und »Organismus« strukturell bestimmt, schon vorgezeichnet.

(c4) Die Lehre von der »fürstlichen Gewalt« ist der Teil der Hegelschen Staatslehre, die die härteste Kritik auf sich gezogen hat. Zunächst beruht ihre Position in der GPR auf einem offensichtlichen »Begriffsfehler«,[170] denn sie repräsentiert die logische Bestimmung der Einzelheit, die erst nach der Allgemeinheit (gesetzgebende Gewalt) und Besonderheit (Regierungsgewalt) abzuhandeln wäre. Hegel hat auch kein überzeugendes Argument dafür, warum er mit der »fürstlichen Gewalt« beginnt, obwohl er sich in der Vorlesung dazu äußerte (vgl. § 275, GPR; 441). Es ist aber offensichtlich, daß die einschlägigen Paragraphen nichts wesentlich anderes enthielten, hätte Hegel sie in der logisch »richtigen« Weise angeordnet; so ist der Vorwurf der politischen Akkomodation[171] wohl nur auf die Optik der Präsentation zu beschränken. Folgte man ausschließlich dem logischen Gang der Begriffsentwicklung, dann wäre ferner eine Präsidialverfassung nicht unvereinbar mit Hegels Konstruktion. Es ist nicht einzusehen, warum die Einzelheit des Staates als Einheit des Allgemeinen und Besonderen nicht auch durch eine gewählte Person verkörpert werden könnte. Schließlich wäre sogar ein kollektives Staatsoberhaupt denkbar, sofern die Verfassung festlegt, daß und wie es wie eine Person handelt. Hegel selbst aber ist von vornherein auf die Monarchie festgelegt, und deswegen muß er beweisen, daß das Staatsoberhaupt nur eine natürliche Person sein kann (vgl. § 279 und A., GPR; 445 ff.), deren »Natur« dann zugleich die Wählbarkeit ausschließt (vgl. § 280 und A., GPR; 449 ff.). Hegel bemüht den spekulativen Übergang der Logik in die Naturphilosophie und sogar den ontologischen Gottesbeweis, um die Erbmonarchie, deren Prinzip der Natürlichkeit ebensowenig mit dem Recht als dem Dasein des freien Willens vereinbar ist wie die Organismus-Metapher des Staates, als philosophisch alternativlos hinzustellen. Alle Interpreten sind sich einig, daß ihm dies nicht gelungen ist und daß

169 Vgl. KU, § 66; B 295 f.
170 Hösle, 201.
171 Ebd.

er schließlich nur bewiesen hat, daß auch das Staatsoberhaupt geboren werden muß, nicht aber, warum Geburt jemanden zum Staatsoberhaupt legitimiert.[172]

Der Eindruck des politischen Opportunismus, den Hegels Lehre von der »fürstlichen Gewalt« zu erwecken vermag, wird freilich relativiert, wenn man genauer betrachtet, welche »Gewalt« Hegel ihr tatsächlich beimißt; hier entsteht ein gewaltiges Mißverhältnis zwischen der Rhetorik des Absoluten und der politischen Funktionsbeschreibung, und die blieb vor allem den konservativen Kritikern Hegels nicht verborgen. Um dies näher zu bestimmen, bedarf es einiger Bemerkungen zu Hegels Lehre von der Souveränität. Ihre Basis ist die seit den WBN unveränderte These, das Wesen des Staates sei die *»Idealität«* (§ 276, GPR; 441) des Sittlichen, d. h. das Moment der Allgemeinheit, das sich in der Sphäre der Realität des Besonderen und durch sie hindurch und notfalls auch gegen sie durchsetze (vgl. §§ 276 f., GPR; 441 f.). In diesem Sinne spricht Hegel die Souveränität unmittelbar als den *»Idealismus«* des Politischen an (§ 278 A., GPR; 443). Die Souveränität wird dann explizit mit dem Ich und seiner absoluten Selbstbestimmung verglichen (vgl. § 275, GPR; 441), und deswegen versteht Hegel die Einheit des Staates als ein »Selbst« (§ 278, GPR; 442), in dem alles Besondere seine Wurzel habe. Angelegt ist die Personalisierung des Staates schon in der frühen Hegelschen Figur des Volkes oder Staates als eines Individuums unter anderen Individuen; so erscheint in rechtlicher Perspektive der Staat selbst als Person. Dieses »Selbst« des Staates bleibt nach Hegel nun so lange ein bloßer Gedanke, solange jene Idealität nicht als »ihrer selbst gewisse *Subjektivität«* und als »Persönlichkeit« von einem Subjekt bzw. einer Person real verkörpert wird, und dies genau leistet ihm zufolge der Monarch (§ 279, GPR; 444); er ist die *»Persönlichkeit des Staats* ..., seine *Gewißheit seiner selbst«* (§ 279 A., GPR; 445). Fragt man nun, welches die Aufgabe dieser Instanz im politischen *»Organismus«* (§ 269, GPR; 414) sei, dann verweist Hegel nur auf das einfache »Ich will« des die Beratungen und Erwägungen abschließenden Beschlusses (ebd.). In seinen Vorlesungen hatte Hegel gesagt: »Es ist bei einer vollendeten Organisation [des Staates] nur um die Spitze formellen Entscheidens zu tun, und man braucht zu einem Monarchen nur einen Menschen, der ›Ja‹ sagt und den Punkt

172 Vgl. Marx, L, 53, u. Hösle, 205 ff.

auf das I setzt; denn die Spitze soll so sein, daß die Besonderheit des Charakters nicht das Bedeutende ist.« (§ 280, GPR; 451) Dies wurde dem König in denunziatorischer Absicht hinterbracht, der darauf mit der Frage reagierte: »Wenn nun aber der König den Punkt nicht setzt?«[173] Den konservativen Kritikern Hegels war die Reduktion des Fürsten auf den letzten Ja-Sager und Notar der politischen Willensbildung ein Dorn im Auge. Wieder stellt sich die Frage, was Hegel staatsphilosophisch gegen einen Bundespräsidenten im Sinne des Bonner Grundgesetzes einwenden könnte; schließlich soll die Souveränität des Staates nach innen und außen nichts anderes sein als seine Idealität – meint also weder das »*L'état c'est moi*« Ludwigs XIV. noch die Tyrannei eines »Führers« –, und die könnte sich als Moment des Ganzen doch auch durch ein geeignetes Wahlverfahren herstellen.

Aus dem Vorigen ergibt sich auch Hegels Stellungnahme zur Volkssouveränität (vgl. § 279 A., GPR; 446 ff.). Bei der Souveränität des Volkes nach außen, die der Monarch ebenso wie die nach innen dadurch verkörpert, daß er die Gesetze ausfertigt und Oberbefehlshaber der Streitkräfte ist (vgl. § 329, GPR; 494 f.), ergeben sich kaum Probleme. Anders ist dies mit der in der Neuzeit üblichen Vorstellung eines Gegensatzes zwischen der Souveränität des Fürsten und der des Volkes. Von ihr sagt Hegel, die so verstandene Volkssouveränität gehöre zu »den verworrenen Gedanken, denen die *wüste* Vorstellung des *Volkes* zugrunde liegt« (§ 279 A., GPR; 447). ›Volk‹ war einmal der Grundbegriff von Hegels praktischer Philosophie gewesen. Vor allem unter dem Eindruck der politischen Romantik verwandelt er sich zum Gegenstand seiner heftigsten Polemik, wie die Redeweisen vom Volk als »formloser Masse« (ebd.) oder vom »Haufen«, mit dem »es der Begriff nicht zu tun« (§ 273 A., GPR; 439) habe, deutlich zeigen. In Wahrheit hatte Hegel auch in den Frühschriften unter ›Volk‹ immer schon ein sittlich und politisch gegliedertes und verfaßtes Volk gemeint und eben nicht das »unbestimmte Abstraktum ..., das in der bloß allgemeinen Vorstellung *Volk* heißt« (§ 279, GPR; 447). Von hier aus gesehen kann man sich fragen, ob das moderne Verfassungsprinzip: »Alle Gewalt geht vom Volk aus« mehr ist als eine abstrakte Floskel und was das im Ernst institutionell bedeutet. Denn es bleibt zu fragen: in welchem Sinne ist das Volk wirklich souverän? Für Hegel

173 Ilting (1973), 26.

hingegen wird die innere und äußere Souveränität eines Volkes am vollkommensten und eindeutigsten von der natürlichen Person des Monarchen repräsentiert, und deswegen ist für Hegel die erbliche Monarchie die historisch reifste Staatsform (vgl. § 286 A., GPR; 456 f.). Er behauptet sogar in einer nur schwer nachzuvollziehenden Argumentation, daß »sich öffentliche Freiheit überhaupt und Erblichkeit des Thrones gegenseitige Garantien« (§ 286, GPR; 457) seien.

Die fürstliche Gewalt enthält nach Hegel auch Elemente der beiden anderen Gewalten. Abgesehen vom Begnadigungsrecht, in dem Hegel »eine der höchsten Anerkennungen der Majestät des Geistes« (§ 282 A., GPR; 454) erblickt, tritt das Besondere der Regierungsgewalt in Gestalt der Berater des Monarchen auf, der aber dadurch nichts von seiner Souveränität verliert (vgl. §§ 283 und 284, GPR; 455). Hier spricht Hegel ohne Zweifel vom königlichen Kabinett, d. h. dem Kreis der im damaligen Preußen nur dem Monarchen verantwortlichen Minister. Die gesetzgebende Gewalt schließlich spiegelt sich in der fürstlichen Gewalt wider als das »an und für sich Allgemeine, welches in subjektiver Rücksicht in dem *Gewissen* des *Monarchen*, in objektiver Rücksicht im *Ganzen* der *Verfassung* und in den *Gesetzen*« (§ 285, GPR; 455 f.) erscheint. Einen Konflikt zwischen dem Willen des Monarchen und dem Verfassungsganzen hält Hegel offenbar für undenkbar, denn die institutionellen Einbindungen der fürstlichen Gewalt in das Konzert der anderen Gewalten und seines Gewissens in die allgemeine politische Gesinnung ist in seinem Konzept so stark (vgl. § 286 A., GPR; 456 f.), daß Extratouren der fürstlichen Gewalt einfach nicht zu erwarten sind. Sollte es doch zu Verfassungskonflikten kommen – wie z. B. 1861 bei der Berufung Otto von Bismarcks zum preußischen Ministerpräsidenten –, so könnte Hegel zufolge nur an das Gewissen des Monarchen appelliert werden. Diese Instanz als die höchste und souveränste unter den »*subjektive[n]* Garantien« (§ 286, GPR; 457) der Verfassung müßte dann die Aufgabe eines Verfassungsgerichts wahrnehmen. Ein Gericht über dem Gewissen des Monarchen hingegen bedeutete eine Einschränkung von dessen Souveränität.

(c5) Die Regierungsgewalt, der im Logischen die Besonderheit korrespondiert, steht insofern zwischen der fürstlichen Gewalt und der gesetzgebenden Gewalt, als sie auf der einen Seite die fürstlichen Einzelentscheidungen auszuführen und anzuwenden hat, andererseits das »bereits Entschiedene« (§ 287, GPR; 457), das bereits Bestandteil des bestehenden Allgemeinen geworden ist, fortführen und instand halten soll. Merkwürdig ist, daß Hegel beides als »Geschäft der *Subsumtion*« (ebd.), d. h. der Unterordnung des Besonderen unter das Allgemeine, bestimmt. Verständlicher wird diese Äußerung hingegen, wenn man sich vergegenwärtigt, daß das vom Fürsten Entschiedene nach Hegel ja nichts anderes ist als das mit dem I-Punkt seiner Einzelheit versehene Ergebnis eines konkreten und mehrere Ebenen involvierenden Entscheidungsprozesses, von Gesetzen einmal ganz abgesehen. Es ist zu beachten, daß die Regierung in unserem Sinne – d. h. das Gremium der politischen Einzelentscheidungen – nach Hegel nicht zur Regierungsgewalt gehört, sondern zur fürstlichen Gewalt; eine parlamentarische Verantwortlichkeit der Regierung ist ebenfalls nicht vorgesehen. So beschränkt sich Hegels Regierungsgewalt auf die Exekutive im buchstäblichen Sinn; gleichwohl enthält sie die anderen Gewalten als Momente in sich, denn sie handelt in Verantwortung gegenüber der fürstlichen Gewalt (vgl. §§ 292-294, GPR; 461 f.), und sie nimmt auf dem Umweg über ihren Sachverstand an den politischen Entscheidungen teil (vgl. § 300, GPR; 468).

Bemerkenswert ist dann, daß Hegel die »*richterlichen* und *polizeilichen* Gewalten« (§ 287, GPR; 457) unmittelbar der Regierungsgewalt unterordnet, d. h. keine regierungsunabhängige Judikative als vierte Gewalt anerkennt. Damit ist die immerhin denkmögliche gesellschaftliche Organisation dieses Bereichs durch Richter- und Sheriff-Wahlen, von der oben die Rede war[174], nachträglich ausgeschlossen: Justiz und Polizei müssen nach Hegel Staatsangelegenheiten sein, weil es in der bürgerlichen Gesellschaft nicht nur um die Regulierung der Konflikte unter Individuen geht, sondern um die zwischen den Individuen und dem Allgemeinen, und die bedürfen eben einer staatlichen Instanz (vgl. § 289 und A., GPR; 458 f.). Eine Alternative dazu sieht Hegel in der korporativen Selbstverwaltung, die zwar ebenfalls der staatlichen Aufsicht bedarf, aber in der Regel sich selbst überlassen werden kann (ebd.).

Weitere wesentliche Merkmale der Regierungsgewalt sind nach Hegel die administrative Arbeitsteilung (vgl. § 289, GPR; 458) und das Berufsbeamtentum, das aber nicht – wie sein mittelalterliches

174 Vgl. Abschnitt IV. 9 (c).

Pendant – aufgrund der Geburt, sondern ausschließlich aufgrund der Befähigung rekrutiert wird (vgl. § 291, GPR; 460 f.). Hegel bemüht sich gleichwohl, das Beamtendienstverhältnis deutlich vom vertraglichen Arbeitsverhältnis abzugrenzen. Hegel macht geltend, daß hier eben die ganze Person und nicht nur irgendeine Leistung gefordert sei, woraus sich dann auch die besondere Versorgungs- und Fürsorgepflicht des Staates gegenüber seinen Beamten ergebe (vgl. § 294 A., GPR; 462 f.). Die staatliche Besoldung ist nach Hegel auch eine starke Garantie gegen Amtsmißbrauch und Korruption (vgl. ebd.), und er sieht dies zusätzlich verstärkt durch eine im Beamtenapparat hierarchisch strukturierte »Verantwortlichkeit« sowie durch die »Kontrolle von oben nach unten«, bis hin zum unmittelbaren Eingriff des Monarchen (vgl. § 295 und A., GPR; 463).

Eine Verwaltungsgerichtsbarkeit ist bei Hegel nicht vorgesehen. Wäre sie ihm bekannt gewesen, hätte er sie sicher für entbehrlich gehalten. Im übrigen hätte diese Gerichtsbarkeit wie die eines Verfassungsgerichts eine regierungsunabhängige Judikative erfordert, gegen die sich Hegel auch prinzipiell ausgesprochen hat: »Wenn man gewöhnlich von dreien Gewalten, der gesetzgebenden, der exekutiven und der richterlichen redet, so entspricht die erste der Allgemeinheit, die zweite der Besonderheit, aber die richterliche ist nicht das Dritte des Begriffs, denn ihre Einzelheit liegt außer jenen Sphären.« (§ 272, GPR; 435) Das Feld der Judikative ist das der bürgerlichen Gesellschaft. Im Staat selbst und in den Angelegenheiten des Staates – also in Verwaltungs- und Verfassungssachen – haben die Richter nichts zu entscheiden. Sie sind zwar Teil der Regierungsgewalt, weil auch sie Staatsbeamte sind und die staatlichen Gesetze und Verordnungen anwenden, betätigen sich aber nicht in der politischen Sphäre im engeren Sinne. Das Gegenstück zu dieser Beschränkung ist nach Hegel die Tatsache, daß alle politisch Mächtigen und sogar der Fürst selbst in privatrechtlichen Angelegenheiten den Gerichten unterstehen. Hier agieren sie eben auch als Mitglieder der bürgerlichen Gesellschaft. Gleichwohl ist in dieser Konstruktion für die Unabhängigkeit des Richteramts von regierungsamtlichen Weisungen kein Platz.

Der Abschnitt über die Regierungsgewalt schließt mit bemerkenswert modernen Thesen zur Soziologie des Beamtentums. Es bildet nach Hegel den »*Mittelstand*«, der einerseits durch die qualifikations- und berufsbedingte »*sittliche* und *Gedankenbil-*

dung« (§ 296, GPR; 464) gekennzeichnet ist, sich aber zugleich von der Aristokratie dadurch unterscheidet, daß er gleichzeitig an der fürstlichen Souveränität und am »Volke« teilhat, deren »gebildete Intelligenz« und »rechtliche(s) Bewußtsein« er verkörpert (§ 297 GPR; 464). Im Zusatztext faßt Hegel den Mittelstand als Charakteristikum eines entwickelten, fortgeschrittenen Staates auf (vgl. § 297 Z., GPR; 464 f.). So kehrt an dieser Stelle Hegels Leitmotiv »Arbeit bildet« wieder: Die Voraussetzungen und Vollzüge der Beamtentätigkeit sind für ihn das Medium, in dem sich der Mittelstand »bildet« – im zweifachen Sinn des Wortes; umgekehrt ist diese Bildung, die Hegel zugleich als eine gedankliche und als eine sittliche begreift, eine der wichtigsten Grundlagen der Stabilität des Staates: die Basis des »Zutrauens« und des Gegenteils der »Gesinnung des Pöbels«.

(c6) Der Eingangsparagraph zum Abschnitt über die gesetzgebende Gewalt macht deutlich, daß Hegel die Gesetzgebung nicht als ein voraussetzungsfreies Schaffen von Gesetzen versteht, sondern als ein »Fortbestimmen« (§ 298, GPR; 465) der schon vorhandenen im Sinne des jeweils auftretenden Regelungsbedarfs der »ganz allgemeinen inneren Angelegenheiten«. Die gesetzgebende Gewalt als »Teil der Verfassung« setzt die Verfassung voraus, bildet sie aber zugleich faktisch fort durch die Fortbildung der Gesetze. Daraus muß man den Schluß ziehen, daß Hegel nicht mit einem positivierten Verfassungsgesetz rechnet und dies offenbar für eine Voraussetzung dafür hält, daß die Verfassung durch die einfache Gesetzgebung weiterentwickelt wird – quasi gegen die Intention der gesetzgebenden Gewalt, die wie die Bürger die Verfassung für nicht »machbar« und für ewig zu halten hat. Das englische Vorbild ist dabei als leitend zu unterstellen.

Der § 299 bestimmt die Aufgaben der Gesetzgebung im Hinblick auf die Individuen, und zwar nach Leistung und Gegenleistung unterschieden. Dabei erscheint die gesamte Gesetzgebung – einschließlich der wohl zu ergänzenden Strafgesetze, die Hegel offenbar mit unter das Privatrechtliche subsumiert, und der indirekten Verfassungsentwicklung – als etwas, was den Individuen »zugute kommt und sie zu genießen ... haben« (§ 299, GPR; 466). Damit legt Hegel die neuhegelianische Deutung des Staates als der Institution nahe, die das Recht »gewährt«,[175] während sich der

175 Vgl. Rottleuthner.

Gesamtarchitektur der GPR zufolge die Gesetzgebung im privat- und strafrechtlichen Bereich auf den formalen Akt der Positivierung des Rechts zu beschränken hat, wie es in der bürgerlichen Gesellschaft entsteht (vgl. § 208, GPR; 360). Die »Bildung«, deren Entwicklungsstand die Gesetze eines Staates einschließlich der Verfassung ausdrücken (vgl. § 274 A., GPR; 440), hat schließlich ihren funktionalen Ort in der bürgerlichen Gesellschaft.

Die Leistungen durch die Individuen werden von Hegel ausdrücklich auf Geldleistungen eingeschränkt – mit der Ausnahme des Militärdienstes (vgl. § 299 A., GPR; 467) –, d. h. auf monetäre Steuern und Abgaben, und Hegel argumentiert, daß auf diesem Feld allein ein so formales Medium wie das Geld die Prinzipien der Gerechtigkeit und der subjektiven Freiheit zu vereinigen gestatte (vgl. ebd.). – Wichtig ist auch der Hinweis auf die Differenz zwischen Gesetzen und Verordnungen und auf die prinzipielle Schwierigkeit, sie eindeutig zu ziehen (§ 299 A., GPR; 466 f.).

Auch die gesetzgebende Gewalt konstruiert Hegel als Einheit aller drei Gewalten. Dabei tritt neben die monarchische Gewalt – als die Verkörperung der Souveränität – und die Regierungsgewalt – als die im Lichte ihrer Kenntnisse beratende Instanz – das *»ständische* Element« (§ 300, GPR; 468). Die Ständelehre ist eine Konstante der Hegelschen politischen Philosophie, die sich aber in den GPR fortgebildet und konkretisiert findet. Wesentlich ist dabei der Rückgriff auf die gesellschaftlichen Stände (vgl. §§ 202 ff., GPR; 355 ff.), die nunmehr in den politischen Kontext eingerückt werden und deren wesentliche Aufgabe in der Vermittlung zwischen dem »bürgerlichen und dem politischen Leben« besteht. Diese Vermittlungsaufgabe ist nur eine von vielen, die im Staat organisch geleistet werden müssen (vgl. § 302 A., GPR; 472). Da alle drei Gewalten die jeweils beiden anderen in verschiedener Gestalt in sich enthalten, kann Hegel sagen: »Die Verfassung ist wesentlich ein System der Vermittlung.« (Ebd.) So weist Hegel den Ständen nichts Geringeres zu als die Aufgabe, die die Moderne kennzeichnende Entfremdung zwischen *citoyen* und *bourgeois* aufzuheben. Daß diese Vermittlung aber eine »organische« sein soll, hat erhebliche Konsequenzen für die Art und Weise, wie das Besondere und Individuelle in der gesetzgebenden Gewalt allein vertreten sein kann. Was Hegel vor allem zurückweist, ist eine auf der unklaren Vorstellung des »Volkes« fußende Massendemokratie ohne Rücksicht auf die wirkliche, gelebte »Verfassung« oder ständische Gliederung der Staatsbevölkerung (vgl. § 301 A., GPR; 469 f.). In seiner Terminologie wäre so etwas bloß »verständig«, denn die naheliegende Forderung, daß alle, bloß weil sie Mitglieder des Staates sind, an der Politik zu beteiligen seien, beruht nach Hegel eben auf der bloß abstrakten Bestimmung des Staatsbürgers, während ihn die vernünftige Betrachtung in seinen konkreten, d. h. ständisch organisierten Kontexten sieht (vgl. § 308 A., GPR; 477 f.).

Bezogen auf die drei Stände der bürgerlichen Gesellschaft stellt sich jene Vermittlungsaufgabe jeweils verschieden. Der allgemeine Stand, der die Regierungsgewalt trägt, ist zumindest beratend in der ständischen Versammlung vertreten. Hegel verteidigt aber auch das englische Modell, dem zufolge die Minister Parlamentsmitglieder sein müssen (vgl. § 300, GPR; 468). Der erste, »substantielle Stand« (§ 397, GPR; 476) des erblichen Grundbesitzes (§§ 305-307) ist in der ständischen Versammlung präsent durch die von Wahlen unabhängige »Berechtigung ... zur Erscheinung« (§ 308, GPR; 476) – dem preußischen Herrenhaus gemäß –, während der eigentlich bürgerliche Stand, der des Handels und Gewerbes (vgl. § 204, GPR; 357), durch die »von der fürstlichen Gewalt aufgerufene(n) Abordnung« präsent wird (§ 308, GPR; 476). Die Abgeordneten aber müssen die sie abordnende bürgerliche Gesellschaft »*als das, was sie ist*« (ebd.) repräsentieren, d. h. nicht als eine in atomistische Privatpersonen aufgelöste Masse, die sich nur für den Augenblick der Wahl zusammenfinden, sondern als Repräsentanten der »ohnehin konstituierten Genossenschaften, Gemeinden und Korporationen« (ebd.). Nur so sei der Abgeordnete keine bloße Privatperson und für den Staat von Interesse; nur so stehe er nicht bloß als Einzelner für andere, sondern »repräsentiere« die ihn abordnende Sphäre in dem buchstäblichen Sinne, daß sie durch ihn im Staat wirklich präsent sei (vgl. § 310 A. und 311 A., GPR; 479 ff.). Dem entspricht nach Hegel die politisch versittlichende Rückwirkung dieser Abgeordnetenaufgabe auf die Abgeordneten selbst und die sie Abordnenden, dem freilich die Institution des imperativen Mandats entgegenstünde (vgl. § 309, GPR; 478). Die Mitwirkung bei der Gesetzgebung erscheint so selbst als ein Medium der politischen Bildung der in der bürgerlichen Gesellschaft nur auf ihr Privatwohl fixierten *bourgeois*-Klasse (vgl. ebd.). Daraus zieht Hegel den Schluß, daß den Wahlen zur gesetzgebenden Versammlung, wenn diese »vernünftig« konstituiert wird, tatsächlich nur eine sehr geringe Bedeutung zukomme (§ 311, GPR; 480 f.).

Hegel faßt dann mit pragmatischen Argumenten ein Zwei-Kammern-Modell (§§ 312 und 313) ins Auge. In der einen Kammer ist nur der *»substantielle* Stand« (§ 202, GPR; 355) vertreten mit dem Recht auf »Erscheinung«, und nur die zweite »bürgerliche« Kammer wird durch Abordnung konstituiert. Schließlich fordert Hegel die *»Öffentlichkeit* der Ständeverhandlungen« (§ 314, GPR; 482) mit dem Argument, daß nur auf diese Weise die Aufgabe der Vermittlung zwischen dem Allgemeinen des Staates und den besonderen Interessen geleistet werden könne. Das Medium dieser Vermittlung ist die *»öffentliche Meinung«* (§ 315, GPR; 482), die Hegel in ihrer ganzen Ambivalenz darstellt. Auf der einen Seite ist sie ein »Bildungsmittel« (ebd.), da sie die privaten Meinungen dazu herausfordert, sich mit dem Allgemeinen zu befassen und sich dadurch im Sinne des Allgemeinen zu korrigieren; so tritt es ein in die Welt des *»gesunden Menschenverstandes«* (§ 317, GPR; 483). Auf der anderen Seite ist dieses Allgemeine in der öffentlichen Meinung nur als *Meinung* präsent – es ist hier nur dessen *»Erscheinung«* (§ 316, GPR; 483) –, und so gelangt Hegel zu seiner berühmten Formulierung: »Die öffentliche Meinung verdient daher ebenso *geachtet* als *verachtet* zu werden, dieses nach ihrem konkreten Bewußtsein und Äußerung, jenes nach ihrer wesentlichen Grundlage, die, mehr oder weniger getrübt, in jenes Konkrete nur scheint.« (§ 318, GPR; 485) Eine solche Ambivalenz prägt nach Hegel auch die »Preßfreiheit« (§ 319 A., GPR; 486), die aus der die öffentliche Meinung allein ermöglichenden Meinungsfreiheit notwendig folgt. Hegel weigert sich aber mit guten Gründen, eine scharfe strafrechtliche Begrenzung der Pressefreiheit anzugeben (§ 319, GPR; 486 f.). Die Wissenschaftsfreiheit möchte Hegel ausdrücklich nicht auf dieselbe Stufe gestellt sehen; da sie nicht bloße *Meinungen* enthielten, gehörten die Wissenschaften auch nicht zur *öffentlichen* Meinung (vgl. § 319, GPR; 488 f.).

(c7) Zur institutionellen Struktur des Hegelschen Staates gehört auch die Militärverfassung, die Hegel im Abschnitt »II. Die Souveränität gegen außen« (§§ 321-329) abhandelt. In einem wenig überzeugenden Übergang vom Extrem der Subjektivität in der öffentlichen Meinung zur Subjektivität des Monarchen, der die Souveränität des Staates verkörpert (vgl. § 320, GPR; 489 f.), kommt Hegel auf die Grundfigur seines politischen Denkens seit den WBN zurück, die die Individualität des Staates als Einheit von Idealität und Realität faßt, wobei die Idealität das Moment der einigenden Allgemeinheit und die Realität das der auseinanderstrebenden Besonderheit ausmacht. Der »*Idealismus*« dieser politischen Idealität (vgl. § 278 A., GPR; 443) besteht in der Herabsetzung aller »realen« Einzelkräfte zu bloßen Momenten des Ganzen in den Fällen, in denen die Souveränität auf dem Spiel steht. Daß dies auch im Außenverhältnis der Staaten der Fall sein kann, folgt daraus, daß der Staat als Individuum notwendig Individuum unter anderen Individuen ist und nur darin seine Freiheit und Ehre als die seinige hat (vgl. § 322, GPR; 490 f.). Die äußere Souveränität als die Negativität des Sich-Unterscheidens des Staates von anderen Staaten hat aber notwendig die innere Rückwirkung, daß sie nur möglich ist, wenn er imstande ist, sich negativ auf die innere Vielfalt des Besonderen zu beziehen und seiner Einheit unterzuordnen (vgl. § 323; GPR; 491). Hier präsentiert Hegel erneut die uns nur schwer erträgliche Metaphysik des Krieges aus den WBN (vgl. § 324 A., GPR; 492 f.), die diesen nicht nur zu etwas Sittlichem, sondern sogar zu einem sittlich Notwendigen erklärt: »Im Frieden dehnt sich das bürgerliche Leben mehr aus, alle Sphären hausen sich ein, und es ist auf die Länge ein Versumpfen der Menschen; ihre Partikularitäten werden immer fester und verknöchern. Aber zur Gesundheit gehört die Einheit des Körpers, und wenn die Teile in sich hart werden, so ist der Tod da.« (§ 324, GPR; 493) Der sittlich notwendige Krieg erscheint dabei nicht nur als etwas Unvermeidliches wie die Naturgewalten, sondern sogar als etwas Gewolltes, wodurch »der Natur diese Gewalt abgenommen und die Notwendigkeit zum Werke der Freiheit, einem Sittlichen erhoben« (§ 324, GPR; 492) werde. Der Pazifismus ist in dieser Sicht nicht bloß der faktische Tod aus Angst vor dem Tod, sondern auch zutiefst unsittlich. Aber selbst wenn man Hegel darin folgt, den Staat dialektisch als Individuum zu denken, ist schwer einzusehen, warum die Idealität des Sittlichen ausschließlich durch den Krieg durchgesetzt werden muß: Gibt es nicht auch andere Herausforderungen des Ganzen – Naturkatastrophen, Epidemien, Wirtschaftskrisen etc. –, die eine große Gemeinschaftsanstrengung erforderten? Im Zeitalter der militärischen Hochtechnologie und der Massenvernichtungswaffen hat sich Hegels kriegsmetaphysisches Argument ohnehin erledigt.

Schließlich kommt Hegel auch auf den »*Stand der Tapferkeit*« (§ 325, GPR; 494) zurück, nun in der Gestalt des »*stehenden Heeres*« (§ 326 A., GPR; 494) – die preußische »Linie« –, dem im Verteidigungsfall die Wehrpflichtigen (der »Landsturm«) zur Seite treten (vgl. ebd.). Oberbefehlshaber ist selbstverständlich der Monarch als die individuelle Verkörperung der Individualität des Staates, und dies mit dem Recht der Kriegserklärung und des Friedensschlusses (§ 329, GPR; 497). – Bemerkenswert ist außerdem Hegels These, daß erst im modernen Staat die Tugend der Tapferkeit ihre höchste Gestalt erreicht. Da erscheint sie gänzlich depersonalisiert und steht ohne Rest im Dienst der äußeren Souveränität des Staates. So führt sie auf »das feindseligste und dabei persönlichste Handeln gegen Individuen bei vollkommen gleichgültiger, ja guter Gesinnung gegen sie als Individuum« (§ 328, GPR; 496). Realisiert ist diese unpersönliche Tapferkeit nach Hegel im »*Feuergewehr*« (§ 328 A., ebd.) als Erfindung eben dieses Tapferkeitsprinzips. So hat nach Hegel nicht die Feuerwaffe die moderne Depersonalisierung der militärischen Aggressivität erst ermöglicht – die technische Auflösung des Kampfprinzips »Mann gegen Mann« –, sondern umgekehrt: »Jenes Prinzip hat ... das *Feuergewehr* erfunden ...« Für Marx und die Marxisten wäre dies ein Paradebeispiel für historischen Idealismus, d.h. für den Glauben, Begriffe, Ideen oder Prinzipien bestimmten die Wirklichkeit.[176]

IV. 11 Das äußere Staatsrecht und die Weltgeschichte

Über die Frage nach den rechtlichen Strukturen des Außenverhältnisses des Staates erreicht Hegel mit dem absoluten Recht der Weltgeschichte als des »Weltgerichts« den Höhepunkt und Abschluß seiner Philosophie des Rechts. Dieser letzte Schritt wird in den GPR so oft im voraus angekündigt (vgl. die §§ 33, 259 und 340), daß es nicht überzeugt, ihn als bloß »angehängt« und überdies als eine Folge von »Begriffsfehlern« zu interpretieren sowie das Skandalöse an ihm hegelimmanent beseitigen zu wollen.[177] Was schon die Zeitgenossen und unmittelbaren Nachfolger Hegels an den §§ 330ff. empörte, war dessen These, daß die voll entwickelten Staaten als sittliche Individualitäten sich untereinander im Naturzustand befänden; sie verhielten sich gegenseitig wie souveräne

176 Vgl. Marx, L, 341ff.
177 Vgl. Hösle, in: Jermann, 217ff.

Willenssubjekte, die sich zwar untereinander anerkennen und gegenseitig vertraglich verpflichten können, aber ohne daß eine übergeordnete Rechtsordnung solche Verpflichtungen erzwingen könnte (vgl. §§ 330-333). Daraus ergibt sich auch Hegels Einwand gegen Kants Idee des ›Ewigen Friedens‹ (vgl. § 333 A., GPR; 500), denn Streitigkeiten zwischen den Staaten können gemäß dieser Lage der Dinge nur durch Krieg entschieden werden. Empören mag einen auch die strikte Unterordnung der Moral unter die Politik und die Zurückweisung der Forderung, daß die Politik der Moral entsprechen müsse, als »Seichtigkeit der Vorstellungen von Moralität, von der Natur des Staats und dessen Verhältnisse zum moralischen Gesichtspunkte« (§ 337 A., GPR; 502). Was nach Hegel die Schrecklichkeiten des Krieges allein zu beschränken vermag, sind darum nicht allgemeine Moralprinzipien, sondern nur das Moment der gegenseitigen Anerkennung der Staaten (vgl. § 338, GPR; 502) und die überstaatliche Gesittung der Menschen (vgl. § 339, ebd.).

Sieht man zunächst von der Frage ab, wie realistisch Hegels Bild des Außenverhältnisses des Staates ist, so kann man die geradezu erbarmungslose Konsequenz seines Denkens nicht übersehen, die ihn zu diesem Bild führt. Die ganze Ambivalenz der Hegelschen Staatsphilosophie kann man ermessen, wenn man seine Bezeichnung des Volkes als Staat und hiermit als »die absolute Macht auf *Erden*« (§ 331; GPR; 498) mit der Bemerkung vergleicht, die »Regierung ist somit eine *besondere Weisheit*, nicht die allgemeine Vorsehung« (§ 337, GPR; 501). Nur als Individuum ist der Staat »absolute Macht auf *Erden*«, aber Individuum ist er nur unter anderen Individuen, so daß er notwendig mit Besonderheit und Endlichkeit behaftet bleibt. Der objektive Geist existiert im Staat immer nur als einer der politisch verfaßten »Volksgeister«, und die Weltgeschichte ist nichts anderes als »die Dialektik der Endlichkeit dieser Geister«, aus der der »*allgemeine* Geist, der *Geist der Welt*, als unbeschränkt ebenso sich hervorbringt, als er es ist, der sein Recht – und sein Recht ist das allerhöchste – an ihnen in der *Weltgeschichte*, als dem *Weltgerichte*, ausübt« (§ 340, GPR; 503). Die Einmündung der Rechtsphilosophie in die Philosophie der Weltgeschichte als der einzigen Instanz, die den Naturzustand unter den von Hegel angeblich »vergötzten« Staaten noch rechtlich zu bewältigen vermag, ist kein Resultat von »Begriffsfehlern«, sondern die strikte Konsequenz aus den Prämissen der praktischen

Philosophie Hegels seit ihren Anfängen. Das Pathos des konkreten Denkens und des spekulativen Begreifens der sittlichen Welt legt diese Philosophie fest auf die Ablehnung aller formalen Rechts- und Moralprinzipien als »bloß abstrakt«. Dies gilt dann auch für den Kosmopolitismus der »weltbürgerlichen Absicht«, in der Kant seine geschichtsphilosophischen Ideen skizziert hatte. (Zur Kritik des Kosmopolitismus vgl. auch § 209 A., GPR; 360f.) Das sittlich Abstrakte muß seinerseits zurückgeführt werden auf eine konkrete Sittlichkeit, von der schon die WBN behaupten, sie könne nur als ein sittliches Individuum, d. h. als ein individuelles Volk unter anderen individuellen Völkern existieren. Die sittliche Idee muß selbst konkret sein, und dies ist sie nur als konkrete Idee unter »konkreten Ideen«, und die sind die »Völkergeister« (§ 352, GPR; 508). Daraus ergibt sich notwendig, daß die weltgeschichtliche Dialektik dieser »Völkergeister« das höchste Recht hat, wenn es denn hier überhaupt noch ein Recht gibt.

Genau dies jedoch behauptet Hegel, indem er beim Naturzustand der Völkerindividuen nicht stehenbleibt, sondern sie dem *»allgemeine[n]* Geist«, dem *»Geist der Welt«* (§ 340, GPR; 503) unterordnet. Die dem zugrundeliegende These ist: Die Weltgeschichte, die wesentlich Staaten- und Kriegsgeschichte ist, darf nicht als Naturprozeß mißverstanden werden – trotz allem, was dies nahelegt –, denn sie ist Geist. Dem Einwand, auch Kunst, Religion und Philosophie wiesen eine Geschichte auf und deswegen müßte die Weltgeschichte damit zusammengeführt werden,[178] muß man mit Hegel entgegenhalten, daß die Weltgeschichte objektiver Geist, *»zweite Natur«* (§ 4, GPR; 46) ist und darum der ersten Natur so ähnlich sieht. Kunst, Religion und Philosophie hingegen sind die geschichtliche Epiphanie des absoluten Geistes. Im übrigen ist die prinzipielle Differenz zwischen dem objektiven und dem absoluten Geist ein Differenzierungsfortschritt, der zeitlich zwischen der JPG und den GPR liegt und den man nicht durch Relativierung rückgängig machen sollte. Man kann Hegels Einsicht nicht bestreiten, daß die soziale und politische Geschichte auf einer anderen Ebene stattfindet als das, was wir als Kunst-, Religions- und Philosophiegeschichte rekonstruieren. Auch wenn die Formulierungen des § 341 den Schluß nahelegen, die Weltgeschichte sei als das Konkretere das Höhere als Kunst, Religion

178 Hösle, in: Jermann, 223.

und Philosophie: entscheidend ist, daß der »allgemeine Geist«, dessen Element »in der Kunst Anschauung und Bild, in der Religion Gefühl und Vorstellung, in der Philosophie der reine, freie Gedanke ist«, in der Weltgeschichte als »geistige Wirklichkeit in ihrem ganzen Umfange von Innerlichkeit und Äußerlichkeit« (§ 341, GPR; 503) existiert, d.h., er verbleibt im Bereich des objektiven Geistes, der mit »Äußerlichkeit« behaftet ist. Erst als absoluter Geist (vgl. EPW, §§ 553 ff.; 10, 366 ff.) läßt der »allgemeine Geist« die Differenz zwischen Idee und Wirklichkeit, Innerlichkeit und Äußerlichkeit hinter sich.

Die Philosophie der Weltgeschichte,[179] die Hegel in den Schlußparagraphen noch skizziert, ist nichts anderes als der Versuch, den Geistcharakter der Weltgeschichte zu »erweisen«, d.h. ihren Status als objektiver Geist mit dem ihr eigenen Recht als »Dasein des freien Willens«. Der zeigt sich nach Hegel auf die gleiche Weise wie im Staat, d.h. in der Macht der sich auf dem Felde des Realen wiederherstellenden »Idealität«. Der Schillersche Vergleich der Geschichte mit einem Gericht liegt nahe, weil nach Hegel die staatlichen Gerichte als verlängerte Arme der Regierungsgewalt das Allgemeine des Rechts im Chaos des Besonderen durchzusetzen haben. In analoger Weise ist es die Aufgabe der Weltgeschichte als des Weltgerichts, das Allgemeine des höchsten Rechts des objektiven Geistes im Konzert der individuellen staatlichen Mächte zur Geltung zu bringen. So versucht Hegel, in der Philosophie der Weltgeschichte Macht und Geist zusammenzudenken; die geschichtliche Macht soll zugleich geistig und der geschichtliche Geist das allein Mächtige sein (vgl. § 342; GPR; 504). Es gilt nachzuweisen, daß sich in der Weltgeschichte die Geistnatur des Weltgeistes manifestiert, die darin besteht, »*Gnôti seautón* [Erkenne dich selbst!] zum Gesetze seines *Seins* zu haben und, indem er das erfaßt, was *er ist*, eine höhere Gestalt als diese, die sein Sein ausmachte, zu sein« (§ 343 A., GPR; 504). Damit ist das Gesetz der Weltgeschichte formuliert. Es ist das der Entwicklung im geistigen Sinne des Sicherfassens. In den *Vorlesungen zur Philosophie der Weltgeschichte* sagt Hegel genau in diesem Sinne: »Die Weltgeschichte ist der Fortschritt im Bewußtsein der Freiheit – ein Fortschritt, den wir in seiner Notwendigkeit zu erkennen haben.« (12, 32) Dieser Fortschritt vollzieht sich aufgrund des Individualitäts-

179 Vgl. Ottmann (1997).

prinzips nur durch bestimmte individuelle Völker und Staaten, die jeweils nacheinander und nur einmal im Verlauf der geschichtlichen Zeit eine bestimmte Entwicklungsstufe des Weltgeistes verkörpern (vgl. §§ 344-347); dann kommt ihnen auch ein *»absolutes Recht«* (§ 345, GPR; 505) über alle anderen Völker und Staaten zu. Zum jeweils »welthistorischen Volk« (§ 347 A., GPR; 506) gehört immer auch ein welthistorisches Individuum, das zwar nur seinen eigenen Intentionen folgt, in Wahrheit dadurch aber die Geschäfte des Weltgeistes besorgt (vgl. § 348, GPR; 506f.). Genau darin besteht die berühmte Lehre von der *»List der Vernunft«* (VPW; 12, 49), die die Großen der Geschichte wie Alexander, Cäsar oder Napoleon für ihre objektiven Zwecke einspannt, ohne daß ihnen dies selbst bewußt wäre (vgl. a.a.O., 44ff.).

Der § 352 wiederholt in hochgestimmten Formulierungen die Grundthesen des Geistcharakters der Weltgeschichte, aus dem sich die Prinzipien der vier weltgeschichtlichen Reiche ergeben sollen (vgl. §§ 353ff.). In den *Vorlesungen zur Philosophie der Weltgeschichte* hat Hegel die Prinzipien und die Systematik des Schlußabschnitts der GPR detailliert ausgeführt, und es ist hier nicht der Ort, dies näher zu kommentieren. Der § 360 entläßt den Leser mit dem Eindruck, das Werk der Weltgeschichte sei vollendet, der objektive Geist sei sich selbst ganz durchsichtig geworden, und im Übergang des objektiven in den absoluten Geist sei auch das Ende der Weltgeschichte impliziert.[180] In der Tat legen auch die *Vorlesungen* die Ansicht nahe, was an der Weltgeschichte vernünftig sei, habe sie nunmehr zutage gefördert, wenn auch Einzelheiten noch ausstünden (vgl. 12, 539f.). Das damit angesprochene Problem des Verhältnisses von System und Geschichte wird im Abschnitt V. 15 (c) noch einmal aufgegriffen.

IV. 12 Die Vorrede als philosophiepolitisches Pamphlet

Im Abschnitt IV. 1 war die Vorrede als publizistisches Unglück und als ein Vorhang bezeichnet worden, der sich vor den reichen Inhalt der GPR geschoben habe. Ihre Kommentierung an dieser späten Stelle könnte vielleicht bewirken, daß man diesen nachgeschriebenen Text auch erst nachträglich liest. Der Grund für jenes Unglück

180 Vgl. dazu Maurer.

ist die Vermengung großartiger prinzipieller und programmatischer Äußerungen mit kleinlichen und im schlechten Sinne strategischen Räsonnements. Wie in anderen Vorreden hat Hegel auch hier nicht der Versuchung widerstanden, die Gunst des publizistischen Augenblicks dazu zu nutzen, seinem Zorn auf die Gegner und seiner Verachtung des Zeitgeistes Luft zu machen. Dabei manövrierte er sich in ein Dilemma hinein. Auf der einen Seite gesteht Hegel einem Vorwort nur zu, »äußerlich und subjektiv von dem Standpunkt der Schrift, der es vorangeschickt ist, zu sprechen« (Vorrede, GPR; 28). Damit provozierte er nichtphilosophischen Widerspruch, von dem er aber zugleich behauptete, daß er ihm gleichgültig sein werde (vgl. ebd.). Wie wenig gelassen er dann aber wirklich war, zeigt seine Reaktion auf den Vorwurf des Rezensenten H. E. G. Paulus, mit seiner Polemik gegen Fries (vgl. Vorrede, GPR; 18) einem ohnehin gebeugten und verfolgten Mann »Hohn« und »absichtliche Kränkung« zugefügt zu haben.[181] Hegel wandte sich nämlich mit der Bitte um Schutz an den Minister Altenstein, der sie freilich souverän abwies (vgl. Anhang, GPR; 520 f.). Auf der anderen Seite entwertete Hegel Grundmotive seines philosophischen Denkens, die er in der Vorrede unübertreffbar formulierte, dadurch, daß er sie im nachhinein selbst als bloß »äußerlich und subjektiv« einstufte – ohne daß dies tatsächlich zugetroffen hätte.

Das politisch Anstößige der Vorrede erschöpft sich aber nicht in der Polemik gegen Fries, der durch seine Nähe zu den Burschenschaften nach den Karlsbader Beschlüssen (1819) ohnehin auf der Verliererseite stand. Hegel zerbricht sich zudem den Kopf der Obrigkeit, wenn er die an Fries exemplifizierte »Rabulisterei der Willkür« (Vorrede, GPR; 20) indirekt der polizeilichen Kontrolle anempfiehlt, und zwar dadurch, daß er sie als sophistischen Mißbrauch der von der Regierungsgewalt gewährten Lehrfreiheit hinstellt. Jene »Rabulisterei« basiert nach ihm auf »Prinzipien, aus welchen die Zerstörung ebenso der inneren Sittlichkeit und des rechtschaffenen Gewissens, der Liebe und des Rechts unter den Privatpersonen, als die Zerstörung der öffentlichen Ordnung und der Staatsgesetze folgt« (Vorrede, GPR; 22). Anstatt die politische Einschätzung der von ihm bekämpften Ansichten den Politikern zu überlassen, bietet Hegel hier das wenig erhebende Bild eines

181 Vgl. Hegels Exzerpt in: Anhang, GPR; 520; die vollständige Rezension in: Riedel I, 53 ff.

Intellektuellen, der öffentlich über die politische Gefährlichkeit anderer Intellektueller nachdenkt. Hier nun ist Hegel selbst für das Cliché des »preußischen Staatsphilosophen« mitverantwortlich.

Es wäre freilich eine Verkürzung, dies alles nur auf Hegels ängstlichen Untertanengeist zurückführen zu wollen. Der nervös-gereizte Unterton, der die Vorrede durchzieht, ergibt sich auch und vor allem aus dem Eindruck Hegels, den Zeitgeist insgesamt gegen sich zu haben. Fries erscheint in der Vorrede vor allem als der Protagonist der allgemeinen Philosophie- und Wissenschaftsverachtung, die anstelle der einen Wahrheit an die »*Wahrheiten*« (Vorrede, GPR; 13) der eitlen Subjektivität und des Gefühls appelliert. Hegels Polemik zeigt, wie sehr er sich mit seinem Programm der Philosophie als »wissenschaftliche[r] Erkenntnis der Wahrheit« (vgl. EPW; 8, 14) in der Defensive fühlt. Das Gelingen einer absoluten Philosophie aber – und um nichts Geringeres geht es ja – hängt davon ab, ob auch die Gegenstände der praktischen Philosophie eine methodische Behandlung zulassen, die wissenschaftlichen Ansprüchen genügt. Diese Frage aber kann Hegel nicht so beantworten, wie uns dies naheläge. Wir ließen es auf den Versuch ankommen. Hegel zufolge aber muß die Wissenschaft schon in ihrem Anfang Wissenschaft sein und nicht erst im Resultat, d. h., sie muß sich schon bei ihrem ersten Schritt am Orte der Wahrheit befinden. So fällt Licht auf Hegels immer wiederholten Verweis auf das »unbefangene Gemüt« (Vorrede, GPR; 14 und 25), in dem eben nicht nur eine politische Koalition zwischen der alltäglichen Naivität und der spekulativen Philosophie gegen die moderne, subjektive und negativistische Reflexionskultur beschworen wird; er folgt auch einer »wissenschaftstheoretischen« Notwendigkeit. Wenn die Wissenschaft schon an ihrem Beginn am Orte der Wahrheit sein muß, dann bedeutet dies freilich nicht, daß sie dort die Wahrheit schon in ihrer wahren, d. h. wissenschaftlichen Gestalt besitzt. Genau dies aber, die Überführung der an sich seienden Wahrheit, die der Gegenstand des »Zutrauens« ist, in dem nach Hegel das »unbefangene Gemüt« immer schon praktisch lebt, in die wissenschaftliche Form der Wahrheit, ist nach Hegel die Aufgabe der Wissenschaft und der Funktionssinn ihrer Methode.

Wichtig ist dabei, daß Hegel entgegen unserem Wortverständnis die Wahrheit gegenständlich auffaßt,[182] nämlich als Einheit von

182 Vgl. Schnädelbach (1993).

Begriff und Wirklichkeit, wobei diese Wirklichkeit die des Begriffs selbst ist, und nicht nur unseres Begriffs. Die Wahrheit des Rechts ist somit die Idee des Rechts als Einheit des objektiven Rechtsbegriffs und seiner objektiven Verwirklichung (vgl. § 1). So kann Hegel behaupten, daß »über *Recht, Sittlichkeit, Staat* ... die *Wahrheit ebensosehr alt*, als in *den öffentlichen Gesetzen, der öffentlichen Moral und Religion offen dargelegt und bekannt*« sei und daß der Rechtsphilosophie nur die Aufgabe bleibe, diese schon vorhandene »Wahrheit... auch zu *begreifen* und dem schon an sich selbst vernünftigen Inhalt auch die vernünftige Form zu gewinnen« (Vorrede, GPR; 13 f.). Uns mag dies wie eine Variante des Rechtspositivismus erscheinen, und genauso haben vor allem die liberalen Hegelkritiker dies auch aufgenommen. Das faktisch Vorhandene erscheint auf diese Weise unmittelbar als das Wahre und Verbindliche. Dem steht aber die Fortsetzung des zitierten Textes entgegen: »... damit er [der Inhalt] für das freie Denken gerechtfertigt erscheine, welches nicht bei dem *Gegebenen*, es sei durch die äußere positive Autorität des Staats und der Übereinstimmung der Menschen, oder durch die Autorität des inneren Gefühls und Herzens und das unmittelbar beistimmende Zeugnis des Geistes unterstützt, stehenbleibt, sondern von sich ausgeht und eben damit fordert, sich im Innersten mit der Wahrheit geeint zu wissen« (Vorrede, GPR; 14).

Die letzte Formulierung zeigt, daß es Hegel nicht nur um das Gelingen einer absoluten Philosophie geht, sondern darüber hinaus um die »*Versöhnung* mit der Wirklichkeit, welche die Philosophie denen gewährt, an die einmal die innere Anforderung ergangen ist, *zu begreifen*« (Vorrede, GPR; 27). In dieser »*Versöhnung*« scheint die Glückseligkeit wider, die Aristoteles mit dem *biós theoretikós*, dem Leben in der Theorie, als die höchste dem Menschen erreichbare verbunden hatte.[183] Auch darum knüpft Hegel an das »unbefangene Gemüt« an, weil er in dessen vorphilosophischer Zufriedenheit – »denn im *Grunde* sind es *alle*« (Vorrede, GPR; 16) – ein deutliches Anzeichen für die tatsächliche Versöhntheit des Zeitgeistes mit dem sittlichen Zustand der Welt erblickt. Den Unzufriedenen und Skeptikern kann Hegel dann nur die Ernsthaftigkeit absprechen; denn sie sähen »den Wald vor den Bäumen nicht«, seien selbst das Problem, das sie in der Sache sehen,

183 Vgl. NE X 7, 1177a 12 ff.

und Hegel scheut sich nicht, ihnen bloße Originalitätssucht und unsittliche Motive zu unterstellen (ebd.). Kants Frage »Was soll ich tun?«, in der sich ein für die Moderne kennzeichnendes grundlegendes ethisches Orientierungsbedürfnis ausdrückt, wird auf diese Weise als Anzeichen der »Eitelkeit und Besonderheit des Meinens« denunziert und im übrigen an die gelebte Sittlichkeit verwiesen. Was der »*Versöhnung* mit der Wirklichkeit« entgegensteht, hat nach Hegel seine Ursachen ausschließlich in der subjektiven Verkehrtheit der Unzufriedenen und Unversöhnten, sei es die Verachtung des Denkens, die individuelle Verstocktheit oder »die Fessel irgendeines Abstraktums, das nicht zum Begriffe befreit ist« (Vorrede, GPR; 26).

Daß Hegel aber nicht dabei stehenbleibt, die »Rabulisterei der Willkür« (Vorrede, GPR; 20), die die Philosophie insgesamt in Mißkredit bringt, nur anzuprangern, sondern sie als unsittliche Sophistik auch ausdrücklich der staatlichen Aufmerksamkeit anempfiehlt, zeigt an, wie wenig Hegel dem bloßen Argument noch vertraut. Was Hegel vor Augen hat und wogegen er sich mit der Staatsmacht verbündet, ist der »Atheismus der sittlichen Welt«, der das »geistige Universum« für »*gottverlassen*« und die Wahrheit des Sittlichen für ein »Problema« hält (Vorrede, GPR; 15 f.). Was Hegel bekämpft, ist die Sicht der Dinge, die »die *begreifende Erkenntnis* Gottes und der physischen und geistigen Natur, *die Erkenntnis der Wahrheit* als für eine törichte, ja sündhafte Anmaßung erklärt, wie die *Vernunft*, und wieder die *Vernunft*, und in unendlicher Wiederholung die *Vernunft* ang[e]klagt, herab[ge]setzt und verdammt« (Vorrede, GPR; 22), aber es gelingt ihm nicht, sie überzeugend auf Gedankenlosigkeit und subjektive Eitelkeit zurückzuführen. Auch der ständig wiederholte Vorwurf der »Seichtigkeit« (Vorrede, GPR; 18) hilft da nicht weiter.[184] Wogegen sich Hegel immer verbissener wehrt, sind die romantischen Vorboten des metaphysischen Irrationalismus, der die große Sentenz »Was vernünftig ist, das ist wirklich; und was wirklich ist, das ist vernünftig« (Vorrede, GPR; 24) grundsätzlich bestreitet. Schopenhauer, den Hegel zwar habilitierte, ohne aber seine Philosophie noch zur Kenntnis zu nehmen, ist der erste große Metaphysiker des Irrationalen, der bestreitet, daß das, was die »Welt im Innersten

184 Schon Paulus bemerkte, Hegel halte offenbar alles, was nicht mit ihm übereinstimme, für »seicht«; Vgl. Riedel I, 55.

zusammenhält«, vernünftig sei. Damit ist die Hegelsche Einheit der subjektiven und objektiven Vernunft, die die »*Versöhnung* mit der Wirklichkeit« (Vorrede, GPR; 27) verheißt, prinzipiell aufgekündigt, aber damit auch das Prinzip Hegels, vernünftig lasse sich nur das erkennen, was sich als vernünftig erkennen läßt (vgl. Vorrede, GPR; 14 und 26 f.; auch § 31 A., GPR; 85); Erkenntnis ist dann kein Medium der Versöhnung mit der Wirklichkeit mehr.

So sucht Hegel auch aus innerphilosophischen Gründen die Nähe zur Staatsmacht, mit der im Prinzip »versöhnt« zu sein zu den Wahrheitsbeweisen seiner spekulativen praktischen Philosophie gehört. Diese Philosophie steht und fällt mit der Möglichkeit, den »*Staat als ein in sich Vernünftiges zu begreifen und darzustellen*« (Vorrede, GPR; 26), und dies nicht nur in theoretischer Hinsicht, sondern auch praktisch im Blick auf das Glück des Philosophierenden. Diese innere Verschränkung von Philosophie und Politik macht die ›Vorrede‹ zu einem philosophiepolitischen Pamphlet. Es geht dabei nicht bloß um Fachpolitik im engeren Sinne, sondern um den Versuch, der systematisch notwendigen These von der Versöhnung zwischen Philosophie und Politik pamphletistisch Nachdruck zu verleihen, wobei es Hegel nicht verschmäht, selber im engeren Sinne politisch zu werden. Dafür hat er einen hohen Preis bezahlt. Der strukturelle Konservatismus seiner praktischen Philosophie, der besonders das Kapitel über den Staat mit seinen zahlreichen Beschwörungen der Harmonie des Ganzen bestimmt, tritt in der ›Vorrede‹ so nackt hervor, daß sich die Leser weitgehend davon entlastet fühlen müssen, näher auf Hegels systematische Argumente einzugehen. Seine überaus reiche und komplexe Rechtsphilosophie schrumpft so zu einer selber »abstrakten« Position zusammen. Die Festlegung der Philosophie auf Versöhnung mit der Politik versucht Hegel zwar immer wieder abzuschwächen, indem er dabei nicht auf Einzelheiten besteht (vgl. Vorrede, GPR; 25) und später in der Vorrede zur 2. Auflage der ›EPW‹ auf die Kritik an der berühmten Sentenz mit dem Hinweis auf die Differenz zwischen der Wirklichkeit im vollen Sinne des Begriffs und bloßem Dasein und vorübergehend Existierendem (vgl. 8, 47ff.) verweist, aber dies ändert nichts am Prinzip, zumal die Grenzen zwischen dem wahren und dem bloß scheinhaft Wirklichen schwer zu ziehen sind und wohl stets in der Entscheidungswillkür des Philosophen stehen. Auch wenn die Vernunft bloß als »Rose im Kreuze der Gegenwart« (Vorrede, GPR; 26) erkennbar ist und darum nur eine erheblich eingeschränkte Versöhnungsfreude zu bieten hat – das Feld der Philosophie ist die Gegenwart, und nur sie: »Das *was ist* zu begreifen, ist die Aufgabe der Philosophie, denn das *was ist*, ist die Vernunft.« (Ebd.) Da alles übrige bloß subjektive Eitelkeit und unverbindliches Meinen wäre, verliert das Philosophieren hier die Kompetenz vernünftiger Entwürfe, normativer Vorschläge, begründbarer Sollensansprüche. Das philosophische Lehramt bezieht sich nicht mehr kritisch auf das, was ist, sondern nur mehr auf die Weise der Erkenntnis dessen, was ist (vgl. ebd.). Am Ende steht die Resignation. »Was das Individuum betrifft, so ist ohnehin jedes ein *Sohn seiner Zeit*; so ist auch die Philosophie *ihre Zeit in Gedanken erfaßt.*« (Ebd.) Aber selbst bei dieser Zeitgenossenschaft bleibt es nicht, denn der Philosoph, der seine Zeit in Gedanken zu erfassen sucht, kommt ohnehin immer zu spät. In geradezu ironischer Wendung gegen den Triumphalismus seiner eigenen Philosophie behauptet Hegel, daß die intellektuelle Erfaßbarkeit einer zeitlichen Gestalt in Wahrheit ihr reales Abgestorbensein voraussetzt. So tritt an die Stelle der »Morgenröte« einer neuen philosophischen Epoche, die Hegel noch 1818 in seiner Berliner Antrittsvorlesung glaubte begrüßen zu können (vgl. 10, 403), in den GPR die »Dämmerung«, in der die »Eule der Minerva« allererst ihren Flug beginnt (Vorrede, GPR; 28). So spricht Hegel von der Wirklichkeit, um deren vernünftige Erkenntnis es den GPR geht, in Wahrheit als von einem Vergehenden, ja vielleicht bereits Vergangenen. Da scheint es nun, als habe Hegel für die Versöhnung mit der Wirklichkeit auch noch den Preis ihrer Gegenwart entrichtet.

IV. 13 Skizze der Wirkungsgeschichte und der Kontroversen über Hegel

Die Wirkungsgeschichte der GPR[185] könnte man fast ausschließlich als die Geschichte der Reaktionen auf die berühmte Sentenz: »Was vernünftig ist, das ist wirklich; und was wirklich ist, das ist vernünftig« (Vorrede, GPR; 24) schreiben. Eine anonyme Vorlesungsnachschrift von 1818/19 enthält hingegen den Satz: »Was vernünftig ist, das wird wirklich; und das Wirkliche wird vernünf-

185 Vgl. dazu Riedel I u. Ottmann.

tig.« In Wannenmachers Nachschrift steht: »Was vernünftig ist, muß geschehen«, und Heinrich Heine erzählt, »als er einst Hegel seinen Unmut über dessen Bemerkung von der Identität des Wirklichen und Vernünftigen zum Ausdruck gebracht habe, habe dieser sonderbar gelächelt und entgegnet: »Es könnte auch heißen: ›Alles, was vernünftig ist, muß sein.‹ Er sah sich hastig um, beruhigte sich aber bald ...«.[186] Damit scheint sogar noch die Vorgeschichte der Sentenz das Schicksal der GPR insgesamt zu bezeugen, mit zeitbedingten Beschädigungen auf die Welt gekommen zu sein. In der Tat hatte Hegel, wie wir den Nachschriften entnehmen können, im publizierten Text alles getilgt, was die Vorstellung einer noch ausstehenden Verwirklichung des Vernünftigen – z. B. einer reformistischen oder gar revolutionären Spannung zwischen dem Naturrecht und dem positiven Recht – nahelegen könnte.[187] Man muß Verteidigern recht geben, daß Formulierungen wie die folgende die Zensur bestimmt nicht passiert hätten: »Die Philosophie des Rechts bleibt weder bei der Abstraktion noch bei der geschichtlichen Rücksicht stehen, wenn diese der Idee nicht gemäß ist. – Sie weiß, daß das Reich des Rechtlichen nur durch fortschreitende Entwicklung entstehen kann, und keine Stufe derselben zu überspringen ist. Der Rechtszustand aber beruht auf dem allgemeinen Geist des Volks. Die Verfassung also steht in notwendigem Zusammenhange mit den vorhandenen Begriffen. Ist daher der Geist des Volks auf eine höhere Stufe getreten, so haben die Verfassungsmomente, die sich auf frühere Stufen bezogen, keinen Halt mehr; sie müssen zusammenstürzen, und keine Macht vermag sie zu halten. So erkennt die Philosophie, daß nur das Vernünftige geschehen könne, mögen die äußern einzelnen Erscheinungen ihm auch noch so sehr zu widerstreben scheinen.«[188] Die Akzentuierungen der ›Vorrede‹ und der nachgeschobenen Bemerkungen Hegels zum Naturrecht taten ein übriges, um die wirkliche Macht des Vernünftigen, von der die Sentenz ja auch spricht, hinter dem

186 Zit. nach Hösle (1988), 417; der Einschätzung von Henrich und Siep, der Unterschied zwischen »... *ist* wirklich bzw. vernünftig ...« und »... *wird* wirklich bzw. vernünftig ...« sei »geschichtsphilosophisch keine Differenz« (Siep (1997), 22), vermag ich nicht zu folgen: Für die Junghegelianer war sie die Nuance, die den Unterschied ums Ganze bedeuten kann. Hegel hat die Berufung auf Zukunft stets als einen Rekurs auf ein leeres Sollen kritisiert und immer auf der Präsenz des Vernünftigen im wirklichen Präsens bestanden.

187 Vgl. auch Abschnitt IV. 2 (b).

188 Zit. nach Riedel I, 17.

Vernunftanspruch des Wirklichen verschwinden zu lassen. Erst Friedrich Engels hat an ihre tiefe Doppeldeutigkeit erinnert.[189]

Im ganzen gesehen kann man nicht sagen, daß zu Hegels Lebzeiten eine fundierte Auseinandersetzung mit den GPR stattgefunden hätte. Sieht man von den wenigen Stimmen ab, die auf dem Boden der Aufklärung oder des Kantischen und Fichteschen Naturrechts verbleiben,[190] so kommt die Kritik vor allem von rechts, d. h. von den Anhängern der Historischen Rechtsschule, den Schellingianern und den preußischen Konservativen, denen Hegels Würdigung der Französischen Revolution und sein Konstitutionalismus ein Dorn im Auge sind. Vor allem Schubarth behauptet 1829 mit denunziatorischem Unterton die Unverträglichkeit der Hegelschen Verfassungslehre mit dem preußischen monarchischen Prinzip.[191] Eine Hegel hinterbrachte Bemerkung des Königs Friedrich Wilhelms III., Hegels Schüler Eduard Gans, der wiederholt gemeinsam mit Leopold von Henning die Durchführung der ›Naturrechts‹-Vorlesung übernommen hatte, mache die Studenten offenbar alle zu Republikanern, aber auch offensichtliche Differenzen zwischen Hegel und seinen Schülern veranlassen Hegel dazu, diese Vorlesung wieder selbst anzukündigen; es handelt sich um das WS 1831/32, in dem Hegel nach zwei Vorlesungsstunden stirbt (vgl. die Anmerkungen der Redaktion der TWA, in: GPR; 525 f.).

Die sachbezogene Auseinandersetzung mit Hegel setzt erst in den 30er Jahren ein – vor allem durch Eduard Gans, der 1831 die 2. Auflage der GPR im Rahmen der ersten Gesamtausgabe Hegels besorgt und eine bedeutende Einleitung dazu verfaßt –, und es dauert noch einmal ein Jahrzehnt, bis die uns vertrauten Spaltungen und Polarisierungen der Hegel-Schule in Rechte, Linke und Vertreter der Mitte sichtbar werden. Zuvor sind die unmittelbaren Hegel-Schüler mit der Auslegung und den immanenten Korrekturen der GPR beschäftigt, dann aber vor allem mit der Apologie Hegels gegen Schubarth und seine Gesinnungsgenossen, seine Rechtsphilosophie sei eine des »Hochverrats« – so Elsner.[192] Erstaunlich ist, daß diese rechte Hegelkritik, die ihren Höhepunkt bei F. J. Stahl erreicht,[193] bei den linken und liberalen Hegelkritikern

189 Vgl. Engels, 6ff.
190 Vgl. die Rezension von Herbart, jetzt in: Riedel I, 81 ff.
191 Vgl. Riedel I, 209ff. u. 249ff.
192 Vgl. ebd., 23.
193 Vgl. ebd., 220.

bis in unsere Zeit fast unbemerkt blieb. Der Streitpunkt, der die Geister scheidet, ist das Verhältnis von Staat und bürgerlicher Gesellschaft.[194] Während die »Rechtshegelianer« angesichts der modernen sozialen Probleme auf der Notwendigkeit eines starken, die Konflikte in sich einbindenden Staates bestehen und die »Zentristen« eine moderate Weiterentwicklung der von Hegel dargestellten Institutionen im Sinne eines Ausgleichs von Staat und Gesellschaft ins Auge fassen, kehren die »Linkshegelianer« deren Verhältnis um und kritisieren den Hegelschen Staat als Produkt und Symptom eines kritikwürdigen historischen Zustandes der Gesellschaft. Paradigmatisch ist dafür die *Kritik der Hegelschen Staatsphilosophie* (1841/42) von Karl Marx,[195] der an Arnold Ruges Nachweis der Vermengung historischer und logischer Kategorien bei Hegel anknüpft, ihr aber eine von Feuerbach inspirierte Pointe hinzufügt. Die Präsentation eines Historischen als eines zeitlos Logischen, auf der bei Hegel die These vom Primat des Staates gegenüber der Gesellschaft beruht, führt Marx auf die Figur der Selbstentfremdung des Menschen zurück, aus der Feuerbach die Religion erklärt hatte. Nach Feuerbach schaut der Mensch in der Religion sein eigenes Wesen gegenständlich an, ohne dies zu wissen; analog hierzu ist nach Marx der moderne Staat und die ihn interpretierende und verklärende Hegelsche Philosophie das Produkt und Vexierbild der sozialen Selbstentfremdung des Menschen in der Moderne. In der *Kritik der Hegelschen Rechtsphilosophie. Einleitung* (1843) behauptet Marx dann: »Wir sind philosophische Zeitgenossen der Gegenwart, ohne ihre historischen Zeitgenossen zu sein. Die deutsche Philosophie ist die ideale Verlängerung der deutschen Geschichte ... Die deutsche Rechts- und Staatsphilosophie ist die einzige mit der offiziellen modernen Gegenwart *al pari* stehende deutsche Geschichte.«[196] Den Grund dafür sieht Marx in der historischen Zurückgebliebenheit Deutschlands, die dazu führte, daß »wir Deutschen unsere Nachgeschichte in der Philosophie«[197] erlebt haben. So wird Hegels Rechtsphilosophie von Marx symptomatisch genommen – als ideelles, aber aus historischen und gesellschaftlichen Gründen notwendig verzerrtes Gegenbild der realen Zustände. Diese ideologiekritische Figur »ra-

194 Vgl. ebd., 24ff.
195 Vgl. Marx, L, 20ff.
196 L, 214.
197 Ebd.

tionaler Kern – mystische Hülle«[198] ist seitdem in der marxistischen Hegelinterpretation bis in unsere Gegenwart immer wieder variiert worden (Lenin, Lukács, Bloch, Horkheimer, Adorno, Marcuse usf.). Stets galt auch Hegels Rechtsphilosophie als großartige, aber zugleich bloß »bürgerliche« und deswegen die Wirklichkeit »mystifizierende« Vorwegnahme der »richtigen« Marxschen Sicht der Dinge.

Der Streit zwischen den hegelianischen Schulrichtungen gehört wesentlich dem »Vormärz« an. Nach der mißlungenen Revolution von 1848 gerät er ganz in den Hintergrund, ja der Zeitgeist scheint sich um 1850 völlig von der Philosophie abgewandt zu haben. Das weitere Schicksal der Hegelschen Rechtsphilosophie wird nun wesentlich bestimmt durch Rudolf Hayms *Hegel und seine Zeit* (1857), der die Hegelkritik aus der Sicht des damals erstarkenden politischen Liberalismus formuliert – und dies zugleich im Bewußtsein des historischen Epochenabstands. So entsteht hier im Rückblick auf eine vergangene Zeit das Bild des preußischen Staats- und Restaurationsphilosophen, das über 100 Jahre das allgemeine Hegelbild fast unangefochten beherrschen sollte. Rudolf Haym macht zunächst Hegel wesentlich für die allgemeine Philosophieverachtung der Zeit verantwortlich, führt dies aber nicht nur – wie damals üblich – auf die Naturphilosophie zurück; vielmehr habe Hegel mit seiner Rechtsphilosophie die Philosophie zur »wissenschaftlichen Behausung des Geistes der preussischen Restauration« gemacht, denn die in der Vorrede formulierte Sentenz sei die »absolute Formel des politischen Konservatismus, Quietismus und Optimismus«. Haym behauptet dann auch: »Soviel ich sehe, ist gegen jenes famose Wort von der Vernünftigkeit des Wirklichen im Sinne der Hegelschen Vorrede alles, was jemals die Hobbes und Filmer, die Haller oder Stahl gelehrt haben, eine verhältnismäßig freisinnige Lehre. Die Gottesgnadentheorie und die Theorie von der *oboedientia absoluta* [vom absoluten Gehorsam] ist unschuldig und gefahrlos im Vergleich mit der furchtbaren Doktrin, welche das Bestehende als Bestehendes heilig spricht.«[199] Die Gegenschrift des Hegel-Schülers Karl Rosenkranz *Apologie Hegels gegen Dr. R. Haym* (1858)[200] konnte nicht verhindern, daß Hayms Werk publizistisch wie eine Beerdigung

198 Vgl. Marx, *Kapital* I, 18, wo dies auf Hegels Methode bezogen wird.
199 Zit. nach Riedel I, 374.
200 Vgl. ebd., 395 ff.

wirkte. Die Akten über Hegel schienen endgültig geschlossen zu sein.

Als in unserem Jahrhundert erneut liberale Kritiker glaubten, sich kritisch mit Hegel befassen zu müssen[201], hatten sie den präfaschistischen Neuhegelianismus und den Sowjetmarxismus vor Augen. Es war also die Bedrohung durch den Totalitarismus von rechts und links, die sie zu Hegel als dessen vermeintlichem philosophischen Urheber zurückführte. Was den rechten Totalitarismus betrifft, so trifft es zu, daß sich da eine direkte Traditionslinie aufweisen lässt. Sie führt über die Althegelianer Johann Eduard Erdmann, Karl Rößler und Adolf Lasson zu Georg Lasson, dessen Schriften zur Zeit um den Ersten Weltkrieg die Verbindung zu der extrem-konservativen Juristengruppe um Julius Binder, Gerhard Dulckeit und Karl Larenz herstellen.[202] Hegel ist demzufolge der klassische Philosoph des Machtstaat-Gedankens, d. h. der Konzeption des Staates als eines präindividuellen Selbstbehauptungssystems, das individuelle Rechte gewährt und entzieht; das ist mit Hegel als dem Philosophen der »Ideen von 1914« gemeint, von dem Georg Lasson 1916 spricht.[203] Unbestreitbar ist Hegels Staat nicht der Staat des Liberalismus, und ebenso unbestreitbar finden sich bei ihm immer wieder Formulierungen, die jenes Hegelbild nahelegen; die Neuhegelianer aber ignorieren die natur- und vernunftrechtliche Grundlage der GPR; reduzieren ihre liberalen Gehalte und hier vor allem die These vom »unendlichen Recht« der Subjektivität, auf dem Hegel in seiner Konzeption von Sittlichkeit und Staat gleichwohl besteht. Man kann sagen, daß der Neuhegelianismus die Hegelsche Sittlichkeit, die ja die Familie und die bürgerliche Gesellschaft umfaßt, insgesamt »verstaatlichte«. (Die liberale Hegelkritik Friedrich Meineckes, Hermann Hellers, Franz Rosenzweigs u. a.[204] richtete sich primär gegen den Hegel des Neuhegelianismus.) Nicht unerwähnt sollte auch die Ambivalenz bleiben, die das Verhältnis der dem Nationalsozialismus nahestehenden Theoretiker zu Hegel bestimmte. Während auf der einen Seite vor allem Juristen im »totalen Staat« Hegels Vision als erfüllt begrüßten, war die Ablehnung Hegels bei Autoren wie Alfred Baeumler oder Alfred Rosenberg total, denn ihnen war seine Theo-

201 Vgl. Hook, Popper, Cassirer, Topitsch.
202 Vgl. Riedel I, 31 u. Rottleuthner.
203 Vgl. Lasson.
204 Vgl. Ottmann, 182ff.

rie noch zu liberal und nicht völkisch genug; für Carl Schmitt war am Tage der Machtergreifung Hitlers »Hegel gestorben«.[205]

Daß Hegel heute vom Vorwurf, Vordenker des Totalitarismus gewesen zu sein, so weitgehend entlastet ist, darf als das Verdienst einer neuen Hegelaneignung nach dem Zweiten Weltkrieg gelten. Sie beginnt mit dem schon 1941 veröffentlichten Buch *Reason and Revolution: Hegel and the Rise of Social Theory* von Herbert Marcuse, das 1954 in zweiter Auflage erscheint und seine Wirkung in Deutschland erst nach der deutschen Übersetzung 1962 entfaltet. Marcuses Darstellung läuft auf den begründeten Nachweis eines unversöhnlichen Gegensatzes zwischen Hegel und dem Nationalsozialismus hinaus. Daneben entwickelt sich in Frankreich seit den späten 30er Jahren durch die Vorlesungen von Alexandre Kojève, die von Sartre, Aron, Merleau-Ponty, Fessard, Hippolyte u. a. besucht werden,[206] eine vor allem an der PhG orientierte Hegeldeutung, die den Begriff der Arbeit und die Dialektik von Herrschaft und Knechtschaft in den Mittelpunkt rückt. Das Ergebnis ist ein zugleich marxistischer und existentialistischer Hegel, der für das Selbstverständnis der nichtorthodoxen Linken und hier vor allem der Praxis-Philosophie (Kosik, Markovic, Petrovic, Schmied-Kowarzik u. a.), aber auch der Frankfurter Kritischen Theorie bestimmend sein sollte. Zu vervollständigen ist dieses Bild noch durch Georg Lukács' einflußreiches Werk *Der junge Hegel und die Probleme der kapitalistischen Gesellschaft* (1948), das Henning Ottmann so kennzeichnet: »Die beinah gelungene Verwechslung oder der junge Hegel in der Rolle des jungen Marx«;[207] auch dieses Buch ist gegen den Neuhegelianismus gerichtet und dessen »reaktionärer Legende« von Hegels »›theologischer‹ Periode«, die in Wahrheit eine »republikanische Periode« der Antizipation marxistischer Gesellschaftskritik gewesen sei.[208] Viel beachtet wurde auch Ernst Blochs Buch *Subjekt-Objekt. Erläuterungen zu Hegel* (1951), das ein differenziertes, plumpe Alternativen vermeidendes Hegelbild entwirft – zugleich sympathisch und kritisch vor dem Hintergrund eines für Zukunft und konkrete Utopie offenen Marxismus.

Eine Neuaneignung Hegels nach dem Zweiten Weltkrieg, die

205 Zit. nach Riedel I, 47.
206 Vgl. Ottmann, 93.
207 Ebd., 87.
208 Vgl. Lukács, 31.

sein Werk weder im Ruf des Präfaschismus noch im Monopolbesitz der Marxisten belassen wollte, wurde wesentlich angeregt durch Eric Weils *Hegel et l'état* (1950), der in sorgfältigen Untersuchungen viele der liberalistischen Clichés zerstören konnte. Für die deutsche, liberal-konservativ gestimmte Diskussion wurde Joachim Ritter und seine Schule bestimmend, aus der eine große Zahl von wichtigen Monographien und Einzelstudien hervorging. Hegels praktische Philosophie zog auch Interesse auf sich vor dem Hintergrund der vor allem von Gadamer begründeten Konzeption ›Hermeneutik als praktische Philosophie‹. Das Hegelsche Diktum, Philosophie sei »ihre Zeit in Gedanken erfaßt«, wurde zum Motto eines gegen Kantische und Fichtesche Abstraktheit gewandten ethischen und politischen Philosophierens.[209] Die von Ritter und Gadamer angeregte Hegeldeutung wurde zur Basis dessen, was man »Neoaristotelismus« in der praktischen Philosophie nennen kann.[210]

Die angelsächsische Zurückhaltung gegenüber Hegel wurde durchbrochen durch die große Monographie *Hegel* von Charles Taylor (1975; dt. 1978), die breite Anerkennung fand und eine sehr abgewogene Einschätzung der GPR enthält. Es ist zu hoffen, daß damit das irreführende und polemisch verzeichnete Hegel-Bild von Popper, das in England und in den USA immer noch weit verbreitet ist, allmählich von der Bildfläche verschwindet (Hegel mit dem »neuen Mythos von der Horde«[211] in Zusammenhang zu bringen ist wohl nur möglich, wenn man Hegel und seinen Einfluß vor allem anderen »bekämpfen«[212] will.)

Zu erwähnen ist ferner die *Hegel-Gesamtausgabe* der Rheinisch-Westfälischen Akademie der Wissenschaften (seit 1968), in deren Umkreis grundlegende Studien vor allem zum Frühwerk entstanden. Auch die Edition der verschiedenen Vorlesungsnachschriften der GPR durch Karl-Heinz Ilting (4 Bde., 1974 ff.) regte lebhafte Diskussionen an. Schließlich spricht die Existenz von drei voneinander unabhängigen internationalen Hegelgesellschaften für die Präsenz Hegels in der Gegenwartsdiskussion – auch und gerade seiner GPR.

209 Vgl. Bubner.
210 Vgl. Schnädelbach (1992), 205 ff.
211 Popper, 36 ff.
212 Ebd., 40.

IV. 14 Zur Aktualität der GPR

Hegels praktische Philosophie ist wesentlich politische Philosophie, und seine politische Philosophie ist Staatsphilosophie. Die erste Gleichsetzung bedeutet, daß Hegel nicht bei der neuzeitlichen Differenz zwischen Rechts- und Moralphilosophie stehenzubleiben bereit ist, sondern Recht und Moral in einer Philosophie der Sittlichkeit zu fundieren versucht, die in dem Sinne politisch ist, daß sie die Idee der griechischen *pólis* – dieses klassizistisch stilisierte Urbild eines sittlichen Gemeinwesens – unter den Bedingungen der Neuzeit aufgreift und mit den entsprechenden Modifikationen als realisiert aufzuweisen unternimmt. Damit stellt uns Hegel vor die Frage, ob in der Gegenwart eine praktische Philosophie als Philosophie der Sittlichkeit möglich ist oder nicht. Indem Hegel zum anderen die so verstandene politische Philosophie unmittelbar als Staatsphilosophie versteht – so daß ihm zufolge alle Sittlichkeit, also auch die der Familie und der bürgerlichen Gesellschaft, und überdies Recht und Moralität im Staat, der aus ihnen den GPR zufolge hervorgeht, seinen wahren Grund haben soll –, folgt er einer spezifisch deutschen Tradition, die *pólis*, die in der Antike Einheit von Gesellschaft und Staat war, staatlich zu deuten und damit im Gegensatz zu angelsächsischen Denkmustern tendenziell die Gesellschaft zu verstaatlichen.[213] In diesem Abschnitt soll die Hegelsche Einheit von praktischer, politischer und Staatsphilosophie auf ihre Aktualität bzw. Aktualisierbarkeit befragt werden.

(a) Wie modern ist Hegels Staat?

Während die liberalen Kritiker Hegels seit Rudolf Haym den Hegelschen Staat durchweg für prämodern und für die restaurative Beschwörung eines geschichtlich Überholten hinstellten, wies vor allem Eric Weil in *Hegel et l'état* (1950) darauf hin, wie wenig von dem, was Hegel in den GPR als zugleich vernünftig und wirklich entwickelt hatte, im damaligen Preußen tatsächlich realisiert war. Dann zeigte Joachim Ritter in seiner klassischen Arbeit *Hegel und die französische Revolution* (1957), daß es sich bei Hegels Entwurf um den eines postrevolutionären Staates handelt, der es als seine

213 Vgl. Vollrath; auch: Siep (1992), 307ff.

Aufgabe begreift, das rechtlich und institutionell auf Dauer zu stellen, was die Französische Revolution welthistorisch bedeutet: die politische Durchsetzung des neuzeitlichen Prinzips der Subjektivität und der subjektiven Freiheit. In diesem Sinne sagt Ritter: »... es gibt keine zweite Philosophie, die so sehr und bis in ihre innersten Antriebe hinein Philosophie der Revolution ist wie die Hegels.«[214] Dem hat Jürgen Habermas die korrigierende Ergänzungsthese entgegengehalten, »um nicht Philosophie als solche der Herausforderung durch die Revolution zu opfern«, habe »Hegel die Revolution zum Prinzip seiner Philosophie erhoben«.[215] Er sagt auch: »Hegel macht die Revolution zum Herzstück seiner Philosophie, um Philosophie davor zu bewahren, zum Zuhälter der Revolution zu werden.«[216] In dieser Sicht der Dinge ist Hegels Dialektik nichts anderes als die philosophische Internalisierung der Revolution, und genau dies führe zur Entpolitisierung der Philosophie, weil dann die Dialektik der Revolution nur noch etwas sei, zu dem sich die Philosophen theoretisch im Modus des »reinen Zusehens« verhalten können. Beide Thesen dürften zutreffen. Hegel ist der Philosoph der Revolution, und wie das Kapitel über die bürgerliche Gesellschaft zeigt, nicht nur der politischen, sondern auch der industriellen Revolution, deren soziale Folgen er hellsichtig analysiert. Zugleich ist Hegel der Philosoph der Furcht vor weiteren Revolutionen, wie seine Beunruhigung angesichts der französischen Julirevolution und des belgischen Aufstandes von 1830 zeigt,[217] denn sie können in seiner Sicht das welthistorisch Erreichte nur gefährden. So zeigt Hegels politische Philosophie schon die Ambivalenz, die nach so vielen revolutionären Enttäuschungen unsere heutige Einschätzung von Revolutionen allgemein kennzeichnen dürfte.

Eine näher begründete Einschätzung des Hegelschen Staates als eines modernen Staates ist wohl nur dann möglich, wenn man die Frage nach dem Rechtsstaat und nach den Grundrechten stellt. Hier wird deutlich, wie absurd es ist, Hegel mit dem Totalitarismus unseres Jahrhunderts in Zusammenhang zu bringen, der immer zuerst den Rechtsstaat abschaffte. Auch ohne »gemachte« und geschriebene Verfassung und ohne regierungsunabhängige Justiz

214 Ritter, 18.
215 Habermas (1963), 128.
216 Ebd., 144.
217 Vgl. Helferich, 71.

ist Hegels Staat Rechts- und Verfassungsstaat, und zwar mindestens in einem dreifachen Sinne. Er ist zunächst der Staat des Rechts als des Daseins des freien Willens – also kein bloßes Machtgebilde; er ist zweitens rechtlich verfaßt im Sinne eines inneren und äußeren Staatsrechts, und er ist schließlich auch der Staat des abstrakten, in der bürgerlichen Gesellschaft positiv gewordenen Privat- und Strafrechts, das er anwendet, ausführt und in der Gesetzgebung fortentwickelt. Was die Grundrechte betrifft, so finden wir bei Hegel keinen Grundrechtskatalog, was aus seiner Skepsis gegenüber den abstrakten »Menschenrechten« zu erklären ist. Nach Hegel ist vom »Menschen« allein in der bürgerlichen Gesellschaft die Rede (vgl. § 190, GPR; 348), und darum sind die Rechte des Menschen nach Hegel durch deren positivierte Gestalt in den Gesetzen gewährleistet; das Vernünftige in diesen Gesetzen entspricht ihm zufolge dem, was die neuzeitliche Rechtsphilosophie das Naturrecht genannt hatte.[218] Im übrigen ist Hegel der Ansicht, daß die effektiven Garantien dieser Rechte keineswegs aus einem abstrakten Naturrecht jenseits des positivierten Rechts erwachsen könnten, sondern sie ergeben sich ihm zufolge demgegenüber aus der Binnengliederung des sittlichen Ganzen und an dem jeweiligen Ort der fraglichen Rechte der Individuen in den verschiedenen sittlichen Sphären (vgl. z. B. § 295 und A., GPR; 463). Immer gibt Hegel der institutionellen Absicherung der konkreten Rechte des Einzelnen in Familie, Gewerbe, Rechtspflege, Korporation und politischer Repräsentation den Vorrang vor den abstrakten Rechtstiteln – etwa im Sinne der *Déclaration des droits de l'Homme* (1793). Unbestreitbar ist aber das Fehlen eines institutionell abgesicherten Schutzes der Individualrechte vor staatlichem Machtmißbrauch ein Defizit des Hegelschen Entwurfs.[219] Überdies stellt Hegel diese Rechte stets in das Fadenkreuz von Recht-Pflicht und Recht-Wohl und fordert auch dadurch dazu auf, sie stets konkret zu diskutieren. Seine komplexen Stellungnahmen zur Religionsfreiheit (vgl. § 270 A., GPR; 415 ff.), zur Meinungs-, Presse- und Wissenschaftsfreiheit, die aus heutiger Perspektive als wenig entschieden, ja sogar als taktisch-ambivalent erscheinen mögen, haben hier ihre sachliche Wurzel.

So kann man sagen: Hegel unterscheidet sich von den post-

218 Vgl. dazu Abschnitt IV. 2 (b).
219 Vgl. Siep (1992), 305.

revolutionären Liberalen weniger durch die inhaltlichen Forderungen nach individueller Freiheit als durch deren Verständnis und die Einschätzung der sich daraus ergebenden institutionellen Notwendigkeiten. Er war der Überzeugung, daß der liberale »*äußere Staat*, – *Not-* und *Verstandesstaat*« (§ 183, GPR; 340) nicht in der Lage sei, die Freiheit der Einzelnen zureichend zu sichern. Ehe man Hegel bloß deswegen angreift, weil sein Staat trotz des breiten Spielraums, den er den Individuen in der Sphäre der bürgerlichen Gesellschaft einräumt, nicht der liberale Staat sei, sollte man lieber das liberale Staatsmodell selbst kritisch diskutieren.[220] Wenn der Hegelsche Staat auch nicht »unser« Staat ist, sollten wir uns doch klarmachen, wie wenig unser Staat dem reinen Bild des Liberalismus entspricht (z. B. von Hayek, Nozick u. a.); auch darin kann man Hegels Modell Modernität nicht absprechen, daß er eine institutionelle Antwort auf die sozialen und politischen Herausforderungen der Modernität ins Auge faßt, an die wir uns längst gewöhnt haben: die Verknüpfung von Rechts- und Sozialstaat. Gegen Rousseau und Kant besteht Hegel systematisch auf der Verknüpfung von Recht und Wohl als Staatszielen,[221] weil nur dadurch die individuelle Freiheit konkret, d. h. in der Lebenswirklichkeit und nicht nur als abstrakter Rechtsanspruch, zu garantieren sei. Dies führt unausweichlich zu sozialstaatlichen Konsequenzen, die die Liberalen des 19. und 20 Jahrhunderts als »sozialistisch« abzuwehren pflegten. Diese Konsequenzen hatte schon Lorenz von Stein aus Hegels Prämissen gezogen, indem er die Lösung der »sozialen Frage«, die Hegel in den GPR im wesentlichen in der Sphäre der bürgerlichen Gesellschaft belassen hatte, explizit zur Staatsaufgabe erklärte.[222] Modern ist Hegel auch darin, daß er auf die sozialen und politischen Grenzen des reinen Wirtschaftsliberalismus verweist. So kann man Hegels politische Philosophie, die wesentlich Staatsphilosophie ist, auch als eine prophetische Vorwegnahme des in der Moderne ständig wachsenden Staatsanteils am politischen und sozialen Leben ansehen.

220 Vgl. Ilting (1971), 65 f.
221 Vgl. Siep (1992), 300 u. 285.
222 Vgl. Stein.

(b) Sittlichkeit heute?

Schon Rudolf Haym hatte das Mißverhältnis zwischen der verbalen Anerkennung subjektiver Freiheitsrechte und ihrer inhaltlichen Ausgestaltung bei Hegel kritisiert.[223] Wie zahlreiche parallele Formulierungen scheint der Satz »Das *Sittliche* ist subjektive Gesinnung, aber des an sich seienden Rechts« (§ 141 A., GPR; 287) die Subjektivität auf eine bloße Agentur des objektiv Geltenden zu reduzieren; demzufolge kann nur das Besondere und Individuelle als sittlich gelten, wenn es sich selbst aus Freiheit in ein Allgemeines transformiert. Auch und gerade in der bürgerlichen Gesellschaft mutet Hegels Staat seinen Bürgern zu, ein »allgemeines Leben« zu führen. Daraus folgt die Kritik des politischen Liberalismus unmittelbar: Gemessen an dieser Forderung kann das Individuum, wie es »so geht und steht« (Vorrede, GPR; 17) – d. h. in einem vorsittlichen und vorpolitischen Zustand individueller Besonderheit –, keineswegs die faktische und normative Grundlage des Staates abgeben, wie der Liberalismus behauptet. Es liegt auf der Hand, daß dieser Staat, der sich nicht damit begnügt, in der bürgerlichen Gesellschaft *»äußerer Staat, – Not-* und *Verstandesstaat«* zu sein, sondern normative Ansprüche an seine Bürger stellt, selbst eine normative Qualität aufweisen muß, die über das hinausgeht, was sich wie in den Vertragstheorien aus Klugheitsregeln eines geordneten sozialen und politischen Zusammenlebens ableiten läßt. Diese normative Qualität des Staates ist seine Sittlichkeit. Was Hegel vom politischen Liberalismus unterscheidet, ist sein Festhalten an der Forderung eines sittlichen Lebens. Es wäre verfehlt, dies als bloße *pólis*-Nostalgie abzutun. Hegel teilt mit Rousseau die Erfahrung des neuzeitlichen Subjekts, im politisch-sozialen Raum ein Doppelleben als *citoyen* und als *bourgeois* führen zu müssen, und er sucht wie Rousseau nach einer Integration dieses Gegensatzes in einer höheren Einheit. Der *citoyen* als der Staatsbürger ist das moderne Nachbild des antiken *polítes*, d. h. des Inhabers politischer Mitwirkungsrechte; der *bourgeois* hingegen, d. h. der neuzeitliche bürgerliche Privatmensch – den der frühe Hegel schon ins Römische Reich zurückdatiert –, ist das Subjekt des Privatrechts. Hegel orientiert sein Sittlichkeitsideal nicht wie Rousseau am *citoyen*, in dem im *Contrat social* der *bourgeois* ganz zu verschwinden hat, sondern an

223 Vgl. Riedel I, 376ff.

der Vermittlung von *citoyen* und *bourgeois* unter dem Primat des *citoyen*. Hegel sieht, daß diese Vermittlung, die ihm zufolge allein sittlich wäre, auf der *bourgeois*-Grundlage nicht zu erreichen ist, und darum ist sein Staat nicht der Staat des Liberalismus.

Sittlichkeit des Staates hatten auch Kant und Fichte eingefordert, und auch sie ließen den politischen Liberalismus dadurch hinter sich, daß sie das den Staat allein legitimierende Rechtsprinzip aus dem Kategorischen Imperativ als dem Prinzip aller Sittlichkeit ableiteten. Hegel war davon überzeugt, über Kant und Fichte noch hinausgehen zu müssen, weil sie in ihrer Theorie beim Nebeneinander von Recht und Moral, Rechts- und Tugend- bzw. Sittenlehre stehenblieben. Hegel deutete dies als Anzeichen einer nur unzureichenden Überwindung des *citoyen-bourgeois*-Gegensatzes mit seiner abstrakten Trennung zwischen dem Öffentlichen und dem Privaten, der politisch-rechtlichen und persönlichen Sittlichkeit; deren konkrete Einheit faßte er als die wahre Sittlichkeit. Daß die so »objektivistisch« gerät und gezeichnet durch eine unübersehbare Reduktion des Individuums auf einen Funktionsträger des sittlich Allgemeinen, zeigt den Preis an, den Hegel für sein Festhalten an jenem Leitbild der Sittlichkeit zahlte. Er ist einer der Gründe, warum wir Heutigen uns wohl endgültig davon verabschiedet haben. Zwar lebt es fort in den neoaristotelischen und kommunitaristischen Denkmodellen, die ethische und rechtliche Normen nur vor dem Hintergrund eines je schon gelebten Ethos für begründbar halten,[224] aber die Erfahrungen mit der auch von Hegel inspirierten Machtstaats-Ideologie und die Besorgnisse angesichts staatlicher Aushöhlung der Individualrechte lassen auch unseren modernen Hegelianern eine buchstäbliche Rückkehr zur Hegelschen Sittlichkeit ausgeschlossen sein.

Aber nicht nur wenn wir von der Hegelschen Sittlichkeit zur Dualität von Recht und Moral zurückkehren, muß die Frage nach der normativen Begründung von beidem neu gestellt werden. Wie schon im Kommentar zu den WBN angedeutet, ist der Formalismus-Einwand Hegels gegen Kant und Fichte unhaltbar. Der aber gibt die Basis ab für Hegels normative Entleerung der Moralität und die Reduktion der Moralphilosophie auf eine bloße Handlungstheorie.[225] So hat Kant sehr wohl das Rechtsprinzip und die

224 Vgl. Schnädelbach (1992), 205 ff.
225 Vgl. Abschnitt IV. 6.

Begriffe Eigentum, Vertrag etc. aus dem Kategorischen Imperativ deduziert,[226] was Hegel nicht zur Kenntnis nimmt. Wenn so etwas aber möglich ist, dann muß man gegen Hegel die theoretische Möglichkeit eines vom geltenden Recht und der institutionell gelebten Sittlichkeit unabhängigen universellen Moralprinzips einräumen. Dann steht auch das Problem des Verhältnisses einer Hegelschen Sittlichkeit zu den Grundlagen einer postkonventionellen Moral auf der Tagesordnung.[227] – In jüngerer Zeit ist verschiedentlich versucht worden, für die Hegelsche Sittlichkeit, die der reinen Lehre des Liberalismus so schroff entgegensteht, ein Äquivalent im Felde vernünftiger Intersubjektivität zu finden und auf diese Weise die Hegelsche Opposition von Allgemeinem und Individuellem in der Staatslehre zu entspannen (Theunissen, Hösle, Siep). Auch die diskursethischen Entwürfe bei Apel und Habermas gehören dort, wo sie sich dem Verhältnis von Recht und Moral zuwenden, diesem Zusammenhang an.[228]

(c) Ist Hegels Rechtsphilosophie deskriptiv oder normativ?

Karl-Heinz Ilting hat Hegels Rechtsphilosophie als »Phänomenologie des Bewußtseins der Freiheit« gedeutet; ihm zufolge stellen die GPR »Lebensordnungen« dar, »die als Verwirklichungen der Idee der Freiheit gedeutet werden. Die Rechtsphilosophie ist also nicht mehr eine normative Theorie, auch wenn sie zahlreiche normative Sätze enthält, sondern eine Art Metaethik dessen, was Hegel »Recht« zu nennen beliebt, mithin eine Metatheorie der wichtigsten unser Zusammenleben regelnden und ermöglichenden Normensysteme.«[229] Vittorio Hösle hingegen hat diese Deutung »abwegig« genannt,[230] um aber dann gleichwohl bei Hegel eine »theoretizistische Umdeutung der praktischen Philosophie«[231] zu konstatieren. Von der Entscheidung darüber aber, ob Hegels GPR deskriptiv-phänomenologisch oder normativ aufzufassen sind, hängen die Berechtigung der Hegelkritik und die Bedeutung der Konsequenzen ab, die aus ihr folgen. Wenn die »theoretizistische«

226 Vgl. Siep (1992), 255.
227 Vgl. Apel.
228 Vgl. ihre Arbeiten in: Kuhlmann.
229 Henrich/Horstmann, 225 f.
230 Hösle (1988), 495.
231 Ebd., 424.

Deutung im Recht ist, dann gehören Hegels GPR in die Tradition der deskriptiven praktischen Philosophie, die die menschliche Praxis, so wie sie ist, auf den Begriff bringt, d. h. von ihren strukturellen Grundelementen her deutet. Das methodische Vorbild liefern dabei die Ethiken und die *Politik* des Aristoteles, die sich als Teile einer theoretischen Wissenschaft der Praxis verstehen. In diesem Sinne ist Hegel vor allem von den Soziologen und Politologen rezipiert worden, d. h. als wichtiger Gesellschafts- und Staatstheoretiker, und hat so eine eigene Wirkungsgeschichte entfaltet. Das normative Verständnis der praktischen Philosophie hingegen ist leitend für Kants Modell, dem zufolge alles, was ist – also auch die soziale Welt menschlicher Praxis –, eigentlich zum Gegenstandsbereich der Naturwissenschaften gehört, so daß für die praktische Philosophie, die sich als ›Metaphysik der Sitten‹ versteht, nur die apriorischen Prinzipien des Sollens und Gesollten übrigbleiben. In der Perspektive der so verstandenen praktischen Philosophie vor allem zieht Hegel bis heute scharfe Kritik auf sich; hier erscheinen die Vorwürfe der »Akkomodation«, des Verrats des Vernünftigen an das Wirkliche und des Machtpositivismus.

Wie es mit dem Normativen bei Hegel steht, hängt wesentlich davon ab, was man unter »normativ« versteht; es kann damit sowohl das Evaluative wie das Präskriptive gemeint sein.[232] Wert- und Güter-Ethiken folgen evaluativen Normen, Sollens-Ethiken hingegen präskriptiven Normen, und Elemente beider Konzeptionen sind bei Hegel vertreten. Was wir bei Hegel prinzipiell nicht akzeptieren können, ist seine Interpretation des Sollens selber, wie sie vor allem die ›Vorrede‹ bestimmt.[233] Hegels Kritik des Sollens vereinigt mehrere Argumente. Einmal versteht er es als ein »Jenseitiges« (Vorrede, GPR; 24), d. h. als das noch nicht verwirklichte wahre Sein einer Sache – so wie ein Knabe einmal ein Mann sein soll. Das Sollen ist somit ein Anzeichen der Endlichkeit und Unwirklichkeit des Sittlichen, während die praktische Philosophie sich an das, was nicht bloß sein soll, sondern wirklich ist, zu halten habe. In diesem Sinne hatten schon die WBN das Kantische Sollen als Index realer Unsittlichkeit aufgefaßt (vgl. WBN; 2, 463). Wie dazu bereits bemerkt,[234] unterscheidet Hegel nicht das teleologische vom deontologischen Sollen, ja er reduziert das zweite auf das

232 Schnädelbach (1992), 79 ff.
233 Vgl. dazu auch Hösle (1988), 420 ff.
234 Vgl. Abschnitt IV. 6 (a).

erste. Das Ziel eines transitorischen Entwicklungszustandes aber und das, wozu wir im Handeln unbedingt verpflichtet sind – das sind zwei ganz verschiedene und nicht aufeinander zurückführbare Bedeutungen eines »Gesollten«. Es macht keinen Sinn zu sagen, der Knabe sei dazu verpflichtet, ein Mann zu werden, oder umgekehrt zu behaupten, wenn ich meinen Freunden helfe, hätte ich einen Schritt auf dem Wege zu sittlicher Vollkommenheit gemacht, die mir als zukünftiger Zustand bevorstehe.

Damit ist freilich schwer vereinbar, daß Hegel in der ›Vorrede‹ das Gesollte »in den Irrtum eines einseitigen, leeren Räsonierens« (Vorrede, GPR; 24) verlegt, so als existierten zu seiner Zeit überhaupt keine Realisierungsdefizite der in den GPR als wirklich behaupteten Vernünftigkeit. Hatte es nicht geheißen: »Was vernünftig ist, muß geschehen«?[235] In der Tat zeigt doch Hegel selbst ein vielfältiges Sollen des damaligen preußischen Staates auf, und zwar im Lichte der großen Sentenz und nicht bloß seines eigenen »einseitigen, leeren Räsonierens«. Die Erkenntnis, daß die Verwirklichung eines an sich Vernünftigen noch aussteht, aber weltgeschichtlich bevorsteht, ist mit der »*Versöhnung* mit der Wirklichkeit« (Vorrede, GPR; 27) nicht unverträglich. So kann man sagen, daß Hegel genau diese »*Versöhnung*« gefährdet, wenn er das philosophische Erfassen »ihrer Zeit in Gedanken« (ebd.) so konzipiert, daß darin das Erfassen der über die unmittelbare Gegenwart hinausweisenden Tendenzen nicht enthalten ist.

Was nun das deontologische Sollen betrifft, so wäre es eine völlige Mißdeutung der GPR, behauptete man, es käme in ihnen nicht vor. Die durchgehende Symmetrie zwischen Rechten und Pflichten, die Hegel im Bereich der Sittlichkeit zugrunde legt – der »Begriff von Vereinigung von Pflicht und Recht ist eine der wichtigsten Bestimmungen und enthält die innere Stärke der Staaten« (§ 261 A., GPR; 409) –, führt zu seiner These, man könne die Rechtsphilosophie auf diesem Niveau ebensogut als Pflichtenphilosophie lesen. Da es eine Pflichtenlehre auf dem Standpunkt der »moralischen Subjektivität« nicht zu Inhalten bringe, sondern erst auf dem einer Theorie sittlicher Institutionen, reduziert sich nach Hegel die Differenz zwischen einer Institutionen- und einer Pflichtenlehre auf einen bloßen Formunterschied, weswegen bei der Betrachtung der »sittlichen Bestimmungen« als der »notwen-

235 Hösle, 417.

digen Verhältnisse« der Nachsatz »*also ist diese Bestimmung für den Menschen eine Pflicht*« ebensogut weggelassen werden könne (§ 148 A., GPR; 297). Indem bei Hegel die Institutionenlehre zum Medium der Pflichtenlehre wird, erscheint das Sollen nur mehr als Element dessen, was in dieser Theorie auf der Gegenstandsseite erscheint: eben die Einheit von Sein und Sollen in den sittlichen Institutionen selber. So kann der Vorwurf des »Theoretizismus« gegen Hegels praktische Philosophie nicht bedeuten, Normen, Sollen und Pflichten kämen in ihr nicht vor; das »Normative« wird hier schon thematisiert, aber eben phänomenologisch, in der Perspektive der 3. Person oder in der Beobachterperspektive. Das Erkenntnisziel dieser Philosophie liegt in der »Versöhnung mit Wirklichkeit«, die aus der Einsicht fließt, daß alles so ist, wie es sein soll, und daß die das gesollte Ziel determinierende Vernunft auch in der politischen Welt nicht ohnmächtig war, sondern sich verwirklichte. Daß auch der Staat so ist, wie er sein soll, dies vermag nur derjenige einzusehen, der sich von der Philosophie darüber belehren läßt, »wie das sittliche Universum erkannt werden soll« (Vorrede, GPR; 26).

Auf diese Weise erklärt sich auch Hegels groteskes und wohl absichtliches Mißverständnis der Kantischen Frage »Was soll ich tun?« in der ›Vorrede‹ der GPR. Kants Problem ist doch nicht, daß ich nicht wüßte, was ich tun soll – überall wird gesagt, was ich tun soll –, sondern ob das, was ich tun soll, auch das Gute und Gerechte ist und wie ich das Gute und Gerechte von meinen übrigen zahllosen Sollens-Zumutungen unterscheiden kann. Man sieht: hier geht es um das Sollen in der Perspektive der 1. Person, d. h. des Betroffenen. In »Was soll ich tun?« drückt sich eine prinzipielle Skepsis aus, die Hegel offenbar als Bedrohung seines praktisch-philosophischen Programms auffassen mußte: darum die Denunziation der Frage als trivial oder als Index der Unsittlichkeit des Fragenden (vgl. Vorrede, GPR; 14 f.). Hegels Verweis an das »unbefangene Gemüt« und an das Alter und die Bekanntheit des sittlich Gesollten beantwortet nur die Frage, was »man« soll. Er überspringt das Moment der subjektiven Einsicht in das als vernünftig und gerechtfertigt, was ich soll oder wir wollen. Statt dessen werden wir an die Philosophie verwiesen; wenn die uns gelehrt hat, wie »das sittliche Universum (,) erkannt werden soll« – so die These –, dann gelangten wir zu der Einsicht, daß der Staat sei, wie er sein soll, woraus sich auch die Legitimation dessen ergebe, was wir tun sollen.

So läuft Hegels praktische Philosophie schließlich auf einen Normativismus eigener Art hinaus. Seine spekulative Philosophie der Praxis ist um ihres theoretischen Gelingens und ihres praktischen Versöhnungspathos willen auf die Erkenntnis des Staates – und d. h. jedes Staates, auch des schlechtesten (vgl. § 258, GPR; 403 f.) – als einer Gestalt vernünftiger Wirklichkeit oder wirklicher Vernünftigkeit festgelegt. Wenn wir mit Kant darauf bestehen, daß nicht alles, was in faktischen Institutionen gesollt wird, auch sittlich ist, und wir damit auf der Differenz zwischen sozialer Geltung und normativer Gültigkeit von Normen bestehen, so kann Hegel auch dies aufnehmen, aber er wird es immer relativierend auf sein zugleich theoretisches und normatives Hintergrundkonzept der Sittlichkeit zurückbeziehen. Dieses Konzept faßt zunächst *per definitionem* jeden Zustand des »sittlichen Universums« als sittlich auf, auch wenn er wie die griechische oder römische Welt offensichtlich unsittliche Elemente enthält. Auf diese Weise ist jede konkrete Gestalt der Sittlichkeit, sofern sie endlich und vergänglich ist, eine Einheit von Sittlichkeit und Unsittlichkeit.[236] Die so verstandene Sittlichkeit ist der höchste normative Bezugspunkt von Hegels praktischer Philosophie, und weil er sie stets konkret denkt, geht diese praktische Philosophie auch in normativer Hinsicht notwendig in Geschichtsphilosophie über. In der Weltgeschichte erhalten die Staaten als die sittlichen Universa nur einmal ein »absolutes Recht« (§ 347, GPR; 506), und es ist der Weltgeist, der es ihnen aus höchstem Recht zuteilt. Was bei Hegel über den Relativismus der konkreten Sittlichkeiten hinausweist, ist somit die Weltgeschichte als das »Weltgerichte« (§ 340, GPR; 503). Bei ihm ersetzt die »Vernunft in der Geschichte« das allgemeine normative Prinzip, nach dem die praktische Philosophie im Geiste Kants fragt. Hegels spekulativer Historismus ist zugleich ein normativer Historismus, vor dessen Hintergrund jede Suche nach universalen Grundlagen des Rechts und der Moral als »abstrakt«, wirklichkeitsfremd und tendenziell unsittlich erscheinen muß. Fragt man, wie Hegel diesen Glauben an die normative Kraft der Weltgeschichte zu rechtfertigen vermag, so bleibt ihm nichts als der Rekurs auf die spekulative Wahrheit der christlichen Religion. Davon, daß »Gott die Wahrheit und er allein die Wahrheit« (EPW, § 1; 8, 41) ist, hängen in seinem System sämtliche »Erweise«

236 Vgl. dazu Abschnitt I. 4.

der Vernünftigkeit des Wirklichen und der Wirklichkeit des Vernünftigen ab – auch und gerade in der praktischen Philosophie.

Was daraus normativ für das Individuum folgt, ist die Forderung des prinzipiellen normativen Einverständnisses dieses »*Sohn[es] seiner Zeit*« (Vorrede, GPR; 26) mit seiner Zeit, d. h. mit dem weltgeschichtlichen Zustand des sittlichen Universums. Hegels praktische Philosophie transportiert im Ergebnis Geschichtsfrömmigkeit als säkularisierte Form christlicher Frömmigkeit. Wenn der letzte Paragraph der GPR lehrt, nun sei »die wahrhafte Versöhnung objektiv geworden« (§ 360, GPR; 512), dann schreibt er der Weltgeschichte zu, was der christliche Glaube bis dahin der Christologie und der Eschatologie vorbehalten hatte. Das moderne Individuum soll sich im übrigen damit zufriedengeben, daß im modernen Staat das Subjektivitätsprinzip gilt; dies sei ein zureichendes Äquivalent für die Forderung nach Rechtsgehorsam, Rollenkonformität und politischem Wohlverhalten, denn das Individuum befinde sich, wenn es davon abweiche, ohnehin nur in »seinem Meinen – einem weichen Elemente, dem sich alles Beliebige einbilden läßt« (Vorrede, GPR; 26). Der Preis für Hegels zugleich spekulativen und normativen Historismus ist hoch: Nicht mehr das sich seiner moralischen Identität reflexiv vergewissernde, selbstbewußte Individuum ist der Ort, an dem sich die Frage nach der normativen Richtigkeit des Handelns entscheiden läßt, sondern die Weltgeschichte. Für ein Kantisches Moralprinzip ist da kein Platz. Hegels praktische Philosophie kennt nur Rechtsnormen und institutionelle Pflichten und darüber die grenzenlose normative Macht der weltgeschichtlichen Fakten. So muß man den Vorwurf der Unsittlichkeit, den der frühe Hegel gegen Kants Ethik erhob, in modifizierter Form an ihn zurückgeben: Worin besteht Hegel zufolge die Motivation zum sittlichen Handeln, wenn nicht in kluger Befolgung dessen, was »man« in quasi-religiöser Ergebenheit gegenüber dem Weltlauf zu tun hat? Ist Hegels praktische Philosophie nicht eigentlich »moralfrei«, wenn man unter Moral mehr versteht als das Einverständnis mit den faktisch-geltenden Konventionen oder gelegentlichen Regungen mitmenschlicher Liebe? So ist es letztlich Hegels zugleich metaphysischer und normativer Historismus, der im Marxismus kräftig fortlebte, der uns von ihm trennt. Mag sein Typus praktischer Philosophie auch im Neoaristotelismus oder im Konzept ›Hermeneutik als praktische Philosophie‹ weiter gegenwärtig sein – ist einmal die Einheit von Vernunft und Wirklichkeit unglaubwürdig geworden, können wir Antworten auf Fragen nach dem, was ist und faktisch geschieht und was »man« soll, nicht mehr zugleich als Antworten auf die Fragen nach dem verstehen, wozu *wir* in unseren Handlungen unbedingt verpflichtet sind. Auf diese Weise treten die Perspektiven der 3. Person und der 1. Person und damit die theoretischen und die deontologischen Aspekte der Praxis wieder auseinander. Wir sind von Hegel zu Kant zurückgekehrt.

IV. 15 Stellenkommentar

(Die Fußnoten der Redaktion von TWA 7 werden hier nicht wiederholt.)

12, 3 ff. – Penelope, die Gattin des Odysseus, vertröstete während dessen Abwesenheit die Freier bis zur Fertigstellung ihres »Gewebes«, und sie knüpfte in der Nacht immer wieder auf, was sie tagsüber gewebt hatte (vgl. Odyssee 19, 120 ff.).
13, 18 f. – Im Gleichnis vom reichen Mann und dem armen Lazarus sagt Abraham zu dem reichen Mann in der Hölle, der ihn darum bittet, er möge den armen Lazarus zur Warnung zu seinen Brüdern senden: »Sie haben Mose und die Propheten; laß sie dieselben hören.« (Lk 16, 29)
13, 2 v. u. f. – Die Rede von der »alten« Wahrheit ist ironisch, weil es sich für Hegel von selbst versteht, daß die Wahrheit weder alt noch jung, sondern ewig ist.
14, 12 v. u. – Die Redensart »Den Wald vor lauter Bäumen nicht sehen« stammt von Christoph Martin Wieland, *Musarion* (1768).
15, 21 – Der »Stein der Weisen« – auch als *Lapis philosophorum* bezeichnet – galt seit der Spätantike als die wichtigste Substanz in der Alchimie, mit deren Hilfe unedle in edle Stoffe (Gold, Silber) verwandelt werden sollten.
16, 4 – Ein »Problema« ist, wörtlich verstanden, eine Streitfrage (grch. *tò próblema*).
18, 5 ff. – Hegel zitiert hier bruchstückhaft seinen Amtsvorgänger in Heidelberg: Jakob Friedrich Fries, *Handbuch der praktischen Philosophie*, Teil 1, *Ethik*, Heidelberg 1818, 6 f. (zit. nach: Klenner, 398).
18, 12 – »Denn seinen Freunden gibt er's schlafend« (Ps 127, 2),

woraus als Sprichwort wurde: »Den Seinen gibt's der Herr im Schlaf.«

18, 17 ff. – Zum Verhältnis Hegels zu Fries vgl. auch Abschn. IV. 13.

19, 9 – Epikur lehrte im Gegensatz zur Stoa und ihrer Lehre vom strikten Determinismus einen metaphysischen Indeterminismus; deswegen kann es ihm zufolge keine objektive Erkenntnis des Universums geben.

19,18 – Das folgende Zitat ist ganz ähnlich, d. h. aus dem Gedächtnis angeführt in der PhG, vgl. 3, 271.

20, 6 v. u. – Das »Schib(b)oleth« ist das Losungswort, mit dem die Gileaditer die eigenen von den fremden Leuten unterschieden; konnte es jemand nicht aussprechen und sagte »Sib(b)oleth«, dann war klar, daß es sich um einen Feind handelte (vgl. Richter 12, 5 f.).

20, 3 v. u. – Rabulistik ist Wortverdreherei, Haarspalterei – von lat. *rabula*, ein tobender, schreiender Sachwalter vor Gericht, Zungendrescher.

23, 14 – Hegel versteht das Römische Reich als ein Regime allgemeiner politischer Unmündigkeit im »Rechtszustand«; vgl. 2, 491 und 3, 355 ff.

24, 16 – Hegel bezieht sich hier auf den § 185 A.; 341 f.

25, 5 – »Es ist alles ganz eitel, sprach der Prediger; es ist alles ganz eitel.« (Pr 1, 2)

25, 10 v. u. – Vgl. Platon, *Nomoi*, 789e.

25,8 v. u. – Vgl. Fichte, *Naturrecht*, § 21; WW, Bd. III; 29 f. (II, 299 f.).

26, 7 – Zur »Staatswissenschaft« vgl. Abschnitt IV. 1.

26, 16 f. – In der Fabel des Aesop »Der Prahler« rühmt sich ein Fünfkämpfer, auf Rhodos habe er einen gewaltigen Sprung getan; dafür habe er Zeugen. Ihm wird entgegnet, er brauche dafür keine Zeugen: »Hier ist Rhodos, hier springe!« Dies wird in der Regel lateinisch als »*Hic Rhodus, hic salta!*« zitiert. Hegel zitiert Aesop wörtlich und setzt die lateinische Fassung des Erasmus darunter: »*Hic Rhodus, hic saltus!*« (Hier ist Rhodos, hier der Sprung!).

26, 7 v. u. – Das Wortspiel Hegels nutzt die Bedeutung von grch. *tò rhódon*: die Rose.

26, 2 v. u. f. – Das Kreuz in der Rose ist das Wappenzeichen Martin Luthers, was damals allen Lesern bekannt war; Hegel macht daraus die Rose im Kreuz. Damit ist der Bezug auf Luther (vgl. 27, 20) ikonographisch vorbereitet.

27, 14 v. u. ff. – Hegel zitiert hier sehr frei und offenbar aus dem

Gedächtnis Francis Bacon: »*It is true, that a little philosophy inclineth man's mind to atheism; but depth in philosophy bringeth men's mind about to religion.*« (Essay XVI »*On Atheism*«, in: *The works of Fr. B. in 14 volumes*, London 1857-74 (Faksimile-Neudruck, Stuttgart 1963, Vol. VI, 413). Ich habe nicht ermitteln können, ob Hegel diesen Text kannte oder nur über die Vermittlung eines Dritten, z. B. Jacobi, der Bacon schätzte, und zu dessen Philosophie das Zitierte gut paßt; Hegel hingegen behandelt Bacon sehr herablassend und oberflächlich in seinen VGP III; 20, 74 ff., ohne jene Sentenz zu erwähnen. Den Hinweis auf Bacon verdanke ich: Klenner, 405.

27, 8 v. u. f. – »Weil du aber lau bist und weder kalt noch warm, werde ich dich ausspeien aus meinem Munde.« (Off 3, 16)

28, 11 – Minerva ist die römische Entsprechung der Athene, die in der griechischen Mythologie als Herrin der Weisheit, der Künste und Wissenschaften galt; zu ihr gehört die Eule, die auf diese Weise als Wappentier auf die athenischen Münzen gelangte; daher stammt die Redeweise »Eulen nach Athen tragen«, und nicht nur von der Tatsache, daß in den Felsen der Akropolis tatsächlich viele Eulen nisteten.

31, 13 f. – Jede Definition im Zivilrecht ist gefährlich.

32, 15 v. u. ff. – Dies ist eine erneute Attacke auf die romantischen Gefühlsphilosophen, als deren Hauptvertreter die Vorrede Fries angreift (vgl. 18, 5 ff.).

32, 34 – Zur Methode vgl. 6, 550 ff.

35, 17 ff. – Hegel bezieht sich hier auf Montesquieu, *De l'esprit des lois* (Vom Geist der Gesetze), 2 Bde., Genf 1748.

37, 6 v. u. – Gustav Hugo (1764-1844) war Professor für römisches Recht in Göttingen und gilt als Begründer der deutschen Historischen Rechtsschule; am 16. April 1821 veröffentlichte er in den *Göttingischen Gelehrten Anzeigen* eine kritische Rezension der GPR, in der er auf den Hegelschen Angriff gegen ihn im § 3 A. einging. Hegel antwortete darauf mit einer Erklärung noch im April in der *Allgemeinen Literaturzeitung* (vgl. Riedel I, 67 ff.).

39, 21 – Shylock ist bei Shakespeare ein jüdischer Wucherer, der Geld verleiht und dafür Anspruch auf ein Pfund Fleisch aus dem Körper des Schuldners erhebt.

40, 7 – *iumentum* – lat. Zugtier, Lasttier.

40, 8 – *arcera* (lat.): ein bedeckter Wagen, besonders für kranke und schwache Personen.

40, 7 v. u. – Mit den »zwölf Tafeln« ist das römische Zwölftafelgesetz (*lex duodecim tabularium*) gemeint, die älteste Gesetzeskodifikation der römischen Republik von 451/450 v. Chr., die auf zwölf Steintafeln niedergelegt und veröffentlicht wurde.

41, 2 v. u. – *callidus* (lat.): schlau.

41, 1 v. u. – eine *Bonorum possessio* (lat.) ist ein Güterbesitz ohne rechtlichen Eigentumstitel.

42, 3 – *hypókrisis* (grch.): Schauspielerei, Heuchelei.

46, 16 – Zur »zweiten Natur« vgl. Abschn. IV. 2 (c).

50, 10 – Hegel wiederholt hier den Grundgedanken des Kapitels »Die absolute Freiheit und der Schrecken« aus der PhG (3, 431 ff.), in dem er die Abstraktheit des leitenden Freiheitsbegriffs für den jakobinischen Terror ursächlich verantwortlich macht.

52, 2 v. u. ff. – In dieser Passage, in der Hegel seinen spekulativen Grundgedanken der »*konkrete[n]* Allgemeinheit« (§ 6, GPR; 52) in der Differenz zu Fichte präzisiert, fällt auf, daß er den »*Dualismus* der *Unendlichkeit* und *Endlichkeit*« im ICH auch auf Kant zurückprojiziert, bei dem davon nirgends die Rede ist; Hegel hat Kant immer im Lichte Fichtes interpretiert.

60, 25 f. – Hegel wiederholt hier die ersten Bestimmungen seiner Naturphilosophie (vgl. EPW; 9, 41 ff.). Dabei fällt auf, daß Raum und Zeit rein logisch charakterisiert sind; von »Anschauungsformen« (Kant) ist nicht mehr die Rede.

63, 23 ff. – Die Erläuterung des Willensbegriffs durch den Rekurs auf die deutschen Wörter ›beschließen‹ und ›sich entschließen‹ ist ein schönes Beispiel für Hegels Vorliebe für den buchstäblichen Wortsinn und die Etymologie als philosophischer Gedankenquelle. Zu den berühmten Beispielen zählt auch seine (etymologisch falsche) Deutung von ›Urteil‹ als ›Ur-teilung‹ des Begriffs; das Urteil ist demzufolge »die *ursprüngliche Teilung* des ursprünglich Einen; das Wort *Urteil* bezieht sich hiermit auf das, was es an und für sich ist« (6, 304), und die »Er-innerung« erscheint hier als Gegenstück zur Entäußerung (3, 591). Ein moderner Meister des Philosophierens aus Wörtern ist Martin Heidegger.

64, 24 ff. – In der Vorlesung zitierte Hegel Goethe mit dem Satz: »Wer Großes will, muß sich beschränken können.« (§ 13, GPR; 65)

69, 16 ff. – Daß es sich bei der Frage, ob der Mensch von Natur gut oder böse sei, um den Kampf der Aufklärungsphilosophie gegen die Lehre von der Erbsünde handelt, macht Hegel in der Vorlesung klar, wobei er die Lehre von der Erbsünde verteidigt: »Die christliche Lehre, daß der Mensch von Natur böse sei, steht höher wie die andere, die ihn für gut hält; ihrer philosophischen Auslegung zufolge ist sie also zu fassen. Als Geist ist der Mensch ein freies Wesen, das die Stellung hat, sich nicht nur durch Naturimpulse bestimmen zu lassen. Der Mensch, als im unmittelbaren und ungebildeten Zustande, ist daher in einer Lage, in der er nicht sein soll und von der er sich befreien muß. Die Lehre von der Erbsünde, ohne welche das Christentum nicht die Religion der Freiheit wäre, hat diese Bedeutung.« (§ 18, GPR; 69)

72, 8 v. u. – Erneut gegen die romantischen Gefühlsphilosophen, d. h. Fries (vgl. 18, 5 ff. und 32, 15 ff.).

75, 3 ff. – Zur weiteren Erläuterung der erstaunlichen These, der freie Wille sei »*wahr* oder vielmehr die *Wahrheit* selbst«, vgl. im Text § 24, GPR; 75, 31 ff.

80, 24 ff. – Die genauen Definitionen Kants lauten: »Das Recht ist ... der Inbegriff der Bedingungen, unter denen die Willkür des einen mit der Willkür des andern nach einem allgemeinen Gesetz der Freiheit zusammen vereinigt werden kann« und: »Eine jede Handlung ist recht, die oder deren Maxime die Freiheit der Willkür eines jeden mit jedermanns Freiheit nach einem allgemeinen Gesetze zusammen bestehen kann« (MdS, A 33). Erstaunlich ist, daß Hegel Kants »allgemeines Gesetz der Freiheit« umstandslos mit der »bekannte[n] formelle[n] Identität« und dem »Satz des Widerspruchs« identifiziert, was seinem seit den WBN unverändert erhobenen Formalismus-Vorwurf gegen Kants praktische Philosophie folgt (vgl. Abschnitt I. 4). Ebenso unverständlich ist, daß Hegel Rousseaus *volonté générale* in diesem Text schlicht ignoriert und nur von der von Rousseau selbst kritisierten *volonté de tous* spricht.

81, 12 ff. – Hegel spricht hier erneut vom jakobinischen Terror (vgl. 50, 10 ff.).

83, 8 – Daß Hegel das Recht mit der religiösen Würde des »Heiligen« ausstattet, ist wieder Wasser auf die Mühlen des Vorwurfs der »Staatsvergötzung«; da die Religion erst auf der Ebene des absoluten Geistes thematisch wird, gibt es dafür auch keine rechtsphilosophische Rechtfertigung, es sei denn in dem sehr allgemeinen Sinne, daß man das Recht insgesamt als das objektive Dasein des Geistes, d. h. des Absoluten, auffaßt. In den *Vorlesungen über die Philosophie der Religion* heißt es dazu: »Die vernünftigen Bestimmungen der Freiheit, die sittlichen Bestimmungen vereint in *eine*

Bestimmung, *einen* Zweck, – so ist die Bestimmung dieser Subjektivität die *Heiligkeit*. Die Sittlichkeit bestimmt sich so als Heiligkeit.« (VPR II; 17, 51) Diese Passage steht im Zusammenhang von Hegels Ausführungen über die jüdische Religion als die »Religion der Erhabenheit«, so daß man jene Stelle wohl auch so lesen kann: »Das Recht ist etwas *Erhabenes überhaupt* ...«

95, 3 v. u. – Daß die Rechtsfähigkeit der Person unmittelbar ein »Rechtsgebot« impliziert, folgt aus Hegels durchgängiger Komplementarität von Rechten und Pflichten (vgl. § 148 A., GPR; 297).

99, 6 – Vgl. Kant, MdS, A 89.

99, 10 v. u. – *capitis diminutio* (lat.): Verminderung der bürgerlichen Rechte (*caput*: Kopf steht dabei für Personsein).

99, 6 v. u. – Vgl. § 167, GPR; 320.

100, 3 – *ius ad rem* (lat.): Recht an der Sache; *obligatio*: Verpflichtung.

105, 24 – Hier philosophiert Hegel wieder aus der ursprünglichen Wortbedeutung: Veräußerung ist ihm zufolge der Übergang eines an sich schon Äußerlichen in die Äußerlichkeit, und so notiert er am Rande seines Exemplars der GPR: »*Veräußerung* ist das Aufgeben eines *schon Äußerlichen*, das mein Eigentum ist, – nicht erst das *Äußern*.« (§ 43, GPR; 105, Fußn.)

106, 11 ff. – Diese »praktische« Widerlegung der Philosophie des gesunden Menschenverstandes und eines vulgären Kantianismus kann sich nur wieder gegen Fries richten: vgl. auch: VGP; 18, 5 ff., 32 5 v. u. ff., 72, 8 v. u. und Abschn. IV. 13.

108, 13 – »Familienfideikommissarisch« (lat. *fideicommissum*) ist ein kollektives Familieneigentum, das einem Einzelnen zu »treuen Händen« mit Nutzungsrechten, aber ohne Verfügungsrechte überlassen wurde. Dieses Rechtsinstitut bestand in Deutschland bis 1919.

111, 21 – Hegels anticartesianische Ausführungen über die Identität der Person wären es wert, von modernen Theoretikern der Person wie Peter F. Strawson (vgl. *Individuals*, London 1959; dt. Ausg.: *Einzelding und logisches Subjekt*, Stuttgart 1972, insbes. 111 ff.) und denen, die an ihn anschließen, wahrgenommen zu werden. Sie wenden sich auch gegen die Ideologie der »inneren« Freiheit, sei es im Sinne der lutherischen Zwei-Reiche-Lehre oder eines mißverstandenen Existentialismus, der glaubt, auch unter der Folter frei bleiben zu können; zur Freiheit als Transzendenz beim frühen Sartre vgl. Biemel, 10 ff.

113, 22 – Daß die Natur weder gerecht noch ungerecht sei, ist ein weiteres Argument gegen die traditionelle Vorstellung des Naturrechts. Vgl. Abschn. I. 2 (b).

118, 2 f. – Das Verhältnis des Willens zum Eigentum erläutert Hegel anhand der drei Formen des »Urteils des Daseins« aus der WL II (6, 311 ff.; zum »unendlichen Urteile« vgl. 324 ff.) und macht daran deutlich, wie terminologisch genau er das Eigentumsrecht als erstes »Dasein des freien Willens« (§ 29, GPR; 80 f.) faßt; zugleich bestätigt er damit die strukturelle Einheit von Wollen und Denken (§ 5 A., GPR; 49).

120, 11 – *Akzession*: Zuwachs, Wachstum; *Alluvion*: Anschwemmung; *f(o)etura* (lat.): Fortpflanzung.

123, 6 ff. – Hegel weist hier die das absolute Unrecht relativierende Ansichten insbesondere der Historischen Rechtsschule (Heineccius, Hugo) zurück und bezieht sich im folgenden positiv auf Kant, MS § 30, B 115 f. (Hinweis bei Klenner, 430).

132, 5 ff. – Ob die Unterscheidung zwischen dem bloßen Eigentumstitel und der ungeteilten Gebrauchs- und Verfügungsmacht wirklich als »Verrücktheit der Persönlichkeit« abgetan werden kann, mögen Juristen entscheiden; überhaupt ist die Anmerkung wohl nur von rechtshistorischem Interesse. – Das lateinische Zitat aus den *Institutiones* lautet übersetzt: »Nießbrauch ist das Recht, eine fremde Sache zu gebrauchen und Früchte aus ihr zu ziehen unter Erhaltung der Substanz der Sache.« – »Damit die Besitztümer durch fortwährende Trennung vom Nießbrauch nicht überhaupt unnützlich seien, ist festgelegt worden, daß der Nießbrauch unter bestimmten Umständen erlischt und zum Besitztum zurückkehrt.« (Nach § 62, GPR; 132)

133, 1 ff. – Hegel »glänzt« hier mit Kenntnissen des römischen Rechts, um gleich hinzuzufügen, daß diese Bestimmungen nur noch »historische Delikatessen« seien: *res mancipi / nec mancipi* betrifft die Unterscheidung zwischen Sachen, die (buchstäblich) mit der Hand ergriffen werden können, und solchen, bei denen das nicht der Fall ist; *dominium Quiritarium / Bonitarium* bezeichnet die Differenz zwischen gesetzlichem und prätorianischem, d. h. nur durch den Prätor zugewiesenem Eigentum mit beschränkten Verfügungsrechten; *dominium directum / dominium utile*: uneingeschränktes vs. auf Nutzung eingeschränktes Eigentum; der emphyteutische Vertrag (grch. *emphyteúo*: einpflanzen) bezieht sich auf Grundstücke und das Anpflanzungsrecht und steht rechtlich zwischen dem Grundeigentum und dem bloßen Nießbrauch. – Das Wort »Gilten« (§ 62, GPR; 133, 8) habe ich in keinem Handbuch verzeichnet gefunden.

140, 3 v. u. – »Dereliquieren« (Dereliktion) bedeutet das Aufgeben des Eigentums als einseitige Verfügung, wodurch das Aufgegebene »herrenlos« wird und von jedem angeeignet werden kann.

142, 2 ff. – *causa sui* (lat.): Ursache seiner (ihrer) selbst; das Spinoza-Zitat: »dessen Natur nur als existierend begriffen werden kann« (nach § 66, GPR; 142).

147, 6 ff. – Klenner verweist darauf, daß das von Hegel an dieser Stelle geforderte Urheberrecht in Preußen noch nicht existierte, sondern erst 1837 Gesetz wurde (vgl. Klenner, 437).

147, 28 – *accessio naturalis* (lat.): natürlicher Zuwachs; *f(o)etura* (lat.): Fortpflanzung.

151, 1 ff. – Der Text der Vorlesungsnachschrift spricht auch den Beispielen heroischer Selbsttötung (Herkules, Brutus) das Recht dazu ab (vgl. § 70, GPR; 152).

158. 1 ff. – Mit »in einer neuern Zeitperiode« meint Hegel die Neuzeit und im folgenden die Konstruktionen des ursprünglichen Vertrags seit Thomas Hobbes, die nicht mehr primär Eigentumstitel, sondern persönliche Rechte betreffen (vgl. Hobbes, Lev., Chap. XVII).

160, 7 – *laesio enormis* (lat.): übermäßige absichtliche Verletzung; dies bezieht sich im römischen Recht auf die Verletzung der Vertragsleistung, die zum Rückgängigmachen des Vertrags berechtigt (nach Klenner, 441 f.).

160, 15 – Stipulation ist im römischen Recht die förmliche, feierliche Zusage einer Leistung, später auch schriftlich möglich; vgl. auch die §§ 78 und 79 (GPR; 161 ff.).

162, 2 v. u. f. – »Im altrömischen Recht bedeutete ein *pactum* eine schuldbegründende Vereinbarung, die nicht in zivilrechtlicher Form abgeschlossen oder nach ihrem Inhalt nicht vom Zivilrecht anerkannt war, ein *contractus* hingegen (war) ein nach Zivilrecht klagbarer Vertrag.« (Klenner, 442)

163, 10 v. u. – *»res, traditio rei«* (alt.): die Sache, Übergabe der Sache.

166, 6 – *mutuum* (lat.): das Geborgte; *commodatum* (lat.): Darlehen.

167, 3 – *res fungibilis, res non fungibilis* (lat.): dieser Unterschied betrifft die rechtliche Eigenschaft bestimmter beweglicher Sachen.

180, 6 f. – Zum »Heroenrecht« sagte Hegel in der Vorlesung: »Im Staat kann es keine Heroen mehr geben; diese kommen nur im ungebildeten Zustande vor. Der Zweck derselben ist ein rechtlicher, notwendiger und staatlicher, und diesen führen sie als ihre Sache aus. Die Heroen, die Staaten stifteten, Ehe und Ackerbau einführten, haben dieses freilich nicht als anerkanntes Recht getan, und diese Handlungen erscheinen noch als ihr besonderer Wille; aber als das höhere Recht der Idee gegen die Natürlichkeit ist dieser Zwang der Heroen ein rechtlicher, denn in Güte läßt sich gegen die Gewalt der Natur wenig ausrichten.« (§ 93, GPR; 180)
183, 10 v. u. – Diogenes Laertios zitiert als Gemeingut der altstoischen Philosophen: »Die Tugenden ... stehen in einem zu engen Verhältnis zueinander, daß wer eine hat, sie alle hat.« (Buch VII, 125; zit. nach Klenner, 445)
183, 9 v. u. – Die von Drakon (um 624/21 v. Chr.) erlassenen »drakonischen« Gesetze waren schon im Altertum sprichwörtlich (vgl. Büchmann, 360). Bemerkenswert ist, daß Hegel in der Vorlesung die Abnahme der Härte der Strafen mit dem Fortschritt der Bildung in Zusammenhang bringt (vgl. § 96, GPR; 185); in diesem Sinn begrüßt er auch die Abnahme der früher viel häufiger verhängten Todesstrafen (§ 100, GPR; 192).
194, 6 – »Auge um Auge, Zahn um Zahn, Hand um Hand, Fuß um Fuß.« (2. Gen 21, 23; auch: 3. Gen 24, 2)
197, 1 f. – *crimina publica* und *privata* (lat.): öffentliche (politisch relevante) und private (persönliche) Verbrechen.
212, 3 ff. – Die Differenz zwischen der »gerichtlichen«, d. h. vor Gericht beurteilbaren, und der moralischen Handlung macht Hegel daran deutlich, daß eine Handlung auch dann, wenn sie mir wegen ihrer Übereinstimmung mit einer Rechtsvorschrift nicht »imputabel« (vorwerfbar) ist, noch andere, dadurch nicht betroffene »Momente« enthält, die sie zur »eigentlich« moralischen Handlung machen. Hegel bestimmt damit das Verhältnis zwischen Legalität und Moralität anders, als Kant es tut; kommt es bei Kant nur auf die Motivation des »pflichtgemäßen« Handelns bzw. des Handelns »aus Pflicht« an, so hält Hegel auch an inhaltlichen Differenzen fest.
223, 11 v. u. – Wieder ein Beispiel für Hegels Vorliebe für die Weisheit der Umgangssprache: ›Absicht‹ soll wie ›Abstraktion‹ ›Absehen von ...‹ bedeuten, was aber etymologisch nicht korrekt ist: Das Wort ›Absicht‹ war bis ins 18. Jahrhundert kaum gebräuch-

lich und bürgert sich erst durch Thomasius und Christian Wolff als Übersetzung von lat. *intentio* ein (vgl. HWP, Bd. 1, Sp. 9 ff.).

224, 15 – *dolus indirectus*: unabsichtliche Täuschung.

230, 5. v. u. – Krösus (Kroisos): der letzte lydische, unermeßlich reiche König (um 595 bis 547 v. Chr.; Solon (um 640 bis um 560 v. Chr.) reformierte den alten athenischen Staat und wurde später den Sieben Weisen zugerechnet.

233, 1. v. u. – In Schillers Distichon »Decisum« heißt es vollständig: »Da ist kein anderer Rat; du mußt suchen, sie zu verachten / Und mit Abscheu alsdann tun, was die Pflicht dir gebeut.« (Schiller I, 300)

240, 9 – Mit ›Wohltat der Kompetenz‹ ist das *beneficium competentiae* des römischen Rechts gemeint, das Hegel dann beschreibt (nach Klenner, 455).

243, 1. v. u. – *Fiat iustitia et pereat mundus* (lat.: »Die Gerechtigkeit geschehe, und gehe auch die Welt unter«) wird als Wahlspruch Kaiser Ferdinands I. (1558-64) genannt; Hegel wendet sich hier zugleich gegen Kant, der diesen Spruch lobte, freilich nicht ohne seine Geltung stark einzuschränken: vgl. Kant, *Zum ewigen Frieden*, A 87 f.

268, 14 – »Probabilismus« (lat. *probabilis*: beifallswert, gut, tauglich, annehmbar, wahrscheinlich) ist eine seit dem 16. Jahrhundert in der katholischen Moraltheologie entwickelte Lehre, die von den Jesuiten vertreten und von den Jansenisten als »Jesuitenmoral« bekämpft wurde.

269, 13 – *Révérend Père*: hochwürdiger Vater, als Anrede für einen katholischen Geistlichen.

273, 4 ff. – Eine fast wörtliche Wiederholung der Attacke auf Fries und die Vulgärkantianer: vgl. 18, 5 ff.

275, 10 v. u. – Vgl. das Kapitel »Das Gesetz des Herzens und der Wahnsinn des Eigendünkels« in der PhG, 3, 275 ff.

294, 22 – Die »sittlichen Mächte« sind ein Grundbegriff in der *Historik* von Johann Gustav Droysen (seit 1857; vgl. Droysen, § 55, 348).

299, 7 v. u. – »Naturgeschichte« ist nicht evolutionistisch zu verstehen, sondern im Sinne von (grch.) *historía*, d. h. Erforschung, Bericht, Kunde; in diesem Sinn wäre eine »geistige Naturgeschichte« eine »geistige Naturkunde«.

300, 2 – Vgl. Aristoteles, NE II 5, 1106a 24 ff.

303, 5 v. u. – Diese Geschichte überliefert Diogenes Laertios über den Pythagoreer Xenophilos, in: Diogenes Laertios VIII; 16.

310, 10 – Zur »zweiten Natur« (vgl. § 4, GPR; 46, 16).

314, 8 – Die Penaten sind die altrömischen Hausgötter.

315, 36 – Die folgende Passage richtet sich gegen Friedrich Schlegels *Lucinde* (1799), wie die Vorlesungsnachschrift zeigt: vgl. § 164, GPR; 317 f.; in 317, 2 f. wird deutlich, daß Hegel dieses romantische Liebes- und Eheverständnis für »sittlich verdorben« hält.

328, 3 ff. – Hegel bezieht sich hier auf die uneingeschränkte väterliche Gewalt (*patria potestas*) des *pater familias*, die nicht nur das Recht, die Kinder zu strafen, sondern auch sie zu vermieten, zu verkaufen und selbst zu töten beinhaltete; sie währte, so lange der *pater* oder Patriarch lebte (nach Klenner, 470).

328, 8 ff. – Zu Hegels Kritik der romantischen, d. h. von Rousseau inspirierten »spielenden« Pädagogik vgl. auch den umfangreichen Zusatztext zu EPW, § 396; 10, 75 ff.; Klenner weist nach, daß sich Hegel gar nicht primär gegen Basedow richtet, sondern gegen I. H. Campe, *Theophron, oder der erfahrne Ratgeber für die unerfahrne Jugend*, Hamburg 1783 (Klenner, 470).

330, 4 v. u. – Dieser »Einfall« stammt von Fichte: vgl. *Grundlage des gesamten Naturrechts* (1797), § 60 (nach Klenner, 472).

334, 18 ff. – *de iure* (lat.): von Rechts wegen; *peculium castrense* (lat.): wörtl. Vermögen (im Sinn von Sondergut) im Lager (*castrum*); *in manum conveniret* (lat.): daß sie in die Gewalt (*manus*: wörtl. die Hand) (des Mannes) komme; *in mancipio esset* (lat.): daß sie im Besitz (des Mannes) sei; *bonorum possessio* (lat.): Besitz von Gütern ohne förmlichen Eigentumstitel; *hereditas* (lat.): Erbschaft.

335, 23 – *honestum* (lat.): das Ehrenwerte, Ehrenhafte; *decorum* (lat.): das Schickliche, Geziemende.

335, 7 v. u. f. – Zu den »Familienfideikomissen« vgl. 108, 13.

336, 12 f. – *gens* (lat.): Geschlecht, Sippe; *stirps* (lat.): Wurzelstock, Stamm, dann auch Familie (vgl. die »Wurzel Jesse« in unseren Weihnachtsliedern nach Jes 11, 1).

344, 1 ff. – Hegel bezieht sich hier kritisch sowohl auf den naiven Rousseauismus wie auf den Utilitarismus: Was wir heute Rousseauismus nennen, ist wesentlich bestimmt von der provozierenden These von Rousseaus Erster Preisschrift (1750), der zufolge der »Wiederaufstieg der Wissenschaften und Künste« nicht »zur Läuterung der Sitten beigetragen« habe (vgl. Rousseau, 2 ff.); demnach verderben Kultur, Zivilisation, Kunst und Wissenschaft, vor allem aber die Erziehung die natürliche Unschuld des Menschen.

347, 1 – Adam Smith, *An Inquiry into the Nature and Causes of the Wealth of Nations* (1776); Jean Baptiste Say, *Traité d'économie politique* (1803); David Ricardo, *On the Principles of Political Economy, and Taxation* (1817).

351, 2 f. – Offenbar ist zu lesen »... zwischen natürlichem und *ein*gebildetem Bedürfnisse ...«, weil ein *un*gebildetes Bedürfnis vom natürlichen nur schwer zu unterscheiden wäre (Hinweis bei Klenner, 481).

358, 21 – Platon, *Politeia*, 413c ff.

358, 3 v. u. – Lakedaimonier sind die Spartaner.

366, 6 v. u. – Im alten Israel lag die höchste Prügelstrafe bei 40 Schlägen (5. Mo 25, 3).

368, 5 – Was Hegel Dionysios, dem Tyrannen von Syrakus (etwa 430-367 v. Chr.) zuordnet, berichtet Sueton von Caligula: »Steuern dieser Art [willkürliche] wurden einfach verkündet, aber nicht schriftlich angeschlagen, und so gab es viele Übertretungen, da man den genauen Text nicht kannte. Endlich ließ Caligula auf Begehren des Volkes das Gesetz zwar öffentlich anschlagen, aber in so kleiner Schrift und an einem so unzugänglichen Ort, daß niemand eine Kopie davon nehmen konnte.« (Gaius Suetonius Tranquillus, *Leben der Cäsaren*, hg. u. übers. v. André Lambert, Reinbek 1960, 178). Einen Beleg für Hegels Zuweisung habe ich nicht zu finden vermocht, so daß nicht auszuschließen ist, daß Hegel an dieser Stelle wieder einmal aus dem Gedächtnis zitiert und dabei etwas verwechselt.

368, 14 – Der oströmische Kaiser Justinian (482-565) veranlaßte die Sammlung des römischen Rechts im *Corpus iuris civilis*; das »Landrecht« ist das durch Friedrich II. initiierte und nach seinem Tod 1794 in Geltung gesetzte *Allgemeine Preußische Landrecht*.

369, 18 ff. – Ein weiteres Argument gegen Savigny (vgl. 363, 30).

369, 33 f. – »Der größte Feind des Guten ist das Bessere.«

371, 8 – Solennitäten sind Feierlichkeiten.

376, 12 ff. – Hegel beschreibt hier die Aufgaben einer Institution, die in Preußen nicht existierte, wohl aber in England in Gestalt der *Chancery*, die die *rules of equity* in Ergänzung zum *common law* anwendete (nach Klenner, 493).

376, 4 v. u. – Deliberationen sind Beratungen im Sinne von Überlegung, Erwägung, Beratschlagung.

377, 18 – Das »peinliche Recht« ist das Strafrecht.

377, 26 – Der Prätor war im alten Rom ursprünglich der Befehlshaber als Stellvertreter des Königs, in der Republik dann für die Rechtsprechung zuständig.

377, 28 – Der Judex ist ein Richter.

378, 20 – *animi sententia* (lat.): wörtl. der (Richter-)Spruch der Seele, aber in der Regel verwendet im Sinne von »nach bestem Wissen und Gewissen«.

381, 18 – *in iudicio stare* (lat.) – wörtlich: im Gericht(sverfahren) stehen.

390, 10 v. u. – Der Ausdruck »Pöbel« wurde von Luther durch Eindeutschung von lat. *populus* in die deutsche Sprache eingeführt (vgl. Klenner, 504). Hegel verwendet es durchweg im Zusammenhang der Beschreibung der Ochlokratie (grch. *óchlos*: Volksmenge, gemeines Volk, d. h. der Herrschaft der Volksmenge als Entartung der Demokratie) als »Pöbelherrschaft«. Die meisten der Hegelschen Beschreibungen des »Pöbels« erscheinen wieder in den Charakterisierungen des Proletariats bei Marx und Engels.

390, 5 v. u. – Hier verwendet Hegel »Korporationen« im Sinne der alten Zünfte; die Korporationen der GPR sind keine Zünfte (vgl. §§ 250 ff., GPR; 393 ff.; auch 397).

394, 4 v. u. f. – Die Etymologie des Privilegs enthält *privo* (lat.): berauben, befreien von ... und *lex* (lat.): das Gesetz; seit dem Zwölftafelgesetz sind Privilegien Sonderrechte, die Personen und Gruppen betreffen können: Hegel unterscheidet »eigentliche«, d. h. traditionelle und moderne Privilegien danach, ob sie Ausnahmen oder Bestandteile des allgemeinen Rechtszustandes sind.

395, 4 v. u. – Es ist zu lesen: »... *wo* der Stand nicht existiert ...«

396, 7 v. u. – »Desorganisation« ist an dieser Stelle ein irreführender Ausdruck; aus dem Kontext und dem Zusatztext (§ 255, GPR; 396 f.) geht hervor, daß die sittliche Reorganisation der bürgerlichen Gesellschaft im Zustand ihrer Zerrüttung und ihr Übergang in den Staat gemeint sind: Heiligkeit der Ehe und Standesehre sind gewissermaßen die Kristallisationspunkte bürgerlicher Sittlichkeit.

398, 5 v. u. – Penaten sind die römischen Götter des Hauses; in der Athene sieht Hegel den athenischen »Volksgeist« verkörpert.

400, 15 – Hegel bezieht sich im folgenden auf die Lehre vom Gesellschaftsvertrag in Rousseaus *Contrat social*, der er die Französische Revolution und wegen ihres unzureichenden Willens- und Freiheitsbegriffs den jakobinischen Terror ursächlich zurechnet (vgl. auch 50, 10 ff. und 81, 12 ff.). Wieder ist von der Differenz zwischen der *volonté générale* und der *volonté des tous* nicht die Rede.

410, 12 v. u. – Diese etwas verwickelte Formulierung wird durch den Zusatztext klarer: »Im Platonischen Staate gilt die subjektive Freiheit noch nichts, indem die Obrigkeit noch den Individuen die Geschäfte zuweist. In vielen orientalischen Staaten geschieht diese Zuweisung durch die Geburt. Die subjektive Freiheit, die berücksichtigt werden muß, fordert aber freie Wahl der Individuen.« (§ 262, GPR; 410)

411, 6 v. u. f. – »als Privat- wie als substantielle Personen« bedeutet: als *bourgeois* wie als *citoyen*.

419, 15 – »Suchet den Herrn, solange er zu finden ist; rufet ihn an, solange er nahe ist.« (Jes 55, 6)

422, 14 – Exemtion ist das Ausgenommensein von etwas.

425, 25 – Depositär ist der Verwalter, von lat. *depositum* (wörtl. das Niedergelegte): das Hinterlegte.

432, 11 – Klenner vermutet hier wieder einen Ausfall gegen Fries, d. h. dessen *Vom deutschen Bund und deutscher Staatsverfassung*, Heidelberg 1816 (Klenner, 521).

436, 6 – Vgl. Aristoteles, *Politikos* III 7, 1279a ff.; so auch bei Cicero, *De officiis* I, 27, 42.

437, 7 – Zum Ephorat vgl.: WBN; 2, 475 und den Stellenkommentar zu 475, 5 und 10.

440, 14 ff. – Als historisches Beispiel für die Vergeblichkeit einer Verfassungsgebung vom »grünen Tisch« führt der Zusatztext Napoleons Verfassungsexperiment in Spanien an (vgl. § 274, GPR; 440).

448, 8 v. u. – Mit dem »Dämon« des Sokrates ist sein *daimónion* gemeint, das ihm den Vorwurf der »Erfindung neuer Götter« einbrachte und das er in der *Apologie* beschreibt und verteidigt; vgl. Platon, *Apologie*, 31d.

452, 6 – Faktionen (lat. *factio*) sind Parteien oder Parteiungen.

452, 23 ff. – Ein Schluß durch *medios terminos* ist ein Schluß durch »mittlere Termini« des Syllogismus, wobei an dieser Stelle das »*salut du peuple*« (Wohl des Volkes) den Obersatz bildet und die Erblichkeit der Monarchie die Konklusion. Ob etwas anderes als die Erblichkeit folgt – und Hegel spielt hier auf die Abschaffung und Hinrichtung des französischen Königs Ludwig XVI. im Namen des *salut du peuple* an –, hängt von den mittleren Termini, d. h. von der Art und Weise ab, wie die Majestät des Monarchen beschrieben wird. Hegel versucht damit zu demonstrieren, wohin es führen kann, wenn man diese Majestät zum Gegenstand des »Räsonements« macht. Seine Alternative ist aber nicht die begriffslose Hinnahme, sondern die denkende »spekulative« Betrachtung, die freilich nur der Philosophie zu Gebote steht.

452, 10 v. u. ff. – Ein »Wahlreich« im Sinne der amerikanischen Präsidialdemokratie, die ja zugleich eine Wahlmonarchie auf Zeit ist, konnte Hegel nicht für sittlich halten. Obwohl er sich über die Verfassung der USA ausschweigt, nennt er Amerika »das Land der Zukunft, in welchem sich ... die weltgeschichtliche Wichtigkeit offenbaren soll« (12, 114). Hegel und seinen Hörern war freilich das Schicksal Polens nach den drei polnischen Teilungen deutlich vor Augen, das durch seine Verfassung als Wahlmonarchie mit Vetorecht für jeden Aristokraten »seine innere Auflösung und äußere Zertrümmerung« (§ 281, GPR; 453) selbst mit verursachte.

453, 19 – Wahlkapitulationen waren im Mittelalter und in der Neuzeit schriftlich fixierte Verträge, die festlegten, welche Bedingungen ein zu Wählender zu erfüllen habe, um gewählt zu werden.

456, 12 f. – Primogenitur ist die Erstgeburt.

459, 9 v. u. – Diese Arbeitsteilung in der Regierung nennt der Zusatztext »Teilung der Geschäfte« (§ 290, GPR; 460), und sie ist als »Organisation« im buchstäblichen Sinne der biologischen Metapher, d. h. als Gliederung und Koordination der Einzelgeschäfte, zu verstehen.

462, 17 – Hegel unterscheidet das Amtsverhältnis dadurch vom bloßen Vertragsverhältnis, weil es die ganze »Existenz« umfaßt und nicht bloß einzelne Dienstleistungen, die Gegenstand des Sachen- und Vertragsrechts sein können. Ein »Mandatarius« (von lat. *mandare*: anvertrauen) ist im römischen Recht eine Person, die sich per Vertrag zur Ausführung eines bestimmten Auftrags im Interesse des Auftraggebers oder eines Dritten verpflichtet.

463, 1 v. u. – Die »berüchtigtgemachte Müller Arnoldsche(n) Sache« ist eine Affäre des Jahres 1779, in der sich Friedrich II. über alles Verfahrensrecht hinwegsetzte, um einem vermeintlichen Opfer aristokratischer Klassenjustiz zu seinem »Recht« zu verhelfen; sie ist ausführlich geschildert in: Rudolf Augstein, *Preußens Friedrich und die Deutschen*, Frankfurt am Main 1971, 155 ff.; vgl. auch die Darstellung bei Klenner, 536 f.

469, 6 – Der Ausdruck »*hoì pólloi*« meint in der antiken politischen Sprache die Mehrzahl, die große Menge; die »Herrschaft der Vielen« ist bei Platon das Kennzeichen der von ihm kritisierten Demokratie (vgl. *Politikos*, 302d und 303a).

472, 8 – Der Ausdruck »Mitte« ist hier logisch im Sinne eines *terminus medius* (vgl. 452, 23 ff.) zu verstehen. Alles Vernünftige ist Hegel zufolge ein Schluß (vgl. 6, 351); darum haben alle vernünftigen Verhältnisse – auch die politischen – die Struktur eines Schlusses (vgl. § 304, GPR; 474). Wenn Hegel die Verfassung in der Vorlesung »ein System der Vermittlung« (§ 302, GPR; 472) nennt, dann denkt er diese Vermittlung »logisch« in seinem Sinne; diese »Logik« ist dann auch die der »Organisation«.

475, 17 – Das Majorat ist die Regel der Erbfolge nach der Ordnung des jeweils ältesten Erben; zu den einzelnen Rechtsbestimmungen des Majorats aus dem *Allgemeinen Preußischen Landrecht* (1794, vgl. Klenner, 543 f.).

478, 13 f. – Der Ausschluß des Verhältnisses, »kommittierte [verpflichtete] oder Instruktionen überbringende Mandatarien zu sein«, meint in unserer modernen politischen Sprache den Ausschluß des imperativen Mandats.

484, 18 – Der Satz »Die Stimme des Volkes ist die Stimme Gottes« ist bei Seneca vorgebildet und findet sich wörtlich zuerst bei Petrus von Blois (1135-1200).

485, Fußnote – Tatsächlich lautete die von d'Alembert angeregte Preisfrage, ob es *nützlich* sein könne, das Volk zu betrügen; Hegel zitiert dies auch in der PhG falsch: vgl. 3, 408 (nach Klenner, 548 f.).

489, 13 – *Nemesis* (grch.) ist die als Göttin personifizierte gerechte Vergeltung. Die »harmlosere« *Nemesis*, von der später die Rede ist, meint die altrömische Sitte, nach der das hinter seinem siegreichen Feldherrn im Triumphzug einmarschierende Heer auf diesen herbe Spottlieder sang (nach Klenner, 551).

490, 3 v. u. ff. – Seit Rosenzweig (vgl. Franz Rosenzweig, *Hegel und der Staat*, 2 Bde., München 1920 / Nachdruck Hildesheim 1964) wird diese Passage als Hegels Ablehnung eines gesamtdeutschen Nationalstaates interpretiert (vgl. Klenner, 551).

495, 5 ff. – Hier bezieht sich Hegel kritisch auch auf Kants Forderung »Stehende Heere (miles perpetuus) sollen mit der Zeit ganz aufhören«, in: *Zum ewigen Frieden*, B 7.

500, 8 f. – Vgl. Kant, *Zum ewigen Frieden* (1795).

503, 22 – Bei Schiller heißt es im Gedicht »Resignation«: »Die Weltgeschichte ist das Weltgericht« (Schiller I, 133).

504, 19 f. – Mit »Perfektibilität« (Fähigkeit zur Vervollkommnung) bezieht sich Hegel auf Rousseau, der in seiner Zweiten Preisschrift den Menschen im Naturzustand neben der Freiheit mit dieser angeborenen Eigenschaft ausstattet (vgl. Rousseau, 107f.). – *Die Erziehung des Menschengeschlechts* ist der Titel einer kleinen geschichtsphilosophischen Schrift von Gotthold Ephraim Lessing (vgl. *Sämtliche Schriften*, 3. Aufl., Bd. 13, Leipzig 1913, 413ff.).

504, 22 – *Gnôti seautón* (grch.: Erkenne dich selbst!) lautete die Inschrift des Apollo-Tempels in Delphi.

504, 6 v. u. ff. – Hegel verteidigt hier den Gedanken der »Perfektibilität« und damit das Geschichtsdenken der Aufklärung gegen den entstehenden Historismus, für den die Geschichte aus lauter singulären und individuellen Ereignissen und Zuständen besteht und der sich (wie später Ranke, Droysen u. v. a.) in den Bereich des Glaubens und der Ahnung zurückzieht, was die Erkennbarkeit und den Sinn des geschichtlichen Ganzen betrifft (vgl. Schnädelbach (1974), insbes. 34ff.). Für Hegel *ist* die Weltgeschichte das vollendete *Gnôti seautón* des Geistes.

507, 5 v. u. – Zum Heroenrecht vgl. auch GPR; 180, 6.

511, 17 – Die Juden sind für Hegel das Volk des unendlichen Weltschmerzes, der im Römischen Reich entsteht: *In den Vorlesungen über die Philosophie der Weltgeschichte* heißt es hingegen: »Das Christentum ist aus dem Judentum hervorgegangen, aus der bewußten Verworfenheit. Das Jüdische hat von Anfang dies Selbstgefühl der Nichtigkeit ausgemacht, – ein Elend, Niederträchtigkeit, Nichts, das Leben und Bewußtsein hat. Dieser einzelne Punkt ist später universalhistorisch zu einer Zeit geworden; und in dies Element des Nichts der Wirklichkeit hat sich die ganze Welt erhoben, eben aus diesem Prinzip aber in das Reich des Gedankens, – jenes Nichts ins positiv Versöhnte umgeschlagen. Es ist eine zweite Weltschöpfung, die nach der ersten entstanden ist ...« (19, 510) Die welthistorische Rolle des Judentums war es demzufolge, das »Nichts« bereitzuhalten, aus dem das Christentum als Negation dieser absoluten Negation hervorgehen konnte. Man kann hier von einem sehr sublimen Antisemitismus sprechen. – In den *Vorlesungen über die Philosophie der Religion* hingegen würdigt Hegel das Judentum ausführlich als die »Religion der Erhabenheit« (vgl. 17, 50ff.). So muß man wohl bei Hegel zwischen einem welthistorischen und einem religionsphilosophischen Begriff des Judentums unterscheiden.

512, 1 ff. – Mit dem Gegeneinander von »weltlichem« und »intellektuellem Reich« meint Hegel den Kampf zwischen Kaiser- und Papsttum seit dem Mittelalter, wobei er beide Reiche in einer Weise schildert, die der damaligen romantischen Verklärung des Mittelalters (vgl. Novalis, *Die Christenheit und Europa*) denkbar schroff entgegensteht. Der Paragraph enthält auch eine kurzgefaßte Einschätzung Hegels der katholischen Frömmigkeit.

V Literaturverzeichnis

V. 1 Siglenverzeichnis und zitierte Literatur

V. 1.1 Hegels Werke

AA – *Gesammelte Werke*, in Verbindung mit der Deutschen Forschungsgemeinschaft herausgegeben von der Rheinisch-Westfälischen Akademie der Wissenschaften (Akademie-Ausgabe), Hamburg 1968 ff.

Briefe – *Briefe von und an Hegel*, hg. v. Johannes Hoffmeister, Bd. 1-3, 3. Aufl., Hamburg 1969; Bd. 4, Teil 1-2, neubearb. v. F. Nicolin, Hamburg 1977.

DS – *Differenzschrift*, in: TWA 2, 9-138.

EPW – *Enzyklopädie der philosophischen Wissenschaften* (1830), in: TWA 8-10.

Göh – Georg Wilhelm Friedrich Hegel, *Frühe politische Systeme*, hg. u. komm. v. Gerhard Göhler, Frankfurt am Main / Berlin / Wien 1974.

GPR – *Grundlinien der Philosophie des Rechts*, in: TWA 7.

Henrich (1983) – G.W.F. Hegel, *Philosophie des Rechts. Die Vorlesung von 1819/20 in einer Nachschrift*, hg. v. Dieter Henrich, Frankfurt am Main.

Ilting (1973) – G.W.F. Hegel, *Vorlesungen über Rechtsphilosophie 1818-1831*, Edition und Kommentar in sechs Bänden, Bd. I, Stuttgart.

JPG_1 – *Jenaer Philosophie des Geistes, erste Fassung*, in: *Jenaer Systementwürfe*, Bd. 1, hg. v. Klaus Düsung u. Heinz Kimmerle, Hamburg 1986.

JPG_2 – *Jenaer Philosophie des Geistes, zweite Fassung*, in: *Jenaer Systementwürfe*, Bd. 2, hg. v. Rolf-Peter Horstmann, Hamburg 1987.

PhG – *Phänomenologie des Geistes*, in: TWA 3.

SdS – *System der Sittlichkeit*, in: G.W.F. Hegel, *Sämtliche Werke*, Bd. 6, hg. v. Georg Lasson, Leipzig 1923.

TWA – Werke (*Theorie Werkausgabe*), 20 Bde., Frankfurt am Main 1971.

VGP – *Vorlesungen zur Geschichte der Philosophie*, in: TWA 18-20.

VPW – *Vorlesungen über die Philosophie der Weltgeschichte*, in: TWA 12.

WBN – *Über die wissenschaftlichen Behandlungsarten des Naturrechts*, in: TWA 2, 434-522.

WL – *Wissenschaft der Logik*, in: TWA 5-6.

WW – *Werke.* Vollständige Ausgabe durch einen Verein von Freunden des Verewigten, Berlin / Leipzig 1832 ff.

V. 1.2 Im Haupttext und im Stellenkommentar zitierte Literatur

Abendroth – Wolfgang Abendroth (Hg.), *Die Linke antwortet Jürgen Habermas*, Frankfurt am Main 1968.

Althaus – Horst Althaus, *Hegel und die heroischen Jahre der Philosophie. Eine Biographie*, München 1992.

Apel – Karl-Otto Apel, »Kann der postkantische Standpunkt der Moralität noch einmal in substantielle Sittlichkeit ›aufgehoben‹ werden?«, in: Kuhlmann, 217ff.

Aristoteles, Anal. post. – *Analytica posteriora* (Zweite Analytik oder Lehre vom Beweis), übers. v. Eugen Rolfes (Neuausg. v. Otfried Höffe), Hamburg 1990.

Aristoteles, Met. – *Metaphysik*, übers. v. Hermann Bonitz, Reinbek 1966.

Aristoteles, NE – *Nikomachische Ethik*, übers. v. Olof Gigon, München 1972.

Aristoteles, Perí herm. – *Perí hermeneías* (Lehre vom Satz), übers. v. Eugen Rolfes, Hamburg 1974.

Aristoteles, Pol. – *Politik*, übers. v. Olof Gigon, München 1973.

Bartuschat – Wolfgang Bartuschat, »Die Glückseligkeit und das Gute in Hegels Rechtsphilosophie«, in: Hösle (1989), 77ff.

Baum – Manfred Baum, *Die Entstehung der Hegelschen Dialektik*, Bonn 1986.

Baum/Meist – Manfred Baum / Kurt Rainer Meist, »Recht-Politik-Geschichte«, in: Pöggeler, 106ff.

Biemel – Walter Biemel, *Jean-Paul Sartre in Selbstzeugnissen und Bilddokumenten*, Reinbek 1964.

Bien – Günter Bien, *Die Grundlegung der politischen Philosophie bei Aristoteles*, Freiburg/München 1973.

Blasche – Siegfried Blasche, »Natürliche Sittlichkeit und bürgerliche Gesellschaft. Hegels Konstruktion der Familie als sittliche Intimität im entsittlichten Leben«, jetzt in: Riedel II, 312ff.

Bobbio – Norberto Bobbio, »Hegel und die Naturrechtslehre«, in: Riedel II, 109ff.

Bodammer – Theodor Bodammer, *Hegels Deutung der Sprache*, Hamburg 1969.

Böckenförde – E. W. Böckenförde, »Lorenz von Stein als Theoretiker der Bewegung von Staat und Gesellschaft zum Sozialstaat« (1963), jetzt in: ders. (Hg.), *Staat und Gesellschaft*, Darmstadt 1976.

Bubner – Rüdiger Bubner, »Philosophie ist ihre Zeit in Gedanken gefaßt«, in: Karl-Otto Apel u. a., *Hermeneutik und Ideologiekritik*, Frankfurt am Main 1971.

Büchmann – Georg Büchmann, *Geflügelte Worte. Der klassische Zitatenschatz* (Neu bearbeitet von Winfried Hofmann), Frankfurt / Main / Berlin 1993.

Cassirer – Ernst Cassirer, *Der Mythos des Staates*, dt. Ausg. v. *The Myth of the State* (1946), 2. Aufl., Zürich/München 1978.

Claesges – Ulrich Claesges, »Legalität und Moralität in Hegels Naturrechtsschrift«, in: Guzzoni/Rang/Siep (Hg.), *Der Idealismus und seine Gegenwart. Festschrift für Werner Marx*, Hamburg 1976, 53 ff.

Cramer – Konrad Cramer, »Bemerkungen zu Hegels Begriff des Bewußtseins in der Einleitung zur Phänomenologie des Geistes«, in: Rolf-Peter Horstmann (Hg.), *Seminar: Dialektik in der Philosophie Hegels*, Frankfurt am Main 1978.

Derbolav – Josef Derbolav, »Hegels Theorie der Handlung«, in: Riedel II, 201 ff.

Diogenes Laertios – *Leben und Meinungen berühmter Philosophen*, übers. v. Otto Apelt, 2. Aufl., Hamburg 1967.

Droysen – Johann Gustav Droysen, *Historik*, hg. v. Rudolf Hübner, Darmstadt 1974.

Ebbinghaus – Julius Ebbinghaus, »Deutung und Mißdeutung des Kategorischen Imperativs«, in: ders., *Gesammelte Aufsätze, Vorträge und Reden*, Darmstadt 1968, 80 ff.

Engels – Friedrich Engels, *Ludwig Feuerbach und der Ausgang der klassischen deutschen Philosophie* (1888), Berlin 1946.

Euchner – Walter Euchner, »Auctoritas non veritas facit legem? Zur Abgrenzung von Politik und Nichtpolitik bei Thomas Hobbes«, in: Bermbach / Kodalle (Hg.), *Furcht und Freiheit. Leviathan-Diskussion nach 300 Jahren*, Opladen 1982, 176 ff.

EWB – *Etymologisches Wörterbuch*, hg. v. Friedrich Kluge, 7. Aufl., Leipzig 1910.

Fichte, Grundzüge – *Die Grundzüge des gegenwärtigen Zeitalters*, in: J. G. Fichte, AW, Bd. 4, 393 ff.

Fichte, AW – Johann Gottlieb Fichte, *Ausgewählte Werke in sechs Bänden*, hg. v. Fritz Medicus, Darmstadt 1962.

Foucault – Michel Foucault, *Die Ordnung der Dinge* (dt. Ausg. v. *Les mots et les choses*), Frankfurt am Main 1974.

Gadamer – Hans-Georg Gadamer, *Wahrheit und Methode*, Tübingen 1960.

GG – Brunner/Conze/Koselleck (Hg.), *Geschichtliche Grundbegriffe. Historisches Lexikon zur politisch-sozialen Sprache in Deutschland*, Stuttgart 1972 ff.

Habermas (1963) – Jürgen Habermas, »Hegels Kritik der französischen Revolution«, in: *Theorie und Praxis. Sozialphilosophische Studien*, Frankfurt am Main.

Habermas (1966) – Jürgen Habermas, Nachwort zu: Georg Wilhelm Friedrich Hegel, *Politische Schriften*, Frankfurt am Main, 343 ff.

Habermas (1968a) – Jürgen Habermas, *Technik und Wissenschaft als ›Ideologie‹*, Frankfurt am Main.

Habermas (1968b/1973) – Jürgen Habermas, *Erkenntnis und Interesse*, Frankfurt am Main 1968; mit einem neuen Nachwort 1973.

Habermas (1984) – Jürgen Habermas, *Der philosophische Diskurs der Moderne*, Frankfurt am Main.

Hamann – Johann Georg Hamann, *Metakritik über den Purismum der Vernunft*, in: *Schriften zur Sprache*, hg. v. Josef Simon, Frankfurt am Main 1967, 221 ff.

Haym – Rudolf Haym, *Hegel und seine Zeit* (1857); zit. nach Riedel I, 365 ff.

Helferich – Christoph Helferich, *G. W. Fr. Hegel*, Stuttgart 1979.

Heller – Hermann Heller, *Hegel und der nationale Machtstaatsgedanke in Deutschland* (1921), jetzt: *Gesammelte Schriften*, 3 Bde., Leiden 1971, Bd. 1, 21 ff.

Henrich (1971) – Dieter Henrich, *Hegel im Kontext*, Frankfurt am Main.

Henrich/Horstmann – Dieter Henrich/Rolf-Peter Horstmann (Hg.), *Hegels Philosophie des Rechts. Die Theorie der Rechtsformen und ihre Logik*, Stuttgart 1982.

Henscheid – Eckhard Henscheid, *Wie Max Horkheimer einmal sogar Adorno hereinlegte. Anekdoten über Fußball, Kritische Theorie, Hegel und Schach*, Zürich 1983.

Herder – Johann Gottfried Herder, *Sprachphilosophische Schriften*, hg. v. Erich Heintel, Hamburg 1960.

Herodot – Herodot, *Geschichten*, ausgew. u. übers. v. Hermann Strasburger, Frankfurt am Main 1961.

Hobbes, Lev. – Thomas Hobbes, *Leviathan*, hg. v. C. B. MacPherson, Harmondsworth 1968.

Hobbes, *De cive* – Thomas Hobbes, *Lehre vom Bürger*, übers. v. Max Frischeisen-Köhler, in: *Gründzüge der Philosophie*. Zweiter Band, Leipzig 1949.

Hoffmeister – Johannes Hoffmeister, *Dokumente zu Hegels Entwicklung*, Stuttgart 1936.

Honneth – Axel Honneth, *Kampf um Anerkennung*, Frankfurt am Main 1992.

Hook – Sidney Hook, *From Hegel to Marx*, Michigan 1962.

Horkheimer – Max Horkheimer, »Materialismus und Moral«, in: *Kritische Theorie I*, Frankfurt am Main 1968, 71 ff.

Horstmann (1972) – Rolf-Peter Horstmann: »Probleme der Wandlung in Hegels Jenaer Systemkonzeption«, in: *Philosophische Rundschau* 19 (1972), 87 ff.

Horstmann (1974) – Rolf-Peter Horstmann, »Über die Rolle der bürgerlichen Gesellschaft in Hegels politischer Philosophie«, in: HST 9 (1974), 209 ff.; jetzt in: Riedel II, 276 ff.

Horstmann (1977) – Rolf-Peter Horstmann, »Jenaer Systemkonzeptionen«, in: Pöggeler, 43 ff.

Horstmann (1997) – Rolf-Peter Horstmann, »Hegels Theorie der bürgerlichen Gesellschaft«, in: Siep (1997), 193 ff.

Hösle (1988) – Vittorio Hösle, *Hegels System. Der Idealismus der Subjektivität und das Problem der Intersubjektivität*, Hamburg.

Hösle (1989) – Vittorio Hösle (Hg.), *Die Rechtsphilosophie des deutschen Idealismus*, Hamburg.

HST – *Hegel-Studien.*

Humboldt – Wilhelm von Humboldt, *Über die Verschiedenheiten des menschlichen Sprachbaues* (1827-29), in: *Werke in fünf Bänden*, hg. v. Andreas Flitner u Klaus Giel, Bd. 3, Darmstadt 1963, 191 ff.

Hume – David Hume, *A Treatise on Human Nature*, in: The Philosophical Works, Vol. I-II, ed. L. A. Selby-Bigge/P. H. Nidditch, Oxford 1978.

HWP – *Historisches Wörterbuch der Philosophie*, hg. v. Joachim Ritter u. a., Basel/Darmstadt 1971 ff.

Ilias – Homer, *Ilias*, übers. v. Hans Rupé, Darmstadt 1994.

Ilting (1971) – Karl-Heinz Ilting, »Die Struktur der Hegelschen Rechtsphilosophie«, jetzt in: Riedel II, 52 ff.

Ilting (1974) – Karl-Heinz Ilting: »Anerkennung. Zur Rechtfertigung praktischer Sätze«, in: Manfred Riedel (Hg.), *Rehabilitierung der praktischen Philosophie II*, Freiburg 1974, 353 ff.

Ilting (1978) – Karl-Heinz Ilting, Art. »Naturrecht«, in: GG, Bd. 4, Stuttgart, 245 ff.

Ilting (1983) – Karl-Heinz Ilting, *Naturrecht und Sittlichkeit. Begriffsgeschichtliche Studien*, Stuttgart.

Jermann – Christian Jermann (Hg.), *Anspruch und Leistung von Hegels »Rechtsphilosophie«*, Stuttgart 1986.

Kant – Immanuel Kant, *Gesammelte Schriften*, Akademie-Ausgabe, Berlin 1911 ff.

Kant, Anfang – *Mutmaßlicher Anfang der Menschengeschichte*, in: AA, Bd. 8, 107-124.

Kant, GMS – *Grundlegung der Metaphysik der Sitten*, in: AA, Bd. 4, 385-463.

Kant, Idee – *Idee zu einer allgemeinen Geschichte in weltbürgerlicher Absicht*, in: AA, Bd. 8, 15-31.

Kant, KpV – *Kritik der praktischen Vernunft*, in: AA, Bd. 5, 1-163.

Kant, KrV – *Kritik der reinen Vernunft*, in: AA, Bde. 3-4, 1-599 u. 1-655.

Kant, KU – *Kritik der Urteilskraft*, in: AA, Bd. 5, 165-485.

Kant, MdS – *Metaphysik der Sitten*, in: AA, Bd. 6, 203-493.

Kant, MSR – *Metaphysik der Sitten*, Rechtslehre (erster Teil der *Metaphysik der Sitten*), in: AA, Bd. 6, 203-372.

Kant, Prol. – *Prolegomena*, in: AA, Bd. 4, 253-384.

Kant, Religion – *Die Religion innerhalb der Grenzen der bloßen Vernunft*, in: AA, Bd. 6, 1-202.

Kimmerle (1970) – Heinz Kimmerle, *Das Problem der Abgeschlossenheit des Denkens. Hegels »System der Philosophie« in den Jahren 1800-1804*, Bonn. (Beiheft 8 der HST)

Kimmerle (1976) – Heinz Kimmerle, »Hegels Naturrecht 1802-1805/06«, in: HST 11 (1976), 219ff.

Kimmerle (1989) – Heinz Kimmerle, »Georg Wilhelm Friedrich Hegel (1770-1831)«, in: Gernot Böhme (Hg.), *Klassiker der Naturphilosophie*, München, 263 ff.

Klenner – Hermann Klenner, Anmerkungen zu: G.W. F. Hegel, *Grundlinien der Philosophie des Rechts, nach der Ausgabe von Eduard Gans*, hg. v. Hermann Klenner, Berlin 1981.

Kondylis – Panajotis Kondylis, *Die Entstehung der Dialektik. Eine Analyse der geistigen Entwicklung von Hölderlin, Schelling und Hegel bis 1802*, Stuttgart 1979.

Kuhlmann – Wolfgang Kuhlmann (Hg.), *Moralität und Sittlichkeit*, Frankfurt am Main 1986.

Lasson – Adolf, Lasson, *Das Kulturideal und der Krieg*, Berlin 1906.

Livius – Titus Livius, *Ab urbe condita* (Römische Geschichte seit Gründung der Stadt), übers. v. Heinrich Dittrich, Berlin/Weimar 1978.

Locke – John Locke, *An Essay on Human Understanding*, The Clarendon Edition, ed. P. H. Nidditch, Oxford 1975.

Lübbe – Hermann Lübbe, *Politische Philosophie in Deutschland*, Basel 1963 / München 1974.

Lukács – Georg Lukács, *Der junge Hegel und die Probleme der kapitalistischen Gesellschaft*, Berlin 1954.

MacPherson – C. B. MacPherson, *Die politische Theorie des Besitzindividualismus* (aus dem Engl.), Frankfurt am Main 1973.

Marquard – Odo Marquard, »Hegel und das Sollen«, in: Ders., *Schwierigkeiten mit der Geschichtsphilosophie*, Frankfurt am Main 1973.

Marx, L – Karl Marx, *Die Frühschriften*, hg. v. Siegfried Landshut, Stuttgart 1953.

Marx, Kapital – Karl Marx, *Das Kapital*, 3 Bde., Berlin 1954.

Marx, KdpÖ – Karl Marx, *Zur Kritik der politischen Ökonomie*, Berlin 1951.

Marx, Mehrwert – Karl Marx, *Theorien über den Mehrwert*, Berlin 1959.

Maurer – Reinhart K. Maurer, *Hegel und das Ende der Geschichte*, Freiburg/München, 2. Aufl. 1980.

Mead – George H. Mead, *Geist, Identität und Gesellschaft* (dt. Ausg. v. *Mind, Self and Society* (1934), Frankfurt am Main 1973.

Menegoni – Francesca Menegoni, »Elemente zu einer Handlungstheorie in der ›Moralität‹ (§§ 104-128)«, in: Siep (1997), 125 ff.

MEW – Karl Marx/Friedrich Engels, *Werke*, Berlin 1962.

Mohr – Georg Mohr, »Unrecht und Strafe (§§ 82-104)«, in: Siep (1997), 95 ff.

Negt – Oskar Negt (Hg.), *Aktualität und Folgen der Philosophie Hegels*, Frankfurt am Main 1970.

Nietzsche – Friedrich Nietzsche, *Werke in drei Bänden*, hg. v. Karl Schlechta, 2. Aufl., München 1960.

Nozick – Robert Nozick, *Anarchy, State, and Utopia* (1974), dt. Ausg.: *Anarchie, Staat und Utopie*, übers. v. Hermann Vetter, München o. J.

Ottmann (1987) – Henning Ottmann, *Individuum und Gemeinschaft bei Hegel*, Bd. I: *Hegel im Spiegel der Interpretationen*, Berlin/New York.

Ottmann (1997) – Henning Ottmann, »Die Weltgeschichte«, in: Siep (1997), 267 ff.

Peperzak (1982a) – Adriaan H. T. Peperzak, »Zur Hegelschen Ethik«, in: Henrich/Horstmann, 103 ff.

Peperzak (1982b) – Ders., »Hegels Pflichten- und Tugendlehre«, in: Siep (1997), 167 ff.

Platon, Pol. – *Politeia*, in: *Sämtliche Werke*, übers. v. Friedrich Schleiermacher, Neuausg. v. Ursula Wolf, Reinbek 1994, Bd. 2, 195 ff.

Platon, Polit. – *Politikos*, in: *Sämtliche Werke*, a. a. O., Bd. 3, 337 ff.

Pöggeler – Otto Pöggeler (Hg.), *Hegel. Einführung in seine Philosophie*, Freiburg/München 1977.

Popper – Karl R. Popper, *Die offene Gesellschaft und ihre Feinde II, Falsche Propheten: Hegel, Marx und die Folgen*, dt. Ausg., Bern 1958.

Quante – Michael Quante, »›Die Persönlichkeit des Willens‹ als Prinzip des abstrakten Rechts«, in: Siep (1997), 73 ff.

Riedel (1968) – Manfred Riedel, »Hegels Kritik des Naturrechts«, in: Riedel (1969), S. 42 ff.

Riedel (1969a) – Manfred Riedel, »Hegels Begriff der bürgerlichen Gesellschaft und das Problem seines geschichtlichen Ursprungs«, in: Riedel II, 247 ff.

Riedel (1969) – Manfred Riedel, *Studien zu Hegels Rechtsphilosophie*, Frankfurt am Main.

Riedel (1975) – Manfred Riedel, Art. »Gesellschaft, bürgerliche«, in: GG, Bd. 2, 719 ff.

Riedel I – Manfred Riedel (Hg.), *Materialien zu Hegels Rechtsphilosophie*, Bd. 1, Frankfurt am Main 1975.

Riedel II – Manfred Riedel (Hg.), *Materialien zu Hegels Rechtsphilosophie*, Bd. 2, Frankfurt am Main 1974.

Ritter (1957) – Joachim Ritter, *Hegel und die französische Revolution*, Frankfurt am Main.

Ritter (1966) – Joachim Ritter, »Moralität und Sittlichkeit. Zu Hegels Auseinandersetzung mit der Kantischen Ethik«, jetzt in: Riedel II, 152 ff.

Ritter (1969) – Joachim Ritter, »Person und Eigentum. Zu Hegels *Grundlinien der Philosophie des Rechts*«, jetzt in: Riedel II, 152 ff.

Rosenkranz – Karl Rosenkranz, *Hegels Leben*, Berlin 1844.

Rottleuthner – Hubert R. Rottleuthner, »Die Substantialisierung des Formalrechts. Zur Rolle des Neuhegelianismus in der deutschen Jurisprudenz«, in: Negt, 211 ff.

Rousseau – Jean-Jacques Rousseau, *Über den Ursprung der Ungleichheit unter den Menschen* (1755), in: ders., *Schriften zur Kulturkritik*, hg. v. K. Weigand, Hamburg 1971.

Schelling AS – Friedrich Wilhelm Joseph Schelling, *Ausgewählte Schriften in sechs Bänden*, Frankfurt am Main 1985.

Schelling, STI – Friedrich Wilhelm Joseph Schelling, *System des transzendentalen Idealismus* (1800), Hamburg 1957.

Schelling, Studium – Friedrich Wilhelm Joseph Schelling, *Studium generale. Vorlesungen über die Methode des akademischen Studiums*, hg. v. Hermann Glockner, Stuttgart 1954.

Schiller – Friedrich Schiller, *Sämtliche Werke*, 2. Auflage, München 1960.

Schmied-Kowarzik – Wolfdietrich Schmied-Kowarzik, *Die Dialektik der gesellschaftlichen Praxis*, Freiburg/München 1981.

Schmitt (1928) – Carl Schmitt, *Verfassungslehre*, Berlin.

Schmitt (1932) – Carl Schmitt, *Der Begriff des Politischen*, Berlin.

Schmitz – Hermann Schmitz, *Hegel als Denker der Individualität*, Meisenheim 1957.

Schnädelbach (1974) – Herbert Schnädelbach, *Geschichtsphilosophie nach Hegel. Die Probleme des Historismus*, Freiburg/München.

Schnädelbach (1983) – Herbert Schnädelbach, *Philosophie in Deutschland 1831-1933*, Frankfurt am Main.

Schnädelbach (1986) – Herbert Schnädelbach, »Was ist Neoaristotelismus?«, jetzt in: Schnädelbach (1992), 205 ff.

Schnädelbach (1987) – Herbert Schnädelbach, »Hegel und die Vertragstheorie«, jetzt in: Schnädelbach (1992), 187ff.

Schnädelbach (1992) – Herbert Schnädelbach, *Zur Rehabilitierung des ›animal rationale‹. Vorträge und Abhandlungen 2*, Frankfurt am Main.

Schnädelbach (1993) – »Hegels Lehre von der Wahrheit«, in: *Deutsche Zeitschrift für Philosophie* 41 (1993), 799ff.

Siep (1974) – Ludwig Siep, »Der Kampf um Anerkennung. Zu Hegels Auseinandersetzung mit Hobbes in den Jenaer Schriften«, in: HST 9 (1974), 155 ff.

Siep (1976) – Ludwig Siep, *Anerkennung als Prinzip der praktischen Philosophie*, Freiburg/München.

Siep (1982) – Ludwig Siep, »Intersubjektivität, Recht und Staat in Hegels ›Grundlinien der Philosophie des Rechts‹«, in: Henrich/Horstmann (1982), 255 ff.

Siep (1992) – Ludwig Siep, *Praktische Philosophie im deutschen Idealismus*, Frankfurt am Main.

Siep (1997) – Ludwig Siep (Hg.), »G.W. F. Hegel, Grundlinien der Philosophie des Rechts«, in: *Klassiker auslegen*, hg. v. Otfried Höffe, Bd. 9, Berlin.

Sieyès – Emmanuel Joseph Graf Sieyès, *Was ist der dritte Stand?* in: Ders.,

Politische Schriften, übers. v. Eberhard Schmidt, Darmstadt/Neuwied 1975.

Singer – Marcus George Singer, *Verallgemeinerung in der Ethik. Zur Logik des moralischen Argumentierens*, aus dem Amerik. von Claudia Langer u. Brigitte Wimmer, Frankfurt am Main 1975.

Smith – Adam Smith, *An Inquiry into the Nature and Causes of the Wealth of Nations* (1776), London/New York 1960.

Stein – Lorenz von Stein, *Geschichte der sozialen Bewegung in Frankreich von 1789 bis in unsere Tage* (1850).

Topitsch – Ernst Topitsch, *Die Sozialphilosophie Hegels als Heilslehre und Herrschaftsideologie*, 2. Aufl., München 1981.

Tugendhat – Ernst Tugendhat, Selbstbewußtsein und Selbstbestimmung, Frankfurt am Main 1979.

Villey – Michel Villey, »Das römische Recht in Hegels Rechtsphilosophie«, in: Riedel II, 131 ff.

Vollrath – Ernst Vollrath, »Wie kann Hegels ›Philosophie des Rechts‹ als Politische Philosophie gelesen werden?«, in: *Philosophische Rundschau* 37 (1990), S. 27 ff.

Weber – Carl W. Weber, *Sklaverei im Altertum*, Düsseldorf/Wien 1981.

Max Weber – Max Weber, *Politik als Beruf*, 7. Aufl., Berlin 1982.

Wiedmann – Franz Wiedmann, *Georg Wilhelm Friedrich Hegel in Selbstzeugnissen und Bilddokumenten*, Reinbek 1965.

Wildt – Andreas Wildt, *Autonomie und Anerkennung. Hegels Moralitätskritik im Lichte seiner Fichte-Rezeption*, Stuttgart 1982.

Wood – Allan W. Wood, »Hegel's Critique of Morality«, in: Siep (1997), 147 ff.

Zimmerli (1981) – Walter Ch. Zimmerli: »Schelling in Hegel. Zur Potenzenmethode in Hegels ›System der Sittlichkeit‹«, in: L. Hasler (Hg.), *Schelling. Seine Bedeutung für eine Philosophie der Natur und der Geschichte*, Stuttgart, 255-278.

V. 2 Weitere Literatur

V. 2.1 Allgemeine Literatur zu Hegel, insbesondere zu seiner praktischen Philosophie.

Althaus, Horst, *Hegel und die heroischen Jahre der Philosophie*, München/Wien 1992.

Angehrn, Emil, *Freiheit und System bei Hegel*, Berlin/New York 1975.

Gulyga, Arsen, *Georg Wilhelm Friedrich Hegel*, Frankfurt am Main 1974.

Helferich, Christoph, *Georg Wilhelm Friedrich Hegel*, Stuttgart 1979.

Haller, Michael, *System und Gesellschaft. Krise und Kritik der politischen Philosophie Hegels*, Stuttgart 1981.
Hösle, Vittorio, *Hegels System. Der Idealismus der Subjektivität und das Problem der Intersubjektivität*, 2 Bde., Hamburg 1988, insbes. 412ff.
Horstmann, Rolf-Peter, *Wahrheit aus dem Begriff. Eine Einführung in Hegel*, Frankfurt am Main 1980.
Kaltenbrunner, G.-K. (Hg.), *Hegel und die Folgen*, Freiburg 1970.
Litt, Theodor, *Hegel. Versuch einer kritischen Erneuerung*, Heidelberg 1953.
Löwith, Karl, *Von Hegel zu Nietzsche. Der revolutionäre Bruch im Denken des 19. Jahrhunderts*, Stuttgart 1958.
Lucas/Planty-Bonjous (Hg.), *Logik und Geschichte in Hegels System*, Stuttgart / Bad Cannstatt 1989.
Maier, Hans, »Historisches zu Hegels politischer Philosophie«, in: Ders., *Politische Wissenschaft in Deutschland. Lehre und Wirkung*, 2. Aufl., München/Zürich 1985
Menke, Christoph, *Tragödie im Sittlichen. Gerechtigkeit und Freiheit nach Hegel*, Frankfurt am Main 1996.
Peperzak, Adriaan T. H., *Selbsterkenntnis des Absoluten. Grundlinien der Hegelschen Philosophie des Geistes*, Stuttgart 1987.
Pöggeler, Otto (Hg.), *Hegel. Einführung in seine Philosophie*, Freiburg/München 1977, insbes. 106ff.
Quante, Michael, *Hegels Begriff der Handlung*, Stuttgart 1983.
Riedel, Manfred, *Theorie und Praxis im Denken Hegels*, Stuttgart 1965.
Röttges, Heinz, *Der Begriff der Methode in der Philosophie Hegels*, Meisenheim 1976.
Schnädelbach, Herbert, *Hegel zur Einführung*, Hamburg 1999, insbes. 120ff.
Siep, Ludwig, *Praktische Philosophie im Deutschen Idealismus*, Frankfurt am Main 1992.
Taylor, Charles, *Hegel*, (aus dem Amerik. v. Gerhard Fehn), Frankfurt am Main 1978, insbes. 477ff.
Theunissen, Michael, *Hegels Lehre vom absoluten Geist als theologisch-politischer Traktat*, Berlin 1970.

V. 2.2 Literatur zu Über die wissenschaftlichen Behandlungsarten des Naturrechts (WBN), dem System der Sittlichkeit (SdS) und der Jenenser Philosophie des Geistes (JPG)

Bonsiepen, Wolfgang, *Der Begriff der Negativität in den Jenaer Schriften Hegels*, Bonn 1977.
Buchner, Hartmut, »Hegel und das Kritische Journal der Philosophie«, in: HST 3 (1965), 95ff.

Düsing, Klaus, »Spekulation und Reflexion. Zur Zusammenarbeit Schellings und Hegels in Jena«, in: HST 5 (1969), 95 ff.

Henrich/Düsing (Hg.), *Hegel in Jena*, HST-Beiheft 20, Bonn 1980.

Hocevar, Rolf K., *Stände und Repräsentation beim jungen Hegel*, München 1968.

Kimmerle, Heinz, »Hegels Naturrecht (1802-1805/06)«, in: HST-Beiheft 8, Bonn 1970.

Irrlitz, Gerd, Einleitung zu: Hegel, *Jenaer Schriften*, Berlin 1972, 3 ff.

Ilting, Karl-Heinz, »Hegels Auseinandersetzung mit der aristotelischen Politik«, in: *Philosophisches Jahrbuch* 71 (1963), 38 ff.; auch in: Göh, 759 ff.

Schneider, Helmut, »Anfänge der Systementwicklung Hegels in Jena«, in: HST 10 (1975), 133 ff.

V. 2.3 Literatur zu den Grundlinien der Philosophie des Rechts (GPR) – nur Monographien

Albrecht, R., *Hegel und die Demokratie*, Bonn 1978.

Apelt, W., *Hegelscher Machtstaat oder Kantsches Weltbürgertum*, München 1948.

Avineri, Shlomo, *Hegels Theorie des modernen Staates*, Frankfurt am Main 1976.

Bitsch, B., *Sollenskritik und Moralitätskritik bei G. W. F. Hegel*, Bonn 1977.

Fulda, Hans-Friedrich, *Das Recht der Philosophie in Hegels Philosophie des Rechts*, Frankfurt am Main 1968.

Henrich/Horstmann (Hg.), *Hegels Philosophie des Rechts*, Stuttgart 1982.

Hocevar, Rolf K., *Hegel und der preußische Staat*, München 1973.

Jermann, Christian (Hg.), *Anspruch und Leistung von Hegels »Rechtsphilosophie«*, Stuttgart 1987.

Kaufmann, Walter (Hg.), *Hegel's political philosophy*, New York 1970.

Lucas/Pöggeler (Hg.), *Hegels Rechtsphilosophie im Zusammenhang der europäischen Verfassungsgeschichte*, Stuttgart 1986.

Marcuse, Herbert, *Vernunft und Revolution. Hegel und die Entstehung der Gesellschaftstheorie*, (dt. Ausg. v. *Reason and Revolution* (1941)), übers. v. Alfred Schmidt, Neuwied 1962.

Maurer, Reinhart, *Hegel und das Ende der Geschichte*, 2. Aufl., Freiburg/München 1980.

Mayinger, Josef, *Hegels Rechtsphilosophie und ihre Bedeutung in der Geschichte der marxistischen Staats- und Gesellschaftslehre*, Bonn 1983.

Ottmann, Henning, *Individuum und Gemeinschaft bei Hegel*, Bd. 1: *Hegel im Spiegel der Interpretationen*, München/Salzburg 1973.

Peperzak, Adriaan T. H., *Philosophy and Politics. A Commentary in the Preface to Hegel's Philosophy of Right*, Dordrecht 1986

– , *Hegels praktische Philosophie*, Stuttgart 1981.

Riedel, Manfred (Hg.), *Materialien zu Hegels Rechtsphilosophie*, 2 Bde., Frankfurt am Main 1975.

– , *Studien zu Hegels Rechtsphilosophie*, Frankfurt am Main 1969.

Rosenzweig, Franz, *Hegel und der Staat*, 2 Bde., München/Berlin 1920 (Repr. Aalen 1962).

Siep, Ludwig (Hg.), G.W. F. Hegel, *Grundlinien der Philosophie des Rechts*, in: *Klassiker auslegen*, hg. v. Otfried Höffe, Bd. 9, Berlin 1997.

Steinberger, Peter J., *Logic and Politics: Hegel's Philosophy of Right*, New Haven 1988.

Wolf, Dieter, *Hegels Theorie der bürgerlichen Gesellschaft*, Hamburg 1980.

VI Sachregister

VII Personenregister

Suhrkamp Verlag GmbH
Torstraße 44, 10119 Berlin
info@suhrkamp.de
www.suhrkamp.de